Erich Schneider

KLÖSTER UND STIFTE IN MAINFRANKEN

Erich Schneider

KLÖSTER UND STIFTE
in Mainfranken

echter

Die Deutsche Bibliothek – CIP-Einheitsaufnahme

Schneider, Erich:
Klöster und Stifte in Mainfranken / Erich Schneider –
Würzburg : Echter, 1993
ISBN 3-429-01539-1

Umschlag: Ernst Loew (Bild: Franz Eirich)
Gesamtherstellung: Echter Würzburg
Fränkische Gesellschaftsdruckerei und Verlag GmbH
ISBN 3-429-01539-1

Inhalt

Vorwort 7

Mainviereck mit Spessart und Odenwald

Das ehemalige Kollegiatstift St. Peter und Alexander in Aschaffenburg 11

Das ehemalige Jesuitenkolleg in Aschaffenburg . 16

Schmerlenbach 19

Himmelthal 23

Kloster Engelberg 24

Amorbach 27

Grünau 37

Triefenstein 38

Holzkirchen 41

Neustadt am Main 44

Maria Buchen 48

Die Bischofsstadt Würzburg

St. Burkard 55

Stift Haug 59

St. Stephan 63

Stift Neumünster 65

Schottenkloster St. Jakob 69

Die Niederlassung des Deutschen Ordens 72

Das Dominikanerkloster (seit 1813 Augustiner-Eremiten) 74

Das Karmelitenkloster 76

Das Jesuitenkolleg 78

Oberzell 82

Himmelspforten 86

Maindreieck

Tückelhausen 92

Biebelried 96

Kitzingen 98

Dettelbach 101

Münsterschwarzach 105

Astheim 111

Heiligenthal 114

Heidenfeld am Main 116

Das Karmelitenkloster in Schweinfurt 118

Rhön und Grabfeld

Münnerstadt 122

Bildhausen 124

Bad Neustadt an der Saale 131

Wechterswinkel 133

Der Kreuzberg 136

Volkersberg 139

Frauenroth 139

Aura/Saale 142

Altstadt 144

Steigerwald und Haßberge

Theres 150

Mariaburghausen 155

Königsberg 157

Ebrach 158

Schlüsselau 168

Münchsteinach 170

Schwarzenberg 173
Birklingen 175

Die Bischofsstadt Bamberg

St. Stephan 179
St. Michael 183
St. Gangolf 193
St. Jakob 197
St. Theodor 201
St. Christoph 206
Das Dominikanerinnenkloster zum Heiligen Grab 208
St. Martin 213

Der Obermain

Banz 218
Langheim 229
Mönchröden 238
Sonnefeld 242
Himmelkron 245
Gößweinstein 248

Auswahlbibliographie 253
Verzeichnis der Fachbegriffe 260
Bildnachweis 264

Vorwort

Ein Buch über ein fränkisches Thema zu schreiben, geschieht von Anfang an in der sicheren Erkenntnis, ein möglicherweise bereits vielgepflügtes Feld erneut zu beackern. Und doch verspricht jede neue Saat neue, reiche Frucht. Gewiß, über fast jedes der in diesem Buch vorgestellten Klöster gibt es monographische Untersuchungen. Auch in zusammenfassender Darstellung sind Klöster und Stifte in Franken mehrfach Gegenstand des Interesses der verschiedensten Disziplinen, auch der populärwissenschaftlichen Literatur, gewesen. Dieses Buch versucht kunstgeschichtliche Fragestellungen in den Vordergrund zu rücken und unterscheidet sich deshalb grundlegend von allen bisherigen Veröffentlichungen. Die Geschichte wird meist nur insoweit herangezogen, als sie für die kunst- oder kulturgeschichtliche Leistung eines Klosters oder Stiftes von Bedeutung ist. Eine solchermaßen verengte Sehweise schärft zugleich den Blick für eine zwar erwartete, gleichwohl überraschend dichte Überlieferung von Kunstwerken an häufig versteckter Stelle in abgelegenen Seitentälern. In Franken bestanden keine mächtigen Reichsabteien wie in Oberschwaben; Anlagen von den Ausmaßen der großen altbayerischen Klöster sind selten. Hingegen gab und gibt es zahlreiche kleinere Ordensniederlassungen, die der Kunstgeschichte des Landes ihren Stempel aufgeprägt haben und noch ganz oder doch in ansehnlichen Teilen vorhanden sind.

Die dicht besiedelte Klosterlandschaft hat der Bearbeitung des Stoffes von Anfang an Beschränkungen aufgezwungen, sollte nicht entweder der Umfang zu sehr aufgebläht oder der Darstellung der einzelnen Niederlassung zu wenig Raum gegeben werden. Der anfängliche Gedanke, alle »fränkischen« Klöster einbeziehen zu wollen, wurde aus diesem Grund rasch fallengelassen. Zudem bot (und bietet) die topographische, kulturelle oder politische Eingrenzung Frankens Schwierigkeiten. Franken im Sinne einer politisch strukturierten Einheit hat es nie gegeben. Überhaupt, welches Franken soll man zur Grundlage machen: jenes Land, in dem sich die Franken im Verlauf des 6. Jahrhunderts niederließen? Die Reichsprovinz der Karolinger? Gehört Eichstätt dazu? Wie verhält es sich mit Aschaffenburg und dem Spessart, die mainzisch waren? Andererseits zeigte sich bald, daß die Klöster und Stifte bei der Organisation der Bistümer von Anfang an eine führende Rolle spielten. Die Geschichte und Kunstgeschichte der beiden Herz-Bistümer Frankens ist mit jener der Klöster auf besondere Weise verwoben. Aus diesem Grund wurden als verbindende Klammern die Bistümer Würzburg und Bamberg gewählt. Auch dieses Netz erweist sich über die Jahrhunderte hinweg jedoch als zu grobmaschig, bedarf der Interpretation: Das Bistum Würzburg des Jahres 742 ist ein anderes als jenes nach der Gründung des Bistums Bamberg. Würzburg und Bamberg schauen nach der Reformation des 16. Jahrhunderts anders aus als vorher. Einen zusätzlichen, nahezu absoluten Schnitt stellt die Säkularisation des Jahres 1803 dar. Dies war der Grund, die Säkularisation als zeitliche Obergrenze festzulegen. Neugründungen oder Wiederbesiedlungen, auch evangelische Ordensgemeinschaften, konnten nur gelegentlich erwähnt, nicht jedoch intensiver dargestellt werden.

In der Tat haben die Ereignisse des 16. Jahrhunderts Auswirkungen auf die Beschränkung des Stoffes gehabt: Auf der einen Seite gingen damals zahlreiche Klöster ein oder wurden gar vom jeweiligen Diözesanfürstbischof säkularisiert. Andererseits war es im östlichen Franken in den Markgrafschaften unter den Hohenzollern zu machtvollen protestantischen Gebilden gekommen, in denen Klöster und Stifte keinen Platz mehr hatten. Dies gilt in ähnlicher Weise für die Reichsstadt Nürnberg. Damals manifestierte sich endgültig eine kulturelle und politische Teilung Frankens in zwei Gebiete, in denen sich die geistlichen Fürstbistümer im Norden und die protestantischen Herrschaften im Nordosten sowie im Süden gegenüberstanden.

Ein Blick auf die Landkarte unter solchen geschichtlichen Aspekten macht sichtbar, daß die beiden geistlichen Fürstentümer Würzburg und Bamberg sowie der zu Aschaffenburg gehörende Teil von Mainz in ostwestlicher Richtung vom Main durchzogen werden. Für diesen Teil Frankens hat sich daher der Begriff Mainfranken eingebürgert. Der Main wird im Laufe dieses Buches deshalb immer wieder eine gliedernde Rolle spielen, er grenzt in vielen Fällen die einzelnen

Landschaftsräume gegeneinander ab. Zugunsten dieser von den einzelnen mainfränkischen Landschaftsräumen definierten Grobgliederung des Stoffes wurde der Spessart und wurde Amorbach im Odenwald einbezogen. Die Geschichte liefert hierzu, gewissermaßen im nachhinein, eine Rechtfertigung, da der Untermain seit der Säkularisation zum Bistum Würzburg gehört.

Innerhalb dieser Disposition versucht das Buch eine Reise von West nach Ost zu den Stätten und Stationen monastischer Kunst und Kultur in Mainfranken. Die einzelnen Beiträge sind innerhalb der jeweiligen Kapitel ebenfalls so angeordnet, daß sich eine Reiseroute von Kloster zu Kloster ergibt. Dennoch versteht sich dieses Buch nicht als Reiseführer. Es will ein »Cicerone« im Sinne Jakob Burckardts sein, kritisch würdigend und durchaus subjektiv in der Auswahl der behandelten Denkmäler.

Dieses Buch ist nicht ohne Schwierigkeiten entstanden. Anfang der achtziger Jahre plante Joachim Hotz in größerem Zusammenhang eine Darstellung der Klöster in Franken. Nach seinem frühen Tod blieb das über ein detailliertes Exposé nicht hinausgelangte Projekt zunächst liegen. Einer Anregung von Erich Hubala folgend, nahmen Thomas Korth und der Verfasser die Idee zunächst als Gemeinschaftsarbeit wieder auf. Thomas Korth zog sich nach kurzer Zeit zurück, da er in seiner wissenschaftlichen Arbeit andere Schwerpunkte förderte. Ihm und Erich Hubala sei für manchen klärenden Beitrag zu Einzelfragen herzlich gedankt. Erst nachdem der Echter Verlag seine Bereitschaft zur Herausgabe signalisiert hatte, nahm der Verfasser die unterbrochene Arbeit erneut auf. Hilfreich in diesem Stadium war ein Lehrauftrag für Kunstgeschichte an der Universität Bamberg, der es ermöglichte, die bisherigen Ergebnisse kritisch zu überprüfen. Dafür sei Franz Matsche als Ordinarius und Spiritus rector gedankt. Zu danken habe ich ferner Elisabet Petersen, der Lektorin des Echter Verlages, für die sorgfältige und einfühlsame Begleitung der Drucklegung sowie Dagmar Gawronski und Josef Kern für die kritischen Korrekturen der Druckfahnen. In erster Linie gilt jedoch mein Dank meiner Frau und meinen beiden Töchtern, die mich mit großer Geduld auf den zahlreichen Fahrten auf den Spuren der Klöster und Stifte in Franken begleitet haben. Ihnen sei das Buch gewidmet.

Mainviereck mit Spessart und Odenwald

Das Waldgebirge des Spessart zwingt dem Main ein zweites Mal in seinem Verlauf von Ost nach West einen großen Umweg auf, der grob die Form eines Vierecks beschreibt. Kaum hat der Fluß in Gemünden seine ursprüngliche Höhe wieder erlangt, wird er in einer engen Schleife in südliche Richtung gedrängt und fließt in sanften Windungen an Lohr und Marktheidenfeld vorbei, bis er dem Felssporn von Kloster Triefenstein ausweichen muß. Auf der Höhe von Urphar erreicht er vorläufig seinen südlichsten Punkt und windet sich in einer engen Spitzkehre, der zahlreiche weitere Schlingen folgen sollen, über Wertheim gen Miltenberg, dem endgültig südlichsten Punkt seines Verlaufes. Von Miltenberg an geht es in leicht nordwestlicher Richtung wieder »aufwärts«. In Aschaffenburg und auf der Höhe von Seligenstadt holt der Fluß noch einmal zu größeren Schleifen aus, bevor er sich bei Hanau wieder nach Westen wendet.
Drei Seiten dieses »Mainvierecks« um den Spessart werden durch den Main begrenzt, nach Norden bildet die Kinzig eine natürliche Trennung und im Osten die Sinn, bzw. Schondra und Saale, die bei Gemünden in den Main fließen. Im Norden grenzt der Spessart an die Rhön, während sich westlich und südlich davon der Odenwald anschließt. Der Grund für den unentschiedenen Verlauf des Maines liegt in einer aufgeworfenen, mehrfach getreppten Buntsandsteinstufe im Hochspessart, die den Fluß nach Süden zwingt. In der Folge hindert hartes Grundgestein ihn, wieder nach Norden zu fließen; erst in der Untermainebene lassen Schotterflächen dies zu. Der hier in seiner ganzen Länge schiffbare Main bildete den wichtigsten Verkehrsweg zwischen Würzburg und Frankfurt. Eine direkte Straße, die den Spessart querte und deren Verlauf annähernd durch die Bundesstraße 8 beschrieben wird, galt wegen der vielen Spessarträuber als unsicher. Die von Nürnberg kommende Straße nach Frankfurt mied den Spessart ganz und folgte ab Miltenberg dem Lauf des Maines. Die mangelnde Infrastruktur und die wenig ertragreiche Landwirtschaft haben den Spessart über Jahrhunderte ins Abseits gedrängt. Sein größter Reichtum ist der Wald mit seinen nahezu legendären Eichenbeständen. Das reichlich vorhandene Brennholz und die notwendigen Rohstoffe förderten seit dem 14. Jahrhundert die Produktion von Waldglas in kleinen, wandernden Hütten. Im 17. Jahrhundert begann der Abbau von Metall, dessen heute noch sichtbarer Niederschlag der Hammer von Hasloch ist. Insgesamt gesehen ist der Spessart arm gewesen. Nur der Weinbau im Maintal, allen voran der Rotwein am Untermain, bot (und bietet) einen sicheren Ertrag.
Politisch gesehen gehörte das Mainviereck bis zum Ende des Alten Reiches weitgehend zum Erzbistum Mainz. Von Gemünden bis kurz vor Neustadt bildete der Main die Grenze. Neustadt und Triefenstein ragten aus Würzburger Sicht in mainzisches Gebiet hinein. Der Südosten des Mainvierecks gehörte den Grafen von Wertheim; kleinere Territorien waren im Besitz der Grafen zu Erbach und der Reichsritterschaft. 1803 erhielten die Fürsten Leiningen Amorbach gemeinsam mit weiteren ehemals würzburgischen bzw. mainzischen Territorien als Entschädigung. Bereits 1806 jedoch wurde das junge Fürstentum mediatisiert und fiel 1816 endgültig an Bayern. Damit teilte es das gleiche Schicksal wie der gesamte Untermain: Mit der Säkularisation wurde Aschaffenburg zum Fürstentum für den Reichskurerzkanzler und Fürstprimas des Rheinbundes, Karl Theodor von Dalberg, umgebildet. Nach verschiedenen Veränderungen fiel Aschaffenburg 1816 endgültig an Bayern. Die Sonderstellung der Region wurde gleichwohl noch lange betont und schlug sich zum Beispiel in der Scheidung »Unterfranken« und »Aschaffenburg« nieder, die auf Regierungsbezirksebene bis in unser Jahrhundert üblich war. Letztendlich aber hat das Verbindende in dieser Region ebenso Tradition: Spätestens seit dem Regierungsantritt von Johann Philipp von Schönborn 1742, der zugleich Fürsterzbischof von Mainz und Fürstbischof von Würzburg war, wurden die Schranken zwischen Würzburg und Aschaffenburg immer niedriger.
Das Mainviereck beherbergt zahlreiche sehr alte Klöster. Nahe Karlstadt existierte in Karlburg sogar das vermutlich älteste Kloster in der Region, das vom frühen 8. bis Ende des 9. Jahrhunderts bestand. Der Legende nach war es eine Gründung der hl. Gertrud von Nivelles. Gemeinsam mit zahlreichen anderen könig

lichen Eigenkirchen fiel es 742 als Schenkung an das junge Bistum Würzburg. Zu diesen karolingischen Klöstern zählen auch Amorbach und Neustadt, die ebenfalls unter den Einfluß der Würzburger Bischöfe kamen. Im Falle Amorbachs gelang dies Bischof Bernward 993 nur durch Vorlage gefälschter Urkunden. Solchermaßen vorprogrammierte Auseinandersetzungen zwischen den Klöstern und dem Würzburger Diözesanbischof um Rechte und Einfluß beschäftigten die Parteien bis zum Ende des Alten Reiches und wurden oft mit großer Härte ausgetragen.
Alle anderen Klöster sind zumeist jüngeren Datums und erreichten bis auf das Kollegiatstift St. Peter und Alexander in Aschaffenburg nie den Rang von Amorbach und Neustadt. Der Überlieferung nach soll in Aschaffenburg bereits im 8. Jahrhundert ein Benediktinerkloster bestanden haben. Sichere Nachricht aber haben wir erst um die Mitte des 10. Jahrhunderts mit der Gründung des Kollegiatstiftes, das dem Erzbischof von Mainz unterstellt wurde. Aschaffenburg war als Nebenresidenz fast zwangsläufig Sitz weiterer Ordensniederlassungen, von denen die Jesuiten eigens hervorgehoben werden müssen, die 1612 hierher berufen wurden. Im Zusammenhang mit der Gegenreformation spielten sie in Erziehung, Ausbildung und Seelsorge bis zur Aufhebung des Ordens 1773 eine führende Rolle in der Spessarthauptstadt.
Holzkirchen bildet insofern eine Besonderheit, als es der mächtigen Benediktinerabtei Fulda gehörte und seine Anfänge in die Mitte des 8. Jahrhunderts reichen. Bereits 775 wurde es von Karl dem Großen an Fulda übergeben, das damit für seine Leistungen in der Sachsenmission belohnt wurde. Wegen der relativ großen Entfernung zum Mutterkloster war der Einfluß Fuldas in dieser Region jedoch nur beschränkt. Wesentlich mehr Rechte sicherten sich dagegen die Grafen von Wertheim, die die Vogtei über diese Propstei ausübten. Überhaupt hatten sich die Wertheimer im Lauf der Zeit großen Einfluß auf eine Reihe weiterer Klöster verschafft: Dies gilt besonders für das im 11. Jahrhundert gegründete Augustinerchorherrenstift Triefenstein und für die Kartause Grünau. Beide konnten sich nie völlig den Ansprüchen der Wertheimer Grafen entziehen. Die Schutzmacht der Würzburger Bischöfe war im Spessart nur begrenzt wirksam.
Das Mainviereck bietet einige schöne Beispiele für adelige Eigenklöster des 13. Jahrhunderts, wie die Zisterzienserinnenklöster Schmerlenbach, Hauskloster des Geschlechtes der Kugelnberger, oder Himmelthal, das auf die Grafen von Rieneck zurückgeht. Meist jedoch überstanden solche Klöster die unruhige Reformationszeit nicht, zumal wenn sie zu stark vom landständischen, meist protestantisch gewordenen Adel abhingen. Schmerlenbach dürfte sein Überleben vor allem der spätestens seit 1518 überlieferten Wallfahrt zu verdanken haben.
Eine schon lange bestehende Wallfahrt war der Grund für die Stiftung zweier weiterer Klöster in dieser Region. Mitten im Dreißigjährigen Krieg wurden 1630 Kapuzinermönche zur Betreuung der Wallfahrt nach Engelberg berufen. Die Wallfahrt zu dem Gnadenbild ist jedoch mindestens schon 250 Jahre älter. Die jüngste Klostergründung erfolgte 1726 in Maria Buchen, ebenfalls ein Wallfahrtsort, dessen Ursprünge bis in das späte 14. Jahrhundert reichen. Nur in Maria Buchen wirken die Kapuziner in der Wallfahrtsseelsorge bis heute, ohne daß ihr Kloster formell während der Säkularisation aufgehoben worden ist.

Das ehemalige Kollegiatstift St. Peter und Alexander in Aschaffenburg

Aschaffenburg war seit jeher Grenzstadt Rheinfrankens gegen Ostfranken und Teil des Erzbistums Mainz. Erst seit 1816 ist die Stadt bayerisch und gehört damit zu Franken. Topographisch dagegen lag Aschaffenburg vorher trotz einer direkten Straßenverbindung näher an Mainz als an Würzburg, denn dazwischen liegt trennend das Waldgebirge des Spessart, dessen Hauptort Aschaffenburg bis heute geblieben ist.

Obwohl zahlreiche vorgeschichtliche Funde Aschaffenburg als Teil einer Altsiedellandschaft belegen, taucht der Ort erst relativ spät aus dem Dunkel der Geschichte auf: Als »Ascaffinburg« wird der Name der Stadt 974 erstmals urkundlich bezeugt. 869 war Aschaffenburg Ort der Hochzeit der sächsischen Herzogstochter Liutgart mit dem Karolinger Ludwig III. Liutgart starb 885 und wurde im Chor eines Vorgängerbaues der Stiftskirche begraben. Es findet sich in der Literatur ferner gelegentlich der Hinweis, daß in Aschaffenburg im 8. Jahrhunderts bereits ein Benediktinerkloster bestanden haben soll, doch fehlt hierzu bisher jeder schlüssige Beleg.

Die Gründung des Kollegiatstiftes St. Peter und Alexander in Aschaffenburg ist durch keine Urkunde zeitlich genau festlegbar. Die Überlieferung des Stiftes gibt Herzog Otto von Schwaben, ab 976 Herzog von Bayern, die Würde eines Gründers. Mit Decker-Hauff ist jedoch anzunehmen, daß es bereits um die Mitte des 10. Jahrhunderts von Ottos Vater Liutolf und dessen Gemahlin Ida gestiftet worden ist. Obwohl das Stift von seiner Gründerfamilie her kaiserlichen Ursprungs war, brauchte es doch offenbar bald den Schutz einer starken Hand unmittelbar in der Region und wurde an Erzbischof Willigis von Mainz (975–1011) geschenkt. Seine Tatkraft war bestimmend für das weitere Schicksal des jungen Stiftes und die Entwicklung der Stadt Aschaffenburg; der Bau der Mainbrücke durch den Erzbischof war ein wichtiger Markstein dazu. Mainz suchte seinen Einfluß auf das Stift im Laufe der Jahrhunderte zu stärken. Spätestens seit 1262 wurde der Propst stets aus den Reihen der Mainzer Domkapitulare gewählt. Seit 1588 war dieses Amt schließlich in Personalunion mit dem des Erzbischofs von Mainz verbunden. Dies war die Folge einer sich über Jahrhunderte hinziehenden Abminderung der Bedeutung des Amtes des Propstes, das zum Schluß nur noch ein Ehrenamt ohne Mittel und Einfluß im Stift war. Ursprünglich war es entweder ein Sprungbrett für weitere, höchste kirchliche Ämter oder bedeutete die Belohnung für dem Kaiser geleistete treue Dienste. Die Pröpste Markolf und Arnold von Selehofen wurden 1141 bzw. 1153 zum Erzbischof von Mainz gewählt. Wortwin, der Protonotar Kaiser Friedrichs I., wurde 1180 mit der Würde eines Propstes von Aschaffenburg und zugleich des Neumünsters in Würzburg belohnt. Solche Ämterhäufungen und Verpflichtungen außerhalb des Stiftes, zu dem auch ein weitgedehntes Archidiakonat gehörte, entfremdeten die Pröpste im Laufe der Jahrhunderte immer stärker ihrem Stift, bis dieses Amt zu einem Nebenrang des Mainzer Erzbischofes verfiel. Parallel dazu sank die Bedeutung des Stiftes insgesamt als ordnende und religiöse Kraft. Ein Stift, das zwischen 1282 und 1455 insgesamt sechs Provinzialkonzilien in seinen Mauern gesehen hatte.

Außer dem Propst gab es verschiedene Ämter innerhalb des Stiftes, die eine entwickelte Rangstufenordnung anzeigen. Nächst dem Propst stand der Dechant, der wegen der häufigen Abwesenheit des Propstes praktisch dessen Aufgaben übernahm. Er überwachte die Rechtsgeschäfte des Kapitels und die Wahlen innerhalb des Stiftes, außerdem übte er die Gerichtsbarkeit innerhalb des ummauerten Immunitätsbezirkes aus. Ein weiteres Amt war das des Stiftskustos, der 1329 zur Würde eines Prälaten aufstieg. Dem Scholaster oblag das Sorgerecht für die Schüler und Studenten. Mit dem Stift war eine Schule verbunden, in welcher auch der adelige Weltklerus des Erzbistums Mainz ausgebildet wurde. Der Scholaster genoß als besonderes Privileg auf Kosten des Stiftes ein dreijähriges auswärtiges Studium und war der Vertreter des Dechanten. Er zählte zu den wenigen Kanonikern, die schon früh die Priesterweihe gespendet bekamen. Außerdem gab es einen Kantor. Ein Amt übrigens, das bereits 976 durch einen Fall von Totschlag in die »Schlagzeilen« geriet: Der Kantor Gozmar hatte, als er den Unterlehrer Alemar schlagen wollte, einen Knaben durch einen unversehenen Schlag mit einem Tintenfaß getötet. Schließlich belagerte er den in einen Kirchturm geflüchteten Alemar und wollte

auch diesem ans Leben. Gozmar wurde dafür mit Amtsenthebung, dem Einzug seiner Pfründen und lebenslänglicher Klosterhaft im Benediktinerkloster Neustadt am Main bestraft.
Die Anzahl der Kanoniker in Aschaffenburg lag offenbar bei 28. Für die Aufnahme ins Kapitel mußten die Bewerber im wesentlichen fünf Voraussetzungen erfüllen: eheliche Geburt, 25 Jahre alt sein, mindestens zwei Jahre an der Universität studiert haben, ein halbes Jahr Gesangsunterricht genommen haben und im Besitz eines Hofes sein. In der Frühzeit bis spätestens ins 12. Jahrhundert bestand eine vita communis der Stiftskanoniker, die später durch Praebenden (Pfründen) für die einzelnen Kanoniker abgelöst wurde. Die Höfe der Stiftsherren lagen innerhalb der engeren Immunität. Schon früh war den Kanonikern Testierfreiheit über ihre Habe zugestanden worden, die sich allerdings nur auf bewegliche Sachen beschränkte und feste Steinhäuser ausschloß. Abgesehen von einigen Zahlungen, die die Kanoniker zu bestimmten Gelegenheiten zu leisten hatten, konnten sie frei über ihre Pfründen verfügen. Abgaben waren in der Regel bei Antritt einer Pfründe fällig, oder die Kanoniker mußten am Fest der Unschuldigen Kinder, das ehedem mit aufwendigen Festen und Gelagen begangen worden war, seit 1280 eine bestimmte Geldsumme zahlen. In ihrer Kleidung unterschieden sich die Stiftsherren von den übrigen Geistlichen in Aschaffenburg, denn sie alleine durften seit 1387 die »almutia de vario« tragen. Ursprünglich verstand man unter einer Almutia eine Pelzkapuze, die Haupt und Schultern bedeckte. Daraus wurde später ein Pelzschulterkragen mit einem Saum aus Pelztroddeln. Die Stiftskanoniker durften einen solchen Kragen aus oft teuerem Pelzwerk tragen, während die übrigen Aschaffenburger Kleriker nur einen Kragen aus Reh- oder Ziegenfellen zugestanden bekamen. Frei von allen Sorgen um ihren Lebensunterhalt und belastet nur mit geringen Aufgaben innerhalb des Stiftes, widmeten die Kanoniker sich der Seelsorge und der Wissenschaft. Es wird jedoch schon auch einmal davon berichtet, daß Aschaffenburger Kaufleute dagegen protestierten, daß einige Kanoniker ihren Deputatwein gegen Gewinn verkauften und auf diese Weise den ortsansässigen Händlern das Geschäft verdarben.
Im Laufe seiner Geschichte war es dem Aschaffenburger Stift gelungen, reichen Besitz an Gütern, Einkünften und Rechten zu erwerben. Einen anschaulichen Einblick gibt die Urkunde Papst Lucius' III. von 1184, die außer der engeren Immunität 17 Pfarreien bis hin zu Brendlorenzen bei Neustadt/Saale oder Rohr im Kreis Meiningen aufzählt, von den übrigen Gütern, Höfen und Berechtigungen ganz zu schweigen. Ein derart weit verstreuter Besitz brachte natürlich Bestrebungen der Arrondierung oder des Gütertausches mit sich, die gelegentlich auch gegen geltendes kanonisches Recht verstoßen konnten. Ein solcher Fall von Simonie lag vor, als das Stift 1307 dem Kloster Bildhausen in der Rhön die Pfarrei Brendlorenzen um 8000 Pfund Heller verkaufte. Der Verkauf mußte 1311 wieder rückgängig gemacht werden, weil er der Vorschrift widersprach, nach welcher mit den Spiritualia eines Stiftes nicht um eines zeitlichen Vorteils willen gehandelt werden durfte.
Seine materiellen Besitztümer konnte das Stift durch zahlreiche Privilegien auch rechtlich absichern. Wichtig in diesem Zusammenhang war, daß Karl IV. im Jahr 1349 dem Stift den Schutz von Zwangsvollstreckungen und Pfändungen gewährte. Dieses Recht wurde später immer wieder bestätigt und damit das Wohlergehen des Stiftes gesichert.
Wichtigste kulturelle Leistung des Aschaffenburger Kollegiatstiftes ist zweifelsohne die Kirche, die bis heute das Stadtbild prägt und städtebaulich einen wichtigen Gegenpol zum Schloß am Mainufer darstellt. Angesichts der Vielzahl an Gebäuden aus allen Epochen, die dieser Stiftskomplex einschließt, erscheint das schlichte Wort »Kirche« irreführend. Den Anfang der Bebauung dürfte eine fränkische Siedlung bzw. Befestigung auf dem Stiftsberg gebildet haben. Aus karolingischer Zeit ist durch Grabungen der Rest einer rechteckigen Gruftkapelle nachgewiesen worden, die das Begräbnis der weiter oben bereits erwähnten Königin Liutgart darstellte. Diese Gruftkapelle ging später in das Fundament des heutigen Chores ein. Den Grabungen und Forschungen von Martin Klewitz zufolge handelte es sich bei der ersten, ottonischen Stiftskirche aus der Zeit um die Jahrtausendwende um eine dreischiffige Basilika mit Querhaus im Osten, zwei Westtürmen und tiefem Hochchor. Zwischen den Türmen war ein »reduziertes Westwerk«, und nördlich der Kirche erstreckte sich ein Atrium. Der geringe Baugrund auf dem Hügel erforderte bereits damals umfangreiche Substruktionen. Im 12. Jahrhundert hören wir von weiteren Baumaßnahmen im Bereich des Langhauses. Wahrscheinlich schon vor einem Brand im dritten Viertel des 12. Jahrhunderts wurde dessen Länge fast verdoppelt und ein neuer Turm an der Nordwestecke begonnen.
Nach dem Brand setzte eine umfangreiche Bautätigkeit ein, die bis in die Mitte des 13. Jahrhunderts reichte. Sie hat ihren Niederschlag vor allem im Be-

Aschaffenburg, ehem. Kollegiatstift St. Peter und Alexander. Blick auf die Kirche mit barocker Treppenanlage und gotischer Vorhalle.

Aschaffenburg, ehem. Kollegiatstift St. Peter und Alexander. Kreuzgang des 13. Jahrhunderts mit spätromanischen und frühgotischen Kapitellen. Im Hof Kruzifix von 1637.

reich des Chores und der Vierung bzw. des Querhauses gefunden. Damals entstanden der Kreuzgang und viele der Stiftsgebäude um diesen herum. Auch in den folgenden Jahrhunderten veränderten zahlreiche Anbauten und Umbauten das äußere Gesicht der Anlage. Vom 13. bis ins 15. Jahrhundert wurden z. B. die Vorhalle um den West- und den Nordwestteil des Langhauses herumgeführt. Das südliche Seitenschiff wurde um die angrenzenden Kapellen erweitert, und im 14. Jahrhundert wurde mit dem großen, heute noch bestehenden Turm im Südwesten begonnen, der im 15. Jahrhundert vollendet werden konnte. 1516 erfolgte die Weihe der Maria-Schnee-Kapelle an der Nordseite über der Vorhalle. Diese Weihe markiert einen vorläufigen Abschluß der Bautätigkeit und geht mit der sonstigen Geschichte des Stiftes überein, das damals zusehends an Bedeutung verlor. Anfang des 17. Jahrhunderts bestanden Umbaupläne für die Kirche, doch wurde von Baumeister Matthias Erb nur die mächtige Westempore unter Verwendung älterer Säulen in einer sonst nachempfundenen Romanik ausgeführt. Eine geplante Wölbung des Langhauses unterblieb. Diese wurde erst 1719 bis 1722 als Lattenkonstruktion in vereinfachter Form ausgeführt und die Kirche mit einem damals modischen Mansarddach eingedeckt. 1723 schließlich baute Johann Schuller die barocke Treppenanlage.
Auch das 19. Jahrhundert hat nach der Säkularisation noch einmal eingegriffen und 1870 der Maria-Schnee-Kapelle einen neugotischen Giebel vorgeblendet. Nach schweren Zerstörungen wurde das Gotteshaus nach dem Zweiten Weltkrieg wiederhergestellt.

Trotz dieses reichen, ja verwirrenden »Kosmos« an Bauwerken und Veränderungen über die Jahrhunderte hinweg zählt die Aschaffenburger Stiftskirche zu den bedeutendsten Gotteshäusern Frankens.
Ebenbürtig der Architektur ist die Ausstattung bzw. die Bauplastik. Wer die Kirche heute über das von der Vorhalle des späteren 13. Jahrhunderts geschützte Westportal betritt, begegnet dem Tympanon des Hauptportales mit der Darstellung des thronenden Christus, begleitet von den beiden Heiligen Petrus und Alexander. Wegen seiner auffällig vergröbernden, stark plastischen Formen wird dieses Relief in die Nähe des Nikolaus-Tympanons am Wormser Dom gebracht, ohne daß jedoch eine direkte stilistische Verbindung feststellbar ist. Das Aschaffenburger Werk ist in jedem Fall später und wird um 1220/1240 datiert: späteste Romanik, die sich in der Waldeinsamkeit des Spessart noch halten konnte, als sich andernorts schon die »weltlichere« Gotik entwickelt hatte.
Ähnliches gilt für den Kreuzgang, der in die Mitte des 13. Jahrhunderts zu datieren ist. Obwohl das Bauwerk, für das sich der Name des Johannes Wenden aus Prag überliefert hat, nicht jene kunstvoll gezierten Gewölbe aufweist, wie sie sonst üblich sind, ist es doch einer »der schönsten Kreuzgänge, die die Welt besitzt« (Felix Mader). Zu einer solchen Wertschätzung hat außer der malerischen Erscheinung der Gesamtanlage inmitten des Stiftskomplexes sicher auch der Reichtum der Bildhauerarbeit vor allem der 64 spätromanischen und frühgotischen Kapitelle beigetragen. Die Holzdecke ist eine neuere Zutat und stammt von der Restaurierung des Jahres 1867. Die zahlreichen, zum Teil hervorragenden Grabmäler des 15. und 16. Jahrhunderts verleihen dem Ort noch heute etwas von der Stille und Sammlung, die dem Kreuzgang eines Stiftes von seiner ursprünglichen Bestimmung her anstehen.
Fast hat es den Anschein, als wollte sich das Stift im 16. Jahrhundert, als sich der Niedergang seiner äußeren Macht abzeichnete, noch einmal zu einer letzten Blüte in der bildenden Kunst aufschwingen. Wie sonst wäre es zu erklären, daß die Aschaffenburger Kirche Werke von Grünewald, Cranach oder Vischer, Hauptmeistern der Kunst ihrer Zeit, birgt? Manches davon freilich verdankt sie auch dem Einfluß des Kurfürsten und Erzbischofs Albrecht von Brandenburg (1514–1545), der während der Reformation zahlreiche Kunstwerke, die ursprünglich für das von ihm gegründete Stift in Halle bestimmt waren, nach Aschaffenburg flüchtete. So gelangte Grünewalds Bild »St. Erasmus und Mauritius« in die Sommerresidenz am Main, bevor es 1803 nach München kam.
Für die Maria-Schnee-Kapelle schuf Grünewald 1519 einen Flügelaltar, dessen Mitteltafel, ein Madonnenbild, sich seit dem 19. Jahrhundert in der kleinen Kirche von Stuppach befindet. Mit dem Namen dieses Ortes ist das Gemälde als »Stuppacher Madonna« heute untrennbar verbunden. Von Grünewald ist in Aschaffenburg selbst nur noch die »Beweinung« als sorgfältig gehüteter Schatz verblieben. Der zu Boden gesunkene und von Geißelhieben gräßlich geschundene Leib des Gekreuzigten spiegelt in kaum überbietbarer Drastik auch das Lebensgefühl der Zeit des Malers selbst. Ein Frühwerk Grünewalds aus dem Jahr 1487 stellt die Originalfassung des Taufsteines von der Hand des Bildhauers Konrad von Mosbach dar.

Aschaffenburg, ehem. Kollegiatstift St. Peter und Alexander. »Beweinung Christi« von Grünewald, um 1525, Predella (?) eines untergegangenen Altares mit der bewegenden Darstellung des geschundenen Leibes Christi.

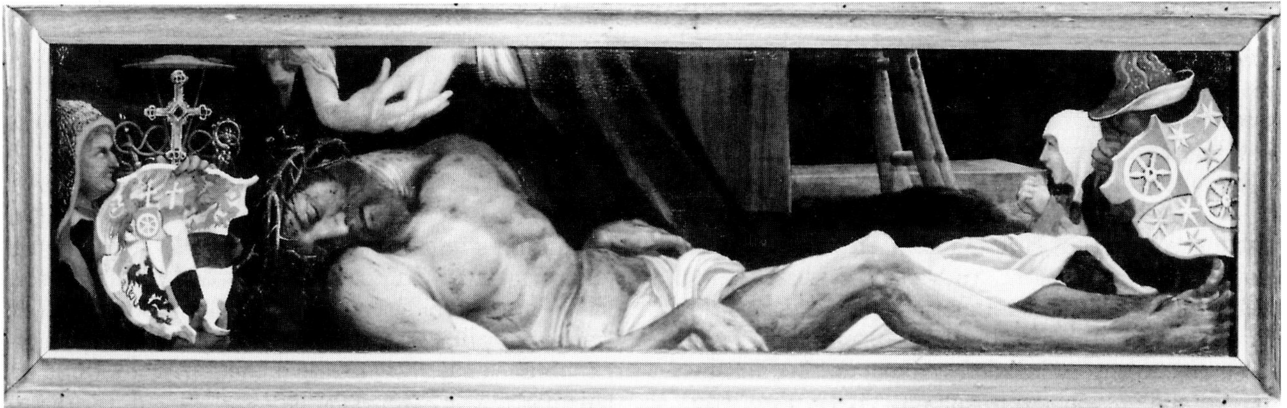

Das ehemalige Jesuitenkolleg in Aschaffenburg

Der Aufstieg des Aschaffenburger Jesuitenkollegs ist, so scheint es, eng mit dem Niedergang der äußeren Macht des dortigen Stiftes verbunden. 1612 berief Erzbischof Johann Schweickard im Zusammenhang mit katholischen Reformbemühungen im Erzstift Mainz Jesuiten nach Aschaffenburg. Wie die 1620 vom selben Erzbischof geholten Kapuziner sorgten sich die Jesuiten um die Seelsorge, aber auch und vor allem um Bildung und Ausbildung des akademischen katholischen Nachwuchses in der Spessartstadt. Wie wichtig für Mainz ein starkes, katholisches Aschaffenburg war, zeigt sich in der Tatsache, daß Schweikkard von 1606 bis 1616 das prachtvolle und zugleich machtheischende Schloß von dem Straßburger Baumeister Georg Riedinger errichten ließ.
Trotzdem bedurfte es offenbar des gesamten Ansehens kurfürstlicher Macht, um gegen den Willen des Kollegiatstiftes die Ansiedlung neuer Orden und Niederlassungen in Aschaffenburg zu ermöglichen. Es fällt auf, daß dort Bettelorden, wie z. B. die Dominikaner oder Franziskaner, nicht vertreten sind und erst die Gegenreformation neue Orden ermöglichte.
Unmittelbar nach ihrer Berufung nach Aschaffenburg begannen die Jesuiten mit der Errichtung von Kolleg und Kirche. Die Einkünfte dazu bezogen sie zunächst aus persönlichen Dotationen des Kurfürsten und später hauptsächlich aus dem Ertrag des aufgehobenen Zisterzienserinnenklosters Himmelthal. Nach nur zwei Jahren Bauzeit konnte 1621 die Kirche geweiht werden. Die Weihe vollzog der Stifter selbst unter der Assistenz des Würzburger Fürstbischofs Gottfried von Aschhausen zu Ehren der Allerheiligsten Dreifaltigkeit.
Wenige Jahre später, 1631, wurden die Jesuiten in der Zeit der schwedischen Besetzung Frankens wieder aus der Stadt vertrieben. Der Schwedenkönig Gustav Adolf machte die neuerbaute Jesuitenkirche zum Mittelpunkt einer protestantischen Pfarrei und überwies dieser die bisherigen Einkünfte des Ordens. Nach sechs Jahren erst konnten die Jesuiten zurückkehren und ihr Wirken am Gymnasium und in der Seelsorge fortsetzen.
Zunächst wurde die Schule als Gymnasium voll ausgebaut. Ab 1643, also noch während des Dreißigjährigen Krieges, gab es vier Klassen, die 1648 auf fünf Klassen aufgestockt werden konnten. Eine zusätzliche Erweiterung erfuhr das Gymnasium zwischen 1726 und 1731, als Kurfürst Lothar Franz von Schönborn ein neues Kollegiengebäude errichten ließ. Dieser Neubau war u. a. deshalb notwendig geworden, weil man seit der Wende zum 18. Jahrhundert den Gymnasialklassen noch einen weiteren Kursus in Philosophie angegliedert hatte. Ganz in der Tradition der Jesuitentheater, bei denen Schauspiele als wertvolles Erziehungsmittel geschätzt wurden, führten die Kollegiaten häufig geistliche Stücke auf. Solche Aufführungen wirkten weit über die Schule hinaus und waren oft dazu angetan, Zuschauern hohen und höchsten Standes Stiftungen für das Aschaffenburger Jesuitenkolleg zu entlocken.
In ihren letzten Jahren wurde die Schule freilich auch dazu mißbraucht, um Gerüchte gegen die Jesuiten zu schüren und eine ungünstige Stimmung gegen diese zu verbreiten. Immer wieder sagten Schüler vor einem kurfürstlichen Kommissar gegen angeblich unfähige Professoren aus. 1768 klagte die Chronik: »Ehrerbietige Fügsamkeit ließ nach, ja wurde zum Gespött! Die Schüler machten in der Schule, was sie wollten; gelernt wurde gar nichts mehr, am meisten ging es abwärts mit den Sitten.« Auch außerhalb des Kollegs machten bald randalierende Schülerbanden auf unrühmliche Weise von sich reden. Das war der rechte Nährboden, um Anlaß für das Eingreifen von außen zu bieten. Vor allem deshalb, weil die Wirtschaft der Aschaffenburger Niederlassung ähnlich ungeordnet war: »Die Vermögenslage des Kollegs ist mehr zu beweinen als zu beschreiben« – dieses niederschmetternde Urteil mußte Rektor Daude bei seinem Amtsantritt 1768 fällen. Am 7. September des Jahres 1773 wurde das Kollegium bei Nacht und Nebel aufgehoben. 250 Soldaten waren vorsorglich aufgeboten worden, um 19 Konventualen in verschiedene Klöster der Umgebung zu bringen, damit sie keinen Aufruhr stiften konnten. Einige der Jesuitenpatres kehrten später nach Aschaffenburg zurück und erhielten z. T. noch Pfründen am Kollegiatstift.
Gut eineinhalb Jahrhunderte nach der Aufhebung wurde Aschaffenburg 1917 eine der ersten neu gegründeten Niederlassungen der Societas Jesu im süddeutschen Raum, die sich zunächst besonders der Volksmission widmete, dann aber in der Seelsorge Aschaffenburgs selbst tätig wurde.

Aschaffenburg, ehem. Jesuitenkolleg. Außenansicht des Chores der Kirche mit umlaufender Galerie.

Aschaffenburg, ehem. Jesuitenkolleg. Inneres der 1619–1621 erbauten Kirche vor den Zerstörungen des Zweiten Weltkrieges, ein frühes Beispiel römisch geprägter Barockarchitektur in Deutschland.

Der Zweite Weltkrieg hat das Kollegiengebäude zerstört und von der Kirche kaum mehr als die äußere Hülle hinterlassen. Trotzdem verdient gerade die Aschaffenburger Jesuitenkirche nähere Beachtung, gehört sie doch zu den frühen Beispielen einer römisch geprägten Barockarchitektur auf deutschem Boden. Die Architektur selbst ist von monumentaler Einfachheit: Ein weiter Saal mit Tonnengewölbe, in das kleine Stichkappen einschneiden. Nach innen gezogene Strebepfeiler gliedern das Langhaus und schaffen auf jeder Seite drei tiefe, gleich breite Abseiten. Die Apsis ist halbrund und war ursprünglich durch eine Laterne von oben her belichtet. Diese Laterne wurde 1768 verschlossen. Die übrigen Fenster sind ebenfalls auffällig, da sie in den Abseiten des Langhauses aus breiten, hochrechteckigen, jeweils in neun Felder geteilten Öffnungen bestehen, die, wie Joseph Braun zu Recht festgestellt hat, eher für einen Profanbau angemessen erscheinen. Der Außenbau versteht sich, von wenigen Details abgesehen, als die notwendige bauliche Umkleidung der Architektur des Innenraumes. Kaum daß die Fassade eine aufwendigere, aber insgesamt recht flache Gliederung aufweist. Markant an der äußeren Baugestalt ist jedoch eine die Apsis umgebende, umlaufende Galerie, die ursprünglich einen Verbindungsgang zu den Kollegiengebäuden darstellte und von der Straße aus kaum zu sehen war. Erst moderne Stadtsanierung und eine breite Straßenschneise haben diese Ostpartie der Jesuitenkirche freigestellt.

Kehren wir zum Innenraum zurück, der die eigentliche architektonische Leistung der Jesuitenkirche darstellt, selbst wenn Max Hauttmann sie als »ausgesprochenen Dilettantenbau ... in befangener Durchführung« kennzeichnete. Gemeint ist damit die Person des Baumeisters und das Verhältnis der Architektur zur italienischen Baukunst. Der Entwurf zur Kirche stammt mit einiger Wahrscheinlichkeit von P. Johann Reinhard Ziegler S.J., dem ersten Oberen des Kollegs, der als »in mathematicis disciplinis et architectonica excellens« galt. In der Tat hat die Innenraumarchitektur der Aschaffenburger Jesuitenkirche

etwas »mathematisch-kristallines« in der Art, wie mit pedantischer Strenge das gleiche Bogenmotiv mehrfach wiederholt wird: Einem tonnenüberwölbten Saal werden in der Länge jeweils drei Abseiten und in der Breite jeweils eine Abseite bzw. Apsis so zugeordnet, daß Höhe und Breite der einzelnen Raumkompartimente sich alleine aus den Radien der verbindenden Archivolten ergeben. Eine solche Auffassung von Architektur erinnert eher an die theoretisierende Frührenaissance Albertischer Prägung denn an römische Hochrenaissance, die das Regelwerk der Ordnungen nur noch als Vorwand, nicht aber mehr als Ziel ansah.
Der Zweite Weltkrieg hat die Innenausstattung weitgehend zerstört und dabei nicht nur die Altarretabeln und -gemälde vernichtet, sondern auch die Stuckzier bis auf wenige Reste. Der Stuck war eine Schöpfung des »Kalkschneiders« Eberhard Fischer von Babenhausen und überzog ehemals alle Gewölbe außer der Langhaustonne. In den ornamentalen Teilen wie auch den Rahmen herrschte noch das »Gepräge der deutschen Renaissance« (Joseph Braun) vor, in den in nur schwachem Relief ausgeführten figürlichen Darstellungen ist dagegen schon italienischer Einfluß spürbar. Kennzeichnend ist hier besonders das Bild der Verehrung des Namens Jesu in der Kuppel der Apsis. Heilige und Engel sind in mehreren Reihen übereinander angeordnet zur Verehrung des Christus-Zeichens im Zentrum. Gerade hier jedoch wird die fehlende Belichtung durch die vermauerte Laterne, die ikonographische Bedeutung hatte, schmerzhaft vermißt.

Schmerlenbach

Auch von dem ehemaligen Benediktinerinnenkloster Schmerlenbach unweit Aschaffenburgs haben sich außer der Kirche nur wenige baulichen Reste aus klösterlicher Zeit erhalten. In einsamer Lage bieten trotz großer Erweiterungsbauten aus neuerer Zeit die zahlreichen Gebäude des Klosterkomplexes bis heute das »eindrucksvolle Bild einer in sich geschlossenen, einsam aus dem Gelände sich erhebenden Klosteranlage« (Feulner/Röttger). Diese topographischen Merkmale sind schon deshalb von Belang, weil Schmerlenbach zunächst ein Zisterzienserinnenkloster war, das von Wechterswinkel aus besiedelt worden ist.
»St. Maria im Hagen», wie Schmerlenbach ursprünglich genannt wurde, ist eine Gründung von 1218 des Würzburger Domherrn und Propstes zu Mockstadt bei Büdingen, Gottfried von Kugelnberg. Offenbar sollte die fromme Stiftung vor allem als Hauskloster der Kugelnberger dienen, denn in der Folge leisteten zahlreiche Angehörige dieses Geschlechtes ansehnliche Zustiftungen und verbesserten damit die wirtschaftliche Ausstattung des Klosters. Für eine solche Deutung spricht auch die Nähe von Schmerlenbach zur Stammburg der Kugelnberger südöstlich von Goldbach. Unklar ist der rechtliche Status von Schmerlenbach innerhalb des Zisterzienserordens: Das Kloster wurde nie formell aufgenommen. Diese Tatsache und der Umstand, daß die seelsorgliche Betreuung von den Benediktinerabteien Seligenstadt und Amorbach geleistet wurde, sprechen dafür, daß Schmerlenbach während der Hochblüte des Zisterzienserordens zwar als Zisterze gegründet wurde und die Konventualinnen mehr oder weniger nach den Regeln dieses Reformordens lebten, das Kloster aber in der Praxis als ein dem Diözesanbischof unterstelltes Benediktinerinnenkloster galt.
In das späte 13. Jahrhundert fällt die endgültige Umwandlung in ein Benediktinerinnenkloster, die möglicherweise mit dem Aussterben der Stifterfamilie der Kugelnberger Mitte des 13. Jahrhunderts zusammenhängt. Später versuchte der Mainzer Erzbischof seinen Einfluß auf das Kloster zu stärken und konnte sich damit durchsetzen, wie seine Verfügung von 1313, nach der künftig nicht mehr als 32 Nonnen in Schmerlenbach Aufnahme finden sollten, erkennen läßt. Obwohl Kaiser Heinrich VII. von Luxemburg das Kloster von allen Abgaben und Lasten befreite und unter seinen Schutz stellte, gelang es ihm damit 1309 nicht, das Kloster in eine reichsunmittelbare Stellung zu bringen; der Einfluß der Territorialmächte war zu stark.

Bis in das 16. Jahrhundert konnte Schmerlenbach seinen weitverstreuten Besitz mehren. In einer Zeit, als andere Frauenklöster vom Aussterben bedroht waren, deutet eine rege Bautätigkeit auf ein intaktes Klosterleben der Benediktinerinnen hin: In der Regierungszeit der Äbtissin Elisabeth von Wertheim (etwa 1477–1525) wurde Schmerlenbach mit einer Mauer umgeben – eine Maßnahme, die durchaus programmatisch zu verstehen ist; dazu wurden das Konventhaus und einige Wirtschaftsgebäude neu errichtet.

In das beginnende 15. Jahrhundert datiert eine hervorragende Madonna aus Ton in der Art der Schönen Madonnen: Die Muttergottes trägt mit ihrem linken Arm, den sie auf die stark ausgebogene Hüfte gestützt hat, das unbekleidete Jesuskind. Anmut des Antlitzes und Eleganz der Bewegung, bei fast »barock« zu nennender Fülle des Faltenwurfes der Manteldraperie der Madonna – das sind die Haupteigenschaften dieser bemerkenswerten Plastik, die sie zu einer »Verwandten« der sogenannten »Madonna aus Venedig« im Düsseldorfer Kunstmuseum werden lassen.

In die gleiche Zeit, vielleicht etwas früher, gehört das Gnadenbild der »Muttergottes von Schmerlenbach«, die wegen ihres leidvollen Antlitzes – Ergebnis zahlreicher, teilweise arg stümperhafter Übermalungen – in Franken eine geradezu legendäre Bekanntheit erlangt hat. Eine durchgreifende Restaurierung im Jahr 1960 hat die Muttergottes von Schmerlenbach von diesen Übermalungen befreit, und aus einer »handwerklichen Schöpfung der Spätgotik« wurde ein »kostbares Kunstwerk von religiöser Strahlkraft«. Das Gnadenbild gehört zu jener Gruppe früher Vesperbilder, die in Frauenklöstern in der Zeit der Mystik besondere Verehrung fanden. Spätestens seit 1518 – dieses Datum war am Sockel der Plastik angebracht – ist eine Wallfahrt zu diesem Gnadenbild überliefert, die jedoch nur regionalen Charakter hatte. In neuester Zeit ist diese Wallfahrtstradition wiederbelebt worden und führt meist im Marienmonat Mai viele Tausend Gläubige im Rahmen einer großen Sternwallfahrt nach Schmerlenbach (Farbbild S. 25).

Die weitere Geschichte Schmerlenbachs ist dank der Forschungen von Franziskus Büll weitgehend erhellt. Link spricht in seinem »Klosterbuch« noch dunkel davon, daß »die Verwaltung und gute Ordnung« gerühmt werde »sowie die Sittlichkeit und tiefe Religiosität, die Bemühung für guten Kirchengesang und die Geschicklichkeit in weiblichen Arbeiten«. Obwohl dies Gemeinplätze sind, die sich auf nahezu jedes Frauenkloster anwenden lassen, geben sie doch Rückschlüsse darauf, wie Schmerlenbach die religiösen und kriegerischen Stürme der frühen Neuzeit einigermaßen unangefochten überstanden hat. Ausnahmen bestätigen auch hier die Regel, denn ein Visitationsbericht des Jahres 1638 notiert für die Zeit der Äbtissin Katharina Schall (1616–1638) nicht nur wiederholte Einbrüche schwedischer Soldateska und »Hanauer Räuber«, sondern offenbart mangelnde monastische Disziplin und Verrohung der Sitten. Die Nachfolgerin aber, Eva Franziska von Reigersberg (1638–1652), zeichnete sich durch außergewöhnliche klösterliche Strenge aus – und wurde 1652 abgesetzt.

Was die Klosterarbeiten betrifft, die Link anspricht, so haben sich solche in der Umgebung Schmerlenbachs zahlreich erhalten und bestätigen damit über ein Jahrhundert nach Link diese Nachricht.

Die barocke Erneuerung der Klostergebäude setzte 1691 ein, als der Mainzer Kurfürst Anselm Franz von Ingelheim das an die Kirche angrenzende Dormitorium neu erbauen ließ. Unter den beiden Äbtissinnen Maria Franziska von Münchhausen (1693–1734) und Maria Juliana von Murach (1734–1755) wurden die übrigen Gebäude erneuert, und die Kirche erhielt eine neue Ausstattung im Stil des Barock.

Die nachfolgende Äbtissin, Engelberta von Rodenhausen (1755–1800), jedoch hatte andere Pläne und berichtete wohl nicht ganz zufällig nach Mainz, daß die Kirche wegen Einsturzgefahr abgebrochen werden müsse. Sie hatte mit ihrer Eingabe offenbar Erfolg, denn der heute noch bestehende Bau ist »1759« datiert. Es handelt sich architektonisch um eine bescheidene Anlage mit saalartigem, schmal proportioniertem Langhaus und wenig eingezogenem, quadratischem Chor. Es hat jedoch den Anschein, als ob es sich 1759 nur um einen gründlichen Umbau der gotischen Klosterkirche gehandelt hat, nicht aber um einen völligen Neubau. Auch die Gliederung des Innenraumes bzw. des Äußeren mit Pilastern und Lisenen verrät eine handwerkliche Arbeit. Besser sind dagegen die Gewölbebilder in Langhaus und Chor: Im Langhaus sind die Glorie des heiligen Benedikt sowie Szenen aus dem Leben der heiligen Scholastika dargestellt. Der Chor weist ein Fresko der Heiligen Dreifaltigkeit mit Bildern der vier Kirchenväter in den Pendentifs darunter auf. Insgesamt darf man die Kirche von Schmerlenbach als typisches Beispiel einer handwerklichen Übersetzung der Baugedanken eines Balthasar Neumann ansehen.

Unter der letzten Äbtissin, Maria Antonia von Syrenburg (1800–1803), wurde Schmerlenbach 1803 säkularisiert. Nach nahezu 180 Jahren der Zweckentfremdung wurde der Ort wieder in den Dienst der Kirche

Schmerlenbach, ehem. Benediktinerinnenkloster. Kircheninneres von 1759 zum Altar hin. Seit 1985 unterhält die Diözese Würzburg in Schmerlenbach ein von Pallottinern geleitetes Exerzitien- und Bildungshaus.

gestellt. Nach gründlicher Renovierung und um zahlreiche Gebäude bereichert, bildet Schmerlenbach seit 1985 ein Exerzitien- und Bildungshaus der Diözese Würzburg. Die geistliche Leitung wurde der Pallottinischen Gemeinschaft übertragen, womit wieder klösterliches Leben zurückgekehrt ist.

Himmelthal

Unter den Klöstern des Mainvierecks ist Himmelthal nahe Obernburg u.a. deshalb erwähnenswert, weil sich dort das Wirken der Zisterzienserinnen und der Jesuiten ergänzt haben. Gegründet wurde das Kloster 1232. Damals übergaben Graf Ludwig II. von Rieneck und seine Gemahlin Adelheid ihr im Elsavatal gelegenes Landgut an den Würzburger Domherrn Salomon zur Errichtung eines Zisterzienserinnenklosters. Völlig uneigennützig war diese Stiftung jedoch nicht, denn das gräfliche Paar behielt sich eine Reihe von Rechten an dem neuen Kloster vor. 1234 sind königliche und päpstliche Privilegien überliefert, und mit der Übertragung der Pfarrei Erlenbach einschließlich des dortigen Patronates an das Kloster »Vallis coeli« durch den Erzbischof Siegfried III. von Mainz im Jahr 1236 waren alle Voraussetzungen für ein Aufblühen der Gemeinschaft gegeben. Wahrscheinlich war Himmelthal dem Zisterzienserinnenorden niemals förmlich inkorporiert gewesen, da es in den Beschlüssen des Generalkapitels nie erscheint. Dennoch waren die Äbte von Bronnbach und Ebrach dem Frauenkonvent mehrfach behilflich.

In seiner Frühzeit scheint Himmelthal ein gefragtes Kloster gewesen zu sein, denn 1242 konnte von hier aus ein Gründungskonvent in das Kloster Lichtenstern bei Heilbronn entsandt werden.

Das 15. Jahrhundert kündigt bereits den Niedergang von Himmelthal an. 1406 führte der Abt von Ebrach eine Visitation durch; eine Reihe von Urkunden zeugen vom Verkauf von Liegenschaften. 1516 fand eine erneute, strenge Visitation durch den Kanonikus Konrad Rucker aus Aschaffenburg statt, da man in Himmelthal »heilsamer Anordnung bedürfe«. Der Verfall war jedoch nicht mehr aufzuhalten: 1527 wurde eine Äbtissin aus Frauental eingesetzt. 1525, 1547 und 1552 gab es die bekannten kriegerischen Ereignisse, bei denen die Gebäude zerstört wurden. Der Konvent entvölkerte sich gänzlich. 1569 brachte die Einsetzung der Äbtissin Anna Geupel aus dem Benediktinerinnenkloster Schmerlenbach langjährige Auseinandersetzungen mit den evangelischen Grafen von Erbach, die sich als Rechtsnachfolger der ausgestorbenen Rienecker ansahen. Noch zu Lebzeiten der letzten Äbtissin übertrug der Mainzer Erzbischof die Liegenschaften von Himmelthal den Jesuiten in Aschaffenburg zur Bewirtschaftung; ein Akt, der erst 1618 endgültige Rechtskraft erhielt. Nach Aufhebung des Jesuitenkollegs wurden die Ländereien 1773 der Studienanstalt Aschaffenburg zugewiesen.

Bei der Kirche der Gründungszeit dürfte es sich nach den Rekonstruktionen von Riecke und Coester um ein saalartiges Langhaus mit zweijochigem, kreuzgewölbtem, gerade geschlossenem Altarhaus gehandelt haben; Reste sind im Sockel des jetzigen Chores erhalten.

1595 war das Kloster so ruiniert, daß dem visitierenden Abt Wiegand Mayer aus Bronnbach »die Haar zu Berg« standen. In der nach 1753 erbauten Kirche von Himmelthal hat man 15 Grabsteine vor allem des 14. Jahrhunderts von Äbtissinnen und Wohltätern des Klosters eingemauert. Es sind meist handwerkliche Arbeiten, an denen allenfalls auffällt, daß bei einigen Grabsteinen auf eine Bildnisdarstellung verzichtet wurde. So ziert die Platte der 1324 verstorbenen Katharina von Quiddenbaum aus Aschaffenburg ein symmetrisch stilisierter (Quitten-)Baum, begleitet von Weinreben mit pickenden Vögeln.

Die Aschaffenburger Jesuiten bauten die verfallenen Gebäude wieder auf, soweit sie für die Bewirtschaftung der Güter gebraucht wurden. Erst im 18. Jahrhundert hielt man den Bau einer neuen Kirche für notwendig. Zu Beginn der fünfziger Jahre errichtete Johann Martin Schmitt aus Miltenberg ein neues Gotteshaus, das 1752 von dem Maler Anton Mathiowitz aus Wetzlar und dessen Werkstatt mit Fresken ausgeschmückt wurde. Neben dem Chorbild mit der triumphierenden, von Jesuitenheiligen umgebenen Kirche, sind im Langhaus drei Plafonds mit Szenen aus dem Leben des heiligen Sebastian, des Kirchenpatrons, versehen. Auf dem Bild mit der Marter des Titelheiligen erkennt man im Hintergrund Himmelthal, so wie es in der Mitte des 18. Jahrhunderts ausgesehen haben dürfte.

◁

Himmelthal, ehem. Zisterzienserinnenkloster. Deckenbild »Marter des hl. Sebastian«, mit Darstellung des Klosters im Hintergrund, um 1753, von Anton Mathiowitz aus Wetzlar. Nach Aufhebung des Zisterzienserinnenklosters erhielten die Aschaffenburger Jesuiten 1618 endgültig die Bewirtschaftung der Klostergüter übertragen, woraufhin sie mit dem Wiederaufbau der verfallenen Gebäude begannen.

Die Bilder des Anton Mathiowitz in Himmelthal, wozu auch noch das Hochaltargemälde der Himmelfahrt Mariens und Bilder an den Kirchenwänden zu rechnen sind, bilden ein schönes Beispiel für eine handwerkliche, gar »provinzielle« Ausstattung, die durchaus nicht ohne Charme und Ausstrahlung ist.

Himmelthal, ehem. Zisterzienserinnenkloster. Grabstein der Äbtissin Katharina von Quiddenbaum († 1324), geziert mit einem stilisierten Quittenbaum und Weinreben, auf denen Vögel sitzen.

Kloster Engelberg

Der Engelberg, zu dem von Großheubach 670 Stufen hinaufführen, ist der südlichste Bergsporn des Spessart. Bereits in vorgeschichtlicher Zeit diente er als Kultplatz. Um das Jahr 1300, so nimmt man an, wurden dort eine Kapelle zu Ehren des heiligen Michael erbaut und eine Marienstatue aufgestellt. Schon für das Jahr 1406 ist eine vielbesuchte Wallfahrt auf dem Berg belegt, ebenso für 1469.

Erst knapp 200 Jahre später, im Jahre 1630, berief der Mainzer Erzbischof Anselm Kasimir von Wambold Kapuziner nach Engelberg. Mit der Vollendung des Klosterbaues 1639 wurde zugleich die Wallfahrtskirche vergrößert. 1698 wurde die Antoniuskapelle angefügt, der im Jahr darauf die Errichtung der Marienkapelle folgte. In diesem Zustand blieben Kirche und Kloster bis ins 19. Jahrhundert. Inzwischen waren 1828 die Kapuziner nach Aschaffenburg umgesiedelt und Franziskanermönche hatten auf Anordnung König Ludwigs I. die Wallfahrtseelsorge übernommen, die sie bis heute ausüben.

Baulich gesehen sind Kloster und Kirche eher bescheidene Anlagen, denen man die Errichtung in den Notzeiten des Dreißigjährigen Krieges durchaus anmerkt. Das herausragendste Kunstwerk ist ohne Zweifel die überlebensgroße Steinfigur des Kirchenpatrons St. Michael im Giebelfeld der Kirche über dem Portal, eine Arbeit des Bildhauers Zacharias Juncker d. Ä. von 1635. Die Betonung dieses Heiligen nach der Niederlage der Schweden und ihrer Vertreibung aus Franken läßt die Klosterkirche zu einem Denkmal des wiedererstarkten katholischen Glaubens im Dreißigjährigen Krieg werden.

▷

Schmerlenbach, ehem. Benediktinerinnenkloster. Gnadenbild der »Muttergottes von Schmerlenbach«, um 1400, mit freigelegter alter Fassung.

Amorbach

Die ehemalige Benediktinerabtei Amorbach im Odenwald zählt zu den ältesten und bedeutendsten Klöstern Frankens. Die Gründung selbst ist von zahlreichen Legenden umrankt, doch spricht vieles dafür, daß um 734 vermutlich die karolingischen Hausmeier der letzten Merowingerkönige das Kloster Amorbach in der Waldeinsamkeit für Mönche irisch-insularer Herkunft gegründet haben. Die Überlieferung berichtet davon, daß ein Graf Ruthard von Frankenberg der Stiftung den Boden bereitet habe. Sicher ist jedoch, daß der heilige Pirmin mit Amorbach nichts zu tun hat, wie dies eine im späten 15. Jahrhundert erstmals greifbare Überlieferung behauptet. Einen legendären Gründungsabt »Amor« gab es ebensowenig, wie sich eine Verbindung zum antiken Liebesgott herstellen läßt. Neuere Forschung leitet den Namen »Amorbach« vielmehr vom Sommergetreide »Ammer« ab. Andere Überlegungen wollen den Klosternamen mit dem spätlateinischen Wort »amara« für Moor, Sumpf in Verbindung bringen. Zu Zeiten des Klosters war man in dieser Frage jedenfalls in erheblicher Beweisnot: Zunächst leiteten die Mönche den Namen von einem heiligen Amor aus Münsterbilsen bei Lüttich ab. Später entdeckte man, daß dieser Heilige, von dem man sich sogar schon Reliquien besorgt hatte, erst lange nach Gründung von Amorbach gelebt hat. Dann brachte die benediktinische Hagiographie einen heiligen Amor aus dem Frühmittelalter in die Diskussion. Dieser war ein Schüler Pirmins, in dem man gerne den Gründungsabt von Amorbach gesehen hätte.

Das Kloster spielte in der von den Karolingern vorangetriebenen Sachsenmission eine wichtige Rolle und erhielt das neugegründete Bistum Verden an der Aller zur Christianisierung übertragen. Drei Äbte von Amorbach, Thanco, Harud und Spatto, waren in der ersten Hälfte des 9. Jahrhunderts zugleich Äbte von Neustadt am Main und Bischöfe von Verden. Aber auch am Landesausbau des Odenwaldes war Amorbach beteiligt: Gemeinsam mit Fulda von Breuberg aus, Lorsch im Zentrum und Amorbach im Osten teilten sich diese drei Benediktinerabteien die Kolonisierung und Besiedlung des Odenwaldes. Allein Amorbach, obwohl nie zu der Bedeutung und Eigenständigkeit wie Lorsch und Fulda aufgestiegen, konnte sich im Odenwald bis zum Ende des Alten Reiches halten und der Region auf diese Weise seinen Stempel aufprägen.

Nach dem Niedergang der Karolinger haben die herrschenden Geschlechter offenbar das besondere Interesse an Amorbach verloren. Nur so konnte es Bischof Bernward von Würzburg im Jahre 993 mit der Hilfe von gefälschten Urkunden gelingen, daß Amorbach dem Hochstift Würzburg übertragen wurde. Geschickte Politik und die Abgeschiedenheit des Ortes bewahrten Amorbach aber dennoch eine gewisse Selbständigkeit. In der Zukunft war die Geschichte der Abtei von einem Lavieren zwischen den verschiedenen Machtpositionen gekennzeichnet, die man zum Vorteil des Klosters auszunutzen verstand.

1016 bereits konnte Amorbach von Kaiser Heinrich II. seine Immunität zurückerlangen und schwang sich im Lauf des 11. Jahrhunderts zu einer Phase innerer und äußerer Blüte auf. 1018 wurde Abt Richard, der Amorbach seit 1012 vorstand, vom Kaiser zugleich zum Abt des Klosters Fulda berufen. Dort gründete er das Kloster Neuenberg, wo er 1039 auch begraben wurde.

In Amorbach selbst hielt sich 1010 der Benediktiner Theoderich von Fleury auf, und 1066 ist der berühmte Schreiber Otloh aus St. Emmeram in Regensburg hier nachgewiesen. Otloh hinterließ Amorbach zum Dank für die einjährige Gastfreundschaft ein von ihm abgeschriebenes Buch zur Erbauung für Kleriker und Laien, das außerdem eine Sprichwörtersammlung und eine Osterpredigt enthält.

Von Amorbach aus wurde im Zusammenhang mit der Gorzer Reform das Bamberger Michaelskloster mit einem neuen Konvent besiedelt. Zugleich war das 11. Jahrhundert von einer Hochzeit der Kunst begleitet: So wurde der sogenannte Watterbacher Tragaltar im Bayerischen Nationalmuseum in München – eine der bedeutendsten Goldschmiedearbeiten der Romanik – für Amorbach geschaffen.

◁

Amorbach, ehem. Benediktinerkloster. Blick auf die Dekkenfresken Matthäus Günthers von 1745. Nach einem von Abt Engelbert Kinbacher entworfenen Programm wird im Mittelschiff die Heilträchtigkeit des Benediktinerordens gefeiert, die in der Kuppel in eine »Apotheose« Benedikts und aller Heiligen des Ordens mündet.

Von der Klosteranlage der Romanik ist kaum etwas überkommen. Möglicherweise hatte die Krypta der Klosterkirche vier Stützen wie etwa jene des Fuldaer Klosters Neuenberg; weitere Spekulationen verbieten sich mangels sicherer Überlieferung. Die Kirche selbst wurde im 12. Jahrhundert durch einen romanischen Bau ersetzt, der vor allem im Bereich der Doppelturmfassade in den barocken Neubau des 18. Jahrhunderts Eingang gefunden hat.
Für das weitere Geschick des Klosters Amorbach war die Entwicklung einer beim Kloster gelegenen Marktsiedlung, die erstmals 1056 urkundlich genannt wird, von Belang. Konrad von Durne erhob diese Siedlung im Jahr 1253 zur Stadt. Mit diesem Vorgang, dem bereits um 1200 der Bau der nahegelegenen Wildenburg vorangegangen war, erreichte die Unterdrückung der Abtei durch die Herren von Durne ihren Höhepunkt. Die Herren von Durne leiteten ihren Machtanspruch über die Abtei aus der 1168 erfolgten Übertragung der Vogteirechte durch Kaiser Friedrich Barbarossa ab. Doch bereits wenige Jahre später endete der kometenhafte Aufstieg der Durne, die 1272 ihre Besitzungen an das Erzstift Mainz übergeben mußten. Für Amorbach waren damit in geradezu typischer Weise auf Jahrhunderte hinaus die Machtverhältnisse geteilt: Die weltliche Herrschaft lag in Mainz und die geistliche beim Bischof von Würzburg.
Trotz dieser unruhigen Jahre hatte Amorbach damals Anteil an der Blüte deutscher Bildhauerkunst des 13. Jahrhunderts, wie dies eindrucksvoll die im sogenannten »Kirchgang« eingemauerten Spolien von Kapitellen und Säulen belegen.
Obwohl es Amorbach gelungen war, sich zwischen den Machtblöcken zu behaupten, ist das 14. Jahrhundert von einer deutlichen Verrohung der Sitten und einem allgemeinen Niedergang der klösterlichen Gemeinschaft gekennzeichnet. Erst Abt Dietrich von Kuntich (1406–1428) konnte unter großem, oft sein eigenes Leben gefährdendem Einsatz die Bursfelder Reform in Amorbach durchführen. Wie hart damals um die Vorherrschaft im Kloster gekämpft wurde, ist schon daraus ersichtlich, daß Abt Dietrich jahrelang in dem Klosterhof in Kirchzell residieren mußte und seine Abtei nur unter dem Schutz einer Leibwache aufsuchen konnte; sein Prior war gar von den »Mitbrüdern« im Kloster erschlagen worden.
Hauptergebnis der erfolgreichen Reformbemühungen des Abtes war, daß künftig auch Nichtadelige ins Kloster eintreten konnten.
Im Inneren war Amorbach so gestärkt, daß es die Reformation unbeschadet überstand. Vielleicht gerade deshalb wurde das Kloster während der Regierungszeit des Abtes Jakob Zweifel (1517–1532) von aufrührerischen Bauern schwer heimgesucht. Götz von Berlichingen war persönlich dabei, als das Archiv mit den verhaßten Zinsbüchern geplündert und die Bibliothek verwüstet wurden.
Ähnlich schlimm erging es Amorbach im Dreißigjährigen Krieg. 1632 wurde das Kloster sogar aufgehoben, als es der damals in Franken siegreiche Schwedenkönig Gustav Adolf dem Grafen von Erbach schenkte. Doch mit dem Untergang der Schweden in der Schlacht von Nördlingen fand dieser Spuk 1634 sein Ende.
Nach dem großen Krieg versuchte Fürstbischof Johann Philipp von Schönborn (1642–1673), der Würzburg und Mainz in einer Hand vereinte, die verworrenen Machtverhältnisse in Amorbach neu zu ordnen und damit zugleich die Macht des Klosters zu schwächen. Amorbach, das mit dem bisherigen Geflecht diverser Zuständigkeiten recht gut gefahren war, hatte deshalb bis weit in das 18. Jahrhundert mit der Verteidigung altüberkommener Rechte und Gewohnheiten zu kämpfen. Vielleicht nicht zuletzt deshalb verfügte die Abtei erst spät über die notwendigen finanziellen Mittel, um sich unter die Bauherren einzureihen und dem barocken »Bauwurm« zu frönen. Ein willkommener Anlaß war das 1000jährige Klosterjubiläum 1734, das Abt Engelbert Kinbacher (1727–1753) nutzte, um aller Welt die vielhundertjährige Geschichte der Benediktinerabtei vor Augen zu führen. Die Festschrift dazu verfaßte der Würzburger Benediktiner und Historiker Ignaz Gropp. Damals entstand von der Hand des Johann Salver eine aquarellierte Federzeichnung, die die Ansicht der Abtei vor der barocken Erneuerung zeigt: Die Vogelschau-Darstellung führt eine eigene, von einer hohen Mauer umschlossene »Klosterstadt« vor, deren Gebäudebestand jede Symmetrie und Regularität vermissen läßt; ein Faktum, das aus Sicht der Barockzeit als Begründung für Neubauten genügt haben mag.
Trotz großer Anstrengungen konnte Amorbach jedoch sein Gesicht nicht mehr völlig verändern. Zwar gelang es noch, zwischen 1743 und 1747 die Kirche selbst glanzvoll zu erneuern, doch beim Neubau von

▷

Amorbach, ehem. Benediktinerkloster. Über der durch Maximilian von Welsch zwischen 1742 und 1747 vorgeblendeten barocken Schaufassade wachsen die romanischen Türme der Abteikirche empor.

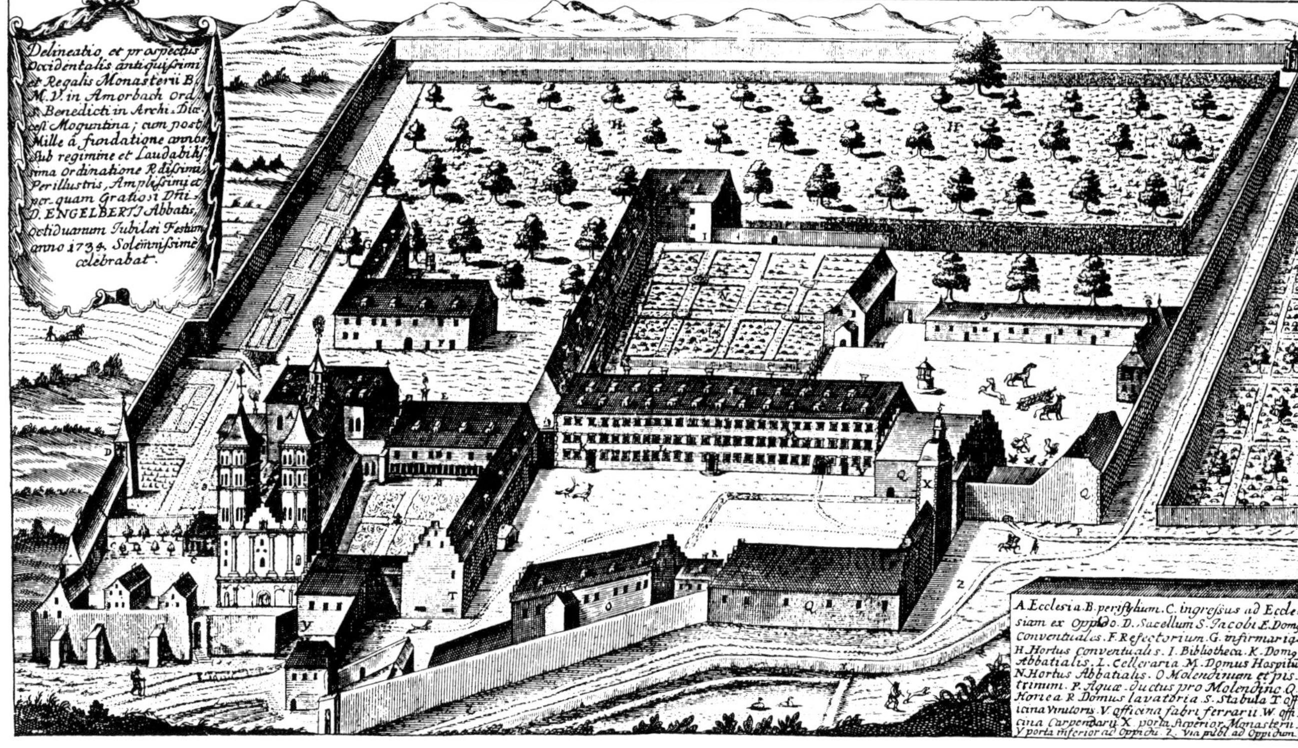

Amorbach, ehem. Benediktinerkloster. Ansicht aus der Vogelperspektive, Kupferstich von 1736.

Abtei- und Konventsbauten, der ab 1783 einsetzte, war buchstäblich die Farbe an den Wänden noch nicht einmal getrocknet, als das Kloster 1803 säkularisiert wurde. Anders als die meisten fränkischen Klöster kam Amorbach nicht an die bayerische Krone, sondern wurde dem Fürsten zu Leiningen als Entschädigung für dessen verlorene Stammlande in der linksrheinischen Pfalz zugesprochen. Die Benediktiner wurden, soweit sie nicht in der Pfarrseelsorge eingesetzt werden konnten, mit zum Teil großzügigen Pensionen bedacht.

Da das Fürstenhaus evangelisch war, wurde aus der katholischen Abteikirche fortan eine evangelische Hofkirche. Damit war wenigstens die bauliche Erhaltung dieses barocken Kleinods gesichert; eine Leistung, die angesichts der andernorts konstatierten kulturellen Barbarei des jungen bayerischen Königtums nicht genug hervorgehoben werden kann.

Bei der Aufhebung war die Abteikirche gerade etwa 60 Jahre alt. Nach einer nicht en detail nachzuvollziehenden Planungsgeschichte, die um 1741 ihren Höhepunkt erreichte und in der außer den Rissen des alten Mainzer Generals Maximilian von Welsch auch solche Balthasar Neumanns und Justus Heinrich Dientzenhofers eine Rolle gespielt haben müssen, wurde die Kirche nach Welschs Plänen zwischen 1742 und 1747 erbaut. Der Baumeister hatte dabei als Vorgabe, die beiden Türme des 12. Jahrhunderts in seine Konzeption einzubeziehen. Dies geschah sicher nicht nur aus Kostengründen, sondern darin ist vor allem eine Demonstration des hohen Alters der Kirche und des Klosters zu vermuten. Der Grundriß lehnt sich ebenfalls an den des romanischen Vorgängerbaues an: kreuzförmige Anlage mit basilikalem Aufriß, vierjochiges Langhaus mit Tonnengewölbe, flache Pendentifkuppel in der Vierung; Querhaus und Chor sind wie das Langhaus überwölbt. Insge-

▷

Amorbach, ehem. Benediktinerkloster. Im Kircheninneren fügen sich der Dreiklang von Marmor, weißem Stuck und vergoldeten Ornamenten der Stukkateure Feichtmayr und Üblher zu einer festlichen Inszenierung des Rokoko, in der die Fresken des Matthäus Günther wie Edelsteine in einer kostbaren Fassung eingebettet sind. Hauptstücke der bedeutenden Ausstattung bilden außerdem die 1748–1750 geschaffene Kanzel Johann Wolfgang von der Auweras und die Orgel von 1748–1782 aus der Stummschen Werkstatt in Sulzbach.

samt eine recht konservativ anmutende Architektur – Musterstück einer schlichten »Normalbasilika«, ohne eigene Erfindung (Bernhard Schütz).
Amorbach fehlt jene Leichtigkeit, wie sie etwa die Architekturen eines Balthasar Neumann auszeichnet und die zum Beispiel in der gleichzeitig erbauten Wallfahrtskirche Vierzehnheiligen einen Höhepunkt erlebte. Fritz Arens hat dies ebenfalls mit ikonographischen Überlegungen zu begründen versucht und daran erinnert, daß mit einer solchen »historisierenden« Architektur das hohe Alter der Kirche erneut unterstrichen werden sollte. Es darf nicht vergessen werden, daß der Aufriß der Amorbacher Kirche und dessen Lichtführung eine zeitgemäße barocke Sprache spricht, einzig darauf ausgerichtet, dem Stuck und den Fresken genügend Licht zu verschaffen.
Ein Hauptstück der Architektur ist die Fassade und die ihr vorgelagerte Freitreppenanlage, die den ganz erheblichen Höhenunterschied zwischen Kloster und Stadt Amorbach (sic!) überbrücken soll: Wenn auch die romanischen Türme noch eine wahrhaft trutzige Sprache sprechen, so ist diese Treppenanlage mit ihren vier Läufen und zwei Podesten eine einzigartige Einladung, die Stufen zu betreten und zur Kirche emporzusteigen. Die Fassade selbst ist als Schauwand den Türmen vorgeblendet und in ihrer Architektur typisch für Maximilian von Welsch. Sie prunkt weniger durch architektonische Finessen, wird nicht selbst zum Ornament, sondern arbeitet vielmehr die skulpturalen Details heraus. Der Hauptakzent liegt auf dem Mittelportal, dort mündet auch die Freitreppe.
Die Architektur des Innenraumes wird zurückgedrängt und überformt durch die Ausstattung, deren Hauptmeister die Stukkatoren um Johann Michael Feichtmayr und Johann Georg Üblher waren. Beide hatten zuvor schon in Neumanns Münsterschwarzacher Abteikirche gewirkt und prägten auf diese Weise der »Mainzer« Barockarchitektur Anmutungen des »Würzburger« Rokoko auf. Wenn nicht alles täuscht, ist die Amorbacher Abteikirche gerade wegen der Stuckausstattung gut geeignet, eine Vorstellung vom Charakter der Ausstattung der verlorenen Abteikirche von Münsterschwarzach zu vermitteln. Hier wie dort herrschte bzw. herrscht in der Raumwirkung ein festlicher Dreiklang von Marmor, weißem Stuck und vergoldeten Flächen vor, in die sich die Fresken wie Edelsteine in eine kostbare Fassung einfügen.
Die Wirkung des plastischen Stucks wird gesteigert durch die 1745 entstandenen Fresken des Augsburgers Matthäus Günther, der ebenfalls zuvor in Münsterschwarzach gearbeitet hatte. Das von Abt Engelbert Kinbacher persönlich entworfene »Programm« der Fresken feiert im Mittelschiff die Heiligkeit und Heilträchtigkeit des Benediktinerordens, welche in der Kuppel in eine »Apotheose« Benedikts und aller Heiligen des Ordens mündet.
In den Kapellen der Seitenschiffe und Querhausgewölbe sind die spezifisch amorbachschen Heiligen sowie die Nebenpatrone der Abteikirche vorgestellt. In die biblisch-historischen Geschichten sind Ereignisse und Personen aus Amorbach hineinverwoben worden: Wie selbstverständlich präsentiert sich der Bauleiter der Kirche, Häffelein, im Hauptfresko im Mittelschiff, das die Erbauung von Benedikts Kloster auf dem Monte Cassino zum Thema hat. So gesehen unterstützen auch diese Fresken das Bemühen Amorbachs, seine lange geschichtliche Tradition und Notwendigkeit für die Zukunft zu beweisen.
Ganz auf der Höhe ihrer Zeit ist die Altarausstattung mit den Retabeln, wieder von der Hand des Johann Michael Feichtmayr und des Johann Georg Üblher. Altäre und Stukkierung »überspielen« das architektonische Gerüst und lassen die Abteikirche von Amorbach zu einem Hauptwerk unter den deutschen Barockkirchen werden.
Drei weitere Ausstattungsdetails, um nur die bedeutendsten herauszugreifen, haben an dieser Einschätzung Amorbachs großen Anteil: die Kanzel des Johann Wolfgang von der Auwera mit ihrer zweifachen Stiege, das prachtvolle Chorgitter des Marx Gattinger und die Orgel aus der Stummschen Werkstatt auf der Westempore.
Die Ausstattung zog sich über viele Jahre hin, und die eben erwähnte Orgel entstand zum Beispiel erst zwischen 1774 und 1782. Daran waren sowohl die doch ganz erheblichen finanziellen Belastungen durch den Kirchenbau selbst schuld als auch die Kontributionszahlungen, die der Siebenjährige Krieg zwischen 1756 und 1763 erzwang. Die Erneuerung der übrigen Konventgebäude konnte deshalb gar erst zwischen 1783 und 1789 fortgeführt werden. Zuerst begann man dabei mit einem Verbindungsflügel zur Kirche. Nach den Plänen des Franz Ignaz Michael Neumann wurde anschließend der langgestreckte Ostflügel erbaut; ein

▷

Amorbach, ehem. Benediktinerkloster. Der 1798 vollendete Bibliothekssaal im nördlichen Eckpavillon des ehem. Konventbaues ist eine Schöpfung des reinsten Klassizismus, mit dem sich das Kloster selbstbewußt, aber letztendlich erfolglos gegen die drohende Säkularisation stemmte.

Amorbach, ehem. Benediktinerkloster. Der Grüne Saal im südlichen Eckpavillon erinnert unter anderem mit den Standbildern der Gründer Karl Martell und Gaugraf Ruthard an die tausendjährige Geschichte des Klosters. Die klassizistische Ausstattung schuf 1792/93 Andreas Dittmann.

Teil der von diesem Baumeister geplanten Regulierung der Klosteranlage. Diese zeitliche Verzögerung bewirkte bei der Innenausstattung der Konventbauten eine völlige stilistische Neuorientierung hin zum Klassizismus, die in der Bibliothek, dem Grünen Saal, dem Refektorium und dem Appartement des Abtes kulminieren. Dort bot Amorbach ein letztes Mal die ganze Beredsamkeit allegorischer Darstellungskunst etwa des Malers Konrad Huber aus Weißenhorn oder des Stukkateurs Andreas Dittmann auf. Noch einmal wurde im Grünen Saal mit den überlebensgroßen Standbildern des Klostergründers Karl Martell und des Gaugrafen Ruthard die lange Geschichte der Abtei heraufbeschworen. Die Amorbacher Bibliothek, die sich mit ihren Bücherkästen auf drei umlaufenden Galerien in einem Pavillon des ehemaligen Konventbaues befindet, ist eine Schöpfung reinsten Klassizismus' voller gelehrter Anspielungen im ikonographischen Programm der Ausstattung des Schnitzers Bonaventura Berg und des Malers Konrad Huber: Dieses »Reich der Wissenschaften« – so das Programm der Fresken – ist noch immer ein »Elfenbeinturm« benediktinischer Gelehrsamkeit, selbst wenn die Bücherschätze aus der Zeit des Klosters längst verkauft worden sind.

▷

Triefenstein, ehem. Augustinerchorherrenstift. Die ab 1687 erbaute Barockkirche wurde im Inneren unter Propst Melchior Zösch (1783–1803) durch den Stukkateur Materno Bossi im Stil des Klassizismus überformt. Die Deckenfresken des Januarius Zick von 1786 illustrieren das Wirken der Apostelfürsten Petrus und Paulus, der beiden Patrone der ehem. Stiftskirche.

Ignoto
DEO.

Neustadt a. M., ehem. Benediktinerkloster. 1803 säkularisiert, befindet sich dort heute ein Dominikanerinnenkloster.

Grünau

Die Überreste des ehemaligen Kartäuserklosters Grünau liegen an versteckter Stelle im Südspessart nahe Hasloch im Kropfbachtal. Nachweislich seit 1216 befand sich dort eine Kapelle zu Ehren der Gottesmutter und der Heiligen Nikolaus und Laurentius. Wegen ihrer Reliquien und eines 1297 verliehenen Ablasses war die Kapelle im 14. Jahrhundert ein beliebtes Wallfahrtsziel.

1328 stiftete Elisabeth, Gräfin von Wertheim, ihren Besitz zur Gründung einer Kartause bei dem Gut Grünau. Die Vogtei über das Kloster erhielten die Grafen von Wertheim. Der Gründungskonvent kam 1333 aus Mainz mit Heinrich Spiegel als Prior. Über ein Jahrhundert diente die ältere Marienkapelle dem Kloster, denn erst 1446 ist die Rede von einer Erweiterung und einer Weihe durch Bischof Hermann. Wahrscheinlich von Anfang an war in Grünau die Grablege der Grafen von Wertheim. Nicht völlig geklärt ist ferner, ob von Grünau aus die Kartause im thüringischen Erfurt besiedelt worden ist.

Zu Beginn des 16. Jahrhunderts mehren sich die Nachrichten über Mißstände im Kloster, und 1523 wurde Prior Michael Lemlein nach einer Visitation abgesetzt. Dies verhinderte jedoch nicht, daß Lemlein später noch zweimal zum Prior gewählt werden konnte. Wichtiger war, daß sich 1525 Graf Georg von Wertheim zur lutherischen Reformation bekannte und 1545 die Verwaltung der Güter an sich zog. Formell bestand die Kartause noch, wenn auch unter schlimmen Umständen: drei Mönche lebten dort. Einem zeitgenössischen Bericht zufolge hat sich ein Prior »zu todt gebuhlet, der ander zu todt getrunken, der dritt ist aus dem Kloster gegangen, weil er es nit allein verwalten durfte«. Die tatsächlichen Umstände der Aufhebung durch den Wertheimer Grafen 1557 sind ungeklärt. Auf der einen Seite ist die Rede von einer gewaltsamen Aufhebung und auf der anderen Seite wird dem letzten Prior vorgeworfen, eigenmächtig aus der Kartause »entwichen« zu sein und auf diese Weise den Grafen provoziert zu haben.

Der abgesetzte Prior Mathias de Monte suchte die Unterstützung seines Ordens und der Bischöfe von Mainz und Würzburg. Zur Wiedererrichtung wurde sogar ein Prozeß beim Reichskammergericht und ab 1615 beim Hofkammergericht geführt. Während des Dreißigjährigen Krieges, zu Zeiten der Besetzung der

Grünau, ehem. Kartäuserkloster. Die teilweise ruinösen Überreste der 1557 aufgehobenen Kartause liegen an versteckter Stelle im Spessart. Die Fischteiche im Vordergrund erinnern an die strengen Fastenbestimmungen des Ordens.

Grafschaft Wertheim durch kaiserliche Truppen, schien sich das Blatt für einige Jahre zu wenden, und 1629 kehrten die Mönche zurück. 1631 flohen sie erneut vor den heranrückenden Schweden. 1635 gab Graf Johann Dietrich von Löwenstein-Wertheim den Mönchen Grünau zurück; der Personalstand wurde auf vier Kartäuser festgelegt.
Bis zur Säkularisation des Jahres 1803, bei der die Besitzungen an das gräfliche Haus Löwenstein-Freudenberg fielen, scheint Grünau sich eines bescheidenen Wohlstandes erfreut zu haben, ohne daß es zu größeren Leistungen auf irgendeinem Gebiet kam.

Grünau heute, das ist zunächst ein einsam, aber idyllisch gelegenes Ausflugslokal mitten im Wald, von Fischteichen umgeben. Die ehemalige Kartause ist noch weitgehend von jener Mauer umringt, die zuletzt 1779 erneuert wurde. Damals wurde auch das Hauptportal errichtet, durch das man heute das Gelände betritt. Linkerhand erkennt man die Reste der Kirche im Gewand einer Scheune. Insgesamt erweckt das Ganze den Eindruck, als sei die Kartause von Grünau selbst in ihren besseren Tagen nie über die Bedürfnisse des Zweckmäßigen hinausgelangt.

Triefenstein

Die Wirren des Investiturstreites, die in Würzburg während der Zeit des Bischofs Adalbero (1045–1090) ihren Höhepunkt erlebten, blieben in ihren Auswirkungen nicht nur auf die Bischofsstadt beschränkt. Vor dem Hintergrund des erbitterten Streites um geistliche und weltliche Macht verließ Dekan Gerung das von Adalbero gegründete Stift Neumünster in Würzburg und gründete 1088 gegenüber von Lengfurt auf einer Anhöhe bei einer schon bestehenden Peterskapelle eine Klostergemeinschaft nach der Regel des heiligen Augustinus. Die klostereigene Überlieferung sieht gar den in Würzburg obsiegenden Bischof Emehard als Gründer Triefensteins, der Gerung nur als ersten Propst einsetzte. Tatsache ist, daß Emehard die junge Gründung 1102 ausdrücklich anerkannte und durch Zustiftungen förderte. Ähnliches erfolgte durch das Kloster Neustadt am Main. 1123 endlich bestätigte auch Papst Kalixt II. Triefenstein.
Offensichtlich überdeckten bald realpolitische Überlegungen das anfangs aus reformatorischem Eifer begonnene Werk, denn die Bischöfe von Würzburg sahen in Triefenstein zugleich ein ihnen direkt unterstelltes, vogtfreies Kloster, das zu besitzen einen realen Machtgewinn in der Region darstellte. Bis in das 16. Jahrhundert kam es deshalb immer wieder zu Schenkungen und Übertragungen von Rechten. Abgesehen vom Landbesitz, gründete sich der frühe Wohlstand von Triefenstein auf den Weinbau. Das Stift besaß große Teile des bekannten Weinberges Kallmuth bei Homburg. Außerdem schenkte Bischof Emehard der jungen Gründung die einträgliche Mainfähre in Lengfurt an der wichtigen Fernhandelsstraße von Würzburg nach Frankfurt. 1421 besaß das Stift Zins und Gültgefälle in 49 Orten der Umgebung.
Solcher Zuwachs an Einfluß mußte natürlich andere in der Gegend beheimatete Mächte auf den Plan rufen. Gerade die Grafen von Wertheim versuchten wie in Holzkirchen besonders seit dem 15. Jahrhundert auf die verschiedenste Weise, wenn nötig sogar mit Gewalt, die Macht in von Triefenstein abhängigen Orten an sich zu reißen. Diese Versuche hatten zunächst wenig Erfolg, da sich das Stift immer wieder des Schutzes von Würzburg versichern konnte: In höchster Bedrängnis übergab es 1504 die Vogtei in Rettersheim, Unterwittbach und Wiebelbach an Würzburg und entzog sie damit den Wertheimern. Erst 1623, als Wertheim seinerseits stark geschwächt war, erhielt Triefenstein diese Orte von Würzburg zurück.
Obwohl das Stift damit dem Recht nach seine Ansprüche behaupten konnte, galt dies in der Praxis während des unruhigen 16. Jahrhunderts wenig. Im Bauernkrieg fielen die Stiftsbauern ab und schlossen sich dem Wertheimer Grafen an, der auf seiten der Aufständischen stand. Diese »Irrungen« dauerten das ganze Jahrhundert an; denn viele der Klosteruntertanen weigerten sich, die fälligen Abgaben an Triefenstein zu zahlen; meist zog sie dann der Wertheimer

Triefenstein, ehem. Augustinerchorherrenstift. Lage des »Klosterschiffes« auf hohem Bergsporn über dem Maintal. Lithographie von A. Schleich, um 1850. Ende der achtziger Jahre nahm die evangelische Christusträger-Bruderschaft die klösterliche Tradition des Ortes wieder auf.

Graf ein. Es verwundert deshalb nicht, daß 1564 nur noch vier Chorherren in Triefenstein lebten, obwohl die Reformation selbst das Stift kaum berührt hatte. Merkwürdigerweise bemühte sich gerade Fürstbischof Julius Echter (1573–1617), der sonst manches marode Kloster zugunsten seines Spitals oder seiner Universität in Würzburg einfach aufgehoben hat, um den Erhalt des Augustinerchorherrenstiftes. In einer ungewöhnlichen Maßnahme berief er einen Benediktiner aus Theres zum Administrator des Stiftes. Mit Erfolg, denn mit dem wirtschaftlichen Aufstieg begann sich in der Folgezeit auch das geistliche Leben zu erneuern. Der heiligmäßige Propst Johann Molitor (1617–1637), der zugleich dem Stift Heidenfeld bei Schweinfurt vorstand, war ein bekannter aszetischer Schriftsteller und gilt als der zweite Stifter Triefensteins.

Neue Rückschläge gab es während des Dreißigjährigen Krieges, als das Stift als schwedisches Geschenk zwischen 1632 und 1634 an den Grafen von Löwenstein-Wertheim gelangte. Wieder einmal standen die Wertheimer im richtigen Augenblick auf der richtigen Seite. Nach der schwedischen Niederlage 1634 konnten die Augustinerchorherren jedoch zurückkehren. Trotzdem war Triefenstein bis zum Ende des Alten Reiches von den quälenden Streitereien der zurückliegenden Jahrhunderte gezeichnet und hatte große Teile seiner Rechte und Einkünfte für immer verloren. 1683 besaß das Stift nur noch in 27 Dörfern Gefälle »an beständigen Erden«, wovon zahlreiche Dörfer jedoch schon jahrelang keine Abgaben mehr leisteten. Dazu kamen ungeeignete Pröpste, die die Not des Stiftes mehrten.

1706 unternahm man einen neuen Anfang und sandte die Novizen ins Kloster Rebdorf bei Eichstätt, die dort wieder in die verlorengegangene geistliche Disziplin eingewiesen werden sollten. Trotzdem ging es weiter abwärts. Waren es 1741 20 Chorherren und ein Konverse, so lebten 1783 nur noch 17 Chorherren in Triefenstein. Angesichts dieser äußeren Bedingungen verwundert es, daß die Klosterkirche unter dem letzten Propst Melchior Zösch (1783–1803) eine neue Ausstattung erhielt. Wie in Amorbach bedeuteten diese letzten Anstrengungen nurmehr den Epilog zu

einer rund 700jährigen Geschichte des Augustinerchorherrenstiftes, das 1803 dem Fürsten Löwenstein-Wertheim-Freudenberg zugesprochen wurde; Wertheim hatte sich endlich durchgesetzt! Bis 1986 blieben die zuletzt völlig verwahrlosten Gebäude im Besitz dieses Hauses, bis sie an die evangelische Christusträger-Bruderschaft verkauft wurden.
Schon von weitem grüßen Kirche und Klostergebäude von Triefenstein in das Maintal hinunter. Sie sind wegen dieser malerischen Lage seit der Romantik unzählige Male von Künstlerhand »porträtiert« worden. Fast scheint es, daß in Triefenstein, ähnlich wie in Banz, etwas von der monumentalen Erscheinung z. B. der großen österreichischen Stiftsanlagen verwirklicht worden ist, bei denen Bau und Landschaft zu einer Einheit verschmolzen sind. Sicher ist die Kirche mit ihren beiden Chortürmen ein die Umgebung dominierendes Gebäude, dem sich die Anlage des Konvents unterordnet, aber was der Blick aus der Ferne verspricht, löst die Ansicht aus der Nähe nicht ein. Die Enge des schmalen Bergsporns und letztendlich die fehlende »Größe« von Bauherren und Baumeistern haben hier eine Chance vertan.
Die vier Flügel der zwischen 1696 und 1715 erbauten Konventsanlage passen sich dem Gelände an und versuchen nur insofern zu einer gewissen Regularität zu kommen, als der gegen die Kirche gelegene Ostflügel durch kurze Anbauten einen Vorhof vor der Kirchenfassade zu bilden versucht. Drängende Enge ist die Folge. Auch die 1687 bis 1694 erbaute Kirche, die vermutlich nach Plänen des Petrini-Mitarbeiters Valentino Pezzani und unter Mitwirkung des Würzburger Stadtzimmermanns Joseph Greising entstanden ist, bietet von der Architektur her wenig: ein einschiffiger, tonnenüberwölbter Saal zu fünf Jochen mit kurzem, fünfseitig geschlossenem Chor und zwei Chortürmen auf romanischem Unterbau. Ihren künstlerischen Rang erhält die Stiftskirche von Triefenstein allein durch ihre klassizistische Ausstattung, die im Zusammenwirken von Materno Bossi, Johann Peter Wagner und Januarius Zick geschaffen wurde.
Diese späte Ausstattung der Kirche am Vorabend der Säkularisation hat das Innere des Gotteshauses völlig im Stil des Klassizismus überformt und stellt, von Ebrach einmal abgesehen, das bedeutendste erhaltene Beispiel im Fränkischen dar. Die Farbfassung ist auf den Dreiklang Weiß, Meergrün und Mattgold beschränkt, gegen den die kräftige Farbwirkung der Deckenfresken kontrastiert, ohne jedoch in der Gesamtwirkung »auseinanderzufallen«.
Materno Bossi griff in seinen Stuckdekorationen auf ältere Renaissancemotive zurück und gliederte die Wände durch komposite Scheinsäulen mit Gebälk. Die Gurtbogen hat er durch Flechtbandmuster und Kassettierungen betont. Adolf Feulner hat in diesem Zusammenhang den Eindruck der Dekoration einmal als »voll und saftig« charakterisiert, der nicht so sehr sich aus der Architektur entwickelt habe, sondern Schmuck der Architektur geworden sei. In diese Dekoration, auch in den oben beschriebenen Farbklang der Fassung, fügen sich Altäre und übriges Mobiliar trefflich ein.
Die Fresken sind Arbeiten des Januarius Zick. Vor diesem war schon der Mainzer Akademiedirektor Giuseppe Appiani in Triefenstein tätig gewesen, den vermutlich seine Fresken in der Würzburger Jesuitenkirche empfohlen hatten. Als Zick 1786 die Arbeit aufnahm, ließ er aus Gründen stilistischer Einheit das, was sein Vorgänger schon gemalt hatte, wieder abschlagen und begann von neuem. Seine Fresken illustrieren auf verschiedene Weise das Wirken der beiden Apostelfürsten Petrus und Paulus, der Kirchenpatrone. Von West nach Ost sind die Heilung des Lahmen durch Petrus, die Bekehrung des Paulus, Paulus in Athen, die Übergabe der Schlüssel an Petrus und, im Chor, die Glorie von Petrus und Paulus dargestellt. Unter der Eingangsempore hat Zick das Gleichnis vom Zöllner und Pharisäer und über der Orgel musizierende Engel freskiert.
Januarius Zick war es in Triefenstein endlich einmal gelungen, seine »Visitenkarte« im Fränkischen abzugeben. Durch seinen Vater Johann war er Würzburg zur Schönbornzeit eng verbunden gewesen, hatte es damals aber nie geschafft, einen eigenen größeren Auftrag zu erhalten, von Altargemälden etwa für das Benediktinerkloster Münsterschwarzach einmal abgesehen. Als er die Fresken für Triefenstein sozusagen aus zweiter Hand übernahm, stand er auf der Höhe seines Schaffens: Die Arbeiten für Kloster Wiblingen waren abgeschlossen, ebenso Oberelchingen und Rot an der Rot. Dazu kamen 1785 Fresken für das kurfürstliche Schloß in Koblenz und zahlreiche andere Werke. Trotzdem liegt in Zicks Schaffen eine gewisse Tragik, da er, angesiedelt an der Wende zwischen Rokoko und Klassizismus, in einer politisch und gesellschaftlich unruhigen Zeit lebte und als Maler letztendlich daran scheiterte. Auch die Arbeiten in Triefenstein lebten von der Kompromißfähigkeit Zicks, der sich mit seiner Malerei immer mehr zu einem »Flächendekorateur« entwickelte, dessen zarte Farbigkeit der Fresken eine malerische Harmonie mit der Stuckdekoration anstrebte.

Die Ausstattung war noch in vollem Gange, als die Säkularisation hereinbrach. Dies wird besonders dadurch anschaulich, daß die Orgel in großen Partien bis heute ohne farbige Fassung geblieben ist. Indem man daran erinnert, wird einem einmal mehr der desolate Gesamtzustand des Inneren vor Augen geführt, wie er über viele Jahre bestand: Alle beweglichen Teile, wie Altäre, Beichtstühle, Chorstallen usw., waren abgenommen und lagen in Einzelteile zerlegt herum. An den Wänden waren Restaurierungen begonnen worden. Erst mit dem Einzug der Christusträger-Bruderschaft fand dieser unwürdige Zustand ein Ende, und die Kirche konnte nach Abschluß der Restaurierungen Ende 1990 für diesen evangelischen Orden neu geweiht werden.

Holzkirchen

Die Geschichte fränkischer Klöster ist in ihrer Frühzeit zu einem nicht unwesentlichen Teil vom hessischen Benediktinerkloster Fulda mitgeschrieben worden. Vor allem im 9. Jahrhundert konnte Fulda in Franken ausgedehnten Grundbesitz erwerben; zahlreiche kleine adelige Eigenklöster wurden ihm geschenkt.

Mit dem Erstarken der Macht der Würzburger Bischöfe bzw. Fürstbischöfe ist Fuldas Einfluß zwar zurückgedrängt worden, aber in der fuldischen Propstei Holzkirchen hat sich bis zum Ende des Alten Reiches eine Enklave der Bonifatiusabtei behaupten können.

Die Gründung von Holzkirchen hat wie die von Amorbach ihre Wurzeln in vorkarolingischer Zeit und geht auf einen Grafen Throand aus hoher adeliger Familie zurück, der das Kloster um die Mitte des 8. Jahrhunderts stiftete. Bald schon wurde die junge Gründung Karl dem Großen übereignet, der sie seinerseits 775 an Fulda übergab. Man hat die Ursache für diese Weitergabe darin gesucht, daß Karl der Große Fulda durch solche Schenkungen für die Teilnahme an der schwierigen Sachsenmissionierung gewinnen wollte.

Fortan war Holzkirchen ein Eigenkloster Fuldas, das aber seit dem Hochmittelalter kaum noch Interesse an der abgelegenen Enklave zeigte. Tatsächlich dürfte die Blüte von Holzkirchen in karolingischer Zeit anzusiedeln sein, als etwa 70 Personen unterschiedlichen Standes im Kloster lebten.

Die Ferne zum Mutterkloster Fulda begünstigte in Holzkirchen das Erstarken der in der Region angesiedelten Herrschaften. Vor allem die Grafen von Wertheim zogen in ihrer Eigenschaft als Vögte von Holzkirchen immer mehr Rechte an sich. Graf Michael III.

Holzkirchen, ehem. Benediktinerpropstei. Entwurfszeichnung zur Kirche von Balthasar Neumann von 1727/28 im Mainfränkischen Museum Würzburg.

Holzkirchen, ehem. Benediktinerpropstei. Kapitell des romanischen Kreuzgangs aus dem 12. Jahrhundert im Südflügel.

von Wertheim konnte sich sogar erlauben, die von den Mönchen während der Reformation verlassene Propstei aufzuheben und dessen Güter zu seinen Gunsten einzuziehen. Erst Fürstbischof Julius Echter (1573–1617) widersetzte sich diesem Willkürakt und versuchte 1612 das Kloster erneut mit Mönchen zu besiedeln. Dieser Maßnahme war allerdings nur wenig Erfolg beschieden, da die notwendige Unterstützung von Fulda ausblieb.

Ein weiterer Versuch im Jahre 1631, hier Mönche ansässig werden zu lassen, scheiterte am Einfall der Schweden in Franken. Fulda plante um 1673 sogar, Holzkirchen an Würzburg zu verkaufen oder zu tauschen, wozu es jedoch nicht kam. Jahrzehnte später wurde unter dem Propst Ferdinand Zobel von Giebelstadt (1759–1766) dann ein Konvent mit sechs Mönchen errichtet. Keine 50 Jahre später ging die Propstei im Vorgriff des Reichsdeputationshauptschlusses im Jahre 1802 an die Fürsten von Löwenstein-Wertheim-Rochefort über und wurde aufgehoben.

Der Gebäudebestand von Holzkirchen präsentiert sich heute recht uneinheitlich, obwohl nach der Säkularisation nicht einzelne Gebäudeteile abgebrochen wurden, wie das bei anderen Klöstern zu beobachten ist. Deutlich sieht man der Anlage an, daß es in der Barockzeit nur stückweise gelungen ist, die mittelalterlichen Gebäude zu erneuern. Der Komplex gruppiert sich in drei Flügeln um einen nach Westen hin offenen Hof. Die ältesten Gebäude gehören dem frühen 12. Jahrhundert an und befinden sich im Südflügel. Dieser weist im Erdgeschoß einen romanischen Kreuzgang auf. Sieben Joche sind davon erhalten, bestehend aus gekuppelten Rundbogenarkaden, die durch den Reichtum und die künstlerische Qualität des skulpturalen Schmuckes hauptsächlich an den Kapitellen überraschen. Neben der meisterlichen Durchführung der Details liegt die Bedeutung dieser Architekturteile darin, daß in Deutschland solche frühen Kreuzgänge selten geworden sind.

Der gegenüberliegende Nordflügel beherbergte früher die Wohnung des Propstes und entstand im 16. Jahrhundert. Das Obergeschoß ist in Fachwerk ausgeführt. Der verbindende Ostflügel gehört hauptsächlich der zweiten Hälfte des 17. Jahrhunderts an. An mittelalterlichen Spolien haben sich einige Reliefs des 11. und 12. Jahrhunderts erhalten, die in der Kirche eingemauert sind und an die Blütezeit des Klosters im Mittelalter erinnern.

Das wichtigste Bauwerk des ehemals fuldischen Nebenklosters Holzkirchen aber ist die zwischen 1728 und 1730 unter dem Propst Bonifatius von Hutten (1724–1732) von Balthasar Neumann errichtete Kirche. Der Bauherr war ein Bruder des Würzburger Fürstbischofs Christoph Franz von Hutten (1724–1729), der seinen Hofbaumeister Neumann nach Holzkirchen vermittelt haben dürfte. Bis in die jüngste Zeit glaubte man in einer Planserie der Würzburger Universitätsbibliothek Entwürfe des Johann Dientzenhofer für Holzkirchen zu erkennen, aber Thomas Korth hat sie schlüssig mit dem Würzburger Damenstift St. Anna in Verbindung gebracht.

Neumann schuf einen reinen Zentralbau, dessen über kreisrundem Grundriß errichteter Innenraum

▷

Holzkirchen, ehem. Benediktinerpropstei. Blick auf die Anlage mit der von Balthasar Neumann zwischen 1728 und 1730 erbauten Kirche.

von einem achtseitig gewinkelten Mantel umschlossen wird. Möglicherweise antwortete Neumann mit diesem polygonal gebrochenen Außengrundriß auf den ebenso gestalteten Treppenturm des Ostflügels. Trotz größter Einfachheit der Grundrißdisposition hat der Baumeister in Holzkirchen bereits seine Meisterschaft im Beherrschen der Gliederungskunst offenbart: Die Pilaster-Travée einer in Sandstein ausgeführten großen Ordnung auf vier Seiten des Außenmantels zeigt an, daß es sich eben um einen vierseitigen Bau handelt, dessen Ecken abgeschrägt sind. Diesen abgeschrägten Ecken ordnen sich durch ihre »hinter« die eben beschriebene Pilaster-Travée der Hauptseiten »eingeschobene« Ordnung eindeutig unter. Dies wird in der Dachung fortgesetzt und findet in dem Säulentempietto der Kuppellaterne seine Vollendung.

Eine weitere Steigerung erfährt die Außenfassade der Rotunde von Holzkirchen im Portalrisalit, wo Dreiviertelsäulen als Würdemotiv eingesetzt wurden. In der Dachzone betonen hochovale Lukarnen die Hauptfronten zusätzlich. Als Folge einer Brandkatastrophe war die Kirche über viele Jahrzehnte lediglich mit einem geschieferten Pyramidendach entstellend eingedeckt. Erst in jüngster Zeit hat man Neumanns ursprüngliches Dach rekonstruiert.

Der Innenraum ist zunächst ähnlich einfach wie der Außenbau. Ein Tholos, gebildet aus einer Folge von acht Dreiviertelsäulen, die zu schmalen und breiten Traveén entsprechend der Außengliederung geordnet sind, stellt die innere Hülle des Raummantels dar. Darauf ruht die leicht gestelzte Kuppel. Die weiten Traveén werden von kleinen Abseiten in einer zweiten Raumschicht hinterfangen; dort sind auf drei Seiten Altäre aufgestellt bzw. in der Planung vorgesehen gewesen. Neumann präsentiert im Innenraum »programmatisch« die Rotunde als Leitfigur seines Architektursystems, um sie, ebenso kennzeichnend für ihn, mit einer zweiten Raumschale aus Abseiten und Fensterordnungen zu hinterlegen.

Von der ursprünglichen Ausstattung hat sich nach der wenig rühmlichen Nutzung der Kirche als Scheune im letzten Jahrhundert nur noch der zarte Bandelwerkstuck erhalten, dessen Farbgebung nach Befunduntersuchungen rekonstruiert ist.

Das ganze Bauwerk der Kirche ist von großer Strenge in der architektonischen Erscheinung, wie sie für Neumann unter dem Eindruck seiner Reise nach Paris 1723 kennzeichnend ist. Einen ähnlichen Geist atmet z. B. das in dieser Zeit entstandene Augustinerchorherrenstift Heidenfeld. Während dort aber der »Klassizismus« bis zu völliger »Trockenheit« getrieben ist, zeigt sich in Holzkirchen Neumanns Gliederungskunst voll entwickelt und läßt dieses kleine Bauwerk zu einem Hauptzeugen seines Frühwerkes werden.

Neustadt am Main

In die Zeit der Anfänge des Bistums Würzburg datiert die Gründung des Benediktinerklosters Neustadt am Main, ja, sie ist unmittelbar mit den damaligen machtpolitischen Verhältnissen in der Bischofsstadt verknüpft. Um 770 zog der zweite Würzburger Bischof Megingoz nach seiner Abdankung in den Ort »Rorinlacha« und gründete dort mit einigen Getreuen das Kloster Neustadt. Zur Sicherung der jungen Stiftung übertrug er sein Kloster dem Schutz Karls des Großen. Dieser stattete seinerseits Neustadt reich mit Gütern im Spessart aus und übertrug ihm gemeinsam mit Amorbach die Missionierung der Sachsen bei Verden an der Aller.

Obwohl der Schutz des Kaisers Neustadt die Unabhängigkeit sichern sollte, versuchte der Würzburger Bischof immer wieder Einfluß auf das Kloster zu nehmen. Dies gelang erst 993 mit Hilfe einer gefälschten Urkunde endgültig. Von da an war Neustadt würzburgisches Eigenkloster. Zur weiteren Sicherung des Anspruches gestattete der Würzburger Bischof den Herren von Grumbach als Klostervögten im 12. Jahrhundert die Erbauung von Burg Rothenfels – eine Anlage, die geeignet war, Kloster Neustadt von seinem eigenen Grund und Boden aus zu bedrohen. Zahlreiche altüberlieferte Rechte des Klosters zog Würzburg im Lauf der Jahrhunderte an sich, so daß Neustadt

1282 sogar König Rudolf von Habsburg um seine Hilfe bitten mußte.

Andererseits arbeitete Neustadt selbst mit gefälschten Urkunden und Beweisen, um sich seiner Rechte zu versichern. Durch solche Fälschungen, die im 12. und 13. Jahrhundert aufkamen, sollte die Stiftung Neustadts durch Kaiser Karl den Großen und dessen vermeintliche Schwester Gertrud nachgewiesen werden. Neustadt versuchte damit, wie viele andere fränkische, landständische Klöster reichsunmittelbar zu werden. Die geistlichen Urkundenfälscher hatten dabei jedoch übersehen, daß Karl der Große gar keine Schwester dieses Namens hatte. Bei der von Neustadt beanspruchten Gertrud handelte es sich vielmehr um die Tochter Pippins des Älteren († 640), die aber bereits gegen 659 als Äbtissin von Nivelles gestorben ist. Zur Unterstützung der gefälschten Urkunde zeigten die Benediktiner dann auch noch den angeblichen Mantel der heiligen Gertrud vor, der bis heute im Kirchenschatz als besondere Kostbarkeit aufbewahrt wird. Freilich ist auch dieser Mantel eine Fälschung, denn das Gewebe aus Seidendamast mit Goldborten und einem breiten Saum aus Leinendamast mit spanisch-sarazenischer Herkunft wird von der modernen Wissenschaft in das 12./13. Jahrhundert datiert.

Das Benediktinerkloster Neustadt hat mit der »Adop-

Neustadt am Main, ehem. Benediktinerkloster. »Der Traum des hl. Martin«, Reliefplastik aus der Mitte des 12. Jahrhunderts von den Chorschranken der Abteikirche im Mainfränkischen Museum Würzburg.

Neustadt am Main, ehem. Benediktinerkloster. Sog. »Mantel der hl. Gertrud«, 12./13. Jahrhundert. Zur Sicherung ihrer Rechte gegenüber Würzburg versuchten die Benediktiner in Neustadt auch die Gründung des Klosters durch Karl den Großen und dessen angeblicher Schwester Gertrud nachzuweisen, von der man sogar einen Mantel vorzeigen wollte.

tion« der Gertrud auf geschickte Weise eine lokale Legende genutzt und daraus Ansprüche und Rechte abgeleitet. In der näheren und weiteren Umgebung lassen sich bis heute zahlreiche Stätten der Gertrudenverehrung nachweisen: z. B. Karlburg, wo Gertrud ein Frauenkloster gegründet haben soll, oder auch die Gertrudenquelle und die Gertrudenkapelle im nahen Waldzell. 1677 bekam Neustadt die Kapelle auf dem Michaelsberg inkorporiert, dem Ort, wo sich der Überlieferung nach Abdrücke von Ellbogen, Knie und Füßen der heiligen Gertrud erhalten haben. Diese Inkorporierung diente ausdrücklich der Förderung einer Wallfahrt zu den »Spuren« der Heiligen, die vor allem von der Pfarrei St. Gertraud in Würzburg bis etwa 1750 gepflegt worden ist.

Nun zurück zur älteren Geschichte des Neustädter Klosters. Mehrfach sind geistliche Reformbestrebungen nachweisbar, die auf innere Differenzen schließen lassen: Im 11. Jahrhundert schloß sich das Kloster der Gorzer Reform an und im 12. Jahrhundert der Hirsauer. Diese Bemühungen scheinen jedoch nie durchgreifend gewesen zu sein, denn Neustadt gab dem Würzburger Bischof immer wieder Anlaß zum Eingreifen. 1343 konnte Würzburg dem Kloster sogar die Administration des Abtes Syfrid von St. Burkard in der Domstadt aufzwingen. Aber auch dieser Abt hatte keinen Erfolg, da sich die Mönche offen gegen ihn stellten, als er die klösterliche Zucht straffen wollte.

Angesichts solcher innerer und äußerer Probleme verwundert es, daß es Neustadt gelungen ist, im Laufe der Jahrhunderte ein relativ großes Landgebiet mit zugehörigen Rechten zu erwerben. In diesem Zusammenhang sind auch die beiden Propsteien zu beurteilen, die Neustadt gegründet hat: 1164 Einsiedel im Spessart und 1336 in Retzbach. In Retzbach oblag den Neustädtern außer dem Patronatsrecht auf die Pfarrei die seelsorgliche Betreuung der Wallfahrt zur »Maria im Grünen Tal«.

Je nach Interessenlage und Machtverhältnissen von Kaiser und Bischof gelang es Neustadt, sich wieder stärker von Würzburg zu lösen, oder es mußte sich erneut dem Bischof beugen. So unterstützte Karl IV. das Kloster in seinen Rechtsansprüchen, da er dessen Territorium für seine Landbrücke von Böhmen nach Frankfurt brauchte. Die Folge war eine Periode der relativen Unabhängigkeit für das Kloster, die vor allem mit dem Namen des Abtes Jodok Steigerwald (1513–1534) verbunden ist. In seine Regierungszeit fielen aber auch die Plünderungen der Abtei durch die Bauern 1525 und die Stürme der Reformation. Abt Conrad Lieb (1534–1554) gelang zwar noch einmal eine gewisse Konsolidierung der inneren und äußeren Lage des Klosters, aber als sein eigener Nachfolger als Abt, Johann Fries, bald nach seiner Wahl zur lutherischen Lehre übertrat, hatte Würzburg wieder Grund zum Eingreifen.

Fürstbischof Friedrich ließ 1558 alle Urkunden des Klosters – und damit aus damaliger Sicht die einzige Möglichkeit des Beweises von Rechten der Abtei – nach Würzburg verbringen. Sein Nachfolger, Fürstbischof Julius Echter, bekam solche Gewalt über Neustadt, daß er einen Abt, der sich 1615 seinem Befehl, eine neue Kirche zu bauen, widersetzt hatte, ohne Widerstand aus seinem Amt entfernen konnte. Gleichwohl scheint am Ende Neustadt von den Refor-

Neustadt am Main, ehem. Benediktinerkloster. Modell der weitgehend zerstörten frühmittelalterlichen Kirche St. Peter und Paul nach L. Wamser.

men dieses Bischofs in besonderem Maße erfüllt gewesen zu sein, denn von dort konnte 1629 die rekatholisierte Abtei Murrhardt im Württembergischen wieder besiedelt werden.

Während des Dreißigjährigen Krieges wurde Neustadt dreimal geplündert. In der Zeit der schwedischen Regierung in Franken geriet das Kloster zwischen 1632 und 1634 in die Hände des schwedischen Geheimsekretärs Lorenz Gruber de Nabben. Von den materiellen Schäden dieses Krieges hat sich Neustadt langsamer als andere Klöster erholt. Deshalb kam es nicht zu einer ausgreifenden barocken Erneuerung, wie sie andernorts zu beobachten ist. Außerdem gelang es wie in Amorbach erst spät, die jahrhundertealten Händel mit Würzburg zu klären. Dies geschah in der Zeit des Abtes Benedikt Lurz, der von 1764 bis 1788 regierte. Trotz großen diplomatischen Geschicks erreichte es der nachfolgende Abt Johann Weigand (1788–1803) nicht mehr, etwas gegen die große Politik zu unternehmen, und Neustadt wurde 1803 säkularisiert. Nach der Aufhebung wurden Gebäude und Ländereien dem Fürstenhaus Löwenstein-Wertheim-Rosenberg als Entschädigung übereignet.

Entsprechend seinem Rang als bedeutende Königsabtei in karolingischer Zeit dürfte Neustadt von Anfang an eine große und würdige Kirche gehabt haben, von der allerdings kaum mehr als das Weihedatum von 793 überliefert ist. Interessantester Überrest der frühmittelalterlichen Klosteranlage ist die profanierte Peter-und-Pauls-Kapelle nördlich der Abteikirche. Die Fragmente dieser im 19. Jahrhundert abgebrochenen Kapelle könnten Teil der 793 geweihten Kirche sein. Durch Grabung und bildliche Überlieferung scheint in der Bauphase II eine kreuzförmige Anlage mit quadratischer Vierung gesichert. Darüber erhob sich ein Vierungsturm, dessen Nordseite teilweise erhalten ist. Solche karolingischen quadratischen Anlagen mit Vierungstürmen sind sonst aus Pfalzel bei Trier und aus Mettlach bekannt. Zwischen der Hauptkirche und dieser Peter-und-Pauls-Kapelle bestand seit dem zweiten Drittel des 12. Jahrhunderts eine kreuzgangartige Verbindung, die ebenfalls im letzten Jahrhundert abgebrochen und verkauft worden ist. Vor etlichen Jahren konnten die Spolien zurückerworben und an der ursprünglichen Stelle wiedererrichtet werden.

Die erhaltene Abteikirche von Neustadt reicht bis in das 12. Jahrhundert zurück, wenn auch das 19. Jahr-

hundert nach einem Brand von 1857 ein neoromanisches Phantasiegebilde nach Plänen des Architekten Heinrich Hübsch daraus gemacht hat. Die Kirche ist ihrer architektonischen Disposition nach eine kreuzförmige, dreischiffige, basilikale Anlage mit Osttürmen. Von diesen beiden Türmen im Winkel von Querhaus und Chor gehört der Nordturm dem 11. Jahrhundert an; er stand ursprünglich frei neben einer Vorgängerkirche. Vor der Westfassade ist eine Vorhalle anzunehmen, die in der ganzen Breite des Mittelschiffes zur Kirche hin geöffnet war. In dem acht Joche umspannenden Langhaus wechseln Pfeiler und Säulen als Stützen einander ab. Dabei übergriffen ehemals Blendbogen jeweils die Säulen und Pfeiler überspannenden Archivolten von Pfeiler zu Pfeiler. Weitere Aussagen über das originale aufgehende Mauerwerk sind aufgrund der Eingriffe des 19. Jahrhunderts kaum noch möglich. Hübsch hatte das Bestreben, alt und neu so »original« miteinander zu verschmelzen, daß daraus zwar ein völlig homogenes, aber auch geschichtsloses Gebilde entstand.
Die Ausstattung der ehemaligen Abteikirche ist weitgehend neu, wie z. B. die Barockaltäre im Querschiff, die aus Burg Rothenfels stammen und 1711 bzw. 1720 datiert sind. Verschiedentlich finden sich qualitätvolle Spolien der einstigen Chorschranken. Die bedeutendsten Stücke sind dabei die Reliefs mit Darstellungen aus der Martinslegende: Der heilige Martin zu Pferd, Martin und der Bettler, Martin als Bischof. Drei weitere zugehörige Stücke wurden in der Zeit der Gotik überarbeitet und stellen die Madonna mit Kind, den heiligen Martin sowie Karl den Großen als Gründer des Klosters Neustadt dar. Im Mainfränkischen Museum in Würzburg wird noch ein siebtes Relief aufbewahrt. Es stellt den Traum des heiligen Martin dar. Stilistisch besteht bei den genannten Arbeiten eine gewisse Verwandtschaft zu jenen Reliefs, die in der Propstei Holzkirchen erhalten sind.
Ebenfalls um die Mitte des 12. Jahrhunderts datiert ein romanischer Taufstein in den Beständen des Würzburger Museums, der 1848 im Garten der ehemaligen Abtei aufgefunden worden ist. Er zeigt auf der Wandung die Taufe und die zwölf Apostel, die in der Rechten jeweils Spruchbänder mit den Artikeln des Glaubensbekenntnisses tragen.

Maria Buchen

Das Kapuzinerkloster Maria Buchen versteckt sich bis heute in der Einsamkeit des Waldes. Die Mönche betreuen noch immer die Wallfahrt zum Gnadenbild in der Kirche. Ihre Ursprünge reichen vermutlich bis in das späte 14. Jahrhundert zurück; sicher belegt ist sie ab 1434, als Fürstbischof Johann von Brunn (1411–1440) für eine von ihm in Maria Buchen errichtete Kapelle einen Ablaßbrief ausstellte. Der Überlieferung zufolge wurde in einer Buche, die an der Stelle der heutigen Wallfahrtskirche gestanden hat, ein kleines Andachtsbild gefunden. Dieses zeigt den vom Kreuz genommenen Leichnam Christi auf dem Schoß Mariens, »welches hinden auf dem Ruckhen hart vnder dem Halß einen Stich hath, fast einen kleinen fingers gliedt lang. Bei welchem Bildt viel Miracul vndt Wunderzeichen geschehen«. In der Anfangszeit erfolgte die geistliche Betreuung der Wallfahrt durch den Pfarrer von Steinsfeld. Diese Pfarrei aber wurde seit dem 14. Jahrhundert durch das Benediktinerkloster Neustadt am Main besetzt, das damit indirekt die Wallfahrt nach Maria Buchen kontrollierte.
Eine neue Phase der Wallfahrtsentwicklung setzte unter Fürstbischof Julius Echter (1573–1617) ein, der die Kirche vergrößern ließ. Einen fast völligen Neubau ließ schließlich zwischen 1692 und 1701 Fürstbischof Johann Gottfried von Guttenberg durch den Baumeister Christoph Nemlich aufführen – eine etwas trokkene Architektur, die den Einfluß des Würzburgers Antonio Petrini verrät.
Der Zustrom der Wallfahrer bis aus dem hessischen Fulda verlangte bald nach einer verbesserten seelsorglichen Betreuung. Deshalb erlaubte Fürstbischof Christoph Franz von Hutten (1724–1729) den Kapuzinern, die bereits seit 1644 in Lohr ein Kloster besaßen, im Jahre 1726 die Errichtung eines Hospizes in

Kapuzinerkloster Maria Buchen. Lage des Klosters mit seiner Wallfahrtskirche an einem steil abfallenden Hang inmitten der umgebenden Buchenwälder.

Kapuzinerkloster Maria Buchen. Kupferstich mit Darstellung der Wallfahrtslegende aus der zweiten Hälfte des 18. Jahrhunderts.

Maria Buchen. Anfangs durften die Kapuziner nur an den Werktagen die Messe lesen, Beichte hören oder die Kommunion spenden; die (einträglicheren) Messen an Sonn- und Feiertagen blieben weiterhin dem Pfarrer von Steinfeld vorbehalten. Die Ansiedlung von Kapuzinern bei der Wallfahrtskirche setzte einen Schlußpunkt unter einen mehrere Jahrzehnte währenden Ablösungsprozeß vom Benediktinerkloster Neustadt. Seit der Mitte des 17. Jahrhunderts fiel es den Benediktinern immer schwerer, die Pfarrei in Steinfeld mit einem Konventualen zu besetzen. 1685 starb der letzte Klosterpfarrer, P. Bonifatius Hohn. Schon seit 1681 wirkte mit Johann Barthel Röder ein Weltgeistlicher in der Pfarrei, wie fortan alle Pfarrer dort.

Nicht zuletzt dank der Förderung durch die im nahen Steinbach beheimatete Familie von Hutten blühte das Kapuzinerhospiz auf, und im Jahr 1741 beschlossen die Bettelmönche, bei der Wallfahrtskirche ein förmliches Kloster zu errichten: »So geschehen mit großen verdrießlichen Schmertzen der Herren Geistlichen Räth«, schrieb damals Bruder Egidius in seine Klosterchronik. Offenbar waren die Kapuziner nur ähnlichen Überlegungen der Neustadter Benediktiner zuvorgekommen, die wieder größeren Einfluß auf die Wallfahrt bekommen wollten. Als man nämlich nach vollzogener Klausur am Georgentag des Jahres 1746 einen Festgottesdienst feierte, den der Abt von Neustadt zelebrierte, soll dieser erzählt haben, daß er aufgefordert worden sei, Maria Buchen wieder mit Benediktinern zu besetzen, was er aber abgelehnt habe.

Wenn auch die Angelegenheit für dieses Mal erledigt

war, kam es 1752 erneut zu Reibereien, diesmal zwischen der Pfarrgeistlichkeit und den Kapuzinern, die darauf hinausliefen, die Mönche zu vertreiben, »da sie ohnehin von den restlichen Einkünften nicht leben können, zumal bei den gegenwärtigen Kriegstroublen, dazu namhafte Bauunkosten in noch nicht einmal acht Jahren angefallen sind«, wie es in einem Bericht an den Fürstbischof nach Würzburg heißt.
Trotz solcher Querelen konnte sich das Kapuzinerkloster in Maria Buchen bis 1803 halten. Es wurde damals nicht formell säkularisiert, doch war es ihm fortan verwehrt, Novizen aufzunehmen. Es war also zum Aussterben verurteilt. Zudem gelangte Maria Buchen zwischen 1806 und 1819 an Baden, das alle Nebenkirchen und Privatkapellen auflassen wollte. Badische Gendarmen verwehrten den Gläubigen den Zugang zur Wallfahrtskirche.
1825 starb der letzte Pater im Kloster, und nur noch ein Bruder hütete die Wallfahrtsstätte. 1849 jedoch durften die Kapuziner zurückkehren und betreuen Maria Buchen bis heute als Wallfahrtsseelsorger.
Obwohl Maria Buchen nie über mangelnden Zustrom der Gläubigen klagen mußte, fehlte dem Ort doch jene finanzstarke Unterstützung, wie sie etwa Gößweinstein oder Vierzehnheiligen genossen haben. Die gegen Ende des 17. Jahrhunderts erbaute Wallfahrtskirche ist deshalb nur von mäßiger Größe und architektonisch wenig bedeutend. Die Klostergebäude im Anschluß an den Kirchenchor sind reine Zweckbauten. Und doch beeindruckt diese ländliche Schlichtheit wegen der überaus reizvollen landschaftlichen Lage, die alle Beschreibungen Maria Buchens rühmen: Kirche und Kloster erheben sich am Hang eines steil in das enge Tal abfallenden Berges mitten aus den umgebenden Buchenwäldern hervor. Die Waldeinsamkeit der Auffindung des Gnadenbildes, wie sie in der eingangs angeführten Ursprungslegende geschildert wird, ist dabei heute noch zu ahnen.
Ähnlich wie das Äußere, ist die Ausstattung der Wallfahrtskirche ohne jenen sonst allenthalben anzutreffenden Prunk: »Allein es ist ein würdiges Gotteshaus und entspricht seinem Zwecke«, mit solchen Worten charakterisierte Georg Link in seinem »Klosterbuch der Diöcese Würzburg« die Kirche. Merkwürdigerweise befindet sich das Gnadenbild nicht am Hochaltar oder einem anderen ausgezeichneten Platz, sondern am linken Seitenaltar. Wahrscheinlich handelt es sich hier jedoch um den historischen Platz der Marienbuche, der bei den beschriebenen Erweiterungen der Kirche immer mehr »an die Seite gedrängt« wurde; ähnliche Beobachtungen kann man beispielsweise auch beim Würzburger »Käppele« machen. Das Gnadenbild, eine etwa 50 cm hohe Pieta, stellt eine ziemlich handwerkliche Arbeit der ersten Hälfte des 15. Jahrhunderts dar und dürfte also tatsächlich dem Ursprung oder doch zumindest der Frühzeit der Wallfahrt angehören.
Maria Buchen ist eine der spätesten Klostergründungen im Hochstift Würzburg. Vielleicht war diese späte Geburt der Grund dafür, daß hier künstlerische Höchstleistungen völlig fehlen. Und doch ist Maria Buchen, und diesen religiösen Aspekt gilt es gleichermaßen zu würdigen, bis heute eine der bedeutendsten Wallfahrtsstätten Frankens.

Die Bischofsstadt Würzburg

Würzburg ist seit den Tagen von 742, als Bonifatius seinen angelsächsischen Landsmann Burkard als ersten Bischof einsetzte, immer in ganz besonderem Maß eine Stadt der Klöster und Stifte gewesen. Schon die ersten, die versuchten, das Christentum in der fränkischen Herzogsstadt zu predigen, waren irische Wandermönche. Ihre Namen sind jedem Kind in Würzburg bekannt: Kilian, Kolonat und Totnan. Während des ganzen Mittelalters war Würzburg ein bevorzugtes Wallfahrtsziel irischer Mönche, die die Memorie dieser drei Heiligen aufsuchten. Im 12. Jahrhundert wurde deshalb eigens das Schottenkloster als Herberge für irische Pilger beim St.-Kilians-Heiligtum gegründet. Der Jahrestag ihres Martyriums 689 wird bis heute im Bistum Würzburg mit großer Feierlichkeit begangen und zählt zu den Hochfesten im kirchlichen Jahreslauf.

Obwohl der Platz am Main schon seit der jüngeren Eisenzeit besiedelt gewesen sein dürfte, tritt er doch erst 704 als »castellum Virteburh« urkundlich in die Geschichte ein. Ab dem 7. Jahrhundert war Würzburg Sitz fränkischer Herzöge, die ihre Hofhaltung im Bereich des Gebietes von Neumünster und Dom gehabt haben dürften. Älter noch als diese rechtsmainische Hofhaltung dürfte auf der anderen Mainseite die Burganlage auf dem Marienberg sein, die man mit den Kelten in Verbindung bringt. Bis ins 18. Jahrhundert war diese vielfach erweiterte und umgebaute Festung Marienberg Residenz der Würzburger Fürstbischöfe. Andererseits war die Grabkapelle des heiligen Kilian und seiner Gefährten die Keimzelle für die erstmals 1030 als »civitas« urkundlich belegte Stadt Würzburg. Die sich emanzipierenden Bürger versuchten im 13. Jahrhundert vergeblich, das Diktat der Fürstbischöfe abzuschütteln, und scheiterten damit endgültig in der Niederlage bei Bergtheim im Jahre 1400.

Die Anlage der Stadt wird von der Topographie bestimmt: dem Burgberg, den von Süden nach Norden sich in einer sanften Windung an diesen Berg anschmiegenden Mainfluß und die rechtsmainisch im Tal gelegene Stadt. Die Hänge rings um Würzburg sind bis in die Gegenwart von Weinbergen bekränzt, auch wenn die Stadt längst über ihre alten Mauern hinausgewachsen ist. Die mittelalterliche Befestigung wurde im 11. Jahrhundert geschaffen. Ihr Verlauf ist in den Straßenzügen Juliuspromenade, Theaterstraße, Balthasar-Neumann-Promenade, Neubaustraße und Wirsbergstraße nachvollziehbar. Man hat diesem Fünfeck, dessen westliche Grenze der Main bildet, den bezeichnenden Namen »Bischofsmütze« gegeben. Linksmainisch wurde erst im 13. Jahrhundert eine Mauer angelegt. Mehrfach wurde die Stadtbefestigung erweitert und erneuert, wobei im 14. und 15. Jahrhundert die Vorstädte einbezogen wurden. Der Dreißigjährige Krieg brachte starke Bastionärsbefestigungen, die jedoch 1866 weitgehend abgebrochen wurden.

Die Geschichte Würzburgs ist bis 1803 weitgehend eine Geschichte der (Fürst-)Bischöfe. Um 718 starben die fränkischen Herzöge aus dem Geschlecht der Hetaniden aus. Noch vor dem Jahr 800 schenkte Karl der Große den Herzogshof dem Bischof von Würzburg. Um 820 erteilte Ludwig der Fromme ein Zollprivileg für den zwischen Mainfurt und Domfreiheit gelegenen Markt. Der 855 durch Blitzschlag abgebrannte Dom wurde unter Bischof Arno vergrößert wieder aufgebaut, der 1034/35 seinerseits unter Bischof Bruno durch einen Steinbau ersetzt wurde. Das 11. und 12. Jahrhundert war überhaupt eine hohe Zeit für Würzburg. 1030 erhielt der Bischof das Recht über Münze und Zoll übertragen und erlangte damit quasi landesherrliche Funktionen. Bis hin zum Recht der Blutgerichtsbarkeit beherrschten die Bischöfe fortan ihre Metropole. Mit der 1130 erbauten Mainbrücke wuchs auch die politische Bedeutung der Stadt nach außen: In Ereignissen wie der Hochzeit Kaiser Friedrich Barbarossas mit Beatrix von Burgund 1156 oder der Bannung Heinrichs des Löwen 1180 schlug sich das nieder. Bedeutsam für die Macht der Bischöfe aber war vor allem die Belehnung mit dem Herzogtum Franken im Jahr 1168. Noch 1752 war dieses Ereignis so wichtig, daß es Fürstbischof Greiffenklau im Kaisersaal, dem Hauptsaal der Würzburger Residenz, in einem Fresko durch Tiepolo malen ließ.

Nur zweimal noch haben sich die Würzburger Fürstbischöfe zu solcher Macht emporgeschwungen: Einmal in der langen Regierungszeit von Julius Echter

(1573–1617) und ein zweites Mal im 18. Jahrhundert, als Fürstbischof Friedrich Karl von Schönborn Mitra und Krummstab von 1729 bis 1746 in seiner Hand vereinigte. Der Name Julius Echter ist mit der katholischen Reform im Bistum verbunden, die er energisch und weitschauend durchzusetzen wußte. Damit einher ging eine große Fülle von sozialen und wissenschaftlichen Einrichtungen. Das von ihm gegründete Juliusspital und die Universität in Würzburg mögen als Beispiele dienen. Zahlreiche Bauwerke wurden unter Fürstbischof Echter erneuert oder neu errichtet. Zur Finanzierung seines Reformwerks scheute sich Echter jedoch auch nicht, manches Kloster aufzulösen und dessen Liegenschaften einzuziehen.
Friedrich Karl von Schönborn war es in seiner Regierungszeit vergönnt, die Früchte einer seit dem Ende des Dreißigjährigen Krieges andauernden, weitgehend friedlichen Entwicklung zu ernten. Mit dem großen Baumeister Balthasar Neumann an der Seite vollendete er nicht nur die Würzburger Residenz, sondern erneuerte seine Metropole im Geiste des Barock. Dank seiner Erfahrung als Reichsvizekanzler bis 1734 gelang es ihm, seine beiden Herrschaften in Würzburg und Bamberg aus kriegerischen Ereignissen herauszuhalten. Doch schon der Siebenjährige Krieg, den Friedrich II. 1756 gegen Österreich begann, bot einen Vorgeschmack auf rund ein halbes Jahrhundert Krieg, Leid und Not. 1814 sollte mit dem Wiener Kongreß wieder Friede für längere Zeit einkehren. Mitten in dieser bewegten Zeit wurden im Frieden von Lunéville 1803 alle geistlichen Fürstentümer säkularisiert. Fürstbischof Fechenbach rief am 29. November 1802 seine Untertanen zur Treue gegenüber dem neuen Landesherrn, dem Kurfürsten Maximilian I. Joseph von Bayern, auf. Fürstbischof Fechenbach resignierte auch als Bischof, und erst 1821 zog wieder ein von der Krone Bayerns ernannter Bischof, Adam Friedrich Freiherr Groß von Trockau, in Würzburg ein. Obwohl das Verhältnis zwischen Bürgerschaft und Fürstbischof nie ganz frei von Spannungen gewesen war, so hieß es in der Rückschau doch vielfach, daß »unter dem Krummstab gut leben« gewesen sei. Mag darin in der Erinnerung auch manches sentimentalisch verklärt worden sein, so faßt dieser Satz doch zusammen, was schon Konrad von Würzburg, ein Minnesänger vom Ende des 13. Jahrhunderts, über die Stadt in »Alten wibes list« zu dichten wußte:

»Ein stat lit in Frankenlant
Wirzburc ist sie genant
mit richer kunst erbuwen wol
êres und guotes ist sie vol«

Es kann nicht völlig ausgeschlossen werden, daß schon vor der formellen Errichtung des Bistums Würzburg im Jahre 742 in Franken klösterliche Gemeinschaften existiert haben. Vielleicht gab es sogar eine ältere Keimzelle für das von Bischof Burkard für seinen Domklerus gegründete Kloster St. Andreas zu Füßen des Burgberges. Die ersten Konventualen waren angelsächsische Missionare, die Burkard aus seiner Heimat mitgebracht hatte. Nicht einmal eine Generation später gab es bereits Spannungen zwischen den angelsächsischen Traditionalisten, die an einem bonifatianischen Mönchtum festhalten wollten, und Reformern, die eine Kanonikatsverfassung für den Domklerus anstrebten. Der Streit endete mit dem Auszug des zurückgetretenen Bischofs Megingoz und seiner Gefährten aus Würzburg und der Gründung des Klosters in Neustadt am Main. Das Andreaskloster wurde in ein Chorherrenstift umgewandelt.
Auch in späteren Jahrhunderten haben die Würzburger Bischöfe die Ansiedlung von Klöstern und Stiften innerhalb Würzburgs bewußt als Instrument der Erhaltung ihrer Macht betrieben und die Klöster als Kaderschmiede zur Ausbildung des geistlichen Nachwuchses gefördert. Zu nennen ist hier beispielsweise Bischof Heinrich I. (995–1018), der Stift Haug und das nachmalige Benediktinerkloster St. Stephan gegründet hat. Im 11. Jahrhundert wurde noch das Neumünsterstift auf der Stätte des Martyriums der drei Frankenheiligen gestiftet, das bekanntermaßen in der Verwaltungs- und Geistesgeschichte des Bistums Würzburg immer wieder eine führende Aufgabe hatte und zahlreiche wichtige Persönlichkeiten hervorgebracht hat: Der Protonotar Heinrich von Wiesenbach, der Magister Heinrich der Poet oder Magister Michael de Leone gehören genauso dazu, wie Walther von der Vogelweide allem Anschein nach zu den Pfründnern des Stiftes gezählt hat.
Klostergründungen, die nicht direkt vom Bischof ausgingen, hatten es offenbar schwer, einen Platz in der Stadt zu finden. Vor den Toren der Stadt wurde 1126 das Prämonstratenserkloster Oberzell gegründet, die erste bürgerliche Stiftung. Andere Niederlassungen, wie die der Zisterzienserinnen in Himmelspforten, waren zwar bischöfliche Gründungen, aber die Ordensgepflogenheiten gestatteten eine Ansiedlung in der Stadt nicht, weshalb man sich 1252/53 bei der

▷

Würzburg, ehem. Chorherrenstift Haug im Stadtbild. Die von Antonio Petrini zwischen 1670 und 1691 errichtete Stiftskirche ist der erste barocke Großbau in Franken.

Verlegung des Konvents von Himmelstadt nur bis in die der Stadt vorgelagerte Schottenaue wagte. Überhaupt war das 13. Jahrhundert von zahlreichen neuen Ordensniederlassungen geprägt. Außer dem Deutschen Orden waren es vor allem die Bettelorden, die damals in die Bischofsstadt einzogen. Besonders die Bürgerschaft fühlte sich zu den Mendikanten hingezogen. 1221 kamen die ersten Franziskanerminoriten, die es nunmehr über 770 Jahre unterbrochen in Würzburg gibt. Um 1227 zogen die Dominikaner ein, und 1262 ließen sich mit bischöflicher Erlaubnis die Augustinereremiten in der Stadt nieder; auch dieser Konvent blickt inzwischen auf eine über siebenhundertjährige Geschichte in der Domstadt zurück. Gegen Ende des 13. Jahrhunderts sind zudem mehrere Beginenhöfe in Würzburg nachweisbar.

Eine solche intensive Blüte des Ordensgedankens mußte bald zwangsläufig dazu führen, daß es in den folgenden Jahrhunderten kaum zu neuen Niederlassungen kam. Schließlich bedeutete die Reformation im 16. Jahrhundert einen schweren Aderlaß, und mancher Frauenkonvent überstand diesen Sturm nicht. Unter Fürstbischof Friedrich von Wirsberg gelang es 1567, den Jesuitenorden nach Würzburg zu holen, mit dessen Hilfe vor allem Fürstbischof Julius Echter die Gegenreformation erfolgreich vorantrieb. 1615 konnten außerdem Kapuziner berufen werden, und 1627 zogen mitten im Dreißigjährigen Krieg Unbeschuhte Karmeliten in die Domstadt ein. Als letzte ließen sich 1712 Ursulinen in Würzburg nieder und widmeten sich vor allem der Mädchenerziehung.

Mit der Säkularisation wurden die meisten Klöster und Stifte 1803 aufgelöst. Dennoch ist Würzburg heute wieder eine Klosterstadt, da sich im Laufe des 19. Jahrhunderts zahlreiche alte und neue Orden hier niederließen und das Leben in der Stadt prägen.

St. Burkard

Die Geschichte der Bischofsstadt Würzburg ist eng mit der Geschichte seiner zahlreichen Klöster und Stifte verflochten. Dies wird besonders anschaulich am Beispiel des adeligen Ritterstiftes St. Burkard auf der linken Mainseite unmittelbar unterhalb der Burg. Gegründet wurde St. Burkard um 750 als Benediktinerkloster (?) St. Andreas vom ersten, 742/43 ordinierten Bischof von Würzburg, dem heiligen Burkard. Das den Heiligen Maria, Andreas und Magnus geweihte Kloster wurde zum Kern eines eigenen, vor allem von Fischern besiedelten Stadtteiles, dem noch heute so bezeichneten »Burkarder Viertel«. Dem entsprach rechtsmainisch der ebenfalls im 8. Jahrhundert um die Grablege des heiligen Kilian und seiner Gefährten entstandene (spätere) Dombezirk. Von den Gründungsbauten des Klosters hat sich kaum etwas erhalten. 1975 wurde allerdings bei Grabungsarbeiten der verschüttete Rest einer Krypta freigelegt, die unter einem Chor lag, der sich nach Westen gegen den Burgberg hin erstreckte. Vermutlich hat Burkard selbst diese Krypta bauen lassen, denn er brachte ja nach einer – freilich jüngeren – Überlieferung die Gebeine seines Landsmannes Magnus mit. Wenn der Würzburger Chronist Lorenz Fries recht hat, dann gab es an der Stelle des St.-Andreas-Klosters schon vorher eine »Bruderscelle und ein cleines Kirchlein, von andechtigen Leuten ufgericht«.

Bischof Burkard hatte das Andreaskloster zunächst als Wohnung für sich und seinen meist aus angelsächsischen Missionaren bestehenden Klerus gegründet. Doch schon zu Lebzeiten des Gründers wurde über der Grablege bzw. dem Auffindungsort der Frankenapostel der erste Salvatordom gebaut, dort, wo sich heute das Neumünster erhebt. In der Folge verlor das Andreaskloster seine ursprünglich ausgezeichnete Stellung, denn bald wurden alle bischöflichen Institutionen in den Dombezirk verlagert. Die tieferen Ursachen dafür dürften wohl auch in den Auseinandersetzungen über die angemessene Lebensform des Klerus zu suchen sein.

◁

Würzburg, ehem. Kollegiatstift St. Burkard. Romanisches Langhaus der Kirche, errichtet zwischen 1033 und 1042 für den Benediktinerkonvent, der sich Ende des 15. Jahrhunderts in ein Kollegiatstift umwandelte.

Während Bischof Megingoz (753–768/794?) mit jenem Teil des Klerus, der an mönchischen Lebensformen festhielt, wohl nach seinem um 768 erfolgten Rücktritt nach Neustadt am Main auszog, ging der neugewählte Bischof Berowulf (768/69–80) mit seinem Klerus zur kanonischen Verfassung über und siedelte seinerseits im Bereich des rechtsmainischen Salvatordomes. St. Andreas aber geriet, wie viele andere Klöster seiner Zeit, in die Hände von Kommendataräbten und verfiel mehr und mehr. Noch heute erinnert allerdings die Tatsache, daß der Hochaltar des Würzburger Domes dem heiligen Andreas geweiht ist, an die gemeinsame Frühgeschichte von Andreas-, respektive Burkarduskloster, und Domstift.

Vermutlich ins Jahr 986 datiert ein Neubeginn, denn damals soll Bischof Hugo (983–990) das dahinsiechende Chorherrenstift reformiert und Benediktinermönchen übergeben haben, die nach den Reformidealen von Gorze lebten. Höhepunkt dieser Erneuerung von 986 war die Übertragung der Gebeine des Klostergründers, des heiligen Burkard, der von da an dem Kloster auch seinen Namen lieh. Doch St. Burkard war schon nach wenigen Jahrzehnten erneut bedroht, denn ein Brandunglück traf die Kirche und erforderte einen Neubau, der unter Abt Willemund zwischen 1033 und 1042 an der heutigen Stelle errichtet wurde. Die Ordnung im Kloster selbst wurde ebenfalls mehrmals reformiert, denn Mitte des 12. Jahrhunderts hielt die von Münsterschwarzach ausgehende Junggorzer Reform Einzug und im frühen 12. Jahrhundert die Hirsauer Reform; ein Indiz, daß auch damals jeweils nicht alles zum besten stand. Im letzten Drittel des 12. Jahrhunderts regierte ein Abt Engelhard, der in den Quellen als Restaurator der verfallenen Klosterkirche genannt wird.

Das 13. Jahrhundert war offenbar eine Periode hoher Kultur im Kloster. Darauf lassen nicht nur Nachrichten über Bauarbeiten schließen, von denen noch heute die älteste Glocke des Bistums, die Katharinenglocke aus dem Jahr 1249, kündet. Die Forschung vermutet in St. Burkard zu dieser Zeit auch ein leistungsfähiges Skriptorium und lokalisiert dorthin eine vierbändige Bibelhandschrift, die 1246 für das Würzburger Dominikanerkloster geschrieben wurde (Universitätsbibliothek Würzburg, M. p. th. f. m. 9/1–4)..

Nach der Mitte des 15. Jahrhunderts machten sich erneut Auflösungserscheinungen bemerkbar, denn St. Burkard versuchte sich aus der strengen Zucht des Benediktinerordens zu lösen und strebte die Umwandlung in ein Kollegiatstift an. Zwar hatten diese Bemühungen bereits 1464 Erfolg, erreichten ihre endgültige Bestätigung in Rom aber erst unter Fürstbischof Rudolf von Scherenberg (1466–1495). Der letzte Abt des Benediktinerklosters, Johann von Allendorf (1400–1496), war zugleich der erste Propst des säkularen Ritterstiftes St. Burkard. Von nun an waren die 18 Präbenden nur noch Adeligen vorbehalten, und das Gelübde der mönchischen Armut entfiel. Nach dem drastischen Urteil des Würzburger Schottenabtes Johannes Trithemius waren nach dieser Säkularisierung aus schlechten Mönchen noch schlechtere Kanoniker geworden.

St. Burkard war neben dem Domstift das zweite adelige Stift in Würzburg. Trotzdem gehörte es nie zu den reichen Chorherrenstiften. Im Jahre 1615 beispielsweise hatte es an die 50000 Gulden Schulden, und die meist aus dem fränkischen Landadel kommenden Kanoniker verfügten über keine großen Privatvermögen. Vor allem Fürstbischof Julius Echter hat häufig energische Versuche unternommen, das Stift sowohl in geistlichen als auch in weltlichen Angelegenheiten zu reformieren. Immer wieder wurde in verschiedenen Denkschriften das Konkubinat, die Trunksucht und der mangelhafte Chordienst besonders der Vikare von St. Burkard beklagt. Gleiches galt für die Geistlichen des Ritterstiftes, deren Qualifikation oft schlechter war als die der Priester, die im bischöflichen Seminar ihre Ausbildung erhalten hatten.

1585 begann Julius Echter die Ritterstifte teilweise gewaltsam zu reformieren und zwang noch 1615 St. Burkard eine »Kapitulation« auf, ohne damit jedoch die wirtschaftlichen Probleme des Stiftes endgültig gelöst zu haben. Diese »Gravamina« fallen insofern ins Auge, als St. Burkard als ältestes Kloster in Würzburg über durchaus respektable Besitzungen und Rechte und damit auch über eine solide wirtschaftliche Grundlage verfügte. So gehörten ihm im 16. Jahrhundert 21 Pfarreien und Kuratien, viele Häuser und Höfe und vier adelige Vasallen. Bei der Säkularisation fielen 1885 Morgen Wald an den bayerischen Staat. Die ständigen Finanzprobleme des Stiftes können also nur durch offensichtliche Unfähigkeit bei der Haushaltsführung erklärt werden.

Vor diesem Hintergrund wird die lange Bauzeit am neuen und erweiterten Ostchor der Kirche verständ-

▷

Würzburg, ehem. Kollegiatstift St. Burkard. Der Zweite Weltkrieg hat die meisten Stiftsgebäude in Würzburg zerstört. Nur der 1716–1719 von Joseph Greising erbaute »Rükkermainhof« in der Karmelitenstraße hat überdauert.

Würzburg, ehem. Kollegiatstift St. Burkard. »Christus erscheint Maria Magdalena«, um 1270/80. Das Relief auf einem Kapitell in der Kirche zählt zu den bedeutendsten Schöpfungen der Frühgotik in Würzburg.

lich. Das Werk wurde vermutlich schon unter dem ersten Propst von Allendorf begonnen, doch zögerten Bauernkrieg und Dreißigjähriger Krieg, die beide dem Stift erhebliche Schäden zugefügt hatten, die Vollendung des Chores hinaus. Erst in der Regierungszeit des Fürstbischofs Johann Philipp von Schönborn (1642–1673) konnte der Chor in den Jahren 1663–1667 fertiggestellt werden. Um die erforderlichen Geldmittel aufzubringen, mußte das Stift aber den westlichen Teil der Kirche einem Kanalbau opfern, der im Zusammenhang mit der Neubefestigung Würzburgs angelegt wurde. Später gab es in St. Burkard keine größeren Baumaßnahmen mehr, lediglich die Altäre im Inneren der Kirche wurden im 18. Jahrhundert teilweise erneuert.

Vom Benediktinerkloster bzw. vom Ritterstift St. Burkard hat nur die Kirche selbst die Zeiten überdauert. Sie prägt mit ihrer riegelartigen Lage zwischen Main und Festungsberg entscheidend das »Burkarder Viertel«. Die beengten Platzverhältnisse werden noch dadurch unterstrichen, daß unter dem Polygonabschluß des spätgotischen Chores eine Straßenunterführung verläuft. Von den Klostergebäuden verdient allenfalls die Ruine des Konviktshofes der Stiftsvikare mit einem 1691 datierten Portal Erwähnung. Während der Konviktshof den Bomben des Zweiten Weltkrieges zum Opfer fiel, wurden die ehemals südlich der Kirche gelegenen Klostergebäude bereits im 16. Jahrhundert nach der Umwandlung in ein Ritterstift zerstört.

St. Burkard ist in seiner heutigen Erscheinung das Ergebnis hauptsächlich zweier Bauphasen des 11. und des 16. Jahrhunderts, von der Ausstattung einmal abgesehen. Dem salischen Bau gehört das Langhaus an, das zwischen 1033 und 1042 errichtet wurde. In diese Zeit datieren auch die beiden Türme am Ostende des Seitenschiffes. Die salische Klosterkirche muß man den erhaltenen Quellen zufolge als doppelchörige Anlage rekonstruieren, deren Hauptakzent mit Querschiff und von Seitenkapellen begleitetem Hauptchor, in dem sich auch die Krypta befand, im Westen lag. Das erhaltene Langhaus ist flachgedeckt und hat einen basilikalen Aufriß. Ungewöhnlich ist der einsäulige Stützenwechsel im Langhaus nach dem Schema a-b-a-b in sechs Arkaturen. Nach den Worten von Fritz Oswald spiegelt der »Raum ... dank der weit-

gehenden Erhaltung seines ursprünglichen Zustandes gut den Entwicklungsstand der Würzburger Baukunst des 11. Jahrhunderts wider«.
Zu den hochmittelalterlichen Bauteilen gehört noch das im letzten Viertel des 12. Jahrhunderts entstandene Portal auf der Nordseite, das ursprünglich den einzigen Zugang zur Klosterkirche bildete und auf die (Alte) Mainbrücke hin ausgerichtet ist.
Im direkten Anschluß an die beiden Osttürme mit ihren oktogonalen Abschlüssen erhebt sich der spätgotische Erweiterungsbau: ein weitausladendes zweijochiges Querhaus und daran anschließend der einjochige Chor mit 5/8-Schluß.
Die Innenausstattung setzt sich aus teilweise sehr guten Gemälden und Bildwerken der verschiedensten Epochen zusammen, darunter eine frühe, zu Beginn der neunziger Jahre zu datierende Marienbüste von Tilman Riemenschneider sowie einige gute Arbeiten der beiden Würzburger Hauptmeister des Rokoko, Ferdinand Tietz und Johann Wolfgang von der Auwera. Herausragendes Einzelstück aber dürfte der kapitellartige Block sein, der in die Zeit um 1270/80 gehört und auf vier Seiten vorzügliche Reliefdarstellungen aufweist. Das Kapitell ist als Opferstock auf einen Säulenstumpf des 12. Jahrhunderts montiert und zählt zu den bedeutendsten Schöpfungen der Frühgotik in Würzburg. Vor allem in dem Relief »Christus als Gärtner« erhebt sich der unbekannte, von französischer Portalplastik beeinflußte Bildhauer »zu einer groß gesehenen klassischen Haltung, die bei aller Monumentalität eine Zartheit und Verklärtheit spiegelt, wie sie vordem nicht auftrat« (H. Kreisel).

Stift Haug

Ebenfalls zu den ältesten Würzburger Klostergründungen zählt das Stift Haug, das von Bischof Heinrich I. (995–1018) vor dem Jahr 1002 gegründet worden sein muß, da das Stift in einer in jenem Jahr ausgestellten Urkunde erstmals faßbar wird. Bischof Heinrich stammte aus einflußreicher Familie des rheinfränkischen Hochadels und soll der Überlieferung nach seine beiden Chorherrenstifte Haug und St. Stephan, von dem noch zu sprechen sein wird, mit Weltgeistlichen aus zahlreichen Städten des Reiches besetzt haben. Umfangreiche königliche Zuwendungen, die »abbatia« Forchheim und die Dörfer Erlangen und Eggolsheim, die dem Stift Haug in der genannten Urkunde zugesprochen wurden, sicherten das Unternehmen finanziell ab; dazu kamen Besitzungen in der Nähe Würzburgs, im Ochsenfurter Gau, in Schweinfurt und in Coburg. In der Rangfolge der Würzburger Klöster und Stifte beanspruchte Haug den zweiten Platz nach dem Domstift.
Wenn auch die wirtschaftliche Grundlage und das Ansehen des Johannes dem Täufer geweihten Chorherrenstiftes offenbar glänzend waren, so erwies sich seine Lage weit vor den Mauern des alten Würzburg, etwa an der Stelle des heutigen Bahnhofes, auf einem kleinen Hügel in Kriegszeiten als gefährlich, da dann das Kloster feindlichen Übergriffen besonders ausgesetzt war. Von der Lage auf diesem Hügel (mhd. »houc«) erhielt das Stift übrigens seinen Beinamen, den die Kirche bis heute behalten hat. Immer wieder berichten die Quellen von schweren Schäden bei Kriegshandlungen oder von Plünderungen des Besitzes: so z. B. 1248, als Würzburger Bürger in die Kirche eingedrungen waren und Propst und Chorherren mißhandelten. Weitere Zerstörungen erfolgten 1354 und 1399 oder, Jahrhunderte später, im Dreißigjährigen Krieg, als schwedische Soldaten mit dem Abbruch der Kirche begannen. Das frühe 17. Jahrhundert war ohnedies eine schlimme Zeit für Stift Haug, denn angeblich fielen 1628/29 insgesamt 19 Stiftsherren dem damals wütenden Hexenwahn zum Opfer.
Anders als das Stephanskloster wurde Stift Haug nie in den mittelalterlichen Mauerring der Bischofsstadt einbezogen; vielmehr mußte es nach dem Dreißigjährigen Krieg selbst der neuen, barocken Stadtbefestigung weichen: Es wurde abgebrochen und um etwa 300 Meter nach Süden an die heutige Stelle verlegt.
Mit der Stiftskirche wurden 1657 zugleich zahlreiche Gebäude und vor allem die Kirche der Hauger Pfarrei beseitigt, ohne daß wir von ihrem Aussehen genauere Überlieferungen hätten. Vermutlich schon im frühen

12. Jahrhundert war das Hauger Viertel um das Chorherrenstift vor der Stadtmauer so groß geworden, daß es von der Dompfarrei abgetrennt werden mußte. Mitte des 13. Jahrhunderts erhielt das Stift unter Bischof Iring (1254–1256) die pfarrlichen Rechte übertragen, dazu einen ausgedehnten Sprengel innerhalb der Stadtmauern. Außerdem kamen im weiteren Verlauf des 13. Jahrhunderts Pfarrrechte in Rottendorf, Versbach, Frickenhausen und Ochsenfurt sowie 1308 Rimpar und ein Jahr später Freudenbach dazu.

Die Übertragung solcher Rechte und Einkünfte war aber nur ein äußeres Zeichen für eine Epoche innerer Blüte im Stift. Dies zeigt sich daran, daß 1233 die Zahl der Hauger Stiftspräbenden von 30 auf 38 erhöht werden konnte. Dazu kamen zahlreiche Inhaber von Altarpfründen. Einer der bekanntesten Hauger Vikare war 1479 »Tilman Riemenschneider, Kleriker der Diözese Mainz«, der vermutlich durch Vermittlung seines Onkels Nikolaus als Laie diese Altarpfründe erhalten hat. Gott sei Dank, so möchte man meinen, zerschlugen sich die Pläne einer geistlichen Laufbahn für den jungen Tilman, und er wurde später einer der bedeutendsten Bildschnitzer Frankens in der ausgehenden Spätgotik.

Überhaupt hat Würzburg immer wieder auf Angehörige des Chorherrenstiftes zurückgegriffen, wenn es galt, hohe und höchste Ämter im Bistum neu zu besetzen. So war der Hauger Propst Theoderich von Hohenberg von 1223 bis 1225 Bischof von Würzburg, und auch der von 1724 bis 1729 regierende Fürstbischof Christoph Franz von Hutten war vorher Stiftspropst gewesen. Zahlreiche Weihbischöfe haben ihren Weg über das Stift genommen, und von den Kapitularen verdient zum Beispiel Franz Oberthür (1745–1831) Erwähnung. Der vielseitige Gelehrte, Verehrer Goethes und Gründer des polytechnischen Zentralvereins war als Professor der Theologie Inhaber einer sogenannten »Doktors-Pfründe« in Stift Haug, die Fürstbischof Julius Echter bei Gründung seiner Universität dem reichen Chorherrenstift abverlangt hatte.

Doch nun zur Architekturgeschichte der mittelalterlichen Stiftsanlage: Beim Bau der Eisenbahnlinie 1863/64 wurden auch die letzten Fundamentreste beseitigt, so daß kaum noch Aussagen über die Gründungsbauten möglich sind. Nach der Rekonstruktion, die Friedrich Oswald vorgenommen hat, besaß die Kirche im Westen eine Zweiturmfassade, die eine quadratische Eingangshalle einschloß. Darauf folgte wohl eine tief vorragende Empore und ein Mittelschiff mit vermutlich sieben Pfeilerarkaden bis zum Querhaus, das von auffallender Ausladung gewesen sein muß. Die Vierung selbst war über dem westlichen Teil der Krypta erhöht. Das Altarhaus ist als quadratischer Bau zu denken, den eine Apsis abschloß.

Noch spärlicher als die schriftlichen Nachrichten über das mittelalterliche Stift sind die materiellen Überreste. Im Mainfränkischen Museum Würzburg werden einige Architekturstücke aufbewahrt, die nach der Überlieferung aus der alten Hauger Stiftskirche stammen sollen. Sie wurden zwischen 1878 und 1880 bei Abbrucharbeiten am Pleichertor und in der Nähe des Bahnhofes gefunden. Am wichtigsten sind ein Fries und vier Kapitelle, die wegen ihrer Tier- und Pflanzenornamentik in die Zeit um 1140 datiert werden und damit in den unmittelbaren zeitlichen Zusammenhang mit dem kurz vor 1143 erfolgten Neubau der romanischen Stiftskirche gehören.

Obwohl dieser Bau 1657 durch verschiedene Zerstörungen und Plünderungen arg mitgenommen gewesen sein muß – erst 1637 war die Kirche nach Zerstörungen schwedischer Besatzungssoldaten neu geweiht worden –, verwundert es doch, wie scheinbar widerstandslos die Chorherren von Stift Haug sich in den Beschluß des Fürstbischofs Johann Philipp von Schönborn (1642–1673), die Stiftsanlage abzubrechen, fügten. Innerhalb weniger Jahre, so versprach man ihnen anfangs optimistisch, sollte das Kloster mit dem Abbruchmaterial neu errichtet werden. Es dauerte dann aber doch erst einmal 13 Jahre, bis der Schönborn-Fürstbischof 1670 überhaupt den Grundstein zur neuen Kirche legen konnte, die nach den Plänen des Antonio Petrini erbaut wurde. Die Weihe der Kirche, noch fast ohne jede Ausstattung, vollzog Fürstbischof Johann Gottfried Guttenberg am 5. August 1691. Damit war der erste Großbau der Barockzeit in Franken vollendet! Bald war die Kirche umgeben von einer stattlichen Anzahl repräsentativer Stiftshöfe für die Kanoniker und Vikare entlang der heutigen Bahnhof- bzw. Heine-Straße. Eine Stiftskellerei befand sich im Juristen- oder Pfaffenhof in der Kettengasse.

Der aus der Gegend von Trient stammende Baumeister Antonio Petrini (ca. 1620/21–1701), hatte vermutlich schon vorher den Bau der Karmelitenkirche in

▷

Würzburg, ehem. Chorherrenstift Haug. Im Gegensatz zum muskulösen Strebemauerwerk des übrigen Baukörpers wirkt die hochragende Doppelturmfassade der Kirche auffällig flach (Aufnahme vor der jüngsten Restaurierung).

Würzburg, ehem. Chorherrenstift Haug. Nach dem Verlust der barocken Innenausstattung in der Bombennacht des 16. März 1945 zeichnet sich die stämmige Wandpfeilerbauweise der Kirche deutlich ab.

Würzburg gestaltet und am Ausbau der barocken Stadtbefestigung mitgewirkt. Mit der Hauger Stiftskirche schuf er sein Hauptwerk. Ein Gotteshaus mit riesigen Ausmaßen, die denen des Würzburger Domes kaum nachstanden und auf diese Weise auch baulich die hohen Ansprüche der Stiftsherren repräsentierten. Die Kirche mit ihrer hochragenden Zweiturmschaufassade und dem mächtigen Kuppelbau über der Vierung ist als Wandpfeilerbau angelegt: Einem Langhaus zu drei Jochen mit Kapellen-Abseiten zwischen den Wandpfeilern entspricht ein ebenfalls dreijochiger, sechsseitig geschlossener Chor von gleicher Höhe, aber etwas gedrungeneren Gesamtproportionen. Die mächtige Ausladung des Kirchenbaues betonen die zweijochig ausgebildeten Querhausarme. Erich Hubala hat die Hauger Stiftskirche mit einem »mächtigen von außen nach innen gebauten Strebemauernkastell« verglichen, »dem die ... Tambourkuppel als ein zum Inneren beziehungsloser Appendix aufgesetzt wurde«. Tatsächlich ist die Kuppel, wie die Baugeschichte lehrt, erst nachträglich aufgesetzt worden. Schon Zeitgenossen haben Kritik am mächtigen Kuppelbau geübt, denn wenige Wochen nach Petrinis Tod 1701 finden sich die Sätze aufgezeichnet, Petrini habe die Kuppel »mit solchen Pfeilern verwahrt, daß solche für Bollwerker zu gebrauchen sind«. Wie die Kuppel, wirkt auch die Doppelturmfront isoliert zum übrigen Organismus des Kirchengebäudes. Hier »muskulöses« Strebemauerwerk, das seine Herkunft vom Festungsbau nicht verleugnen kann, dort ein schwerfälliger Mauerkörper mit eigentümlich flach aufgelegter Gliederung und ermüdender Reihung von Nischen und Fenstern. Trotz solcher Kritikpunkte hat Antonio Petrini mit Stift Haug gleichsam die »Zutaten« ausgebreitet, aus denen der fränkische Barock auch eines Balthasar Neumann geschaffen werden sollte.

Stift Haug ist von wesentlicher Bedeutung für die Topographie Würzburgs, so dominierend prägt der mächtige Baukörper mit Kuppelbau und Doppeltürmen das Stadtbild. In der Verlängerung der Achse der Juliuspromenade gelegen – zur Bauzeit noch Mauer und Graben – war Stift Haug wie Dom, Neumünster oder Neubaukirche und die Bürgerkirche am Markt radial auf die Festung, den Sitz der Fürstbischöfe ausgerichtet, wie die Trabanten eines Sonnensystems zu ihrem Hauptgestirn. Es mag nicht nur die bauliche Gelegenheit des Ortes gewesen sein, daß z. B. die Jesuitenkirche, die erst nach Erbauung der barocken Residenz entstand, mit ihrer Hauptfassade eben auf diese ausgerichtet wurde.

Wer die Kirche heute in ihrer kühlen, seit den Kriegszerstörungen fast jeder Ausstattung beraubten Nacktheit betrachtet, vermißt die aufwendige Barockeinrichtung, die meist erst nach der Weihe, dann aber mit bemerkenswerter stilistischer Geschlossenheit entstand, um so nachhaltiger. Gegen die weiß gekalkte Architektur setzte sich die in schwerem Braun und Gold gehaltene Ausstattung der Altarretabeln wirkungsvoll ab und fügte sich doch zugleich ein. Gemeinsam mit dem Bildhauer Michael Rieß und Balthasar Esterbauer sowie dem Hofschreiner Ferdinand Bielefeld schuf J. Caspar Brand die reiche Schnitzarbeit an Orgel, Kanzel und Altären. Zu den Retabeln kamen die Altarbilder, die vielfach von dem aus Flandern zugewanderten Maler Oswald Onghers stammten, dessen Schaffen stark an dem seines Landsmannes Peter Paul Rubens orientiert war.

St. Stephan

Die Frühgeschichte des Klosters St. Stephan, vor der südlichen Stadtmauer Würzburgs im »Sand« gelegen, ist noch nicht in allen Details geklärt. Vermutlich wurde es wie Stift Haug von Bischof Heinrich I. (995–1018) zwischen 1013 und 1015 zunächst als Stift für Weltgeistliche gegründet. Eine reiche Ausstattung mit Grundbesitz förderte einen raschen Fortschritt des Baues von Konvent und Kirche. Für das Jahr 1018 ist ein Weihedatum überliefert, das sich nach Friedrich Oswald auf die noch heute erhaltene dreischiffige Unterkirche unter dem Westchor bezieht. Die 1032 geweihte Stiftskirche selbst war mit zwei Querhäusern ausgezeichnet. Dem kleineren, nur mit einer Mittelapsis versehenen Ostchor antwortete ein größerer Westchor. Zwei Türme flankierten diesen Westchor, in dem sich eine Armreliquie des Stifters in einem Hochgrab befand. Der Westchor war zugleich bis 1715 Mönchschor. An diesen Hauptchor schloß sich der Kreuzgang an.

Außer der Westkrypta unter dem Chor, die man heute anders als ursprünglich über eine moderne, von Osten herangeführte Treppenanlage betritt, hat sich aus romanischer Zeit nur die modernisierte Michaelskapelle erhalten. Dieser nördlich an das Querhaus anschließende Raum wird um 1100 datiert und war ursprünglich quadratisch angelegt, mit eingezogenem, ehemals gewölbtem Chor. Darunter befand sich das Ossarium.

Insgesamt war die Kirche von St. Peter, Paul und Stephan im »Sand« wie auch die alte Fuldaer Stiftskirche an dem Vorbild von Alt-St.-Peter in Rom orientiert. Sie gilt als die bedeutendste ottonische Architekturschöpfung Würzburgs. Neben der Pflege der Baukunst nahm man sich aber in St. Stephan offensichtlich in besonderer Weise der Geschichtsschreibung an, entstand doch dort das »Chronicon Wirceburgense«, eine bis 1057 reichende Weltchronik.

Bereits um 1057 griff Bischof Adalbero (1045–1090) reformierend ein und wandelte das Kollegiatstift in eine Benediktinerabtei um, die er mit Mönchen aus dem Kloster Münsterschwarzach besetzte. Die Chorherren wurden wahrscheinlich in das im selben Jahr

Würzburg, ehem. Benediktinerkloster St. Stephan. Aus der Zeit um 1018 stammt die dreischiffige romanische Krypta unter dem Westchor der Kirche.

Würzburg, ehem. Benediktinerkloster St. Stephan. Ansicht der nach 1945 weitgehend rekonstruierten Kirche. 1803 wurde St. Stephan erste Pfarrkirche der evangelischen Gemeinde in Würzburg.

gegründete Stift Neumünster versetzt. Münsterschwarzach, ein Zentrum der von Cluny bzw. Gorze ausstrahlenden klösterlichen Reform im damaligen Hochstift Würzburg, hatte sich auch in St. Stephan durchsetzen können, das fortan gerade mit Münsterschwarzach über Jahrhunderte hinweg in besonderer Verbindung bleiben sollte. Daneben wirkte die Hirsauer Reform nachhaltig auf St. Stephan; allein zwei Äbte wurden von dort nach Würzburg entsandt.

Im 12. Jahrhundert ist zunächst einmal für 1120 bei St. Stephan die Einrichtung des ältesten Würzburger Spitals sicher bezeugt. Die folgenden Jahrzehnte brachten größere Bauunternehmungen, so wird für das Jahr 1147 von der Erneuerung der baufällig gewordenen Klostergebäude berichtet. In diesen zeitlichen Zusammenhang gehört ein Säulenkapitell mit vier Männerköpfen aus dem Kloster, das im Mainfränkischen Museum Würzburg gezeigt wird. Kurz vor dem Jahre 1200 wurde das Kloster mit der ganzen Vorstadt Sand in den erweiterten Stadtmauerring aufgenommen. In die gleiche Zeit fällt das unter Abt Herold (ca. 1188–1199) von Papst Clemens erwirkte Recht, Stab und Inful tragen zu dürfen. Trotzdem scheint St. Stephan nie eine größere Rolle innerhalb des bürgerlichen und geistlichen Lebens der Bischofsstadt gespielt zu haben.

Das Kloster verhielt sich in den kriegerischen Wirren zwischen Bischof und Bürgerschaft Würzburgs gegen Ende des 14. Jahrhunderts offenbar neutral und ließ sich in diese Auseinandersetzungen nicht hineinziehen. Dennoch war das 14. Jahrhundert von zahlreichen Schwierigkeiten für St. Stephan gekennzeichnet, da man sich von einer Brandkatastrophe, die sich um das Jahr 1286 ereignete, nur sehr langsam erholte. Um die wirtschaftlichen Verhältnisse zu bessern, gestattete Bischof Otto von Wolfskeel(1333–1345) im Jahre 1343, die an sich regelwidrige Trennung von Abts- und Konventsgut. Statt zu einem Aufschwung führte diese Maßnahme jedoch zu einer weiteren Zerrüttung der Finanzen, und die zumeist adeligen Mönche gaben sogar den gemeinsamen Tisch auf, der erst Jahrhunderte später unter Abt Erhard Irthel (1615–1619) wiedereingeführt wurde.

Eine gewisse Aufwertung erfuhr St. Stephan, als es 1476 von Fürstbischof Rudolf von Scherenberg (1466–1495) die seelsorgliche Betreuung des in die nahegelegene Ulrichsklause eingezogenen Benediktinerinnenkonventes übertragen bekam. 1480 schloß sich das Kloster der Bursfelder Reform an. Diese Reform war offenbar ein Erfolg, denn noch im Jahr 1500 wurde das in Verruf geratene Schottenkloster mit Mönchen aus St. Stephan aufgefüllt und so im Glauben gestärkt. Damals blühte in dem Benediktinerkloster ein Skriptorium, in welchem z. B. 1517 eine deutsche Übersetzung der Ordensregeln für die Benediktinerinnen verfaßt wurde. Eine eigene, an ihren typischen Stempeln noch heute erkennbare Buchbinderei strahlte weit über das Kloster hinaus.

Die unruhigen Jahre von Bauernkrieg und Reformation überstand St. Stephan einigermaßen unbeschadet. 1579 mußte es dazu beitragen, das von Fürstbischof Julius Echter gestiftete Juliusspital mit Grundbesitz auszustatten. Während des Dreißigjährigen Krieges floh Abt Andreas Steublin vor den Schweden aus Würzburg und kehrte erst 1634 nach deren Niederlage in Franken wieder zurück. Auch nach dem Ende des großen Krieges wirkte das Kloster vor

allem nach innen, und so wurde z. B. 1651 ein Ordensseminar für die Ausbildung der jungen Benediktinermönche aller fränkischen Abteien eingerichtet. St. Stephan hat im Laufe seiner Geschichte manchen Wissenschaftler von Rang hervorgebracht. Abt Eucharius Weiner (1667–1701) war in seiner Amtszeit dreimal Rektor der Würzburger Alma Julia. Ein weiterer Gelehrter war P. Ignatius Gropp († 1758), der bedeutendste Würzburger Historiker, Herausgeber und Sammler der Barockzeit. Seine beiden Hauptwerke, die »Collectio novissima scriptorum et rerum Wirceburgensium« und die »Wirtzburgische Chronick deren letzteren Zeiten« sind bis heute unentbehrliche Quellen der fränkischen Geschichtsschreibung.
Erst verhältnismäßig spät wurde St. Stephan vom in der Barockzeit grassierenden »Bauwurm« befallen. Zwar waren die Klostergebäude erneuert und 1715 im Osten ein neuer Chor im heutigen Grundriß errichtet worden, in welchem die Mönche fortan ihr Chorgebet verrichteten, aber erst 1788/89 kam es nach den Plänen von Johann Philipp Geigel zu einem Neubau der im Laufe der Jahrhunderte total verbauten Kirche im damals herrschenden Stil des Klassizismus. Geigel ließ dabei, von wenigen Ausnahmen wie etwa der Westkrypta abgesehen, alle älteren Bauteile abbrechen. Er schuf einen weiten, lichterfüllten Saalbau. Die Kirche beeindruckte weniger durch die Finessen ihrer Architektur als durch ihre geschlossene frühklassizistische Ausstattung: Zu nennen sind die Stukkaturen des Materno Bossi und die Deckengemälde des Konrad Huber aus Weißenhorn.
1803 – die Kirche war im Innern noch nicht einmal völlig fertiggestellt – wurde St. Stephan säkularisiert. Noch im Jahr der Säkularisation zunächst provisorisch, wurde die Kirche 1816 endgültig Pfarrkirche der evangelischen Gemeinde. 1945 schließlich ging St. Stephan im Bombenhagel unter. Dennoch lohnt ein Besuch des in schlichten, vereinfachten Formen wiedererrichteten Gotteshauses allein wegen der 1018 geweihten Krypta unter dem Westchor. Die Krypta wurde beim Wiederaufbau in den Formen des 12. Jahrhunderts rekonstruiert, ohne die klassizistische Ausstattung von 1788, und bietet eine gute Vorstellung vom mittelalterlichen Kirchenbau Würzburgs.

Stift Neumünster

Der Ort, an dem sich im Herzen Würzburgs, in unmittelbarer Nachbarschaft zum Dom, die dem Evangelisten Johannes geweihte ehemalige Kollegiatstiftskirche Neumünster erhebt, zählt zu den »heiligen Stätten« im katholischen Franken. An dieser Stelle soll gemäß der Überlieferung in merowingischer Zeit ein Amtshof gewesen sein, von dem aus ein Herzog das Land verwaltete. Um 686/689 soll dort Herzog Gosbert von den »Frankenaposteln« Kilian und seinen beiden Gefährten Kolonat und Totnan zum christlichen Glauben bekehrt worden sein. Gailana, die Gosbert in morganatischer Ehe verbunden war, ließ die drei wegen ihrer Forderung nach Trennung dieser unstatthaften Zweitehe ermorden und in aller Eile mitsamt ihren Kleidern und liturgischen Geräten verscharren. Der geheimgehaltene Ort machte jedoch, so die Legende, immer wieder durch Wunderheilungen von sich reden. Deshalb ließ der erste Bischof von Würzburg, der heilige Burkard, am 8. Juli 752 die Gebeine der drei Märtyrer erheben und in die Marienkirche auf den Festungsberg übertragen.
Bischof Burkard erbaute über der Grabstelle eine hölzerne Kapelle, und seine Nachfolger errichteten dort die erste Bischofskirche des Bistums, die am 8. Juli 788 in Anwesenheit Karls des Großen unter Rückführung der Kiliansreliquien von Bischof Berowelf geweiht wurde. Nur wenige Jahrzehnte später brannte dieser Salvatordom 855 ab und stürzte ein. Der Neubau erfolgte dann nicht mehr an gleicher Stelle, sondern südlich davon. Dorthin wurden auch die Kiliansreliquien übertragen. Der Ort ihrer Auffindung wurde aber weiterhin stark verehrt und dort ein Oratorium errichtet. Soweit die Vorgeschichte.
Der Überlieferung nach gilt Bischof Adalbero (1045–1090) als Gründer des Neumünsterstiftes, das er gemeinsam mit Königin Richeza von Polen und dem Grafen von Rothenburg zwischen 1058 und 1063 als Kollegiatstift zu Ehren Mariens und Aller

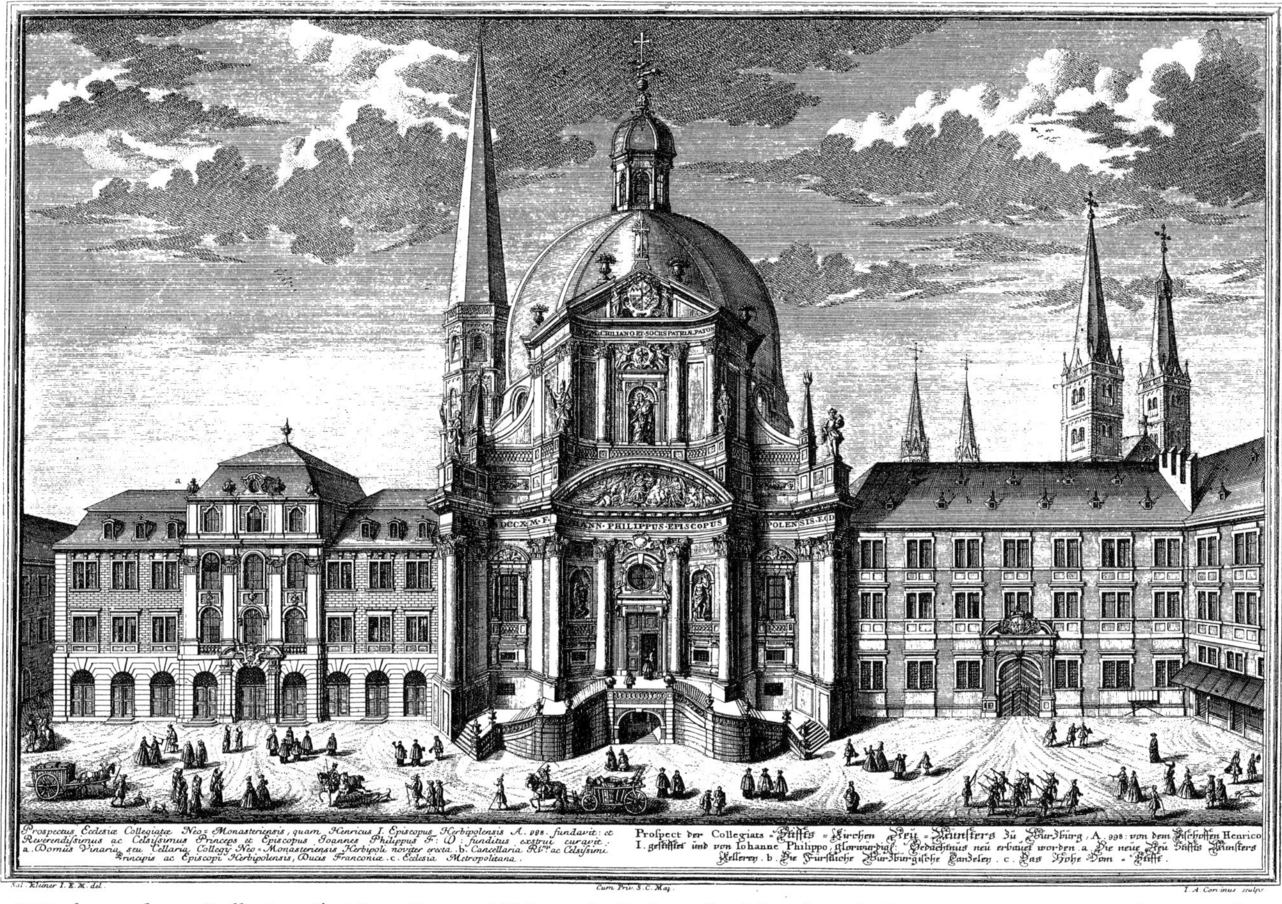

Würzburg, ehem. Kollegiatstift. Neumünster. 1716 wurde die barocke Schaufassade des Neumünsters gegen den Kürschnerhof hin vollendet. Das nördlich davon geplante stolze Projekt der »Neu Stiffts Münsters Kellerey« wurde jedoch nie ausgeführt. Stich von 1740 nach einer Zeichnung von Salomon Kleiner.

Heiligen, genannt »Neumünster«, stiftete. Bischof Adalbero war eine der profiliertesten Persönlichkeiten seiner Zeit, der sich während des Investiturstreites als treuer Gefolgsmann des Papstes erwies: Zweimal wurde er aus Würzburg vertrieben bzw. abgesetzt und starb schließlich in seiner österreichischen Heimat in dem von ihm gegründeten Benediktinerkloster Lambach. Dies war ein Tochterkloster von Münsterschwarzach. Adalbero besetzte das Stift Neumünster mit Kollegiaten aus St. Stephan, das er bekanntlich in ein Benediktinerkloster umwandelte.

Die Gründe für diese Translozierung der Chorherren sind häufig diskutiert worden. Sie hängt möglicherweise mit dem Kilianskult zusammen, worauf Peter Johanek hingewiesen hat: Indem der Ort der Auffindung der Kiliansreliquien besonders ausgezeichnet wurde durch Ansiedlung eines frühen reformierten Chorherrenstiftes, konnten damit zugleich die Tugenden der Christen in Franken als Exemplum dargestellt werden, denen nachzustreben das Reformbemühen Adalberos allenthalben galt. Zugleich sollte mit dem Neumünsterstift auch ein Gegengewicht zum nahen Domstift aufgebaut werden, das dem Bischof traditionell kritisch gegenüberstand. Eine Maßnahme, der allerdings wegen der für Adalbero unglücklichen Entwicklung der Ereignisse im Investiturstreit ein anhaltender Erfolg verwehrt blieb.

Die Nachrichten über die zur Gründungszeit errichtete und von Bischof Adalbero der Muttergottes sowie Allen Heiligen geweihte Stiftskirche fließen nur spärlich. Nach allem, was wir wissen, handelte es sich um eine große, dreischiffige und doppelchörige Pfeilerbasilika. Der Ostchor lag über einer dreischiffigen Krypta und war dem heiligen Johannes geweiht. Die Frage, ob das Neumünster ein östliches oder ein westliches Querhaus hatte, wird in der Literatur kontro-

Würzburg, ehem. Kollegiatstift Neumünster. »Lusam-Gärtlein«: Spolien des ehem. romanischen Kreuzgangs aus dem späten 11. Jahrhundert mit den ältesten Beispielen monumentaler Bildhauerei in Würzburg.

vers diskutiert. Oswald rekonstruierte ein Ostquerhaus und über der Kilianskrypta im Westen einen geraden Abschluß. Lehmann versuchte dies gerade unter Hinweis auf Beobachtungen am Bau selbst und unter Hinweis auf die ebenfalls von Adalbero gegründete Abteikirche von Lambach umzudrehen und nahm ein Querhaus im Westen an.

1188 sind Bauarbeiten am Chor der Stiftskirche überliefert. In dieser Zeit wurde ein Kreuzgang errichtet, dessen Reste nach wechselvollem Schicksal seit 1953 wieder im sogenannten »Lusamgärtchen« eingebaut sind. Die Reliefs eines thronenden Christus und eines segnenden heiligen Kilian zählen zu den frühesten Werken monumentaler Bildhauerei in Würzburg.

Auch im 13. Jahrhundert wurde an der Kirche gebaut: 1247 wurde ein Ablaßbrief erlassen, um die Vollendung angefangener Türme zu fördern. Nach einem Bericht des Michael de Leone erhielt das Münster im 14. Jahrhundert eine Ausmalung durch Magister Arnold. Aus der frühen Barockzeit, von 1614, stammt die Einwölbung der Kirche im Anschluß an die des Domes.

Der spätromanische Bau präsentiert sich von außen (vor allem vom Kiliansplatz aus) noch immer eindrucksvoll und zeigt deutliche Anspielungen auf Architektur und Ornamentik des Domes. Anstelle der unvollendeten Türme zu Seiten des Chores entstand um 1260 bei dem Westportal ein einzelner Turm in den reichen, kleinteiligen Formen der Frühgotik. 1766/67 schuf der Würzburger Zimmermann Jacob Löffler mit den Formen des reifsten Rokoko eine neue, in den Proportionen subtil eingepaßte Haube für diesen Turm.

War bisher vorwiegend die Rede von der mittelalterlichen Stiftsanlage, so soll nun der Blick auf die barocke Erneuerung seit 1711 gelenkt werden. Fürstbischof Johann Philipp von Greiffenklau (1699–1719) begann sich sofort nach seiner Wahl energisch für eine Erneuerung einzusetzen. 1711 wurde der Westteil abgebrochen und innerhalb von fünf Jahren neu aufgeführt. Offenbar ist der Bau der Neumünsterkuppel und der Westfassade nicht als das Werk eines einzigen Baumeisters zu fassen. Valentino Pezzani war vermutlich ausführender Bauunternehmer. Neben Joseph Greising haben weitere »bauverständige Personen« in Planung und Entstehung eingegriffen. So wissen wir, daß 1711 Johann Dientzenhofer und ein »Maurermeister zue Anspach« (?) um ihren Rat zu Greisings Plänen befragt wurden, weshalb die Kunstgeschichte auch Dientzenhofer großen Anteil am Entwurf der Fassade zubilligt.

Das Neumünster wurde durch die Baumaßnahmen des 18. Jahrhunderts zweigeteilt: im Osten der spätromanische Kirchenbau, baulich weitgehend unangetastet und somit ein Gegenpart zum Dom, im Westen dagegen der mächtige Kuppelbau über der Kiliansgruft mit der vorgelagerten Schaufassade, die eines der großartigsten Werke fränkischer Fassadenarchitektur bildet. Die Inschrift im Fries nennt als das Vollendungsjahr 1716 und Fürstbischof Johann Philipp von Greiffenklau als den Stifter. Den Figurenschmuck schuf Jakob von der Auwera. Die zweiarmige Freitreppe, die zugleich den Zugang zur Kiliansgruft überbrückt und betont, entstand 1719. Seit der jüngsten Restaurierung, die den schweren roten Sandstein gegen die hell gefaßten Figuren kontrastiert hat, drängt sich der Vergleich mit einem Altarretabel noch stärker auf. Während die Fassade den Blick in einer an römische Barockfassaden gemahnen-

den Art an sich bindet, hebt die hochragende Kuppel der Kiliansmemorie das Neumünster wirkungsvoll aus der Dachlandschaft der Würzburger Türme und Kuppeln heraus.
Der Zweite Weltkrieg hat dem Neumünster viel von seiner originalen Ausstattung genommen. Da mutet es schon fast wie ein Glück an, wenn jener Kruzifixus mit den eigenartig verschränkten Armen aus der Mitte des 14. Jahrhunderts die Brandstürme des Bombenhagels überdauert hat. Besonders schmerzhaft für Gläubige wie für Kunstfreunde dürfte jedoch der Verlust der Büsten der drei Frankenapostel gewesen sein, von denen heute nur noch Kopien auf dem Pfarraltar zu finden sind. Die stark beschädigten Deckenbilder von Johann Baptist Zimmermann und Nikolaus Stuber wurden nach 1945 weitgehend erneuert. Immerhin vermitteln die Stuckdekoration im Mittelschiff von 1715–1720 und der Hochaltar von 1724 von der Hand des Dominikus Zimmermann einen authentischen Eindruck vom spätbarocken Charakter der einstigen Ausstattung. Das weitere 18. Jahrhundert ist mit zwei Retabeln von Johann Peter Wagner im Neumünster vertreten. Eine Brücke zur Frühzeit des Neumünsters schlägt das Chorgestühl, das im Kern dem 14. Jahrhundert angehört, jedoch 1780 durch Johann Georg Winterstein klassizistisch überformt wurde; original ist freilich nur die südliche Hälfte, alles andere wurde nach 1945 rekonstruiert. Etwas abgerückt und von manchem eiligen Touristen übersehen, erstreckt sich nördlich der Kirche das sogenannte »Lusamgärtlein«. Dort liegt der Überlieferung nach Walther von der Vogelweide begraben, und sein Kenotaph wird noch heute von milder Hand gelegentlich mit Blumen geschmückt. Der eigentliche Reiz des weltabgewandten Ortes von melancholisch-heiterer Ausstrahlung dürfte in den Spolien des Kreuzganges liegen. Die Reliefs des Christus Salvator und des hl. Kilian gehören jedenfalls zu den ältesten Belegstücken der Würzburger Plastik.
Das Neumünsterstift hatte als »Konkurrenz« zum benachbarten Domstift besondere Bedeutung. Zwar war der Dom seit dem späten 9. Jahrhundert die Kathedralkirche, und dorthin wurden auch die Kilianreliquien übertragen, aber das Neumünster als Ort der Auffindung der Gebeine genoß große Verehrung. Zudem galt das Wasser des Brunnens in der Krypta als heilkräftig bei Augenleiden und wurde deswegen bis in die dreißiger Jahre unseres Jahrhunderts geschätzt.
Bis heute ist das Neumünster einer der Hauptwallfahrtsorte in Franken. Seit 1647 führt die Kreuzbruderschaft alljährlich im August eine Fußwallfahrt

▷

Würzburg, ehem. Kollegiatstift Neumünster. Inneres der Kirche gegen den Chor hin. Die nach den schweren Kriegszerstörungen von 1945 großenteils rekonstruierte Ausstattung vermittelt noch immer einen imposanten Eindruck von der Erscheinung des Neumünsters im 18. Jahrhundert, in der sich Bandelwerkstuck, barocke Malerei und klassizistisches Chorgestühl zu einem bemerkenswerten Raumbild fügen.

zum Kreuzberg in die Rhön durch, auf dem der heilige Kilian das erste Kreuz Frankens errichtet haben soll, und zurück zum Neumünster, dem Ort des Martyriums der Heiligen.
Das Stift spielte in der Verwaltungs- und Geistesgeschichte des Bistums eine wichtige Rolle. So rekrutierte seit Mitte des 12. Jahrhunderts die Reichskanzlei ihren Personalbedarf aus Würzburger Stiften. Im Alter traten diese Notare gelegentlich wieder in den Dienst Würzburgs; hin und wieder sogar mit recht zweifelhaften Aufgaben betraut. Der Kanoniker am Neumünster, Heinrich von Wiesenbach († 1171), bis 1168 Protonotar in der Reichskanzlei, fälschte z. B. mit Erfolg für Würzburg Kaiserurkunden, in welchen dem Hochstift bzw. dem Bischof weitgehende Rechte zugesprochen wurden. Daneben hatte aber auch die klassische Literatur im Neumünster eine Heimstatt. Ein 1233 angelegter Katalog der Stiftsbibliothek verzeichnet auffallend viele lateinische Klassikertexte. Zu den Benutzern der Bibliothek zählte auch der Bamberger Hugo von Trimberg (um 1235 – um 1313). Unter den Scholastern des Neumünsters finden sich bekannte Namen wie Magister Heinrich der Poet († 1265) oder Magister Michael de Leone († 1355), der in seinem »Hausbuch« alles Wissens- und Lesenswerte seiner Zeit zusammengetragen hat. Walther von der Vogelweide († um 1230) liegt im Kreuzgang, im »Lusamgärtchen« begraben.
Fünf Weihbischöfe kamen aus den Reihen der Stiftsherren, von denen besonders Weihbischof Gregor Zirkel (1802–1817) von Bedeutung ist. Wenige Wochen vor der Säkularisation vom letzten Fürstbischof Georg Karl von Fechenbach zum Weihbischof berufen, führte er bis zur Wiedererrichtung der Diözese Würzburg streitbar und mutig die Pontifikalfunktionen aus. Er starb als ernannter Bischof von Speyer. Das Stift war fest in den führenden Bürgerfamilien Würzburgs verwurzelt. Beispielhaft steht dafür der letzte Dekan des Neumünster, Dr. Valentin Franz Stanislaus Neumann (1736–1803), ein Sohn des Barockbaumeisters und Artillerie-Obersten Balthasar Neumann.

Schottenkloster St. Jakob

Die Verehrung des heiligen Kilian und seiner Gefährten in Würzburg wurde bereits wenige Jahrzehnte nach der feierlichen Erhebung der Gebeine im Jahr 742 von Irland aus gefördert. Während des ganzen Mittelalters war Würzburg ein vielbesuchtes Wallfahrtsziel irischer Pilger. Besonders für das 11. Jahrhundert sind häufiger Namen von Pilgern und irischen Mönchen in der Mainmetropole überliefert. Vermutlich 1138 erbat sich Abt Christian des Schottenklosters St. Jakob in Regensburg vom Würzburger Bischof Embricho die Genehmigung zur Gründung einer Herberge für diese irischen Kilians-Pilger in Würzburg. Die Vorbereitungen waren 1139 abgeschlossen, und unter Führung des Abtes Makarius zogen irische Benediktinermönche in das neue Kloster in der Vorstadt Girberch am linken Mainufer ein.

Das Würzburger Schottenkloster St. Jakob gehörte zu einer Gruppe irischer Klöster, die nach der Regel des heiligen Benedikt lebten und von Regensburg aus gegründet wurden. Als Primarabt mit dem Recht der Vi-

Würzburg, ehem. Schottenkloster St. Jakob. »Abt Konrad überreicht dem hl. Dominikus eine Bibel.« Widmungsbild einer Handschrift im Besitz der Universitätsbibliothek Würzburg, die 1246 wahrscheinlich im Schottenkloster für die Würzburger Dominikaner geschrieben wurde.

Würzburg, ehem. Schottenkloster St. Jakob. Im Neumünster hat sich das von Tilman Riemenschneider geschaffene Grabmal des letzten großen Schotten-Abtes Johannes Trithemius († 1516) erhalten, ein Meisterwerk der Porträtkunst des »Bildschnitzers aus Würzburg«.

sitation galt der jeweilige Abt des Regensburger Schottenklosters. Damit waren die Schottenklöster innerhalb der jeweiligen Bistümer faktisch exemt. Papst Innozenz III. förderte diese Klöster besonders und erkannte ihnen den Status einer eigenen Kongregation innerhalb des Benediktinerordens zu. Die Kongregation bezog ihren Nachwuchs ausschließlich aus Irland selbst. Um diese Verbindungen zu stärken, gründete man dort eigene Priorate. Auch Würzburg besaß ein solches in Roscarbery in der heutigen Grafschaft Cork, dessen Priore noch im 14. Jahrhundert nach Würzburg ziehen mußten, um dort ihre Gelübde abzulegen. Das Schottenkloster betreute ein Hospiz und zwei vielbesuchte Inklusorien. Verdienste und Ansehen erwarb es sich durch umfangreiche Schreibtätigkeiten für Bischöfe und Domkapitel.

Während des 13. Jahrhunderts geriet das Kloster in den Sog der Auseinandersetzungen zwischen Bischöfen und Bürgern von Würzburg. Damals versuchten die Bischöfe das Schottenkloster unter ihren Einfluß zu zwingen. Dies gelang 1268, als sich Abt Johann II. mit seinem acht Mönche umfassenden Konvent unter einem finanziellen Vorwand der Jurisdiktion des Regensburger Abtes entzog und dem Würzburger Bischof das Recht der Visitation des Klosters zugestand. Wenn auch der überragende Abt Philipp (1343–1361) für kurze Zeit die fortschreitende Abwärtsentwicklung aufzuhalten vermochte, so war doch das Jahr 1398, als St. Jakob von aufständischen Bürgern geplündert und in Brand gesteckt worden war, schicksalhaft. Das Generalkapitel der Benediktiner von 1417 im Stift Petershausen zwang dem irischen Klosterverband die Aufnahme nichtirischer Novizen auf, weil die irischen Mönche »am allgemeinen Niedergang des Mönchtums reichlich Anteil« gehabt haben sollen. Neben dem Verfall der Disziplin und schlechter Wirtschaftsführung war es vor allem der Mangel an geeigneten Novizen, der die Auflösung der Schottenklöster förderte. Bis zuletzt strebte man gleichwohl nach nationaler Exklusivität und verwehrte sich gegen die überall aufblühenden benediktinischen Reformbewegungen.

Das Ende des Würzburger Schottenklosters kam im Jahr 1497 mit dem Tod des 1494 gewählten Abtes Edmundus. Bischof Lorenz von Bibra hatte sich damals von Papst Alexander das Mandat geben lassen, das Schottenkloster mit deutschen Mönchen besetzen zu dürfen. Zur Begründung führte er an, daß das Kloster seit sehr langer Zeit ohne einen Mönch sei. 1498 wurden drei Mönche von St. Stephan »in realem possessionem« des Schottenklosters eingesetzt, und 1504 wurde mit Kilian Crispus aus Ochsenfurt der erste deutsche Abt installiert. Dieser resignierte jedoch schon zwei Jahre später. 1506 wurde schließlich der große Gelehrte Johannes Trithemius (1462–1516) als Abt eingesetzt. Mit ihm wurde das Würzburger Schottenkloster für einige Jahre zu einem Zentrum der Gelehrsamkeit. Trithemius war eineinhalb Jahre zuvor als Abt des Klosters Sponheim im Hunsrück von seinem Konvent »ausgesperrt« worden und fand in Würzburg deshalb den rechten Ort für seine weitgespannte literarische Tätigkeit. Obwohl Trithemius kein abgeschlossenes Hochschulstudium vorweisen konnte, war er Mitglied der rheinischen Gelehrtengesellschaft »sodalitas litteraria Rhenana«, der Rudolph Agricola oder Conrad Celtis angehörten. In Würzburg entstanden in der Folgezeit Werke wie die »Annales Hirsaugienses« oder Darstellungen der Wallfahrtsorte von Dettelbach und Heilbronn mit den dort geschehenen Wunderheilungen. Nicht verschwiegen werden dürfen aber auch Schriften gegen Zauberei und Hexenwesen, in denen sich der gelehrte Abt ganz als das Kind seiner Zeit erwies. Trithemius war einer der herausragenden Geistesgrößen an der Schwelle zur Neuzeit. Und als solchen hat ihn Tilman Riemenschneider in seinem Grabmal im Würzburger Neumünster auch charakterisiert: Von stämmiger, eher untersetzter Gestalt, angetan mit den Insignien seiner Abtswürde, hält er mit der Rechten ein aufgeschlagenes Buch, das in seinem Fall mehr als nur ein beliebiges Attribut darstellt.

Nach Trithemius' Tod am 13. Dezember 1516 dürfte in St. Jakob kaum noch ein geregeltes monastisches Leben geführt worden sein. Als um die Mitte des 16. Jahrhunderts das Stephanskloster nicht mehr in der Lage war, St. Jakob personell und materiell auszustatten, wurde das Schottenkloster ab 1548 zu einer Art Pfründe für die jeweiligen Würzburger Weihbischöfe gemacht und damit wenigstens der Besitzstand gesichert.

Erst unter Fürstbischof Julius Echter begann eine neue Epoche. Vor dem Hintergrund des Sieges der Reformation auf den britischen Inseln nach 1558/60 versuchten schottische Emigranten die meist untergegangenen Schottenklöster auf dem Festland zurückzugewinnen und zu Stützpunkten für die Rekatholisierung Englands auszubauen. Die von langer Hand vorbereiteten und über Jahrzehnte hinweg verfolgten Bemühungen waren in Würzburg 1595 von Erfolg gekrönt, als drei Mönche in St. Jakob einzogen. Obwohl diese Mönche von den Inseln kamen, konnte Julius Echter als Diözesanbischof nach Belieben in die Interna des Klosters eingreifen. Mehrfach setzte er unfähige Äbte ab, freilich ohne rechtes Ergebnis. Dazu kam bald darauf der Dreißigjährige Krieg mit den bekannten Folgen für ein außerhalb der Stadtmauern gelegenes Kloster. In der zweiten Hälfte des 17. Jahrhunderts wurden nahe bei St. Jakob Befestigungswerke und ein Zeughaus gebaut. Nun war das Kloster zwar sicher, aber die Nähe zu diesen militärischen Einrichtungen sorgte für Unruhe und ständige Querelen in den letzten anderthalb Jahrhunderten des Bestehens. 1803 wurde auch das Würzburger Schottenkloster mit zuletzt acht Mönchen und zwei Missionaren in der Säkularisation aufgehoben.

Die weitere Geschichte des aufgelassenen Schottenklosters ist auch später wesentlich vom Militär geprägt worden: Das Langhaus der Kirche diente als Militärmagazin. 1819 wurde der Chor wieder geweiht, und 1904 erst wurde das ganze Gotteshaus Garnisonskirche. Im Zweiten Weltkrieg brannte die Kirche vollständig aus. In den Jahren 1955/56 erbauten Albert Boßlet und Erwin van Aaken das Langhaus neu und renovierten den Chor. Kirche und Kloster sind heute Teil des Don-Bosco-Heims der Salesianer.

Wenig an originaler, historischer Substanz hat sich

aus diesen Gründen von der Schottenkirche des 12. Jahrhunderts erhalten; die wesentlichsten Reste dürften in der Ostpartie mit den beiden Türmen über den apsidial geschlossenen Seitenkapellen und der Hauptapsis dazwischen zu finden sein. Die Kirche wies ursprünglich zahlreiche bauliche Gemeinsamkeiten mit St. Jakob in Regensburg auf und dürfte zwischen 1150 und 1160 vollendet worden sein. Nach dem Einsturz des Nordturmes wurde der Chor um 1260 bis 1270 in gotischen Formen erneuert. Die einfachen Klostergebäude stammen aus dem 17. Jahrhundert, darunter ein 1627 datiertes Pförtnerhaus. Westbau und Langhaus der Kirche wurden zwischen 1699 und 1716 von Joseph Greising abgebrochen und umgestaltet.

Ursprünglich handelte es sich um eine flachgedeckte, achtjochige und dreischiffige Pfeilerbasilika ohne Querhaus, an die sich jenseits des Triumphbogens der Chorraum anschloß. Dort sind zwei Pfeilerjoche von einem Kreuzrippengewölbe übergriffen. Das Halbrund der Hauptapsis wird in Höhe der Fenstersohlbänke ins Achteck übergeführt und mit einem fünfteiligen Kappengewölbe geschlossen. Neben der wegen ihrer ausdrücklichen genetischen Beziehungen zu Regensburg als Fremdling in der Würzburger Architektur anzusehenden Kirche gilt dies in besonderem Maß auch für die Bauplastik. Einen Eindruck davon vermittelt vielleicht noch die Nebenkapelle unter dem romanischen Südturm mit ihren figürlichen Tragekonsolen für das Kreuzgratgewölbe: Den reichgegliederten Kämpfergesimsen sind in den Ecken Würfelkapitelle eingestellt, deren kurze Schäfte von figürlichen Konsolen gestützt werden, beispielsweise einem streng frontal ausgerichteten Menschenhaupt mit schwach ausgebildeter Modellierung der Oberfläche. Nach den Worten von Fritz Oswald führt von solchen frühen Werken kein Weg zur Würzburger Plastik der Mitte des 12. Jahrhunderts. Die nationale Exklusivität des irischen Schottenklosters der Frühzeit hat auf diese Weise einen Niederschlag bis in die Details der Bauskulptur erfahren. Letztlich war diese Weigerung zur Assimilierung mitursächlich für den Untergang des Klosters.

Die Niederlassung des Deutschen Ordens

Besonders zahlreich war die Zahl der Neuansiedlungen von Klöstern und Orden in Würzburg im 13. Jahrhundert. Als erster ist hier der Deutsche Orden zu nennen, dem Bischof Otto von Lobdeburg (1207 bis 1223) am 16. November 1219 einen nördlich der Zeller Straße gelegenen Hof übereignete. Dieser Hof, in welchem der Lokaltradition nach im Jahr 1156 die Feierlichkeiten anläßlich der Hochzeit Kaiser Friedrich Barbarossas mit Beatrix von Burgund stattgefunden haben sollen, bildete den Grundstock für die Gründung einer eigenen Kommende in Würzburg, die zwischen 1224 und 1231 erfolgte. 1226 wird eine im Untergeschoß des heute noch bestehenden Turmes befindliche Kapelle, die Maria, der Schutzpatronin des Ordens, geweiht war, urkundlich erwähnt. Die Kirche in ihrer gegenwärtigen Gestalt wurde gegen 1270 errichtet, die Konventsgebäude folgten gar erst 1288.

Die Gründung einer Niederlassung des Deutschen Ordens in Würzburg ist kein isoliertes Ereignis, sondern muß im Zusammenhang mit zahlreichen weiteren im Bistum im Verlaufe des 13. Jahrhunderts gesehen werden, die überall dort erfolgten, wo noch größere Reichsgutkomplexe vorhanden waren. Die starke Position des Deutschen Ordens im Hochstift Würzburg führte schließlich zur Ausbildung eines um Mergentheim konzentrierten Territoriums, wohin sich der Orden nach dem Verlust seiner preußischen und baltischen Gebiete zurückziehen konnte.

Die Würzburger Kommende des Deutschen Ordens scheint von den Bischöfen besonders gefördert, aber auch in den Dienst der eigenen Sache gestellt worden zu sein. In der Praxis brachte dies den weitgehenden Verlust der sonst grundsätzlich exemten Stellung der Kommende ein. Dieser Entwicklung steuerte man im Orden in den ersten Jahrzehnten des 14. Jahrhunderts entgegen und zog die Kommende wieder stärker in den Einfluß der Ballei. 1323 erfüllte die Würzburger Kommende die geforderte Größe eines Konvents, denn sie war mit einem Komtur, drei Priesterbrüdern,

Würzburg, ehem. Deutschordens-Komturei. In der Deutschhauskirche sind vor allem die Details der Bauskulptur von Bedeutung, darunter jene Konsole mit der nach Pinder »urplastischen« Höllendarstellung des späten 13. Jahrhunderts.

einem Subdiakon und acht Ritterbrüdern besetzt. Bald verminderte sich die Zahl der Brüder im Würzburger Deutschhaus, das allmählich zu einer Kommturspfründe für verdiente Ordensbrüder wurde.
Obwohl im Bauernkrieg schwer angeschlagen, gelang dem Landkomtur Eberhard von Ehingen ab 1543 eine wirtschaftliche Reorganisation und, damit verbunden, ein geistiger Neuanfang. Trotzdem wurde Würzburg nie mehr ganz selbständig, und noch 1789 wurde das Haus zusammen mit der ganzen Ballei Franken dem Meistertum Mergentheim inkorporiert. Am 20. November 1805 wurden die Würzburger Besitzungen vom Bayerischen Staat vereinnahmt. Damals aber gab es schon längst keinen Konvent mehr, der aufzuheben gewesen wäre.
Es ist schon fast eine Ironie des Schicksals, daß die Kirche eines auch militärischen Zielen dienenden Ordens von 1805 bis 1922, von kürzeren Unterbrechungen einmal abgesehen, als Militärmagazin zweckentfremdet worden ist. Das Kloster selbst wurde der Würzburger Artillerie zugewiesen, und 1872 zog das zweite bayerische Trainbataillon hier ein.
Abgesehen von den Konventsgebäuden, die ab 1694 nach Plänen von Antonio Petrini in den schlichten, schweren Formen des Barock erneuert wurden, ist es vor allem die Kirche selbst, die kunstgeschichtliches Interesse verdient. Ihre Baugeschichte verlief offenbar in mehreren Etappen. Ältester noch heute erhaltener Bauteil ist der Turm. Seine zur Kirche schräg versetzte Lage deutet entweder auf eine spätere Planänderung oder auf eine Rücksichtnahme auf bauliche Gegebenheiten des vormaligen Königshofes. Mit der Kirche selbst wurde nach längerer Vorbereitungs- und Finanzierungsphase erst um 1270 begonnen. Wahrscheinlich hatte sich die Würzburger Kommende mit dem Bau aber doch übernommen, denn 1280 sprechen die Urkunden von einem »opus quidem splendidum et sumptuosum«, das Würzburg allerdings ohne fremde Hilfe nicht finanzieren könne. Verantwortlicher Bauleiter war wohl ein »frater Bertholdus lapicida«, der 1288 genannt wird.
1287 gab es weitere Probleme, da der Westteil der Kirche einen zum nahen Schottenkloster heraufführenden Weg verbaut hätte. Erst 1296 konnte in dieser Frage ein Kompromiß gefunden werden, bei dem Kirche und Konventsgebäude durch einen Schwibbogen verbunden wurden und der strittige Weg seitdem unter dieser »Brücke« verläuft. Bis gegen 1320 dürfte das Bauwerk dann vollendet gewesen sein. Die Kirche wurde der Muttergottes und der heiligen Elisabeth geweiht. Abgesehen von einer barocken Verblendung des Turmuntergeschosses von 1694, ist die Deutschhauskirche nahezu unverändert auf uns gekommen. Die Architektur der Kirche mit ihrer einschiffigen, kapellenartigen Anlage von sechs Jochen unter einheitlichem Dach und fluchtendem Chor mit 5/8-Schluß unter Verzicht auf einen mehrgeschossigen Aufriß ordnet sich in eine Entwicklung ein, die sich von der Sainte-Chapelle in Paris bis zur Stiftskirche in Wimpfen bzw. zum Naumburger Westchor verfolgen läßt. Insgesamt ist die Würzburger Deutschhauskirche dem Kunstkreis französischer Kathedralgotik verpflichtet.
Von Bedeutung sind die Details der Bauskulptur. Zu nennen ist das Südportal, die sogenannte »Schöne Pforte«, dessen Maßwerkschmuck nach dem Urteil von Hans-Peter Trenschel ohne das Vorbild der Oppenheimer Katharinenkirche nicht denkbar ist. Hauptstücke der Bauplastik aber sind die Konsolen und Schlußsteine des Gewölbes im Innern. Dabei lassen sich verschiedene Perioden bzw. Hände unter-

scheiden, entsprechend dem geschilderten Bauverlauf und der Unterbrechung zwischen 1287 und 1296: Im Ostteil überwiegt die Fülle der pflanzlichen Ornamentik, während sich im Westen zwei Meister und damit zwei Generationen von Künstlern gegenseitig zu steigern vermochten. Hauptstück des älteren, noch ganz dem 13. Jahrhundert angehörenden Bildhauers ist die großartige Höllendarstellung der dritten Konsole auf der Nordseite, mit »urplastischem Willen im alten, großen Sinne« (Pinder) gestaltet. Daneben eine jüngere Hand, der z. B. der Schlußstein mit der Krönung Mariens gehört, die bereits im weicheren, malerischen Sinn des anbrechenden 14. Jahrhunderts arbeitete. Die hohe Qualität der Bauplastik und die Reinheit der Architektur reihen die Würzburger Deutschordenskirche unter die bedeutenden Schöpfungen der Frühgotik in Deutschland ein.

Das Dominikanerkloster (seit 1813 Augustiner-Eremiten)

Um 1227 zogen die Dominikaner in die Bischofsstadt ein und gründeten die erste Niederlassung ihres Ordens in Süddeutschland. Bischof Hermann von Lobdeburg (1225–1254) betraute die Neuankömmlinge zunächst mit der Leitung des Frauenklosters St. Markus in der Pleich, das 1246 von Papst Innozenz IV. in den Dominikanerorden inkorporiert wurde. Albertus Magnus war zwischen 1264 und 1267 dreimal in Würzburg, um im Streit zwischen Bischof und Bürgerschaft zu vermitteln. Dabei scheint er die Errichtung eines regulären Konventes betrieben zu haben. Jedenfalls wurde 1266 mit dem Bau eines Klosters begonnen, zu dem der Heilige selbst den Grundstein gelegt haben soll. 1270 folgte bereits die Chorweihe, und um 1308 waren Langhaus und Klostergebäude vollendet. Von diesem frühgotischen Bauwerk sind noch der barock überformte Chor sowie südlich davon eine kleine Kapelle erhalten.

Die Dominikaner hatten in der Folgezeit offenbar eine sehr starke Position in der Bischofsstadt; u. a. wurde ihnen die Wahrnehmung der Inquisition übertragen. War in staufischer Zeit das Neumünster ein Zentrum literarischen und wissenschaftlichen Wirkens, so übernahmen ab dem 14. Jahrhundert die Dominikaner diese Rolle zum Teil. Davon zeugen 144 Inkunabeln in der Universitätsbibliothek, die aus dem Dominikanerkloster stammen. Ein unbekannter Konventuale verfaßte unter dem Eindruck des Massensterbens durch die Pest den »Würzburger Totentanz«, der in deutscher Übersetzung weit verbreitet war. Zu den bedeutenden Konventualen zählt u. a. der Weihbischof P. Dr. Caspar Grünwald († 1512).

In der Säkularisation wurde das Dominikanerkloster ebenfalls aufgehoben; in die leerstehenden Gebäude siedelten im Jahre 1813 mit Unterstützung des liberalen Landesherrn Großherzog Ferdinand von Toskana die Würzburger Augustiner um. Ihnen war in der Säkularisation zwar die Aufhebung erspart geblieben, aber trotzdem wurden sie bald darauf aus ihrem angestammten Kloster am Sandertor vertrieben. Die Augustiner waren um 1262/63 in Würzburg ansässig geworden und spielten ebenfalls eine wichtige Rolle im mittelalterlichen und neuzeitlichen Würzburg. Sie stellten zahlreiche Weihbischöfe und mit Hermann von Schildesche (um 1290–1357) den ersten Generalvikar der Diözese. Während der Reformationszeit war das Würzburger Augustinerkloster ein Hort der katholischen Lehre und bot z. B. Bartholomäus Arnoldi von Usingen Zuflucht. Dieser war zwar ehemals einer der Lehrer Luthers, predigte aber in späteren Jahren energisch gegen den Reformator.

Mit erheblichem Aufwand erneuerten die Augustiner ab 1688 nach Plänen von Antonio Petrini ihr Kloster und die Kirche. Diese Kirche wurde 1824 abgebrochen und das Kloster später als Lehrerseminar und Gymnasium genutzt. Bis auf einen barocken Pavillon hat der Zweite Weltkrieg die letzten Spuren des Augustinerklosters beim Sandertor getilgt.

▷

Würzburg, ehem. Dominikanerkloster. Inneres der Klosterkirche vor den Kriegszerstörungen von 1945 mit der verlorenen barocken Ausstattung. Seit 1813 wirken die Würzburger Augustiner im ehem. Dominikanerkloster.

Die Übersiedlung der Augustiner in das Dominikanerkloster bedeutete jedoch nur eine kurze Gnadenfrist, denn 1818 wurden die beiden Niederlassungen Münnerstadt und Würzburg vereinigt und nur ein Pater durfte in Würzburg bleiben, um die Erziehung des Ordensnachwuchses zu leiten und das Klerikat zu betreuen. Erst 1847 wurde die Würzburger Klostergemeinschaft wieder offiziell zur Residenz erklärt und 1860 zum Priorat erhoben. 1896 wurde die deutsche Augustinerprovinz ins Leben gerufen. Seit 1908 ist das Würzburger Augustinerkloster Sitz des Provinzialats der bayerisch-deutschen Provinz.
Unersetzliches ging 1945 bei Bombenangriffen in der Dominikaner- bzw. Augustinerkirche zugrunde. Erhalten hat sich im wesentlichen nur Balthasar Neumanns Kirchenbau, der ab 1743 entstanden war. Gerade bei diesem Gotteshaus hat sich Neumann als Meister in der Anpassung an vorhandene, ältere Bausubstanz erwiesen. Vermutlich nicht zuletzt im Hinblick auf die Kosten erhielt er nämlich den nach seinen eigenen Worten »schönen, alten, gut gewölbten« Chor des 13. Jahrhunderts und überformte ihn nur im Sinne barocker Architekturauffassung. Das Langhaus, das zwar etwa genauso lang wie die heutige Kirche war, aber einschließlich der Seitenschiffe wesentlich niedriger eingedeckt, glich Neumann in der Höhe dem Chor an. Um das klösterliche Leben im Dominikanerkonvent während der Bauzeit nicht unnötig zu stören, baute Neumann die Umfassungsmauern des neuen Langhauses um die des gotischen herum und brach dieses erst nach Aufrichtung des Dachstuhles ab. Die Dominanz des nunmehr vierjochigen Langhauses wird durch die sehr schmalen Seitenschiffe unterstrichen. Neumann hat sich aber nicht nur in den Proportionen seines Bauwerkes in die Gotik des Chores eingefühlt, sondern auch durch die Schlichtheit seiner Architektur den Charakter einer Bettelordenskirche wirkungsvoll herausgearbeitet. Dies wird besonders einleuchtend an der gegen die Schönbornstraße gelegenen Fassade, die außer einer Gliederung durch flache Lisenen und vertiefte Putzfelder nur sparsame Akzente setzt. Die klassische Schlichtheit dieser Fassade, die weitgehend auf Rokokodekor verzichtet, atmet in ihrer rationalen Architekturauffassung bereits etwas vom Geist der Aufklärung der Generation nach Neumann. Ähnliche Gedanken hat der Baumeister in seinem Spätwerk Maria Limbach verarbeitet.
Solche Überlegungen drängen sich dem Betrachter auch im Inneren der wiederaufgebauten Kirche auf, die fast nichts mehr von der ab 1754 entstandenen prachtvollen Rokokoausstattung aufzuweisen hat. Die drei Hauptmeister der Ausstattung waren Antonio Bossi, der die noch erhaltenen Stukkaturen im Chor schuf, Georg Anton Urlaub, der die untergegangenen Chorfresken malte und Johann Wolfgang von der Auwera, der mit seiner Werkstatt die Altarretabeln schnitzte. Bis auf einen einzigen Pfeileraltar, heute in der Pfarrkirche von Rieden bei Werneck, wurde die gesamte Ausstattung in der Bombennacht des 16. März 1945 vernichtet. Erhalten blieb auch das rechtzeitig geborgene Hochaltarbild, gemalt 1771 von Nikolaus Treu aus Bamberg, mit einer Darstellung des Seesieges von Lepanto.

Das Karmelitenkloster

Der Gedanke an eine Ansiedlung von reformierten, Unbeschuhten Karmeliten in Würzburg reicht bis in die Zeit des Fürstbischofs Julius Echter, kam damals aber wegen Personalmangel nicht zustande. Später drohte die Niederlassung am Einspruch von Bischof und Domkapitel zu scheitern, die in seltener Einmütigkeit die Zahl der in der Bischofsstadt lebenden Mendikanten als zu hoch ansahen. Erst nach der Fürsprache Kaiser Ferdinands II. gab Fürstbischof Adolf von Ehrenberg (1623–1631) nach und wies den Karmeliten 1627 das leerstehende Kloster der Reuerinnen zu. Dieses im 13. Jahrhundert gegründete Kloster der Reuerinnen, einem Lasaritenorden der Schwestern der büßenden Magdalena, war 1564 eingegangen, und die Klostergebäude standen seitdem leer, waren aber offensichtlich baufällig. Mit den Unbeschuhten Karmeliten, von den Würzburgern nach dem Ort ihrer Niederlassung einfach die »Reuerer« ge-

nannt, wirkte ab 1627 ein zweiter Orden der Karmeliten in der Bischofsstadt, wo es schon seit 1212 Beschuhte Karmeliten gab.
Ein Baumeister des Ordens, »Frater Carolus«, arbeitete bald erste Neubaupläne für die maroden Gebäude aus und verhandelte mit dem Architekten des Fürstbischofs über die Bereitstellung der notwendigen Finanzmittel. Doch die Angelegenheit verzögerte sich, denn als der Fürstbischof endlich bereit war, über 31 000 Gulden zu zahlen, machte 1631 die schwedische Besetzung Würzburgs diese Pläne zunichte. Es dauerte schließlich bis 1652, bis die Pläne wieder aus der Schublade genommen und vom Provinzdefinitorium genehmigt wurden. Nun ging es allerdings rasch voran, denn schon 1657 war der Klausurtrakt des Würzburger Karmelitenklosters vollendet. Bis 1661 folgten noch Dormitorium und Refektorium.
1659 waren bereits die Pläne für einen Kirchenneubau genehmigt worden, zu dem 1662 Weihbischof Melchior Söllner den Grundstein legte. Eine Teilweihe vermutlich des Chores ist für 1666 überliefert. Die Fassade ist 1668 datiert. 1669 berichten die Protokolle des Domkapitels, daß der Kirchenbau noch nicht ganz vollendet sei; eine Nachricht, die sich vermutlich auf die Innenausstattung bezieht. Trotzdem fand in diesem Jahr die Weihe der Kirche zu Ehren der Heiligen Joseph und Maria Magdalena statt.
Die Würzburger Karmeliten wirkten über Jahrhunderte in der Seelsorge. Namentlich während der großen Pestepidemie 1634 kämpften die Patres gegen den Schwarzen Tod und mußten dabei oft genug mit dem eigenen Leben für ihren Einsatz bezahlen. Überhaupt war die Zeit der schwedischen Besetzung Würzburgs von 1631 bis 1634 von schweren Drangsalen für die ihrem katholischen Glauben treu ergebenen Karmeliten gekennzeichnet. Neben der Seelsorge widmeten sich die »Reuerer« auch der wissenschaftlichen Ausbildung des Ordensnachwuchses. 1701 wurde das Kloster zum Studienkonvent der deutschen Provinz des Ordens bestimmt. Obwohl für den Karmelitenorden das Hausstudium verbindlich war, wurden seine

Würzburg, Karmelitenkloster. Inneres der Kirche, zu der 1662 der Grundstein gelegt wurde.

Lehrer gelegentlich an weltliche Universitäten berufen, so 1783 die beiden Patres Anastasius und Thaddäus nach Bonn, wo sie die Heilige Schrift und orientalische Sprachen lehrten.
Das Würzburger Kloster überstand gemeinsam mit einigen anderen Bettel- bzw. Schulorden die Säkularisation einigermaßen unbeschadet und wurde nicht aufgehoben. Auffällig sind in diesem Zusammenhang die guten Beziehungen, die der damalige Prior P. Kajetan Beckert zum Kronprinzen Ludwig hatte, der bekanntlich in Würzburg residierte. Dieser schenkte dem Karmeliten zu dessen goldenem Priesterjubiläum einen Kelch und wohnte mit seiner Gemahlin der Feier im Priesterchor bei.
Ganz anders waren dagegen die Bedrohungen unseres Jahrhunderts, besonders des Zweiten Weltkrieges, als die Kirche mit ihrer Innenausstattung zerstört wurde. Das Gotteshaus war völlig ausgebrannt und die Gewölbe teilweise eingestürzt. Hauptstücke der untergegangenen Ausstattung waren der in der Regierungszeit des Fürstbischofs Johann Gottfried von Guttenberg (1684–1698) errichtete Hochaltar mit Figuren von Johann Philipp Preiß und einem Altarbild »Maria Vermählung« von Abraham Diepenbeck sowie Gemälde von Oswald Onghers und Johann Baptist Ruell, den Hauptmeistern im Würzburg des ausgehenden 17. Jahrhunderts.
Der Zweite Weltkrieg hat der Würzburger Karmelitenkirche somit zwangsweise jene Schlichtheit in der Ausstattung beschert, die die Erbauer der Bettelordenskirche ursprünglich für angemessen erachtet haben mögen. Das Gotteshaus entspricht in seiner räumlichen Disposition – dreijochiges Langhaus mit begleitenden, untereinander verbundenen Abseiten, kuppellose Vierung mit nur wenig ausgeprägtem Querhaus und einjochigem, quadratischem Chor, Kreuzgewölbe sowie Belichtung durch im Obergaden angebrachte Fenster dem Typus der süddeutschen Bettelordenskirchen, wie sie in München, Regensburg und Augsburg im 17. Jahrhundert von diesem Orden errichtet wurden. Dazu gehört als zusätzliches Merkmal die unter der gesamten Kirche sich erstrekkende riesige Gruftanlage. Aufgrund solcher Vergleichsobjekte und wegen neuerer Quellenfunde dürfte auch die früher behauptete Urheberschaft Antonio Petrinis an der Würzburger Kirche nur noch eingeschränkt gelten und der Anteil des Flamen Johann Baptist von der Driesken, der vorher schon in Augsburg und Regensburg für die Karmeliten tätig gewesen war, höher anzusetzen sein.
Ein architektonisches Hauptstück der Karmelitenkirche ist die aufwendig gegliederte Fassade. Ursprünglich stand dabei offenbar der Gedanke einer Nachbildung der Fassade von Santa Maria della Scala in Rom, der Mutterkirche der italienischen Kongregation des heiligen Elias der Unbeschuhten Karmeliten Pate für die Würzburger Fassade. In der Ausführung freilich war man vor allem bei den Details der Skulptur doch etwas bescheidener. Wie der Vergleich mit im Würzburger Klosterarchiv erhaltenen Entwürfen der Fassade lehrt, wurde in der Ausführung vor allem bei der Proportionierung verändernd eingegriffen. In beiden Geschossen wurden die Verhältnisse mit den Mitteln der Gliederung »gestreckt«. Vielleicht mag gerade hierin der Anteil Petrinis zu suchen sein, der im Detail der Bauplastik und bei der Proportionierung dem Bauwerk seinen Stempel aufprägte und es damit zur ersten Barockkirche Frankens werden ließ.

Das Jesuitenkolleg

Die Berufung der Jesuiten nach Würzburg durch Fürstbischof Friedrich von Wirsberg (1558–1573) im Jahre 1567 stand bereits unter dem Zeichen der beginnenden Gegenreformation im Hochstift. Der Fürstbischof hatte Petrus Canisius auf dem Reichstag 1559 in Augsburg persönlich kennengelernt und mit diesem fortan auch gegen den massiven Widerstand des Würzburger Domkapitels über eine Ansiedlung der Jesuiten verhandelt. Im Stiftungsbrief von 1567 wurde ihnen das aufgehobene Klarissenkloster und dessen Güter zugewiesen und dazu der Unterricht am nahegelegenen Gymnasium übertragen. Besonders Wirsbergs Nachfolger, Fürstbischof Julius Echter (1573–1617) nutzte die Fähigkeiten der Jesuiten im

Sinne der von ihm energisch betriebenen Gegenreformation.

Langfristig gesehen spielten die Jesuiten eine wichtige Rolle bei der Erziehung des Weltklerus im Bistum und an der Würzburger Universität. Sie hatten eine beherrschende Stellung in der Theologischen und in der Artisten-Fakultät der von Echter 1582 gegründeten Universität. Wie gewogen Echter gerade den Jesuiten war, zeigt sich schon allein darin, daß er sich zur Vorbereitung auf Priester- und Bischofsweihe unter

Würzburg, ehem. Jesuitenkolleg. Querschnitt der neuerbauten Jesuitenkirche St. Michael mit Blick zur Musikempore, 1772. Zeichnung von Johann Michael Fischer.

Würzburg, ehem. Jesuitenkolleg. Portalrisalit des zwischen 1715 und 1719 von Joseph Greising geschaffenen Kollegiengebäudes. Die Skulpturen des Portals stammen von Jakob von der Auwera. Die Figur des »Guten Hirten« soll nach Aufhebung des Ordens 1789 durch Johann Peter Wagner aus einer Skulptur des Ignatius von Loyola geschaffen worden sein. Das Gebäude dient heute als Priesterseminar.

Anleitung der Jesuiten den großen ignatianischen Exerzitien unterzog. Dank des Einsatzes dieses Ordens hatte die Würzburger Universität nie mit dem Problem zu kämpfen, qualifizierte Professoren bei dem üblichen, nur mäßigen Gehalt zu berufen, wie das sonst im Reich allenthalben der Fall war. Die Leistung des Ordens ist für die Geschichte der Alma Julia nicht hoch genug einzuschätzen. Dazu trug entscheidend sein am Humanismus orientierter Wissenschaftsbegriff und seine in scholastischer Tradition verhaftete Theologie bei. Einer der bedeutendsten Gelehrten, den der Orden an der Universität gestellt hat, war der universale, tiefgrübelnde Athanasius Kirchner. Die Jesuiten schufen außerdem den Naturwissenschaften eine Heimstatt. Letzte und vermutlich größte Leistung auf wissenschaftlichem Gebiet war die kurz vor der Auflösung zwischen 1766 und 1771 erschienene vierzehnbändige »Theologia Wirceburgensis«.

Die Jesuiten schrieben auch Würzburger Theaterge-

schichte, denn sie veranstalteten mit ihren Schülern dramatische Aufführungen. Nach dem Dreißigjährigen Krieg hören wir z. B. von den ersten Kilianispielen, etwa vom »Bekehrten Frankenland oder vom Wirken, Erfolg und Martyrium des heiligen Kilian« (1653). 1735 wurde das Spiel um »Gosbert, Herzog und Fürst von Ostfranken« aus der Feder des Würzburger Magisters Philipp Friedrich SJ aufgeführt.
Dreißig Jahre bevor die Säkularisation das endgültige Aus für fast alle Klöster in Franken bedeutete, wurde 1773 der Jesuitenkonvent in Würzburg zwangsweise aufgehoben.
Der ganze Komplex von Kolleg und Kirche schließt unmittelbar östlich an die Gebäude der Alten Universität an. Die drei Flügel des Kollegiums zwischen Jesuitenkirche und Universität wurden in drei weitauseinanderliegenden Bauphasen errichtet: Den aufwendig gestalteten Nordflügel zur Domerschulgasse erbaute Joseph Greising zwischen 1715 und 1719. An ihm fällt vor allem der reich gebildete Portalrisalit mit dem von Jakob von der Auwera geschaffenen Skulpturenschmuck auf. Diese Fassade ist ein schönes Beispiel für die »fast kalligraphische Verfeinerung des Zierats ... im ersten Viertel des 18. Jahrhunderts, in dem Ornament das gewesen zu sein scheint, nach dem das Auge der Zeitgenossen gierig gewesen sein muß, die fähig zum fleißigen Sehen war, wie kaum eine andere Zeit« (Heinrich Kreisel). Nach der Überlieferung bei Scharold soll die oberhalb des Portals stehende Figur eines Guten Hirten um 1789 von Johann Peter Wagner aus der eines Ignatius von Loyola von der Hand des Jakob von der Auwera gearbeitet worden sein!
Im Anschluß an diesen Nordflügel wurde zwischen 1724 und 1729 nach den Plänen des noch jungen Balthasar Neumann der Westflügel errichtet, ein schlichter, direkt an die Universität anschließender Zweckbau mit nur mäßigen Zierelementen. Erst nach Aufhebung des Würzburger Kollegs folgte der klassizistische Südflügel von 1788. Diese Maßnahme stand unmittelbar mit der 1789 erfolgten Verlegung des Priesterseminars in die leergewordenen Räume des Kollegiums in Zusammenhang.
Mit den Kollegiengebäuden wurde die Kirche erneuert. Der Vorgängerbau war zwischen 1606 und 1610 an der Stelle des kleinen Agneskirchleins erbaut worden und hatte zwei Türme. Der barocke Neubau sollte, entsprechend dem gestiegenen Repräsentationsbedürfnis, größer werden und wurde bereits in den vierziger Jahren in Angriff genommen. Aus der Zeit um 1742 existiert ein Projekt von Balthasar Neumann, das allerdings unausgeführt blieb. Neumann lehnte sich an die von ihm entworfene Mainzer Jesuitenkirche an und plante eine Kirche über reduziertem lateinischem Kreuzgrundriß mit querovaler Vierungskuppel und ringsumlaufendem Emporengang zwischen den Wandpfeilern. Chor und Langhaus sollten von einem Tonnengewölbe geschlossen werden. Es dauerte dann allerdings noch über zwanzig Jahre, bis ab 1765 die Würzburger Jesuitenkirche als Gemeinschaftsprojekt von Johann Philipp Geigel und Johann Michael Fischer aus Trappstadt verwirklicht werden konnte. Bei der Ordensaufhebung war die Kirche zwar schon in Gebrauch, aber nur das Langhaus vollendet. 1788 baute man am Turm, der Chor war erst 1798 abgeschlossen.
St. Michael verbindet in seinem räumlichen Aufbau das von der Münchner Jesuitenkirche her bekannte Schema mit frühklassizistischer Strenge: eine dreischiffige basilikale Anlage mit nur schwach ausgebildetem Querhaus und schmalen Seitenschiffen. Diese Seitenschiffe waren erst nachträglich 1767 von dem damaligen Rektor P. Franz Günther in die Planung eingefügt worden. Die Vierung wird von einer Pendentifkuppel mit Laterne überwölbt.
Vor der Zerstörung im März 1945 zeichnete sich das Innere der Würzburger Jesuitenkirche vor allem durch die klassizistische Stuckdekorationen des Materno Bossi und die Fresken des Giuseppe Appiani in Langhaus und Kuppelraum aus. Obwohl diese Stukkierung erhalten blieb, wurde sie nach dem Krieg bei der Wiederherstellung des Raummantels 1954/55 bis auf geringe Reste entfernt. So bleibt nur noch das Urteil von Joseph Braun, dem großen Kenner der Bauten des Jesuitenordens. Nach seinen Worten machte das »Innere der Kirche ... einen gefälligen, freundlichen, nicht aber auch einen besonders imposanten Eindruck, obwohl die Maßverhältnisse nicht unbedeutend sind. Es fehlt ihm an Frische, an Energie, an Leben, es fehlt der große Zug ...«.
Das Äußere bietet einen weitgehend unberührten Eindruck, besonders die im Osten zur Balthasar-Neumann-Promenade gelegene Sandsteinfassade. Trotz ihres etwas trockenen und zugleich grobschlächtigen Aufbaues setzt sie einen markanten Akzent im Stadtbild. Überhaupt muß der städtebauliche Bezug von Alter Universität mit Petrinis Neubaukirche und dem östlich anschließenden Jesuitenkolleg beachtet werden. Nach den Worten von Heinrich Kreisel erscheinen Universität der Gegenreformation und Jesuitenkollegium als »Bauwerke wie eine riesige geistliche Hochburg miteinander verschmolzen«.

Oberzell

Bisher war nur die Rede von Klöstern und Stiften in der Altstadt der Metropole Würzburg. Darüber hinaus aber gibt es eine ganze Reihe von ehemaligen Konventen im Weichbild der Stadt, die, obwohl außerhalb der alten Stadtmauern gelegen, sich schon immer in besonderem Maß nach Würzburg hin orientiert haben.

Am linksseitigen Mainufer zu Füßen einer Hügelkette liegt vor den Toren Würzburgs das ehemalige Prämonstratenserkloster Oberzell. Die Gründung geht auf einen Aufenthalt des heiligen Norbert in Würzburg im Jahre 1126 zurück und zählt damit zu den frühesten Niederlassungen dieses Klerikerordens in Deutschland. Der Legende nach soll Norbert eine blinde Frau allein durch den Hauch seines Mundes wieder sehend gemacht haben. Die Bürger Würzburgs dankten es ihm mit so zahlreichen Schenkungen, daß er davon ein Kloster zu gründen vermochte. Besonders die beiden Brüder Johannes, ein Domherr, und Heinrich, ein vornehmer Bürger der Stadt, brachten ihr ganzes Vermögen ein und standen zu Beginn dem jungen Konvent vor. Ihr Grabstein, eine freie Kopie von 1604 nach einem spätgotischen Vorbild, wird im südlichen Querschiff der Kirche aufbewahrt. Er zeigt im Halbrelief die ganzfigurigen Bildnisse des Domherrn Johannes im Priestergewand mit Kirchenmodell und Buch sowie des Heinrich im Habit.

Ursprünglich handelte es sich um ein Doppelkloster, denn bis 1259 bestand ein Frauenkonvent, der dann ins nahegelegene Unterzell übersiedelte. Die »Cella Superior« entwickelte sich in der Folgezeit zu einem kräftigen Ast am Baum der deutschen Klöster des Prämonstratenserordens. Zahlreiche Tochtergründungen gingen von hier aus, von denen in unserem Zusammenhang Frauenroth und Tückelhausen von besonderem Interesse sind.

Ein Höhepunkt in der Geschichte des Klosters war die Anwesenheit Kaiser Karls IV. im Jahr 1354, als dieser

Würzburg, ehem. Prämonstratenserkloster Oberzell. Von der älteren Klosteranlage ist das romanische Doppeltor aus der zweiten Hälfte des 12. Jahrhunderts erhalten.

Würzburg, ehem. Prämonstratenserkloster Oberzell. Inneres der ursprünglich romanischen, um 1700 barockisierten Klosterkirche.

einen Streit zwischen Bischof und Würzburger Bürgerschaft schlichtete. Der Bauernkrieg brachte die Einquartierung von vielen tausend Aufständischen, die von Oberzell aus die Belagerung der Festung in Würzburg unternahmen.
Unter dem Einfluß der Reformation war die Abtei vom Aussterben bedroht und zählte 1571 nur noch sechs Patres. Schwere Bedrängnis herrschte auch während der schwedischen Besetzung Frankens in den Jahren 1631 bis 1634.
Nur langsam erholte sich die Abtei und zeichnete sich später durch eine intensive Förderung der wissenschaftlichen Tätigkeit ihrer Konventualen aus. Im 17. und 18. Jahrhundert brachte Oberzell eine Reihe bedeutender Gelehrter von Ruf hervor, die vor allem auf naturwissenschaftlichem Gebiet arbeiteten, außerdem einige berühmte Kanzelredner und Schriftsteller. Die berühmteste Persönlichkeit jener Zeit war Abt Oswald Loschert (1747–1785); nicht nur ein überdurchschnittlicher Geist und Wissenschaftler, sondern auch der barocke Erneuerer der Klosteranlage. Sein Portrait von der Hand des Malers Franz Lippold aus dem Jahre 1749 bewahrt das Mainfränkische Museum in Würzburg.
Die bauliche Erneuerung blieb jedoch unvollendet, und mit der Säkularisation erlosch in Oberzell für ein Jahrhundert das klösterliche Leben. Von 1817 bis 1901 waren die Gebäude einschließlich Kirche Sitz der Schnellpressenfabrik Koenig & Bauer. Wegen Baufälligkeit wurden 1838 der Chor der Kirche und die beiden Türme abgetragen. 1901 erwarb die Kongregation der Dienerinnen der heiligen Kindheit Jesu das ehemalige Kloster und unterzog es einer umfangreichen Renovierung im barocken Stil. Heute ist Oberzell Mutterhaus der Kongregation.
Von der ältesten Klosteranlage haben sich nur wenige bauliche Reste erhalten. Beeindruckend das romanische Doppeltor, durch welches man den großzügig angelegten Komplex betritt. Wegen seiner Bauformen kann das Tor mit seinen zwei Öffnungen für Fuhrwerke und Fußgänger in die zweite Hälfte des 12. Jahrhunderts datiert werden. Eine rechteckige Blende mit Rundbogenfries übergreift die beiden Rundbogenöffnungen, deren eingestufte Gewände von freistehenden Säulen getragen werden. Leider stecken Basen und Sockel im aufgeschütteten Paviment der vorbeiführenden Straße.
Die Geschichte der Abteikirche, dem Portal gegenüber an der Nordseite des Klosters gelegen, reicht bis ins Jahr 1128 zurück, aus dem erste Baunachrichten überliefert sind. Das Langhaus wird durch eine Folge von acht Arkaden auf stämmigen Säulen mit spiralverzierten Würfelkapitellen und attischen Basen gegliedert. Ursprünglich war die Kirche in Höhe des barocken Gebälks von einer Flachdecke geschlossen gewesen. Spuren der ehemaligen romanischen Fenster-

◁
Würzburg, ehem. Prämonstratenserkloster Oberzell. Westfassade der ab 1742 von Balthasar Neumann erbauten Abtei. Im dreiachsigen, durch vorgekröpfte Säulenstellungen ausgezeichneten Mittelpavillon befinden sich das Treppenhaus und die ehem. Repräsentationsräume des Abtes.

▷
Würzburg, ehem. Prämonstratenserkloster Oberzell. Doppelschrank aus der Sakristei, 1758 von dem Kunstschreiner Carl Maximilian Mattern geschaffen; geschnitzte Dekorationen von Johann Wolfgang von der Auwera. Mainfränkisches Museum Würzburg.

öffnungen sind noch oberhalb der Seitenschiffe auf der Südseite sichtbar. Trotz der umfänglichen barokken Stuckverkleidung der gesamten Oberfläche einschließlich der Säulen, die gegen 1720 erfolgte, ahnt man im Langhaus eine der »klarsten und gediegensten Bauschöpfungen« der Romanik (G. Dehio).

Im Westen ist der Kirche eine dreischiffige Vorhalle angefügt, von der jedoch nur das Mitteljoch romanischen Ursprungs ist. Die Westfassade selbst wurde 1696 mit einer »Maske« in einer etwas steifen Proportionierung mit schreinerhaft wirkenden Formen modernisiert. Chor und Glockentürme entstammen einem Umbau des späten 16. Jahrhunderts bzw. dem Wiederaufbau nach 1901.

Von der ehemaligen Ausstattung ist kaum etwas original überliefert. Den Hochaltar z. B. hat es in der Säkularisation nach Sulzthal bei Bad Kissingen verschlagen. Wenigstens der Orgelprospekt kehrte 1905 wieder aus Lohr zurück. Die meisten übrigen Ausstattungsteile sind barockisierende Neuschöpfungen nach der Wiederbesiedlung durch die »Zeller Schwestern«.

Ein Hauptwerk barocker Architektur stellt dagegen das Klostergebäude selbst dar, das ab 1742 von Balthasar Neumann, dem Schöpfer der Würzburger Residenz, erbaut wurde. Er hatte ursprünglich einen rechteckigen Baukörper mit zwei Binnenhöfen geplant, wovon allerdings der Westflügel unausgeführt blieb. Das Treppenhaus im dreiachsigen Mittelpavillon der langgestreckten, im Süden von einem ebenfalls dreiachsigen, aber deutlich zurückgestuften Flügelpavillon geschlossenen Fassade konnte erst durch den Sohn Franz Ignaz Michael Neumann vollendet werden. Dabei dürften nachträgliche Veränderungen,

vor allem im Attikageschoß unter dem Dreiecksgiebel, nicht auszuschließen sein. Im Treppenhaus vereinigen sich zwei symmetrische Treppenläufe mit Balusterbrüstung auf einem Podest im Hauptgeschoß. Dort befinden sich die ehemaligen Repräsentationsräume des Abtes; darunter öffnet sich das Podest brückenartig, um den Weg zum Konvent zu weisen. Während diese »Brücke« an Pommersfelden erinnert, stand bei der optisch illusionistischen Erweiterung des Raumes durch umlaufende, der Wand unmittelbar vorgeblendete Balusterbrüstungen die Treppenhauslösung von Kloster Ebrach Pate. Der feine Stuck des Treppenhauses, wie auch der in den meisten übrigen ehemaligen Repräsentationsräumen, stammt von der Hand des genialen Antonio Bossi, des Stukkateurs der Würzburger Residenz. Das Deckenbild im Plafond des Treppenhauses stellt die Gründung Oberzells durch den heiligen Norbert dar. Entstanden um 1760, kommen als Künstler Johannes Thalhofer oder Joseph Anton Högler in Frage.
Neubau und Ausstattung des Klosters orientierten sich am Maßstab der eben vollendeten Residenz in Würzburg, was auch bei den in Oberzell tätigen Künstlern sichtbar wird. Neben Balthasar Neumann und Antonio Bossi schuf Johannes Zick die Fresken des Refektoriums im Jahr 1755 und die Sakristei zierte seit 1758 ein kunstvoll intarsierter Doppelschrank von Carl Maximilian Mattern und Schnitzdekorationen des Johann Wolfgang von der Auwera (heute im Mainfränkischen Museum Würzburg).

Himmelspforten

Wenige Kilometer entfernt, etwas versteckt in der Nachbarschaft von Gewerbebetrieben liegt das ehemalige Zisterzienserinnenkloster Himmelspforten. Den besten Überblick über Lage und Baugestalt des unmittelbar am Main befindlichen und von einer wehrhaften, hohen Mauer umgebenen Komplexes verschafft man sich vom gegenüberliegenden Mainufer aus. Ursprünglich wurde das Kloster »Coeli Porta« 1231 durch Bischof Hermann von Lobdeburg in Himmelstadt bei Karlstadt gegründet. Die geistliche Leitung oblag von Anfang an dem Abt von Kloster Ebrach. Wie Mariaburghausen wurde es wegen seiner abgeschiedenen Lage bereits 1252/53 an die heutige Stelle, die Würzburg ehemals vorgelagerte Schottenaue (heute Stadtteil Zellerau) verlegt. Der Kirchenbau erfolgte um 1260, für den Albertus Magnus 1263 einen Ablaß gewährte. Von einer Weihe dieser Kirche zu Ehren des hl. Nikolaus erfahren wir aus dem Jahre 1276. Der Ausbau der Klostergebäude wurde erst gegen Ende des 13. Jahrhunderts in Angriff genommen.
Während die Kirche im Kern noch dem 13. Jahrhundert angehört, wurden die Konventsgebäude nach einer Periode inneren und äußeren Zerfalls unter dem Würzburger Fürstbischof Julius Echter zwischen 1592 und 1607 vermutlich durch Wolf Behringer, der zuvor schon die Alte Universität in Würzburg errichtet hatte, erneuert. Äbtissin in dieser entscheidenden Zeit war Katharina Seuboth. Ab 1598 wurde auch die Kirche umgestaltet: Erhöhung des Schiffes um die Zone der querovalen Luken über den gotischen Fenstern, Erneuerung bzw. Errichtung des Glockentürmchens durch Wolf Salhofer und Einziehung einer hölzernen Kassettendecke mit bemalten Füllungen im Langhaus (um 1611). Die Volutengiebel an der Stirnseite des Langhauses entstammen ebenfalls dieser Periode, ebenso wie die 1612 von Hans Reckenzahn geschaffene Wendeltreppe, die vom Kirchenschiff zur hölzernen Vorempore der Nonnenkirche hinaufführt.
Die folgenden Jahrhunderte änderten wenig am überlieferten Bestand. Erst 1761–1763 erhielt die Kirche drei neue Altäre und eine Kanzel, die der Würzburger Hofbildhauer Johann Peter Wagner schuf. Die Säkularisation zerstreute diese Einrichtung in ganz Unterfranken. Das Kloster diente als Militärlazarett und

▷

Würzburg, ehem. Prämonstratenserkloster Oberzell. Blick auf das weiträumige Klosterareal aus der Luft.

Tabakfabrik. 1844 konnte es für die Karmelitinnen zurückerworben werden und beherbergt heute außerdem ein Exerzitienheim der Diözese Würzburg. Nach schweren Beschädigungen im Zweiten Weltkrieg wurden bis 1967 der Nord- und der Westflügel wieder aufgebaut; bei größtmöglicher Wahrung des historischen Charakters wurden im Grundriß jedoch Veränderungen bzw. Erweiterungen des Gebäudekomplexes in Kauf genommen.
Von der ganzen Anlage sind vor allem die Kirche und die – allerdings geringen – originalen Teile des Kreuzgangs von Interesse. Das langgestreckte, saalartige Kirchenschiff zu acht Fensterachsen ist nach Zisterzienserinnenart zweigeteilt. Der zweijochige, an Himmelthal erinnernde, gerade geschlossene Chor ist gewölbt: Derbe Birnstabrippen auf Laubwerkkragsteinen gliedern das Kreuzgewölbe. Die Unterkirche im Langhaus wurde als langgestreckte, kryptenartige Halle mit drei kreuzrippengewölbten Schiffen angelegt. Die flachgedeckte Nonnenempore darüber ist dagegen typisch schlicht; Strebepfeiler am Außenbau lassen eine geplante Wölbung allenfalls wahrscheinlich werden. Nach Erhöhung der Langhausmauern wurde in der Echterzeit eine hölzerne Kassettendecke eingezogen, deren 32 Füllungen die Evangelien der Sonntage schildern. Die Wendeltreppe vom Kirchenschiff zur ehemaligen Nonnenempore stellt ein interessantes Beispiel für den Versuch des frühen 17. Jahrhunderts dar, nachgotische Formtraditionen und Stilgefühl der Renaissance zu vereinen. Ähnliches gilt für den Glockenturm im östlichen Mitteljoch der Sepultur, der entgegen der Tradition nicht als hölzerner Dachreiter ausgebildet ist. Er wird in der Emporenzone vom quadratischen Grundriß in den oktogonalen übergeführt und im Turmfreigeschoß an den Kanten mit Säulen instrumentiert. Deren hohe Stühle präsentieren Personifikationen der christlichen Tugenden. Das Maßwerk der Schallöffnungen weist die typischen nachgotischen Formen der Zeit auf. Insgesamt fallen die engen Beziehungen dieses Türmleins zu jenem Dachreiter der Würzburger Universitätskirche auf, der aber schon 1627 wieder abgetragen worden ist.
Die Kirche von Himmelspforten stellt mit ihrer gewölbten Unterkirche und »ihrer reifen naturalistisch-frühgotischen Ornamentik bei gleichzeitiger zisterziensischer Strenge, die sich in dem plattgeschlossenen Chor und im Verzicht auf Säulendienste zeigt, einen Höhepunkt unter den Zisterzienserinnenkirchen dar« (E.Coester).
Von der Bauskulptur sind vor allem die Gewölbekonsolen und die Schlußsteine im Chor der Betrachtung wert; ebenso das frühgotische Hauptportal an der Südseite mit gestuftem dreiteiligem Spitzbogengewände. Der Kreuzgang, »der den gotischen Stil – doch aus sehr verschiedenen Zeiten – zur Schau trägt« (Braunfels, 1847), hat den Krieg nur in wenigen Partien ursprünglich überdauert. Er weist eine ganze Reihe charakteristischer Grabmäler der Würzburger Plastik um 1400 auf: so das der 1383 gestorbenen Elisabeth von Hutten in ihrem schlanken Gewand mit den knappen, strengen Schlüsselfalten an der linken Seite. Ganz anders jenes der Katharina von Hutten († 1415), mit breit wallendem, reich gegliedertem Gewand oder das des Ludwig von Grumbach († 1414): Ein Herr und Ritter zwar, aber seinen fränkischen Bauern im Auftreten gar nicht so unähnlich.

◁

Würzburg, ehem. Zisterzienserinnenkloster Himmelspforten. Inneres der Kirche, die gemäß der ordensüblichen Baugewohnheiten zweigeteilt ist. Vom Kirchenschiff führt eine Wendeltreppe zum ehem. Nonnenchor. Seit 1844 leben Karmelitinnen in Himmelspforten, das außerdem ein Exerzitienheim der Diözese Würzburg beherbergt.

Maindreieck

Der geologische Landschaftsaufbau hat dem Main im Herzen Frankens auf seinem Lauf von Osten nach Westen zwei große Umwege aufgezwungen: das Maindreieck und das Mainviereck. Von Schweinfurt ab fällt der Fluß bald steil nach Süden, schlingt sich bei Volkach in einer engen Schleife um den Sporn der Vogelsburg und erreicht ab Dettelbach in sanften Biegungen bei Marktbreit seinen südlichsten Punkt. Von Ochsenfurt an windet der Main sich in nordwestlicher Richtung gegen Gemünden hin; nur auf der Höhe von Würzburg muß er noch einmal dem Marienberg ausweichen. Zwei Schenkel dieses Maindreiecks bildet der Fluß selbst. Der dritte Schenkel ist etwa auf der Achse Schweinfurt–Gemünden zu suchen; nördlich davon erstreckt sich die Vorrhön.
Dieses von fruchtbaren Böden und Rebhängen entlang des Mainlaufes ausgezeichnete Land ist ein altes Siedlungsgebiet. Von vorgeschichtlichen Ansiedlungen einmal abgesehen, reichen viele Ortschaften in ihren Ursprüngen bis in das frühe Mittelalter zurück. Offenbar hatte das bonifatianische Benediktinerkloster Fulda hier großen Einfluß, da zahlreiche Orte des Maindreiecks in fuldischen Urkunden erscheinen und auf diese Weise oft ein Alter von mehr als 1250 Jahren nachweisen können, jedenfalls aber in karolingischer Zeit ihren Anfang nahmen.
Seit dem späten 8. Jahrhundert begannen die Bischöfe von Würzburg das ursprüngliche Königsgut an sich zu ziehen; ausgedehnte Königsgutbezirke lassen sich z. B. um die Vogelsburg und bei der Pfalz Geldersheim nachweisen. Konkurrenten um die Macht waren im Maindreieck bis zur Jahrtausendwende die Markgrafen von Schweinfurt, später die Grafen von Castell und seit dem 13. Jahrhundert die Reichsstadt Schweinfurt. Auch andere Herrschaften drängten von verschiedenen Seiten an den Fluß: Von Norden her versuchten die Grafen von Henneberg einen Platz am Main zu erlangen. Erst 1542 konnte Fürstbischof Bibra das Amt Mainberg bei den Hennebergern gegen das Amt Meiningen eintauschen und damit diese Konkurrenz zurückdrängen. Im Südosten grenzte das Maindreieck gegen das Gebiet der Markgrafen von Ansbach, die sich in Marktsteft zu Beginn des 18. Jahrhunderts sogar einen Mainhafen schaffen konnten. Marktbreit gehörte seit dem 17. Jahrhundert dem Haus Schwarzenberg, das den Ort von Wien aus in seine merkantilistischen Pläne einzuspannen wußte. An kleineren »Einsprengseln« am Main sind Obereisenheim zu nennen, das den Grafen von Castell gehörte, und Sommerhausen, wo die Grafen von Limpurg-Speckfeld saßen. Daneben gab es noch eine ganze Reihe Geschlechter aus der Ritterschaft mit wechselndem Einfluß auf die Landespolitik.
Wichtigster Verkehrsweg im Maindreieck war natürlich der in diesem Gebiet in ganzer Länge schiffbare Fluß. Wie der Main, so waren auch die Straßen zu Land in der Hand des Fürstbischofs: In seiner Metropole kreuzten sich die wichtigen Handelswege von Norden nach Süden, und die Straße zwischen Nürnberg und Frankfurt nahm eigens ihren Weg über Würzburg. Noch im späteren 18. Jahrhundert konnte es sich der Würzburger Fürstbischof leisten, eine aufwendige Chaussee nach Thüringen und Sachsen in nördlicher Richtung durch das Maindreieck zu bauen und dabei Schweinfurt »links liegen« zu lassen.
Zahlreiche Klöster drängten sich seit früher Zeit in diesem Herzland Frankens. Im 8. und 9. Jahrhundert stößt man dabei immer wieder auf eine Beziehung zu Fulda. Namentlich das vor der Mitte des 9. Jahrhunderts gegründete Benediktinerinnenkloster von Kitzingen spielte bei der von dort ausgehenden kirchlichen Neuordnung Frankens eine besondere Rolle. In der Geschichte des Kitzinger Klosters spiegeln sich über die Jahrhunderte hinweg die im Maindreieck aufeinandertreffenden Machtblöcke: 1543 mußte Würzburg die Grenzstadt am Main an die Markgrafen von Brandenburg verpfänden und konnten dieses Pfand erst 1629 wieder einlösen. Inzwischen hatte die Reformation vollendete Tatsachen geschaffen, und Würzburg mußte 1650 notgedrungen die Doppelkonfessionalität in Kitzingen anerkennen, wollte es die Stadt nicht wieder verlieren.
Am Beispiel des 816 im Steigerwald von Graf Megingaud gestifteten Klosters Münsterschwarzach läßt sich zeigen, welche Anstrengungen die Bischöfe unternahmen, um die einzelnen Klöster in ihre Macht zu bekommen: Megingaudeshausen wurde nämlich auf Veranlassung des Metropoliten an den Main ver-

legt, um dort die Nachfolge eines eingegangenen, karolingischen Familienklosters anzutreten.
Zu den hochmittelalterlichen Ordensniederlassungen Jahrhunderte später zählt das Kartäuserkloster in Tückelhausen, das 1138 durch Bischof Otto von Bamberg zunächst als Prämonstratenserkloster gestiftet worden war. 1351 zogen hier die Kartäuser ein. Mit den wenig später gegründeten Kartausen Engelgarten bei Würzburg und Astheim am Main war das Maindreieck mit relativ vielen Kartäuserklöstern besetzt. Folgt man dem Mainlauf weiter aufwärts, so ist an größeren Gründungen eigentlich nur noch Heidenfeld erwähnenswert, das im 11. Jahrhundert von Hermann von Habsberg und Alberada aus dem Geschlecht der Schweinfurter Markgrafen gestiftet wurde. Schweinfurt selbst war zwar bis 1437 vom Deutschen Orden geprägt, aber letztendlich hat sich in seinen Mauern kein Kloster richtig entfalten können. Das dortige Karmelitenkloster kann gar als eine Keimzelle der Reformation in der Reichsstadt gelten.
Das Maindreieck hat, abgesehen von Würzburg selbst, keine größeren Städte hervorgebracht, in denen sich in der Gegenreformation Jesuiten niedergelassen hätten. Gleichwohl gab es in den vielen Landstädten Klöster der Franziskaner und der Kapuziner. Kapuziner waren beispielsweise in Ochsenfurt und in Kitzingen. In Dettelbach betreuten und betreuen Franziskaner die Wallfahrt zum Gnadenbild in der Kirche Maria im Sand. Zu solchen in Erziehung und Seelsorge wirkenden Orden dürfen auch die Ursulinen gerechnet werden, die 1660 in die leerstehenden Gebäude des Kitzinger Klosters einzogen

Tückelhausen

Folgt man dem Mainlauf von Würzburg aus quellwärts, so stößt man bei Ochsenfurt auf das tief in die Landschaft eingeschnittene Tal des Thierbaches. Von der Hochfläche des fruchtbaren »Ochsenfurter Gaues« führt solchermaßen ein Weg in die Flußniederung. Etwa auf halber Strecke zwischen Ochsenfurt und Gaukönigshofen erhebt sich auf einem Bergsporn in eindrucksvoller Lage das ehemalige Kartäuserkloster Tückelhausen (s. Umschlag-Titelbild). Der Ort ist geschickt gewählt: nahe der Domkapitelstadt Ochsenfurt mit der wichtigen Mainbrücke und doch so einsam gelegen, wie es einem Kartäuserkloster ansteht. Wenn auch die Mönche seit der Säkularisation vertrieben sind, Kirche und Kloster, Mönchszellen und Wirtschaftshof sind bis in die Gegenwart als steinerne Zeugen kartusianischen Lebens erhalten geblieben. Diese günstige Überlieferung der Denkmäler hat dazu geführt, daß im Kreuzgang und in einigen Zellen in jüngster Zeit das erste Kartäusermuseum Deutschlands seine Heimstatt gefunden hat.
Schon im Jahre 887 wird auf dem Lambertusberg »Tueglenhausen« ein Besitz des Klosters Fulda urkundlich erwähnt. Gegen Ende des 10. Jahrhunderts gehörte der Ort dem Bischof von Würzburg. Die Gründung eines Prämonstratenserklosters erfolgte um 1138 durch Bischof Otto von Bamberg an der Stelle einer »allerorts bekannten seligen Wallfahrt auf dem Lambertusberg«, von der ein Lütticher Chronist bereits im 11. Jahrhundert berichtete. Ursprünglich als Doppelkloster gegründet, wie bei den Prämonstratensern anfangs üblich, siedelten die Nonnen bereits 1144 in das neue Kloster Lochgarten um. 1159 wurde die Abtei in eine Propstei umgewandelt. 1307 verließen die Mönche Tückelhausen und begaben sich nach Oberzell. An deren Stelle waren bereits 1305 Nonnen aus Michelfeld eingezogen. Erst dem Würzburger Domdekan Eberhard von Riedern gelang es unter Dreingabe seines Vermögens, die Prämonstratenser endgültig zur Aufgabe des Klosters zu bewegen. 1351 vererbte er Tückelhausen an den Kartäuserorden, der einen Prior und zwölf Brüder ansiedelte. Es ist bezeichnend für das 14. Jahrhundert, daß es zu so vielen Stiftungen für den Kartäuserorden kam und vor allem, daß so viele Mönche bereit waren, sich einer Ordensregel zu unterwerfen, die eine nahezu völlige Entsagung von der Welt forderte.
Vom Wirken der Prämonstratenser in Tückelhausen zeugen nur noch die Überreste der Lambertuskapelle, die ihren Bauformen nach zu schließen in der zweiten Hälfte des 12. Jahrhunderts errichtet wurde.

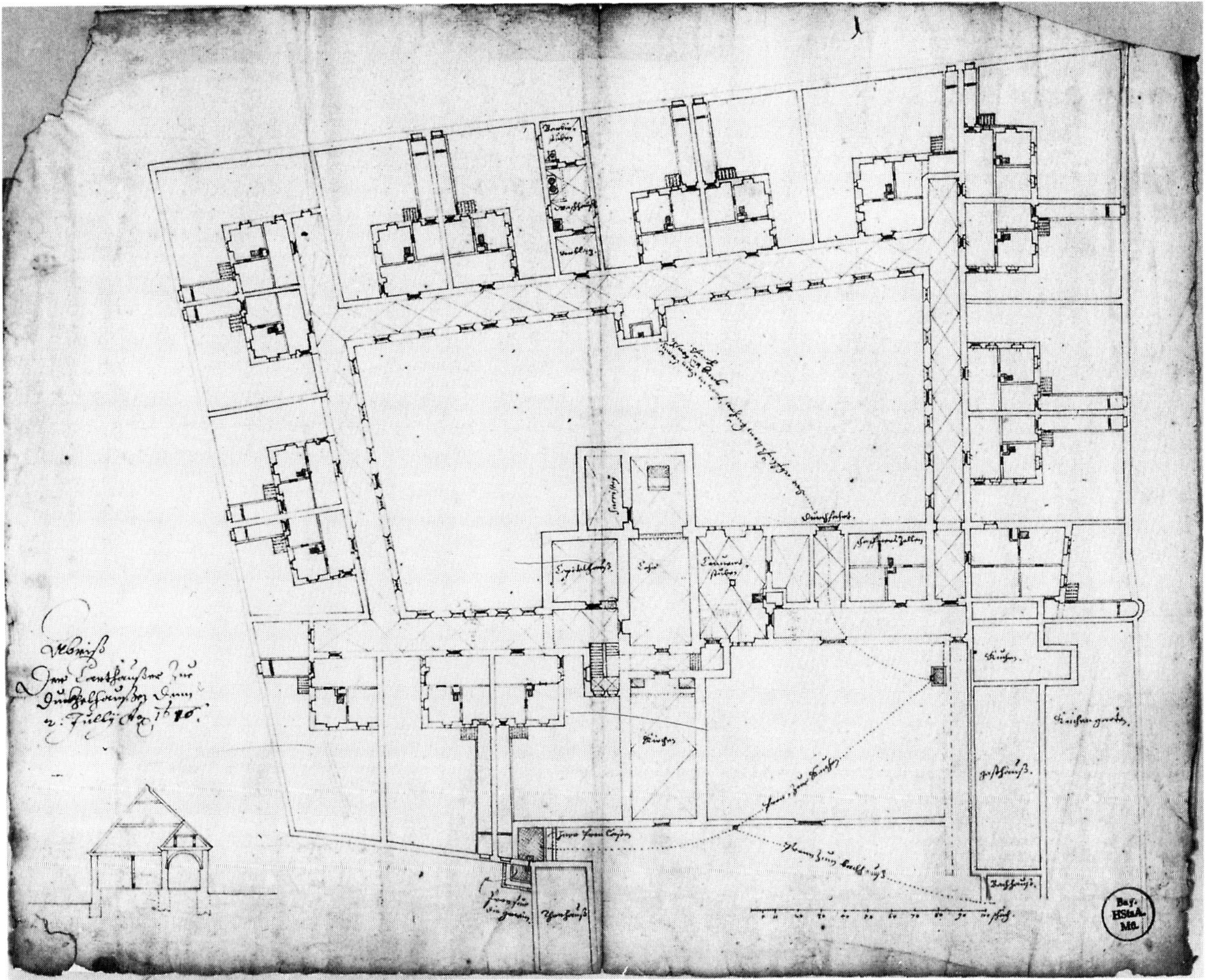

Tückelhausen, ehem. Kartäuserkloster. Grundriß der Anlage von 1616.

Auch die Klosterkirche geht auf die Prämonstratenser zurück. Ursprünglich handelte es sich wohl um eine Anlage mit östlichem Querschiff und gerade geschlossenem Chor. Die beiden Querhausarme öffneten sich in ganzer Breite und Höhe zur Vierung und wiesen auf der Ostseite halbrunde Apsiden auf. Einzelne Architekturdetails, wie der romanische Bogenfries und das Ostfenster im Chor gehören dieser ersten Bauphase der Zeit um 1200 an.

Mit den Kartäusern setzten in der zweiten Hälfte des 14. Jahrhunderts und noch einmal zu Beginn des 17. Jahrhunderts umfangreiche Veränderungen am Bau der Kirche ein; vor allem die beiden Querhausarme wurden durch Zwischenmauern vom Schiff getrennt und in zwei Stockwerke mit Kapitelsaal und Bibliothek auf der Nordseite und einer Kapelle und dem Archiv darüber auf der Gegenseite unterteilt. Die wichtigste Veränderung betraf jedoch entsprechend den Regeln des Ordens die Anlage von vierzehn kleinen Zellen, die sich, ausgehend von diesen ehemaligen Querhausarmen in einem weitgespannten Rechteck um das Chorhaupt der Kirche lagern und entlang eines Kreuzganges angelegt wurden, der sich in der Kirche im Lettner schloß. Während die Zellen, kleine Häuschen mit ursprünglich zwei Kammern, einem Abtritt und einem Gärtchen in veränderter Form noch heute bestehen, sind Kreuzgang und Lettner verschwunden. Insgesamt weist die Anlage von Tük-

Tückelhausen, ehem. Kartäuserkloster. Blick auf das um 1700 erbaute Priorat vom Wirtschaftshof aus.

kelhausen große Ähnlichkeiten mit der von Astheim auf, besonders in der Disposition von Kreuzgang, Lettner und Annakapelle bzw. Archiv.
Ein seltenes Beispiel kartusianischer Kunstauffassung stellt das spätgotische Bildwerk dar, mit der bekannten Darstellung des heiligen Hieronymus, der in seiner beschaulichen Einsamkeit einem Löwen einen Dorn aus der Pranke zieht. (Original im Pfarrhaus) Unter dem Relief des 15. Jahrhunderts findet sich die Inschrift »Mihi opidum carcer est, solitudo paradisus« (Mir ist die Stadt wie ein Gefängnis, die Einsamkeit dagegen das Paradies). Bild und Text ergänzen sich zu einer aufschlußreichen Aussage über Wesen und Selbstverständnis der Kartäuser.
Bisher wurde noch nicht vom Langhaus der Kirche gesprochen, da dessen Datierung Schwierigkeiten bereitet. Es kann nicht ausgeschlossen werden, daß diese Kirche ohne Langhaus geplant und gebaut wurde und ein solches erst später, etwa im Zusammenhang mit einer archivalisch überlieferten Restaurierung im Jahre 1297, angefügt wurde.
Nahezu gleichzeitig mit der Erweiterung der Wallfahrtskirche Maria im Sand bei Dettelbach wurde Tückelhausen zwischen 1613 und 1616 umfassend renoviert, wobei die Schäden des Bauernkrieges endgültig getilgt wurden. Der Vergleich mit Dettelbach bietet sich nicht nur wegen der Bauzeit oder des in Tückelhausen freilich schlichteren Netzgewölbes im Langhaus, sondern vor allem wegen des aufwendig gebildeten Westportals an, das ebenfalls 1615 entstanden ist und Michael Kern aus Forchtenberg zugeschrieben wird. Der Aufbau der Fassaden von Tückelhausen und Dettelbach ist vom Formenapparat her fast gleich: über dem Portal ein rundes Maßwerkfenster und darüber ein mit Lisenen und Beschlagwerk gezierter Giebel. In Dettelbach jedoch bildet die breitgelagerte Fassade eine dem frühbarocken Portal entsprechende Folie, während Tückelhausen geradezu »schmalbrüstig« erscheint. Insgesamt wirkt das Portal noch manieristischer als jenes von Dettelbach – eine krause Formenvielfalt überwuchert die Architektur. Gleichzeitig mit dem Gewände sind die Türflügel, die sich mit ihren Muschelwerknischen, Volutenkonsolen und Beschlagwerkelementen einfügen.
Nach einer längeren, durch den Dreißigjährigen Krieg erzwungenen Pause wurden gegen Ende des 17. und zu Beginn des 18. Jahrhunderts die Wirtschaftsgebäude, das Priorat und der Gästeflügel erneuert bzw. neugebaut. Den Anfang machte der Wirtschaftstrakt, wovon noch heute das 1694/95 unter dem tatkräftigen Prior Bruno Clement erbaute Portal zum äußeren Klosterhof kündet. Die dreiteilige, triumphbogenartige Anlage mit zwei Fußgängerpforten zu beiden Seiten des großen, für Fuhrwerke bestimmten Portals in der Mitte wirkt dem älteren Bau wie vorgeblendet und stellt eine eigentümliche Mischung verschiedenster Bau- und Dekorationselemente dar, die man im eigentlichen Sinn als provinziell bezeichnen muß. Als Vorbilder mögen nur wenig ältere Tore des Antonio Petrini – z. B. das Petersberger Tor in Erfurt oder das Burkardertor in Würzburg – gedient haben. Das an sich klassische Grundschema, das nicht nur wegen der verwendeten Plattenrustika seine Herkunft aus der Nachfolge des Sanmichele offenbart, wird in Tükkelhausen durch applizierte Voluten, aufgesetzte fensterartige Nischen und mächtige Fruchtgehänge bereichert. Bis zur Unkenntlichkeit verwitterte Statuen des heiligen Bruno (links) und des heiligen Hugo von

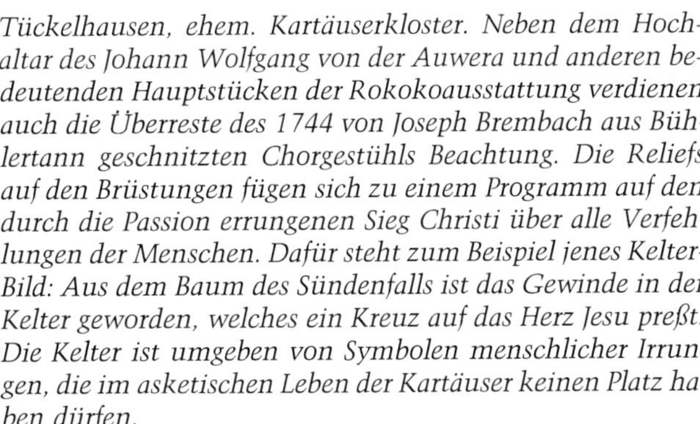

Tückelhausen, ehem. Kartäuserkloster. Neben dem Hochaltar des Johann Wolfgang von der Auwera und anderen bedeutenden Hauptstücken der Rokokoausstattung verdienen auch die Überreste des 1744 von Joseph Brembach aus Bühlertann geschnitzten Chorgestühls Beachtung. Die Reliefs auf den Brüstungen fügen sich zu einem Programm auf den durch die Passion errungenen Sieg Christi über alle Verfehlungen der Menschen. Dafür steht zum Beispiel jenes Kelter-Bild: Aus dem Baum des Sündenfalls ist das Gewinde in der Kelter geworden, welches ein Kreuz auf das Herz Jesu preßt. Die Kelter ist umgeben von Symbolen menschlicher Irrungen, die im asketischen Leben der Kartäuser keinen Platz haben dürfen.

Das zweite Bild zeigt einen hinter Gitter gesperrten, gekrönten Löwen. Ungehindert können Hunde und ein Mäuslein den König der Tiere verspotten. Obwohl damit sicher auf die Verspottung Christi in der Passion abgehoben wird, kann doch nicht ausgeschlossen werden, daß mit diesem Bild zugleich auf den Löwen als Wappentier des damals regierenden Fürstbischofs Friedrich Karl von Schönborn (1729–1746) angepielt wird. Nach den erheblichen Kriegsverlusten in Würzburg bildet die Ausstattung von Tückelhausen ein selten gewordenes Glanzstück des fränkischen Rokoko.

Avalon (rechts) zu beiden Seiten einer Muttergottes besetzen die Nischen.
Der Wirtschaftshof ist erstaunlich großzügig angelegt. Seine gesamte Südfront wird von dem hundert Meter langen Gästeflügel eingenommen, den 1718 bis 1724 der Würzburger Ingenieurhauptmann Andreas Müller erbaut hat. Er mußte dabei als Fundament die alte Wehrmauer von 1561 ebenso mit einbeziehen wie den der gleichen Zeit entstammenden Arkadengang. Eine Vorstellung von den Einkünften des Klosters mag die Tatsache vermitteln, daß der gesamte Gästeflügel mit mächtigen Tonnengewölben zur Lagerung des Weines von den Rebhängen des Thierbachtales unterkellert ist.
Zwischen Gästeflügel und Kirche liegt das um 1700 erbaute Priorat, welches mit seinem überkuppelten Torturm, durch den man im Erdgeschoß zum Kreuzgang gelangte, und den Fensterlisenen stark an Bauten des Antonio Petrini erinnert.
Die bauliche Erneuerung des Kartäuserklosters war damit weitgehend abgeschlossen. Gegen die Jahrhundertmitte leistete man sich jedoch eine neue Einrichtung der Kirche und verpflichtete dazu mit Ferdinand Tietz und Wolfgang von der Auwera zwei Hauptmeister des fränkischen Rokoko. Tietz schuf 1744 für den Lettner drei »Altärlein von leichter bildhauer Arbeith«, die zum Schönsten zählen, was dieser Bildhauer in kirchlichem Auftrag je gestaltete. Vor Beseitigung des Lettners erhob sich auf der Evangelienseite die Figur der schmerzhaften Muttergottes und auf der Epistelseite die Statue eines Schutzengels. In der Mitte ragt das Kruzifix mit der trauernden Maria Magdalena empor. Wie man an dieser einzigen, vollständig erhaltenen Skulpturengruppe erkennen kann, wurden diese Altärlein »von aufgelösten Rahmen mehr betont als umspannt ... Die sprühende Ornamentik mit ihren vielen, an schäumende Wellenkämme, an weiche Flaumfedern oder an krustige Rinde gemahnenden Details hat ihre Entsprechung im Reichtum der inneren und äußeren Haltung der Figuren« (Trenschel).
1746 ließ Prior Neth ein neues Chorgestühl schaffen, für das er Joseph Brembach aus Bühlertann verpflichtete, wohl ein ehemaliger Gehilfe Tietz'. Auf die Brüstungen der 28 Sedilien, die heute nur noch zum geringen Teil in situ sind, schnitzte Brembach zahlreiche symbolische Darstellungen, die den durch die Passion Christi über die Sünden der Menschen errungenen Sieg zum Thema haben. Der Prior zeigte sich nach Abschluß der Arbeiten insofern erkenntlich, als er dem Bildhauer die Aufnahme als Laienbruder in der Kartause Ittingen vermittelte.
Für den neuen Hochaltar wählte man mit Wolfgang von der Auwera den damals führenden Bildhauer im Würzburger Hochstift. Der mächtige, viersäulige Retabelaltar des Auwera von 1751 dominiert noch heute den schmal proportionierten Chor. Die Bildnische, in der seit der Säkularisation eine Kreuzabnahme des Oswald Onghers fehlt, wird von Statuen der Apostel Petrus und Paulus sowie der Kartäuser Bruno und Hugo begleitet. In der für Auwera typischen Weise sind bei diesem Altar die Retabelarchitektur, die Skulpturen und die Dekoration in ein bildhaftes Ganzes verwoben.
Zu den späten Arbeiten in Tückelhausen gehören die zwei noch am Ort verbliebenen Nebenaltäre, die 1777/78 der Bildhauer Johann Steuerwald geschaffen hat. Die beiden Altarbilder sind gleichzeitige Schöpfungen des Andreas Urlaub. Während sich in Franken unter der Führung des Würzburger Hofbildhauers Johann Peter Wagner die neue Kunstanschauung »à la grecque« durchgesetzt hatte, sind die Nebenaltäre in Tückelhausen noch einmal späte Blüten des mainfränkischen Rokoko.

Biebelried

Wer heute den Namen Biebelried hört, denkt zumeist an Meldungen im Verkehrsfunk, die auf Staus im Bereich des Autobahnkreuzes mit gleichem Namen hinweisen, denn der kleine Ort Biebelried liegt im Schnittpunkt wichtiger Fernverbindungsstraßen. Bereits im Mittelalter war Biebelried Etappenort an der wichtigen »neueren Nürnberger Reichsstraße«, die von Würzburg über Kitzingen nach Nürnberg führte und diese Reichsstadt mit Frankfurt, Köln oder Brüssel verband. Die verkehrsgünstige Lage war wohl der

Hauptgrund, daß die Johanniter 1244 die Burg Biebelried von Würzburg erwarben und bis 1262 zu einer eigenen Kommende ausbauten, die jedoch ab 1418 wieder Würzburg unterstellt wurde. Die heute noch in eindrucksvollen Resten erhaltene Burg wurde 1275 begonnen. Erbauer war Heinrich von Boxberg, der das »von puren quadersteinen recht solid und massiv erbaute castrum« aufführen ließ.

Bei der Ordensburg Biebelried handelt es sich um eine Anlage von nahezu quadratischem Zuschnitt und einer Seitenlänge von etwa 45 Metern. Sie gehört damit zu den größten Burganlagen des 13. Jahrhunderts in Süddeutschland. Kern der Anlage war ein 1728 abgebrochener Bergfried, der um 1310 erbaut worden war. Ost- und Westseite wurden von zwei sehr großen, in sich unterteilten, überwölbten Wohn- bzw. Wirtschaftsgebäuden mit großen Schießscharten, die zugleich als Fenster dienten, geschlossen. An der Nordwestecke wölbte sich auf einer großen Konsole ein Rundturm vor, dem im Südosten eine Kapelle mit über der Ringmauer auskragendem Chorerker entsprach. Diese beiden festen Häuser wurden auf der Nord- und Südseite durch hohe Mauern mit Wehrgängen verbunden. Der Eingang zur Burg führte über eine Brücke im Süden, die einen großenteils noch sehr gut erhaltenen Graben überspannte.

Die Johanniterburg von Biebelried dürfte nur in ihren Anfangsjahren in irgendeiner Beziehung zu den Bemühungen dieses geistlichen Ritterordens um Rückeroberung des Heiligen Landes gestanden haben. Mit dem Scheitern der Kreuzzüge hatte der Orden de facto seinen ursprünglichen Sinn verloren. Seit der Gründung eines selbständigen Ordensstaates auf Malta im Jahre 1530 diente Biebelried wie die vielen anderen Besitzungen nur noch der wirtschaftlichen Absicherung des Johanniterordens. Dieser Entwicklung im großen folgte Biebelried im kleinen. Seit dem 17. Jahrhundert bildete die Burg gar nur noch einen Gutshof der Würzburger Kommende. Nach dem Tod des letzten Komturs geriet das Gut in Privatbesitz und wird heute landwirtschaftlich genutzt. Seit einigen Jahren sind Bestrebungen im Gange, die dieses Objekt für die öffentliche Hand zurückerwerben und nach einer Restaurierung in musealer Form allgemein zugänglich machen wollen.

Trotz erheblicher Eingriffe in die Bausubstanz bereits in älterer Zeit bildet Biebelried das einzige erhaltene Johanniterkastell in Bayern, wenn nicht gar in Deutschland. »Seine regelmäßige quadratische Anlage hebt es aus dem Rahmen der süddeutschen Burgentwicklung heraus. Als Sitz einer eigenen Kommende ist diese Burganlage, die zugleich große Wehrburg und Dominikalverwaltungsburg war, vom Typus her den süditalienischen Festungsburgen Kaiser Friedrichs II. und den Burgen im Deutschordensstaat Preußen vergleichbar, was vermuten läßt, daß es sich um ein Bindeglied zwischen jenen italienischen Stauferkastellen und den ostpreußischen Ordensburgen handelt« (Wamser).

Biebelried, ehem. Johanniterkastell. Die noch in eindrucksvollen Resten erhaltene Anlage wurde 1275 begonnen. Blick auf die Überreste des Kapellenerkers an der Nordwestecke.

Kitzingen

Wie für Biebelried war auch für Kitzingen die verkehrsgünstige Lage mit dem Flußübergang über den Main die Hauptursache für die Gründung eines Benediktinerinnenklosters bereits vor der Mitte des 8. Jahrhunderts. Eine besondere Rolle dürfte die junge Abtei in der von Bonifatius durchgeführten kirchlichen Neuordnung des ostfränkischen Reichsteiles gespielt haben, da der Apostel der Deutschen die Neugründung gemäß den Regeln des heiligen Benedikt reformiert und die heilige Thekla als Äbtissin neben der Gründerin Hadeloga eingesetzt haben soll. Erste gesicherte Nachrichten weisen in das Jahr 749, als Abt Sturmius von Fulda auf der Rückreise von Rom erkrankte und in einem Kloster »Chizzinga« gesundgepflegt wurde. Aus den Anfängen einer 1041 beim Kloster erwähnten Siedlung entwickelte sich während des 12. und 13. Jahrhunderts die von einem Bering umschlossene Stadt Kitzingen.

Über das Aussehen der ältesten Klosteranlage ist so gut wie nichts bekannt, denn 1484 zerstörte eine Feuersbrunst »der Konventfrauen Schlafhaus, die Abtei, die Kirche halb, die zwei Glockentürme samt den Glocken, Hausrat und viel Briefe«, so jedenfalls berichtet im Jahre 1549 der Kitzinger Chronist Friedrich Bernbeck. Erhalten sind einige Keller, die noch heute im ursprünglichen Sinn als Weinkeller genutzt werden und zu den ältesten ihrer Art in Franken zählen.

Unter Äbtissin Margareta Truchseß von Baldersheim wurde das Kloster wiederaufgebaut. Eine gute Vorstellung von dieser spätmittelalterlichen Anlage vermittelt eine Ansicht des 16. Jahrhunderts, die sich in Kopie im Kitzinger Stadtmuseum erhalten hat. Der spätgotische Kirchenbau von beträchtlichen Ausmaßen hatte eine basilikale Grundanlage mit Querhaus und zwei Westtürmen. Er nahm in etwa den gleichen Platz ein wie die heutige Stadtkirche. Nach Norden lagen die Klostergebäude, an die sich westlich davon der Wirtschaftshof mit der Kanzlei anschloß, der sich in seiner Grundsubstanz im heutigen Landratsamt überliefert hat.

Während des hohen Mittelalters hatte das Kitzinger Kloster einen guten Ruf als Erziehungsstätte für Mädchen von Adel. Hier wurde die heilige Hedwig aus dem Hause der Grafen von Andechs-Meranien vor ihrer Vermählung mit dem Herzog von Schlesien erzogen und hier weilte auch die heilige Elisabeth mit ihren Kindern nach der Vertreibung aus Thüringen bei ihrer Tante, der Äbtissin Mechthild, einer jüngeren Schwester Hedwigs. Aber auch der Geldadel aus patrizischem Geschlecht förderte das Kloster. So stiftete die Kaufmannsfamilie Teufel im Jahr 1344 das Bürgerspital, das im ehemaligen Kaufhaus der Abtei eingerichtet wurde. Mit den aus Kitzingen gebürtigen drei Brüdern Teufel, die außerdem das Würzburger Bürgerspital reich dotierten, muß natürlich der Name des Nürnberger Kaufmanns Konrad Groß genannt werden, der unter Einsatz erheblicher Geldmittel dem Kloster aus seiner dauernden finanziellen Zwangslage geholfen hatte und damit zum Motor der Kitzinger Stiftung wurde.

In der profanierten Spitalkirche hat sich das Stifterrelief aus der Mitte des 14. Jahrhunderts weitgehend unbeachtet in unsere Tage gerettet. Es zeigt die drei Brüder Wolfram, Rüdiger und Konrad Teufel in flachem Relief, letzteren in Mönchskutte. Dieses Relief ist ein interessantes Denkmal für das erstarkende Selbstbewußtsein der Einzelpersönlichkeit im 14. Jahrhundert, die nicht mehr hinter das gute Werk zurücktreten will, sondern sich und der Nachwelt monumentale Zeugen ihres Wirkens schafft. Dem Ebracher Laienbruder Konrad von Teufel begegnen wir noch einmal in seinem Grabdenkmal in Ebrach, das dem Kitzinger Stifterrelief stilistisch eng verwandt ist.

Kaum war das Kloster nach 1484 wiederaufgebaut, wurde es 1525, im sogenannten Bauernkrieg, erneut zerstört und geplündert. Kitzinger Bürger mußten nach Niederschlagung des Aufstandes das Kloster auf eigene Kosten wiedererrichten. 1527 hören wir von Ausbesserungsarbeiten, die der nach dem Bauernkrieg schwer gestrafte Tilman Riemenschneider an einem Altar vorgenommen hat. Es sind die letzten Nachrichten von Riemenschneider vor dessen Tod 1532. In diesem Zusammenhang ist ein Frühwerk des Würzburger Bildschnitzers, eine thronende Anna Selbdritt mit Maria und dem Jesusknaben, von Interesse, das, ehemals aus Kitzingen stammend, nun im Mainfränkischen Museum in Würzburg zu finden ist. Gleichwohl waren die Tage des Kitzinger Benediktinerinnenklosters gezählt, und 1544 wurde die Abtei auf Geheiß der Markgrafen von Brandenburg, die erst ein Jahr zuvor in den Besitz der Stadt gekommen waren, besetzt und aufgehoben. Erst 1629 hatte das

Kitzingen, ehem. Ursulinenkloster. Bis zur Aufhebung von 1544 wirkten Benediktinerinnen im Kitzinger Kloster. Ein Holztafelbild des 16. Jahrhunderts im Städtischen Museum vermittelt einen Eindruck vom Aussehen der mittelalterlichen Anlage.

Hochstift Würzburg die Kraft, Kitzingen zurückzuerwerben. Die Gebäude des Klosters waren inzwischen verfallen und 1650 berichtete ein Verwalter dem Fürstbischof, das Kloster sei »ein uralt und baufelliges gebew worahn der chreutzgang und ein kleines neben capellelein gantz eingegangen«.

Obwohl Fürstbischof Johann Philipp von Schönborn 1650 den sogenannten »Gnadenvertrag« unterzeichnet hatte, in welchem die Doppelkonfessionalität in Kitzingen festgelegt worden war, war dem Hochstift Würzburg die an der Grenze zum protestantischen Ansbach gelegene Mainhafenstadt Kitzingen so wichtig, daß man ständig darauf bedacht war zu zeigen, welches die »religio dominans« in der Stadt war. Diesem Ziel diente bereits 1630 die Berufung von Kapuzinern nach Kitzingen, die durch ihre Predigttätigkeit die Rekatholisierung unterstützen sollten. In besonderem Maß sollte die Ansiedlung von vier Ursulinerinnen in den Gebäuden des ehemaligen Benediktinerinnenklosters diesen Bemühungen Nachdruck verleihen. Vorrangige Aufgabe der im Jahre 1660 berufenen Nonnen war die Erziehung der vornehmen jungen Mädchen aus Stadt und Umland.

Damit setzte die zweite Epoche des Klosters in Kitzingen ein, dessen Geschichte zu allen Zeiten eng mit jener der Stadt verbunden war. Bereits 1670 plante man einen Neubau des verfallenen Klosters und berief dazu Antonio Petrini aus Würzburg. Doch ging dies erst 1685 vorwärts, nachdem Fürstbischof Johann Gottfried von Guttenberg sich der Angelegenheit angenommen hatte, und die alten Gemäuer konnten abgebrochen werden. Nach Plänen Petrinis wurde das Kloster 1693 vollendet und das Neubauunternehmen mit der Weihe der Kirche 1699 abgeschlossen.

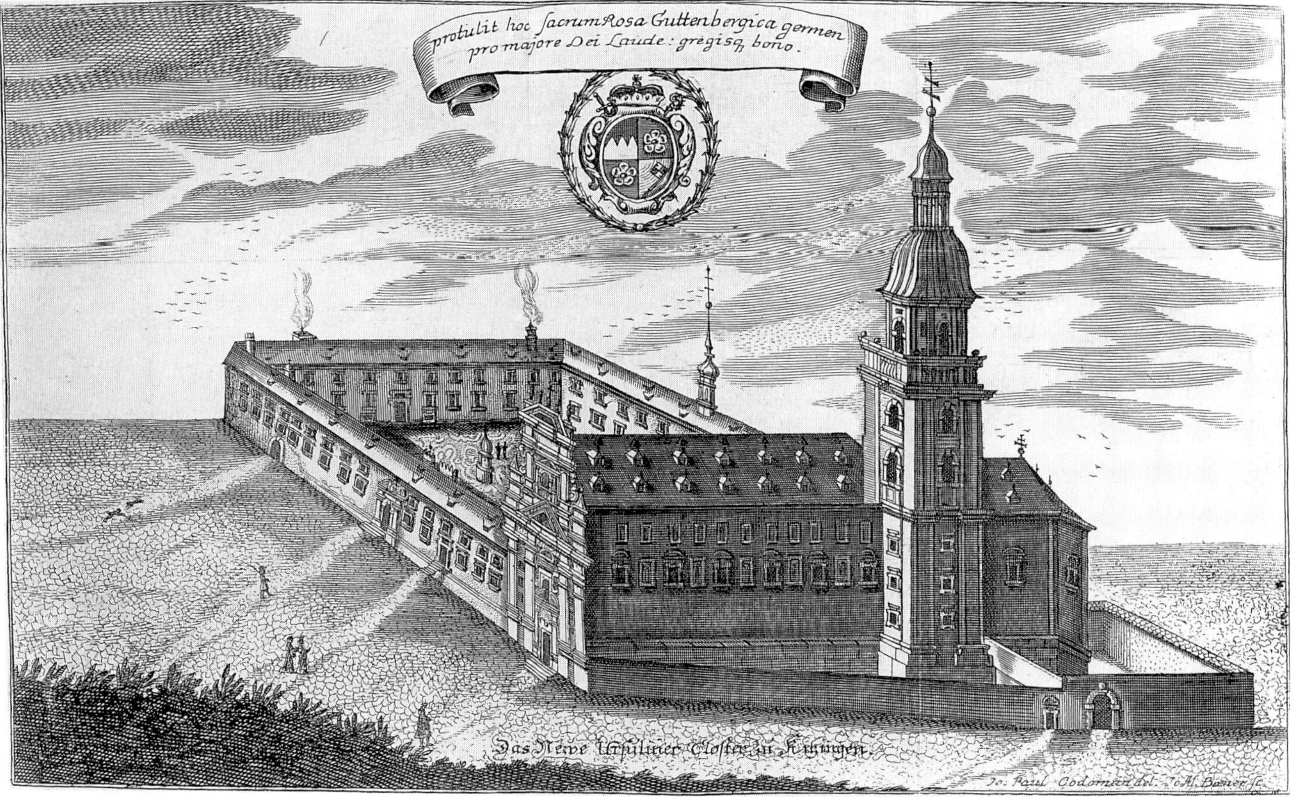

Kitzingen, ehem. Ursulinenkloster. 1660 wurden Ursulinen nach Kitzingen berufen, für die nach Plänen Antonio Petrinis zwischen 1685 und 1699 Kloster und Kirche neu errichtet wurden. Stich Johann Paul Codomanns von 1692 mit Darstellung der ursprünglichen Anlage.

Auf hohem Sockel erhebt sich das sechsachsige, flachgedeckte Langhaus, an das sich ein dreijochiger, eingezogener und überwölbter Chor anschließt. Der mächtige zweigeschossige Turm mit seinem niedrigen oktogonalen Klangarkadengeschoß, dessen oberer Abschluß ein »welsches Dach« in Form einer Kuppelhaube mit bekrönender Laterne bildet, ragt auf der Südseite im Winkel zwischen Langhaus und Chor empor. Während der Chor im Inneren durch schwere, kräftige Lisenen in drei ungleich tiefe Joche unterteilt wird, fehlt im Langhaus eine solche Gliederung. Dort ordnen nur die schmalen, bis auf den Boden reichenden Fensternischen die Seitenwände. Nach Westen schließt eine tiefe Empore an, die in das Langhaus auf drei Säulenarkaden vorragt. Diese Empore überdeckt eine dreijochige, dreischiffige Vorhalle zur Aufnahme einer Treppenanlage, die einerseits zwischen dem Niveau des Vorplatzes und dem höher gelegenen Kirchenfußboden vermittelt, andererseits die Westempore bedient. Der hohe Sockel der Kirche und diese aufwendige Treppenanlage erklären sich aus der topographischen Lage auf der Krone eines Schwemmlandkegels, der besonders nach Westen und Süden steil abfällt.

Der aufwendig und monumental gegliederten Westfassade merkt man die Herkunft Petrinis aus dem Festungsbauwesen an, so stark überwiegen die großen, blockhaften Formen der Pilastergliederung, die mehrere Geschosse übergreift. Der Kirchenbau ist im äußeren Erscheinungsbild besonders auf der Südseite im 19. Jahrhundert stark verändert worden. Die ursprüngliche Gliederung durch kleine Fenster mit dazwischengestellten Nischen überliefert ein Stich des Johann Paul Codomann aus dem Jahr 1692. Obwohl Antonio Petrini in Kitzingen ein Hauptwerk des Barocks italienischer Prägung in Franken geschaffen hat, schwingen doch gerade in dieser Architektur Erinnerungen an den deutschen Frühbarock mit: etwa in der freien Rhythmik der ursprünglichen Gliederung der Südfassade oder in solchen Details wie dem Motiv der Nische hinter einer Säule am Westportal, das sich aus der Echterzeit herübergerettet hat.

Dettelbach

Fürstbischof Julius Echter von Würzburg, seit 1585 an der Spitze der Gegenreformation in Franken stehend, hat mit großer Energie marode, nicht mehr lebensfähige Klöster aufgehoben und deren Einkünfte meist der von ihm neu gegründeten Würzburger Universität überwiesen. Mit der gleichen Energie förderte er andererseits Neugründungen, vor allem von Niederlassungen der Bettelorden, wenn es ihm wichtig für die Rekatholisierung seines Bistums erschien. In diesem Sinn dürfte auch die Ansiedlung von Franziskanern der Straßburger Observanz bei der neu aufblühenden Wallfahrt zum Gnadenbild der »Maria im Sand« bei Dettelbach zu verstehen sein, die er 1616 berief. Die vierflügelige Klosteranlage die neben der Kirche für die Wallfahrtsseelsorge entstand, war beim Tod des Fürstbischofs 1617 dank der Unterstützung der benachbarten Klöster Schwarzach, Heidenfeld und Theres weitgehend vollendet. Ein Relief über der Pforte zeigt die Übergabe des Klosters an Maria durch den Fürstbischof. Eine große Zahl von Wallfahrern und die fürstbischöfliche Protektion förderten die junge Niederlassung der Franziskaner, die bald 24 Patres zählte. Man verlegte sogar die theologische Ordensschule hierher und konnte von Dettelbach aus neue Konvente z.B. in Schwarzenberg oder auf dem Kreuzberg besiedeln.

Die Wallfahrt in Dettelbach war freilich älter. Gegen Ende des Mittelalters stand inmitten der Weinberge eine spätgotische Pieta, die besonders die Winzer verehrten. Nach mehreren wunderbaren Gebetserhörungen, die man dieser Pieta zuschrieb, ließ der Dettelbacher Stadtrat zunächst einen hölzernen Betraum errichten, dem bald eine kleine Kapelle aus Stein folgte, die 1507 geweiht wurde. Diese Kapelle ist heute noch im Chor erhalten, der im zweiten Jahrzehnt des 16. Jahrhunderts sein spätgotisches Rippengewölbe erhielt.

Die Wallfahrt scheint ein recht einträgliches Geschäft gewesen zu sein, denn der Abt des Würzburger Schottenklosters Johannes Trithemius (1462–1516) berichtete, daß er »vieles vorfand, sowohl an Gold und Silber wie auch an Wachs und Paramenten, geopfert von den Gläubigen«.

Die durch Kriege und Reformation fast in Vergessenheit geratene Wallfahrt wurde durch Fürstbischof Julius Echter planmäßig zur bedeutendsten im Hochstift ausgebaut. Dabei halfen sicher die neuen politischen Verbindungen. So besuchte 1591 der bayerische Herzog Wilhelm V., mit dem Fürstbischof durch die katholische Liga freundschaftlich verbunden, den Wallfahrtsort.

Ab 1608 entstand die Wallfahrtskirche. Dabei übernahm man den Chor und teilweise das angrenzende Joch der alten Kapelle. Die Kreuzarme schuf 1610 der Würzburger Stadtmaurer Lazaro Agostino. Die Wölbungen der Kirche jedoch übertrug man den Steinmetzen Jobst Pfaff aus Würzburg und Adam Zwinger aus Iphofen, die beide zur gleichen Zeit in der Pfarrkirche von Iphofen mit Wölbungsarbeiten beschäftigt waren. Vielleicht litt unter dieser Doppelbelastung die Bauaufsicht; jedenfalls stürzten in Dettelbach Teile des Langhausgewölbes ein und mußten von Zwinger auf eigene Kosten wiederaufgerichtet werden. Trotz solcher Mühen gehören diese Gewölbe von Dettelbach zum schönsten, was Franken in dieser Hinsicht zu bieten hat. Die Gewölbefigurationen in Langhaus, Querhaus und Vierung lehnen sich im grundsätzlichen noch an das etwa hundert Jahre ältere Chorgewölbe an, doch ist im Bestreben nach ruhigerer Ausbreitung der gotisch gewundenen Reihung der Rippen und in der breiteren Proportionierung des Raumes das Stilgefühl der Renaissance unverkennbar. Besonders in der Behandlung des Vierungsgewölbes erreicht die spielerische Grazie der Rippenfigurationen einen Höhepunkt, der in bemerkenswertem Gleichklang zum Gnadenaltar des ausklingenden Rokoko darunter steht.

Während die Renaissance den Innenraum mit gotischem Formengut ausgestaltete, hat der neue Stil am Außenbau endgültig den Sieg davongetragen. Das äußert sich vor allem in der reich vorgetragenen Bauplastik, deren Hauptakzente in der üblichen Weise auf die Giebel bzw. das Portal gelegt sind. West- und Südgiebel zeichnen sich durch eine üppige Dekoration mit Lisenen und beschlagwerkverzierten Voluten aus. Drei- bzw. Vierpaßluken werden von Eierstabprofilen gerahmt. Für die architektonischen Zierteile war der Steinmetz Peter Meurer verantwortlich. Er stellte auch das Hauptstück der Fassade, das Portal, auf, das der führende Bildhauer seiner Zeit im Würzburger Raum, Michael Kern, zwischen 1612 und 1613 geschaffen hat.

Man hat den Aufbau dieses Portals immer wieder mit dem eines Altares verglichen. Es ist ein rechtes Stück »Bildhauerarchitektur« von manieristischer Grundprägung. Zwar mimt das Portal noch eine gewisse Vorstellung von architektonischer Gliederung, hebt diese aber zugleich wieder auf, indem die einzelnen Stockwerke scheinbar schwerelos übereinandergetürmt werden. Ein gewisser krauser Formenreichtum und der unübersehbare Drang nach körperlichem Volumen der Formen lassen schon etwas vom aufkeimenden Stilgefühl des Barock ahnen.
Zu beiden Seiten des Tores stehen auf geschmückten Sockeln die beiden Apostelfürsten Petrus und Paulus. Im Scheitel des Torbogens, durch den aufgewölbten Architrav eigens herausgehoben, wird das Wappen des Stifters Echter präsentiert. Dieses trennt eine »Verkündigung an Maria«, welche von freiplastischen Figuren auf der Architravbühne dargestellt wird. Darüber, gewissermaßen im zweiten »Hauptgeschoß«, von Architektur gerahmt, folgt die »Anbetung der Könige«, eine Stichvorlage des Goltzius nachbildend. Im »Auszug« endlich Maria mit dem Kind, von Engeln in den Himmel gehoben und bekrönt. Die Heiligen Kilian und Augustinus begleiten das theologisch ausgefeilte Bild.
Durch dieses Portal schritten auch die 4000 Wallfahrer, die sich am Fest Mariä Geburt des Jahres 1613 zur feierlichen Weihe der Wallfahrtskirche eingefunden hatten. Fürstbischof Echter ließ die Menge in sieben Festzelten ohne Rücksicht auf ihre Konfession bewirten. Der Zulauf des Volkes und die damit für den jungen Franziskanerkonvent verbundenen Einnahmen hielt in den folgenden Jahren zunächst noch an. So konnte man 1626 den Bildhauer Kern mit dem kostspieligen Auftrag der Kanzel betrauen. In der Präsentation des theologischen Programmes der »Wurzel Jesse«, ausgehend vom Stammvater Jesse im Sockel und endend in der Marienfigur mit dem Jesuskind, offenbart sich ein Manierismus von bedrängendem Reichtum.
Zunächst einmal unterbrach der Dreißigjährige Krieg den ruhigen Fortgang der weiteren Entwicklung des Dettelbacher Klosters. Mit dem Einmarsch der schwedischen Truppen unter Gustav Adolf mußten gerade die Franziskaner oft grausame Torturen erleiden, galten sie doch als Propagandisten des katholischen Glaubens. Als Folge der Morde und Mißhandlungen flüchteten die Mönche und kehrten erst 1633 zurück. Nachdem Franken 1634 wieder sicherer Besitz der kaiserlichen Truppen geworden war, ließ sich der katholische Kaiser Ferdinand III. ebenfalls die Gelegenheit zu einem demonstrativen Besuch der Gnadenstätte im selben Jahr nicht nehmen. Dank solcher und ähnlicher allerhöchster Gunstbeweise lebte das Franziskanerkloster wieder auf, was nicht zuletzt an weiteren Bauunternehmungen sichtbar wird.
Im nördlichen Querschiff wurde 1659 durch den Dettelbacher Peter Scholl die Mönchsempore mit der Orgel eingebaut. Gerade der frühbarocke Orgelprospekt demonstriert in augenfälliger Weise, daß sich das nach dem Dreißigjährigen Krieg neu regende barocke Stilgefühl in Franken zunächst auf seine eigenen Wurzeln besann und erst später vom Barock italienischer Prägung überstimmt wurde. Nicht nur die Einzelformen, etwa die vorgekröpften Säulchen, welche aus einem vergoldeten Blattmantel in der unteren Hälfte des Säulenschaftes emporwachsen, und die Atlantenkonsolen genauso wie die Maskenvoluten, verraten die Herkunft aus der deutschen Stilbildung vor 1618, sondern auch die Zusammenordnung dieser einzelnen Gliederungselemente. Neu, und damit wird diese Orgelfassade zu einem Denkmal des Frühbarock, ist dagegen die Fülle der eingesetzten Gliederungsmittel. Nichts bleibt mehr in der Fläche haften, sondern alles drängt nach vorne zu eigener Selbstentfaltung. Schließlich muß in diesem Zusammenhang auch die gesteigerte Farbigkeit als Mittel barocker Gestaltung erwähnt werden.
Ursprünglich sollte schon Michael Kern einen neuen Gnadenaltar schaffen und hatte wohl einzelne Figuren fertig. Da man sich jedoch über die Gestaltung dieses Altars nicht einigen konnte, blieb der spätgotische Mirakelaltar auf Befehl des Fürstbischofs zunächst erhalten. Unter Fürstbischof Guttenberg wurde 1690 ein neuer Altar aufgestellt, der knapp ein Jahrhundert später dem prunkvollen, noch erhaltenen Rokokoaltar des Agostino Bossi von 1778 weichen mußte. Der Gnadenaltar ist in spätestem Rokoko gehalten, in das sich unübersehbar klassizistische Elemente mischen. Dieses Stuckmarmorretabel dürfte der letzte Gnadenaltar von Rang in einer fränkischen Wallfahrtskirche sein.
Wenig später wurden auch in Dettelbach die Zeiten wieder rauher, denn von Frankreich her machten sich nach 1789 die ersten Auswirkungen der Revolution

▷

Dettelbach, Franziskanerkloster. Am Ende des Wallfahrtsweges empfängt die Fassade der Klosterkirche Maria im Sand die Gläubigen. Blickpunkt dieser Fassade ist das von Michael Kern 1612 geschaffene Portal mit seinem altarartigen Aufbau.

Dettelbach, Franziskanerkloster. Die Wallfahrt nach Dettelbach geht auf ein spätgotisches Vesperbild zurück, das seit dem frühen 16. Jahrhundert besondere Verehrung erfuhr. Stich von Johannes Leypolt aus einer Schrift des Würzburger Weihbischofs Eucharius Sang von 1607.

bemerkbar. Im Kloster wurden zahlreiche emigrierte Geistliche aufgenommen. Bald wurde das Dettelbacher Kloster selbst aufgehoben, jedoch entschlossen sich in der Säkularisation 17 Patres und sieben Fratres, trotzdem im Kloster zu bleiben. 1826 wurde die Aufhebung rückgängig gemacht, so daß der Dettelbacher Konvent seit 1616 ohne Unterbrechung bis heute besteht.

Münsterschwarzach

Nur wenige Kilometer von Dettelbach entfernt liegt das Benediktinerkloster Münsterschwarzach am Main. Es wurde im Jahre 816 durch Graf Megingaud an anderer Stelle in der Nähe von Ullstadt im Steigerwald gegründet und gehört damit zu den älteren Klöstern in Franken. Schon nach wenigen Jahrzehnten wurde dieses Kloster »Megingaudeshausen« an den Main verlegt und trat dort die Nachfolge eines von Theodrada, einer Tochter Karls des Großen gegen Ende des 8. Jahrhunderts ins Leben gerufenen Frauenkonvents an. Das frühe 9. Jahrhundert gilt als erste Blütezeit des Klosters. Unter der Führung des großen karolingischen Reichsabtes, Benedikt von Aniane, war die Abtei eine Stätte regen geistigen Lebens. Unter der Leitung des Mönchs Teutgar entstanden in der Schreibschule des Klosters zahlreiche wertvolle Handschriften, darunter jener Codex Regularum aus den Jahren 815/820, der heute in Lambach aufbewahrt wird.

Mit der Verlegung an den Main war die Abtei ein mattonisches Familienkloster geworden. Der Bischof von Würzburg und die Mattonen stritten in der Folgezeit um die Rechte an Münsterschwarzach, ein Streit, der erst 993 für Würzburg entschieden werden konnte. Bischof Heinrich berief 1002 unter Abt Alapold neue Mönche aus St. Emmeram in Regensburg. 1034 konnte eine von Abt Wolfher erbaute Kapelle konsekriert werden. Doch schon 1047 war ein neuer Impuls notwendig, und Bischof Adalbero berief Abt Egbert mit seinen Mönchen aus Gorze und schloß damit das Kloster den von dort ausgehenden Reformbestrebungen an. Äußeres Zeichen des Aufschwunges war die Weihe des romanischen Münsters durch Abt Egbert im Jahre 1074.

Zahlreiche Klöster wurden in der zweiten Hälfte des 11. Jahrhunderts von Münsterschwarzach aus reformiert bzw. neu besiedelt: Lambach in Österreich, Neustadt am Main, Michaelsberg bei Bamberg, Theres, St. Burkard in Würzburg, St. Peter und Paul in Merseburg und Kloster Pegau.

Unter Abt Theoderich schloß sich Münsterschwarzach ab 1136 Hirsau an. Das 13. bis 15. Jahrhundert war durch wirtschaftliche Krisen gekennzeichnet, die auch durch den Anschluß an den Bursfelder Verband 1480 nicht endgültig gelöst werden konnten. Erst unter Abt Johannes Burckhardt († 1598) ging es mit dem Kloster wieder aufwärts, und die Abteien Theres, Banz und St. Stephan in Würzburg wurden unter seine Leitung gestellt. Diese Periode geistiger und wirtschaftlicher Blüte wurde durch den Dreißigjährigen Krieg unterbrochen, in dem Münsterschwarzach schwer getroffen wurde.

Die nach dem Friedensschluß einsetzende Epoche ist geprägt von der völligen baulichen Erneuerung von Kloster und Kirche, die von den Zeitgenossen wegen ihres »altfränkischen« Aussehens gerügt wurden. Von der Baugestalt Münsterschwarzachs unterrichtet uns eine Ansicht aus dem Jahre 1698, die der Chronik »Platanus exaltata« beigelegt war: Inmitten starker, türmebewehrter Mauern zeigt sich eine Vielzahl von Bauten in unregelmäßiger Ordnung und aus den verschiedensten Epochen. Die Kirche selbst war noch die von Abt Egbert geweihte; allerdings durch zahlreiche Um- und Anbauten entstellt. An jüngeren Neubauten erkennt man nur das Torhaus von 1652 und den von Valentino Pezzani erbauten Gästeflügel der Abtei.

Der erste, der das große Werk der baulichen Erneuerung von Münsterschwarzach anging, war Abt Augustin Voit (1691–1704). Er plante offenbar keinen totalen Neubau, sondern eher eine sukzessive Modernisierung und Renovierung. Dafür spricht, daß er die »Egbertbasilika« nicht abriß, sondern im Inneren nur gründlich renovierte und mit neuen Altären ausstattete. Als erster Neubau wurde von Valentino Pezzani in den Jahren 1697/1698 der Gästeflügel errichtet. Er ist auf der oben erwähnten Abbildung schon zu sehen. In den Jahren 1699 bis 1703 folgte ein nach Norden rechtwinklig anschließender Flügel. Dann kamen die Bauunternehmungen zunächst einmal zum Erliegen. Gründe dafür dürften nicht nur in den unruhigen Zeiten des Spanischen Erbfolgekrieges gesucht werden, sondern auch in einem Sinneswandel in Münsterschwarzach selbst: Entgegen den ursprünglichen Absichten strebte man nun einen umfassenden Neubau von Konvent und Kirche an. Dazu bedurfte es offensichtlich einer längeren Vorplanung. Abt Bernhard Reyder (1704–1717) ließ sich von Johann Dientzenhofer einen ersten großen Idealplan ausarbeiten, von dem wir allerdings nur aus schriftlichen Quellen Kenntnis haben.

Sein Nachfolger, Abt Januarius Schwab (1717–1741),

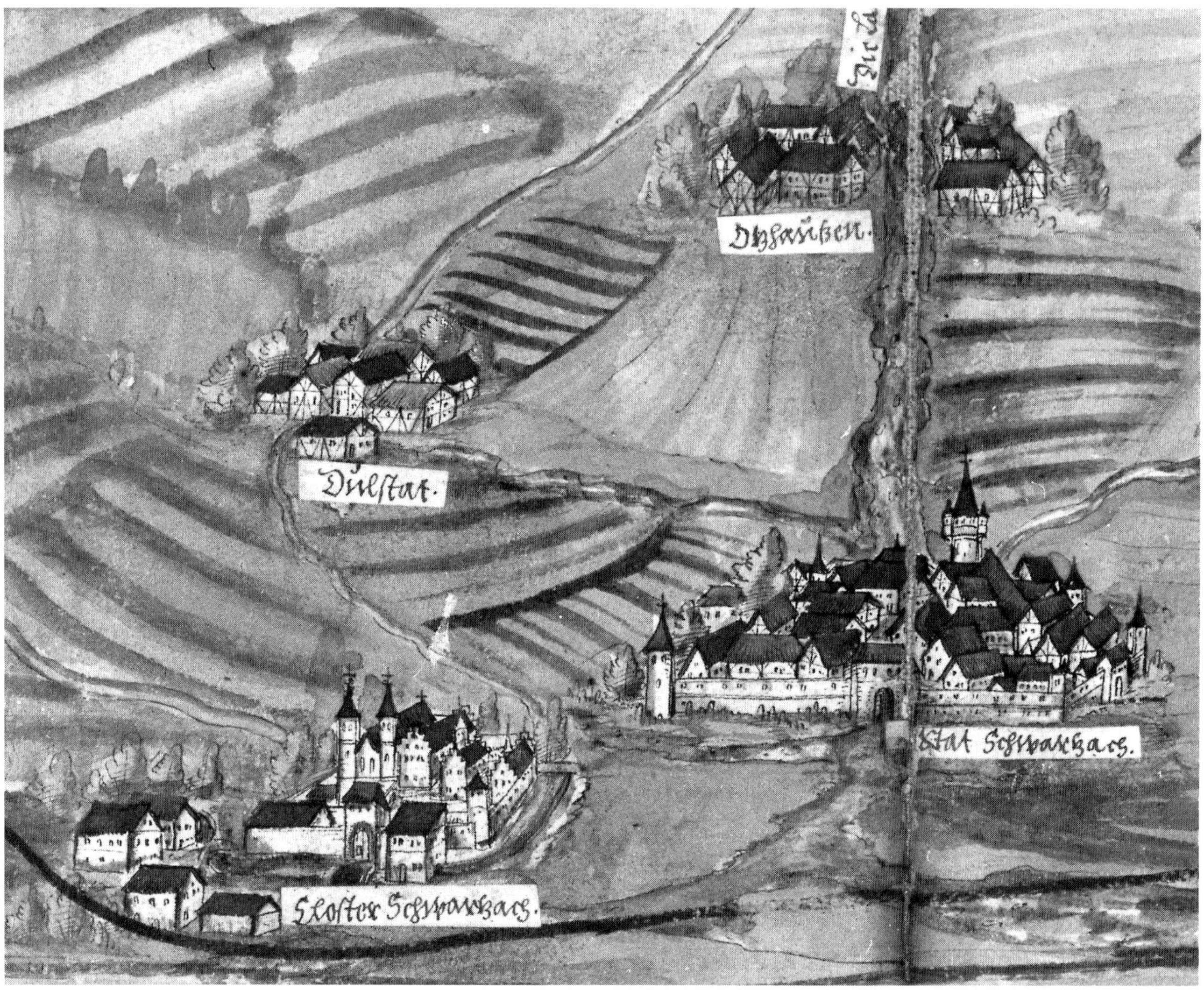

Münsterschwarzach, Benediktinerkloster. Vor der barocken Erneuerung des Klosters bestand Münsterschwarzach aus zahlreichen Bauwerken der verschiedensten Epochen, die sich um die 1074 geweihte Egbert-Basilika scharten. Ansicht von Münsterschwarzach, vor 1557(?).

wurde zum eigentlichen Bauherrn des barocken Münsterschwarzach. Sofort nach seiner Wahl berief er Joseph Greising aus Würzburg, der, gestützt auf Dientzenhofers Vorplanung, einen Ausführungsplan für die gesamte Klosteranlage einschließlich eines Kirchenneubaues entwarf und 1718 damit begann. Sein Plan sah eine nach Osten offene Dreiflügelanlage um einen Innenhof in direktem Anschluß an Pezzanis Gästeflügel vor. Dabei mußte er offensichtlich Bauteile abreißen, die Pezzani wenige Jahre zuvor erst errichtet hatte, denn sowohl Pezzani als auch Greising bauten 1700 bzw. 1721 jeweils einen Bibliothekstrakt, wie aus den erhaltenen Rechnungen hervorgeht. Greising ließ bereits 1718 den Chor der »Egbertbasilika« abbrechen, um Platz für den Klosterneubau zu schaffen. Wieder stockte der Baufortgang, denn Greising starb Ende 1721 völlig unerwartet. Immerhin war der Konventbau so weit gediehen, daß er in den folgenden Jahren vollendet werden konnte.

Für den Neubau der Kirche berief Abt Januarius den noch unbekannten Balthasar Neumann und gab ihm damit Gelegenheit zu seinem ersten eigenständigen Großkirchenbau. Nach längerer Vorbereitungszeit wurde am 17. Juni 1727 der Grundstein gelegt. Zügig schritt der Bau von Ost nach West, vom Chor zur Doppelturmfassade voran: 1731 war der Chor mit dem Chorturm vollendet. Unter massiver Beeinflussung durch Fürstbischof Friedrich Karl von Schönborn entschloß man sich zu einem mächtigen Kuppelbau über der Vierung, der 1734 mit dem Kuppelkreuz abgeschlossen werden konnte. In den Jahren 1733 bis 1736 folgte der Bau des Langhauses, und 1742 war die Kirche mit der Fassade im Rohbau vollendet. Das Münster war eine kreuzförmige Anlage von basilikaler Grundstimmung mit Seitenkapellen entlang des Langhauses. Die dreiteilige Westfassade wurde von den mächtigen Türmen dominiert. Das Kernstück der Architektur bildete jedoch die hohe Kuppel mit Laterne.

Mit Münsterschwarzach gelang Balthasar Neumann »eine seiner bedeutendsten Schöpfungen«. Dieses Urteil Georg Dehios muß allerdings dahingehend modifiziert werden, daß die Planung, die weitgehend rekonstruierbar ist, in wesentlichen Punkten erheblich fortschrittlicher war als der ausgeführte Bau selbst.

Die Innenausstattung erwies sich dem Rang der Architektur als ebenbürtig. Nachdem man zunächst eine eher bescheidene Ausstattung unter teilweiser Verwendung älterer Altäre geplant hatte, rang man sich, wieder unter dem Einfluß des Schönborn-Fürstbischofs, zu einer Einrichtung auf höchstem Niveau durch. Die Gewölbefresken schuf Johann Evangelist Holzer aus Augsburg zwischen 1737 und 1739. Das Kuppelfresko stellte in einem vielfigurigen Werk die Bitte der Benediktinerheiligen Benedikt und Scholastika um himmlische Gnade für alle Angehörigen und Wohltäter des Ordens bei der Heiligen Dreifaltigkeit dar. Die vier Zwickelfresken waren in ihrer Thematik auf die Kuppel bezogen. Diese ist durch den Original-Modello in Augsburg, einige Kopien sowie eine zeitgenössische Beschreibung und Reiseberichte verhältnismäßig gut dokumentiert. Von den übrigen Fresken ist nur noch das mittlere im Langhaus durch den Modello in Augsburg ähnlich gut überliefert; dargestellt war die Marter der heiligen Felizitas und ihrer sieben Söhne. Weitere Fresken im Bereich der Westempore behandelten die Gründungsgeschichte von Münsterschwarzach und wurden 1744 von Matthäus Günther geschaffen. Bis zur Weihe der Kirche 1743 entstand auch die Stuckzier der Kirche, für die die beiden Feichtmayr und Johann Georg Üblher gewonnen werden konnten. Eine Vorstellung vom ausgeführten Kirchenbau vermittelt, trotz aller Unzulänglichkeiten in der zeichnerischen Darstellung, ein der Festschrift zur Weihe beigelegter Stich von Balthasar Gutwein nach Vorlagen des Baumeisters Balthasar Neumann.

Abgesehen vom Hochaltarbild mit einer Darstellung der Glorie der heiligen Felizitas, das der Augsburger Bergmüller 1742 nach Vorarbeiten und Entwürfen des verstorbenen Holzer gemalt hatte, waren zur Weihe 1743 kaum neue Altäre in der Kirche aufgestellt worden. Zumeist hatte man noch die alten der barocken Ausstattung der »Egbertbasilika« übernommen. Nach 1743 jedoch wurden unter dem kunstsinnigen Abt Christoph Balbus (1741–1761) rasch neue Retabeln und Altarbilder angeschafft, für die man wiederum bedeutende Künstler berufen konnte. Die Retabeln der Stuckmarmoraltäre stammten von der Hand des Johann Michael Feichtmayr. Von den Altarbildern sind vor allem die Anbetung der Könige von Giambattista Tiepolo (heute Alte Pinakothek, München), die Steinigung des Stephanus von Giandomenico Tiepolo (heute Staatliche Museen, Berlin) und die Anbetung der Hirten von Giambattista Piazzetta (ehemals im Dom zu Würzburg) hervorzuheben, die im Zusammenwirken mit den übrigen Altarbildern von einheimischen Künstlern wie Johann Zick, Balthasar Augustin Albrecht, Johann Georg Bergmüller oder dem Bamberger Scheubel das besondere Niveau der Ausstattung der Münsterschwarzacher Abteikirche unterstreichen.

Der prunkvolle Neubau der Kirche und ihre Ausstattung hat die finanzielle Kraft des Klosters auf das äußerste belastet, so daß die geplante dritte Phase mit der Erneuerung der Ökonomiegebäude nur teilweise verwirklicht werden konnte. Der Anfang wurde mit der Klostermühle gemacht, die in den Jahren 1744 bis 1749 nach Plänen Neumanns erbaut wurde. Selbst dieser Mühlenbau, das einzige erhaltene Zeugnis von Neumanns Wirken in Münsterschwarzach, ist außen nie vollendet worden. Bis heute ist dieses Gebäude unverputzt, und nur wenige Keilsteine der aufwendigen Fenstergewände sind ornamental gestaltet, die meisten sind als roh behauene Bossen stehengeblieben. Ansonsten fällt die dem Kloster zugewandte Südfassade der Mühle durch reichere und aufwendigere bildhauerische Behandlung auf, so etwa das von einem namentlich nicht bekannten »Wiesentheider Bildhauer« geschaffene Portal mit schweren Rokokoformen, gerahmt von steil aufsteigenden Schweifvoluten. Neumanns Planung ist nur zum Teil ausgeführt worden. Wie in zwei Zeichnungen in der Würzburger Universitätsbibliothek nachweisbar, hatte er umfangreiche Ökonomiegebäude in Verlängerung dieser Mühle vorgesehen.

Münsterschwarzach, Benediktinerkloster. Die 1743 geweihte, nach Plänen Balthasar Neumanns errichtete Abteikirche wurde wenige Jahre nach der Säkularisation als wirtschaftlich nicht nutzbares Bauwerk abgebrochen. Die 1825 entstandene Lithographie von C. F. Müller zeigt die Klosterkirche »während der Demolierung«, so der Untertitel.

Wenn man von der Benediktinerabtei Münsterschwarzach spricht, so darf man deren Besitz in der Umgebung nicht unerwähnt lassen. Zwar lassen sich diese Liegenschaften nicht mit den »Curiae« von Ebrach und Langheim messen, aber ansehnlich war der Besitz der Abtei schon. Eine ganz erhebliche Rolle bei den Einkünften spielte der Weinbau. So gehörten die beiden Ortschaften Nordheim und Sommerach, die immer noch im Zusammenhang mit dem Wein einen besonderen Namen haben, zu großen Teilen dem Kloster. In Nordheim erinnert der Zehnthof, ein stattlicher, dreiflügeliger Renaissancebau aus der Zeit um 1600, an diese Vergangenheit. Neben den mit Voluten und Beschlagwerk reich instrumentierten Giebeln fällt vor allem der Polygonerker an der nordwestlichen Ecke mit seiner welschen Haube auf. Der Hof befindet sich ebenso in Privatbesitz wie das ehemalige Schultheißenhaus in Sommerach, ein Fachwerkbau von 1666 bzw. 1668.

Selbstverständlich profitierten die Untertanen gelegentlich von der Zugehörigkeit zu Münsterschwarzach. So findet sich in der Pfarrkirche St. Eucharius in Sommerach ein Hochaltarbild mit einer Anbetung der Heiligen Drei Könige von der Hand des Pragers Franz Müller. Das 1745 datierte Gemälde zierte ursprünglich einen Altar der Abteikirche und wurde, nachdem es 1753 durch die bekannte Epiphanie Tiepolos ersetzt wurde, an das Klosterdorf weitergegeben. Das Retabel des Sommerhäuser Hochaltars ist übrigens eine bisher wenig beachtete Schöpfung des Lucas von der Auwera von 1756.

Ähnlich wie Sommerach erging es den Klosterdörfern Reupelsdorf und Dimbach, die Altarbilder und Altäre aus der Abteikirche sozusagen »zum Auftragen« erhielten. Dimbach gehörte dem Kloster seit 1306, und der jeweilige Abt durfte sich als »Vogt und Herr zu Dorf und Felde« bezeichnen. Im 14. und 15. Jahrhundert existierte im Ort eine mit drei Mönchen besetzte Propstei; später übernahm das Kloster die Verwaltung direkt. Die in ihrer äußeren Erscheinung eher bescheidene Kirche stammt aus dem frühen 14. Jahrhundert. Das in der Kirche vorgezeigte Gnadenbild der »Dimbacher Madonna« ist durch eine Inschrift 1398 datiert, wenn auch eine Wallfahrt sich urkundlich erst im 17. Jahrhundert belegen läßt. Die Einrichtung der Kirche wird vor allem durch das Mobiliar des frühen 18. Jahrhunderts bestimmt.

Schon diese unvollständige Aufzählung von Besitztümern der Abtei zeigt, daß es in der Barockzeit meist nur zu Renovierungen und Erneuerungen im Innern gekommen ist. Alle Kraft wurde auf den Neubau von Kloster und Kirche selbst gelegt.

Nur wenige Jahre waren der Benediktinerabtei Münsterschwarzach nach Vollendung der Kirche noch vergönnt gewesen. Es waren schwierige Jahre, nicht nur wegen drückender Schulden, sondern auch weil der Siebenjährige Krieg und wenig später die Napoleonischen Kriege eine wirtschaftliche Gesundung des Klosters behinderten. Dennoch herrschten zur Zeit der Säkularisation sozusagen »geordnete Verhältnisse«. In den Vermögenslisten der Aufhebungskommissare von 1803 nahm Münsterschwarzach einen guten Mittelplatz unter den fränkischen Klöstern ein. Abt und Konvent ergaben sich ihrem Schicksal und versuchten wenigstens angemessene Pensionen vom bayerischen Staat zu erhalten. Diesem Zweck mag auch die den Säkularisationsakten noch heute beiliegende Auflistung der gewöhnlichen Speisenfolgen gedient haben, nach der es den Mönchen am Konventstisch nicht gerade schlecht ergangen zu sein scheint. So gab es mittags »täglich Suppe, Rindfleisch mit Zugehör, Gemues mit Auflag, Braten«, dazu regelmäßig »ein Maas Wein«. Zusätzlich »auf Festtägen oder wo etwas in der Mette gesungen wird, davon des Jahrs sehr viele sind, ein extra Speis zu den gewöhnlichen und eine Portion besseren Wein«.

Obwohl die bayerische Bürokratie dafür sorgte, daß der Abt, die 17 Patres, die zwei Laienbrüder und die vier Novizen nach der Aufhebung hinreichend versorgt wurden, für das Kloster und die Kirche selbst hatte sie keine Verwendung. Der Münchner Direktor der königlichen Galerie, Johann Christian von Mannlich, konnte sich 1803 noch die wichtigsten Gemälde aussuchen, bevor alles versteigert und auf Abbruch verschleudert wurde. Schon in der Jahrhundertmitte war auf dem Platz, an dem einst Neumanns Kirche gestanden hatte, wieder ein Obstgarten angelegt!

Münsterschwarzach, Benediktinerkloster. Zu den Hauptwerken der Ausstattung der barocken Abteikirche zählten die Fresken und Gemälde von Johann Evangelist Holzer. Darunter das Hochaltarbild, das die »Glorie der heiligen Felizitas« zum Thema hatte. Nur der Entwurf von 1739/40 in den Städtischen Kunstsammlungen Augsburg kann noch eine Vorstellung davon vermitteln.

Wenn auch dies das Ende benediktinischen Mönchtums in Münsterschwarzach zu sein schien, so bewährte sich einmal mehr der gewiß nicht zufällig gewählte Titel einer Klosterchronik, »Felizitas Rediviva«. Am 31. Juli 1913 gingen die Reste der ehemals der heiligen Felizitas geweihten Abtei wieder in die

Münsterschwarzach, Benediktinerkloster. 1913 kehrten die Benediktiner nach Münsterschwarzach zurück. In den Jahren 1935 bis 1939 entstand an der Stelle der untergegangenen Neumann-Basilika nach Plänen des Würzburger Architekten Albert Boßlet die heutige Abteikirche.

Hände des Benediktinerordens über. Trotz zweier Weltkriege, in denen das Kloster zwischen 1941 und 1945 von den Nationalsozialisten ein weiteres Mal aufgehoben wurde, entwickelte sich Münsterschwarzach zu neuer Blüte. In den Jahren 1935 bis 1939 entstand an der Stelle der Neumann-Basilika nach den Plänen des Würzburgers Albert Boßlet die neue Abteikirche; die vierte Kirche im Verlauf der fast 1200jährigen Geschichte dieses Klosters. Münsterschwarzach heute, das ist eine starke benediktinische Klostergemeinschaft mit einigen hundert Mönchen, die an vielen Orten in der Welt missionarisch wirken. Das ist aber auch eine angesehene Klosterschule, eine Druckerei von hohem Rang, das sind Ausbildungswerkstätten für handwerkliche und kunsthandwerkliche Berufe. Auch die Konzerte, die gelegentlich in der Abteikirche Münsterschwarzach stattfinden, tragen zur religiösen und kulturellen Ausstrahlung des Klosters bei.

Astheim

Während Münsterschwarzach in der Säkularisation bürokratischem Kleingeist und schnöder Profitgier zum Opfer fiel, fand die Kartause Pons Mariae in Astheim in den Fürsten von Schwarzenberg ab 1805 ihre Wohltäter, so daß wenigstens die wichtigsten Gebäude überdauert haben. Die ehemalige Klosterkirche ging erst 1951 an die Gemeinde Astheim über, der die umfangreichen Restaurierungsmaßnahmen zu verdanken sind.

Über 500 Jahre waren die Schwarzenberg mit dem Geschick der Astheimer Kartause verbunden gewesen. Gegründet wurde sie am 2. Juni 1409 durch Erkinger von Seinsheim und seine Gemahlin Anna von Bibra. Einer verlorenen Inschrift zufolge wurde bereits 1404 mit dem Umbau eines dem Stifterpaar gehörenden Hofgutes zum Kloster begonnen. Astheim selbst gehört zu den älteren, bereits 888 urkundlich bezeugten Orten an der Mainschleife. »Ostheim« wurde damals von König Arnulf dem Kloster Fulda geschenkt. Von dort gelangte es an das Hochstift Würzburg, das es 1230 den Grafen von Castell zu Lehen gab. Diese wiederum gaben es als Afterlehen um 1400 an die Herren von Seinsheim, die später durch Kaiser Sigismund den erblichen Titel eines Freiherrn von Schwarzenberg verliehen bekamen.

Das Aussehen der Kartause Marienbrück überliefert ein Ölgemälde von 1683 auf Schloß Schwarzenberg. Inmitten eines heute noch teilweise erhaltenen, von hohen Mauern umgebenen Klosterbezirks schloß sich im Westen an die Kirche das unter Prior Hager zu Beginn des 17. Jahrhunderts errichtete Kapitelhaus an sowie der älteste Teil der ganzen Anlage, noch aus der Stifterzeit, die Nikolauskapelle und die »Schwarzenberg'sche Stube«. Deutlich ist zu erkennen, daß es sich um Fachwerkbauten handelte, die erst 1714/15 durch massive Häuser aus Stein ersetzt wurden. Diesen Gebäuden folgte nach Norden der Kreuzgang mit den Zellen. Ursprünglich war der Kreuzgang ebenfalls nur ein Holzbau, wurde aber 1469 allmählich als Steinbau errichtet. Nach unruhigen und wirtschaftlich schwierigen Jahren, in denen die Kartause 1525 und 1631 bis 1634 während des Schwedeneinfalls im Dreißigjährigen Krieg mehrfach geplündert und verwüstet worden war, ließ Prior Georg Möring die Zellen zwischen 1671 und 1673 ebenfalls erneuern.

Haupteinnahmequelle der Kartause war der Weinbau an den Rebhängen der Mainschleife. Dabei mußten Bauern der umgebenden Dörfer Frondienste leisten, was zuweilen nicht ohne Reibereien abging. So rebellierten 1695 die Astheimer Winzer gegen die Frondienste, die sie zweimal wöchentlich in den Weinbergen der Kartause leisten mußten. Die Angelegenheit spitzte sich so zu, daß 70 Winzer von in Volkach stationiertem Würzburger Militär in Ketten abgeführt wurden. Die Beklagenswerten mußten zur Strafe in Würzburg ein Vierteljahr in Ketten schwere Schanzarbeiten leisten. Die Heimgekehrten rächten sich auf ihre Weise, indem sie im folgenden Jahr die Reben der Klosterweinberge derart verschnitten, daß im Herbst die Fässer der Mönche leer blieben.

Die Zellen der Mönche sowie einige der Wirtschaftsgebäude sind heute, im Gegensatz etwa zu Tückelhausen, alle verschwunden. Erhalten geblieben sind Kirche und Prokuratur mit der Johanniskapelle und ein diese Gebäude verbindender Gang. Wie seit alters betritt man die ehemalige Kartause durch den im Jahre 1600 von Prior Ludwig Hager erbauten Torbogen. Linkerhand stehen noch einige der ehemaligen Wirtschaftsgebäude. Deutlich erkennt man den Abgang in darunterliegende Weinkeller. Offensichtlich gehören die Gebäude mindestens drei verschiedenen Besitzern, denn man hat sich redlich bemüht, jedes Haus anders zu verputzen.

Auch sonst ist das Areal durch zahlreiche spätere Einbauten einigermaßen entstellt. Unmittelbar nach dem Tor folgt der zweigeschossige Renaissancebau der Prokuratur von 1583. Während dieses Bauwerk im Stil der Renaissance gehalten ist, gebrauchte man für die übrigen Bauteile weitgehend nachgotisches Formengut mit gelegentlichen Zierelementen der Renaissance. Gleichzeitig mit der Prokuratur entstand der zweigeschossige Verbindungsgang zur Kirche mit der östlich anschließenden Johanniskapelle. Im Verbindungsgang zur Kirche wird ein überlebensgroßes Kruzifix der Zeit um 1520 aufbewahrt. Die Johanniskapelle, ehemals Begräbnisstätte der Prioren, ist zweistöckig, in ihrem Untergeschoß eine Kapelle, darüber ein flachgedeckter Saal, der als Bibliothek und Archiv gedient haben dürfte. Man betritt diese Kapelle heute durch ein reichinstrumentiertes Renaissanceportal aus dem Jahre 1603. Dieses bildete ehemals das Hauptportal der Klosterkirche, wurde aber 1867 an die heutige Stelle versetzt, als man die Kirche nach einem Brand erneuerte und umbaute. In seiner architektonisch etwas manierierten, schweren Art läßt dieses Portal wie jenes in Dettelbach fast schon etwas vom aufkeimenden Stilgefühl des fränkischen Barock ahnen.

Von großem kunstgeschichtlichem Interesse ist die ehemalige Klosterkirche selbst. Eine erste Kirche muß schon 1437 bestanden haben, denn der Stifter, Erkinger von Seinsheim (respektive Schwarzenberg) wurde in diesem Jahr »im Chor der von ihm eben neu erstellten Convents Kirchen« beigesetzt. Unter Prior Ludwig Hager erhielt die Kirche in den Jahren 1603 bis 1606 ihre heutige Gestalt. Bei dieser Renovierung handelte es sich um einen gründlichen Umbau unter Verwendung alter Substanz des 15. Jahrhunderts: Die Fundamente wurden verstärkt und die Wände erhöht. Da die Seitenmauern das Gewölbe nicht getragen hätten, wurden sie innen und außen mit Halbsäulen bzw. Strebepfeilern verstärkt. Weil die vormalige Kirche offenbar zu dunkel war, wurde die Anzahl der Fenster erhöht. Außerdem baute man eine »feine Schnecke« (Wendeltreppe) zum Dachreiter. Der Ausbau erfolgte mit maßgeblicher Unterstützung des Grafen Wolfgang von Schwarzenberg, aber auch der damalige Schultheiß von Astheim, Johann Arnold, wird als Wohltäter genannt.

Die Saalkirche, in der dem modernen Betrachter vor allem ein sonst selten gewordener Lettner, der Mönchschor und Laienkirche trennt, auffällt, demonstriert stärker noch als Dettelbach im Detail die Formenwelt der Renaissance. Dies gilt gerade für den Lettner. Auf drei ungleich breiten Arkadenstellungen trennt dieser die Kirche etwa in der halben Länge des Schiffes. Die Lettnerbühne, auf welcher sich ehemals ein den heiligen Jungfrauen geweihter Altar befand, wird beidseits von Maßwerkbrüstungen begleitet. An der der Laienkirche zugewendeten Lettnerfassade stehen zwei Nebenaltäre aus der Zeit um 1680.

Für den Raumeindruck ist, abgesehen von der Ausstattung, die Gewölbebildung von Bedeutung. Während die Laienkirche ein schlichtes, strenges Netzgewölbe aufweist, steigert sich die Gliederung in der Mönchskirche bis hin zu einem aufwendigen Sterngewölbe im Chor. Die Felder des Chorgewölbes sind seit 1627 mit Darstellungen der neun Chöre der Engel und der Genealogie Christi ausgemalt. Die übertünchten Deckenbilder konnten 1957 wieder freigelegt werden.

Der Hochaltar wurde 1723/24 geschaffen und 1726 geweiht. Fürst Adam von Schwarzenberg bewilligte dazu insgesamt 399 Taler und ließ dafür sein Wappen und das seiner Gemahlin, einer geborenen Lobkowitz, über den seitlichen Durchgängen anbringen. Das Retabel füllt mit seiner übereck gestellten Mitteltravée und den beiden Flügeln den Chor in seiner ganzen Breite aus. Architekturgeschichtlich gehört dieser Altar zu dem in Franken weitverbreiteten Typ des »apsidialen Barockaltares« (E. Hubala). Das Altarbild selbst, eine koloristisch sehr vornehme Schöpfung, wird gelegentlich (wohl zu Unrecht) Oswald Onghers († 1706) zugeschrieben. Es stellt den heiligen Bruno in Anbetung der Muttergottes dar, begleitet von zahlreichen Engeln, im Auszug die Dreifaltigkeit.

Ein Hauptstück der Einrichtung von Astheim ist das Chorgestühl. In seinem Kern gehört es der Zeit von 1606 an, mit nachgotischen Formen. Im Zusammenhang mit der Aufstellung des Hochaltars wurde das Gestühl barockisiert. Auf die Scheidewände setzte man Baluster und Schnitzereien in spätbarocker Manier. Die Brüstungen erhielten Lisenen und geschnitzte Füllungen, und das Dorsale bekrönte man mit reich geschnitzten Aufsätzen mit ovalen Ölbildern, begleitet von Akanthuswerk und zahlreichen Putten. Möglicherweise hat dieses Chorgestühl eine Generation später die Kartäuser in Tückelhausen zu ihrem eigenen angeregt.

▷

Astheim, ehem. Kartäuserkloster. In der Ausstattung der Klosterkirche spannt sich der Bogen von der Nachgotik der Echter-Zeit mit dem Chorgestühl und dem Lettner bis zum Hochaltar, der 1716 geweiht wurde.

Heiligenthal

Die ohnedies reiche Klosterlandschaft im Maindreieck weist eine ganze Reihe von Klöstern auf, die nur über eine relativ kurze Zeit am Ende des Mittelalters existierten und es dabei doch zu kulturell beachtenswerten Leistungen brachten. Dazu zählt das Zisterzienserinnenenkloster Heiligenthal bei Schwanfeld im Landkreis Schweinfurt. Fährbrück, Astheim, Heidenfeld sind nur wenige Kilometer entfernt, von Münsterschwarzach gar nicht zu reden. Trotzdem liegen die baulichen Reste von Heiligenthal bis heute in zisterziensisch-typischer Abgeschiedenheit und sind nur über eine kleine Straße zu erreichen.
Gegründet wurde Heiligenthal in Bonebach, wo Jutta, die Schwester des Ritters Helebold von Fuchsstadt, mit Genehmigung des Würzburger Bischofs Hermann 1234 einen Frauenkonvent nach den Regeln von Cîteaux zusammenführte. Ritter Helebold hatte dazu seinen Besitz dem Stuhl des heiligen Kilian übereignet, und der Würzburger Bischof beanspruchte darüber hinaus alle geistlichen und weltlichen Rechte über das Kloster. Obwohl es offenbar nie zu einer direkten Inkorporation von Heiligenthal in den Zisterzienserorden kam, wurde es der direkten Aufsicht des Abtes von Bildhausen unterstellt. Eine weitere Absicherung des Klosters bedeutete eine Urkunde Papst Alexanders IV. von 1255, durch die Heiligenthal unter den Schutz des Heiligen Stuhls gestellt wurde. Zu einem Anziehungspunkt entwickelte sich die Grablege der als heiligmäßig verehrten Äbtissin Jutta vor dem Hochaltar.

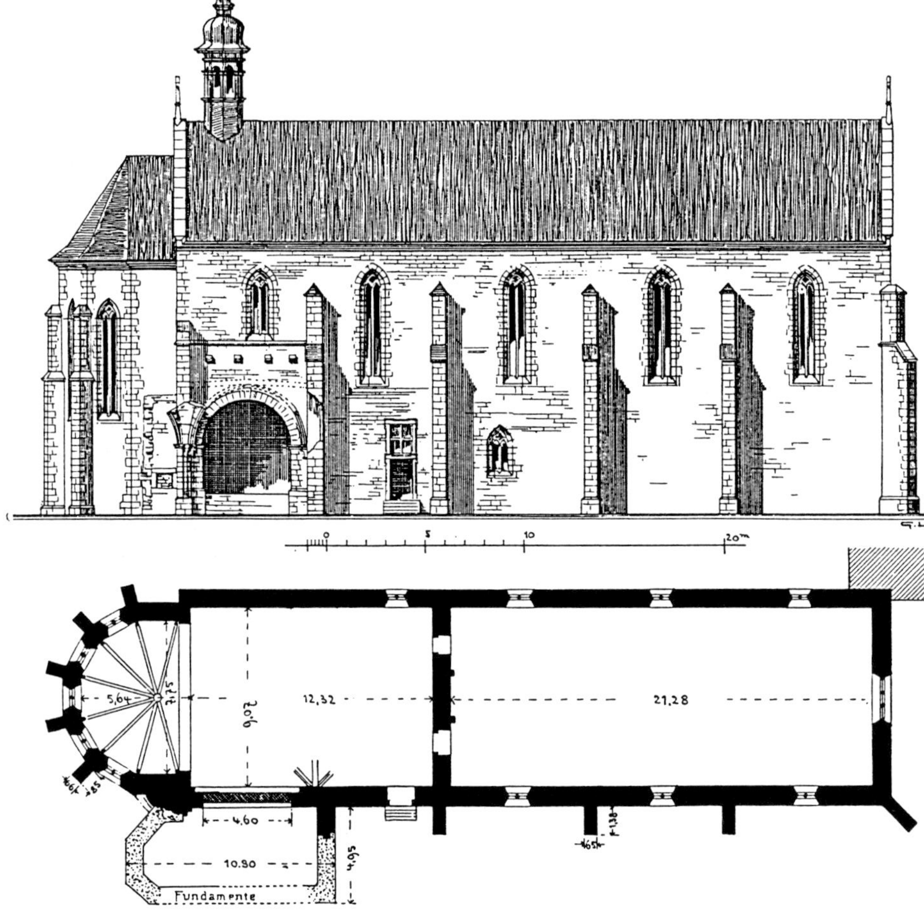

Heiligenthal, ehem. Zisterzienserinnenkloster. Seit der Aufhebung des Klosters durch Fürstbischof Julius Echter im Jahre 1577 gehören die Ländereien dem Würzburger Juliusspital. Bis auf den Chor der Kirche werden sie landwirtschaftlich genutzt. Eine Vorstellung von dieser Kirche vermitteln ein Aufriß und ein Grundriß in den »Kunstdenkmälern« von 1917.

Die weitere Geschichte läßt bereits im 15. Jahrhundert deutliche Verfallserscheinungen erkennen. Von 1429/30 sind Güterverkäufe überliefert. Der letzte Beleg für eine Äbtissin datiert vom Jahr 1527. Spätere Urkunden nennen nur noch einen Propst bzw. einen Prior. 1501 erfolgte ein letzter Reformversuch, als Bischof Lorenz von Bibra aus Mariaburghausen eine Äbtissin mit Konvent berief. Der Bauernkrieg 1525 brachte neue Drangsale. Noch vor dem Tod der letzten Äbtissin Barbara II. Lamprecht im Jahr 1564 wurde das Kloster einem Verwalter unterstellt, bis es Fürstbischof Julius Echter mit päpstlicher Genehmigung zur wirtschaftlichen Absicherung des von ihm gegründeten Juliusspitals in Würzburg auflöste.
Die ehemalige Klosterkirche wurde nach den Grabungen von P. Vychitil in drei Bauphasen errichtet: Ein Bau der Gründungszeit mit quadratischem Altarhaus nahm etwa die westliche Hälfte der heutigen Kirche ein. Vor 1285 wurde die Kirche nach Osten vergrößert und zunächst wieder ein quadratisches Altarhaus fundamentiert. Diese Absicht wurde jedoch bald aufgegeben und ein siebenteilig geschlossener und gewölbter Chor gebaut. Lediglich dieser Chor bzw. Altarraum weist eine reichere Bildung der Bauskulptur auf, deren Kapitelle denen der nur wenig älteren im Querhaus der Johanniskirche in Schweinfurt verwandt zu sein scheinen. Das Langhaus selbst ist nicht gewölbt, und in kennzeichnender Weise sind die drei Westjoche durch eine Quermauer in Emporenhöhe vom Chor abgetrennt, auf dem sich ursprünglich die Nonnenkirche befand. Von den übrigen Gebäuden aus der Zeit als Zisterzienserinnenkloster sind kaum noch Reste erhalten: Spuren eines an die Laienkirche angebauten kapellenartigen Raumes und der Ansatz des Kreuzgangs sind zu entdekken. Das war bereits 1660 nicht anders, als der Ebracher Prior Joseph Agricola Heiligenthal besuchte und den Kreuzgang als verfallen schilderte.
Heiligenthal war für die adeligen Familien der Umgebung ein beliebter Begräbnisort, wie die zahlreichen Grabsteine belegen. Die beiden wichtigsten Stücke mit Angehörigen des ritterlichen Geschlechts der Wolfskeel sind freilich nicht mehr am Ort, sondern gehören seit 1949 dem Mainfränkischen Museum in Würzburg. Das ältere der beiden mit dem Epitaph des 1379 verstorbenen Eberhard Wolfskeel weist Parallelen zum Grabmal des Konrad von Seinsheim († 1369) in St. Johannis, Schweinfurt, auf. Beide Hochreliefs zeigen die Ritter bis in Details nahezu identisch und dürfen mit Wilhelm Pinder dem gleichen würzburgischen Meister zugeschrieben werden. Ein bedeutendes Beispiel für fränkische Plastik um 1400 ist auch das Epitaph des Friedrich Wolfskeel († 1408). In diesem Grabbild ist die strenge Frontalität der älteren Stücke aufgegeben zugunsten einer »lebendigen«, durch Körperdrehung und Kopfwendung bereicherten Figurenauffassung. Modische Details, wie etwa die Stoffülle der weiten, bis zu den Knien in weiten Falten herabhängenden Ärmel über der Rüstung unterstreichen die »Weltläufigkeit« des Ritters. Die qualitätvolle Arbeit wird einem Bildhauer aus der Umgebung des sogenannten Schwarzburgmeisters in Würzburg zugeschrieben.

Heiligenthal, ehem. Zisterzienserinnenkloster. Das Kloster war für den in der Region ansässigen Adel ein beliebter Begräbnisort. Dies belegt unter anderem dieses Epitaph des 1408 verstorbenen Ritters Friedrich von Wolfskeel, das seit 1949 dem Mainfränkischen Museum Würzburg gehört.

Heidenfeld am Main

Das ehemalige Augustinerchorherrenstift St. Mauritius liegt wenige Kilometer südlich von Schweinfurt. Seine Gründung ist nicht völlig aufgeklärt, da entsprechende Urkunden im Bauernkrieg und im Dreißigjährigen Krieg untergingen. Fest steht, daß Graf Hermann von Habsberg und seine Gemahlin Alberada aus dem Geschlecht der Markgrafen von Schweinfurt 1069 eine Propstei auf ihrem Gut Heidenfeld, wo bereits »Kanoniker Gott dienten«, Bischof Adalbero von Würzburg übergaben. Die Klöster in Banz und Heidenfeld gehen auf das gleiche Stifterpaar zurück.

Der Legende nach soll Heidenfeld die Stelle markieren, an welcher die Leiche des ertrunkenen Söhnchens der Gründer angeschwemmt wurde. In größerem geschichtlichem Zusammenhang bildet diese Stiftung einen weiteren Schritt in Richtung politischer Bedeutungslosigkeit des einstmals mächtigen Geschlechts der Markgrafen von Schweinfurt in diesem Raum.

Bischof Adalbero von Würzburg (1045–1085/1090) übergab das Stift 1071 dem Augustinerchorherrenorden, der damit offensichtlich seine zweite Niederlassung in Bayern gründete. Erster Propst war ein gewisser Otto aus einem unbekannten bayerischen Stift, vermutlich St. Florian oder St. Nikola in Passau. Die weitere mittelalterliche Geschichte bleibt ungenau: 1469 jedenfalls war Heidenfeld so weit verfallen, daß es vom Würzburger Fürstbischof an die Windesheimer Kongregation angeschlossen wurde. Bauernkrieg und Dreißigjähriger Krieg setzten dem Stift schwer zu; beide Male brannte es ab. Unter der Leitung des heiligmäßigen Propstes Andreas Deichmann (1644–1673) nahm das Stift einen neuen Aufschwung. Damals konnten zu den ursprünglich zum Kloster gehörenden Pfarreien Heidenfeld und Wipfeld zahlreiche weitere, meist in der näheren Umgebung, erworben werden. Auf der Basis der damit verknüpften Einkünfte setzte eine Zeit wirtschaftlicher Blüte, verbunden mit dem Neubau des Klosters und einer Neuausstattung der Kirche ein. 1803 wurde der meist mit etwa 20 Stiftsherren besetzte Konvent auf-

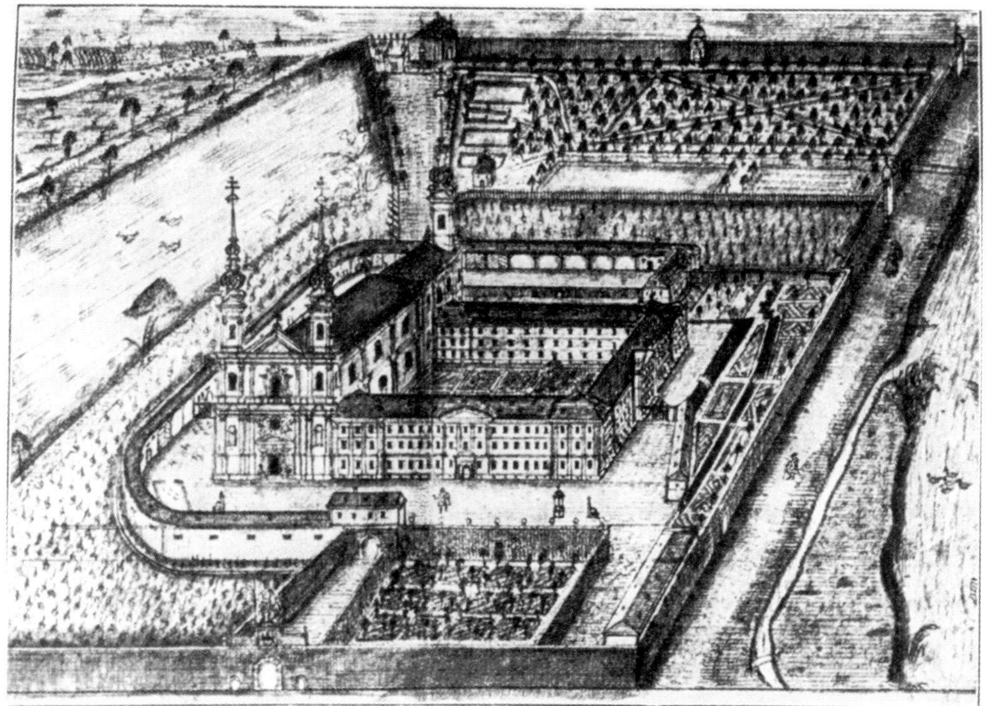

Heidenfeld, ehem. Augustinerchorherrenstift. Nach Plänen Balthasar Neumanns wurden die Konventsgebäude zwischen 1723 und 1733 erbaut. Damals sollte auch eine neue Stiftskirche errichtet werden, die über die Planungsphase jedoch nie hinauskam. Zeichnung des 18. Jahrhunderts von unbekannter Hand mit Darstellung von Konvent und geplanter Kirche.

Heidenfeld, ehem. Augustinerchorherrenstift. Blick auf das Kloster von der Mainseite. Seit 1901 dienen die Gebäude als Alten- und Erholungsheim der Kongregation der »Barmherzigen Schwestern« in Würzburg.

gehoben und die Gebäude an den Grafen Thürheim verkauft. Es folgten der Abbruch der Kirche und die Verschleuderung des Inventars, darunter wertvoller Bibliotheksschränke des Wiesentheider Hofschreiners Neßtfell. 1901 übernahmen die »Töchter des Allerheiligsten Erlösers« die völlig heruntergekommene Anlage und richteten dort ein Altersheim für die Angehörigen der Kongregation ein.

Obwohl Heidenfeld nie zu den großen, mit dem Hochstift um Rechte und Repräsentation ringenden Klöstern gezählt werden konnte, haben auch die Augustinerchorherren am Main im 17. und 18. Jahrhundert nach baulicher Renovierung ihres Konventes gestrebt. Überraschend erscheint dabei der frühe Beginn: Propst Andreas Roth fing 1628 mit der Erneuerung des Kirchenschiffes an und erhöhte die beiden Chortürme. Das siegreiche Vordringen der Schweden beendete 1630 dieses Unternehmen vorerst. Weitere Neubaupläne der Kirche unter Balthasar Neumann knapp hundert Jahre später kamen ebenfalls nicht zur Ausführung.

Die Stiftskirche dürfte daher im Kern noch mittelalterlich gewesen sein. Detailinformationen über die nach 1803 abgebrochene Kirche fehlen bislang völlig. Anders verhält es sich mit der Ausstattung, für die Künstler mit großen Namen verantwortlich zeichneten. Noch in den letzten Jahrzehnten gab das Stift seiner Kirche ein neues Festgewand im Stil des Klassizismus. 1783 beriefen die Augustinerchorherren den Mainzer Hofmaler Joseph Appiani, der in der Kirche drei Plafonds mit Szenen aus dem Leben des heiligen Mauritius malte. Die Stuckdekorationen schuf um die gleiche Zeit Materno Bossi, und der Würzburger Hofmaler Christoph Fesel lieferte zwei Seitenaltarbilder. Mit dem Abbruch der Kirche wurde die wandfeste Dekoration zerstört. Zahlreiche Altäre haben sich jedoch in Kirchen der Umgebung erhalten, so Fesels Seitenaltäre in Wipfeld; das Retabel des Hochaltars ziert heute die evangelische Pfarrkirche St. Johannis in Schweinfurt.

Den nachhaltigsten Eindruck von Heidenfeld vermitteln jedoch noch immer die zwischen 1723 und 1733 nach Plänen Balthasar Neumanns erbauten Stiftsgebäude. Offenbar unter dem Einfluß seiner Pariser Studienreise von 1723 errichtete Neumann im Anschluß an die Kirche ein aus drei Flügeln bestehendes, um einen geschlossenen Hof angeordnetes Bauwerk und verzichtete dabei auf nahezu jedes schmückende Beiwerk: reine Architektur, gegliedert nur durch die wohlproportionierte Aufteilung der Baumassen und der Ordnungen durch Pilaster sowie strenger Rhythmisierung durch die Fenster. Auch im Inneren verzichtete der Baumeister auf alle vordergründige architektonische Effekthascherei, was sich besonders deutlich am Treppenhaus des Propsteiflügels im Osten erweist. Bei aller Großzügigkeit der über drei Geschosse reichenden einarmigen Podesttreppe fehlt ihr doch jener repräsentative Anspruch, den Ebrach und Oberzell trotz beengter Raumverhältnisse erzwangen.

Bei der Ausstattung freilich wollten die Augustinerchorherren auch in Heidenfeld nicht zurückstehen. Es gab offenbar zwei Perioden: Für die erste, mit der Bauzeit unmittelbar sich deckende, zeichnete u. a. der italienische Stukkateur Johannes Bajerna verantwortlich, der zuvor in Münsterschwarzach gearbeitet hatte. Von seiner Hand ist der reiche, ja fast zu schwere Bandelwerkstuck an der Decke des Hauptsaales in der Propstei. Ebenfalls aus dieser Bauperiode stammen die 1733 datierten Stukkaturen im Refektorium des Nordflügels. Darüber befand sich ursprünglich die über zwei Geschosse reichende Bibliothek mit Schränken des Wiesentheider Hofschreiners Neßtfell, die nach Amerika verkauft wurden. Einer späteren Ausstattungsphase gehören einige Räume südlich des Treppenhauses in schweren Spätrokokodekorationen an.

Die Säkularisation von Heidenfeld bietet ein gutes Beispiel dafür, welche fatalen Folgen die Mediatisierung für das Stift und sein Umland hatte. Abgesehen von der plötzlich fehlenden seelsorglichen Betreuung, waren die meisten Bewohner von Heidenfeld zunächst einmal arbeitslos geworden. Das ganze Leben im Ort war auf das Wirtschaftszentrum Chorherrenstift zugeschnitten gewesen und es sollte Jahrzehnte dauern, bis sich entsprechende neue Strukturen gebildet hatten.

Das Karmelitenkloster in Schweinfurt

Schweinfurt, die kleine, inmitten des Hochstiftes Würzburg am Main gelegene Reichsstadt, hat im Verlauf ihrer Geschichte keine bedeutenderen Klöster in ihren Mauern hervorgebracht. Zwar erkannte eine ganze Reihe von Konventen der näheren und ferneren Umgebung die wirtschaftliche Bedeutung des Ortes und erbaute Klosterhöfe in der Stadt als Repräsentanzen – zu erwähnen sind die Klöster Aura an der Saale, Bildhausen, das Dominikanerkloster in Würzburg und Ebrach, aber abgesehen vom Deutschen Orden, dessen Besitzungen die Stadt 1437 erwarb, konnte sich nur ein kleines Karmelitenkloster für knapp 200 Jahre in der Stadt halten. Nicht vergessen werden darf in diesem Zusammenhang, daß wenigstens eine Wurzel Schweinfurts auf Stift Haug in Würzburg zurückreicht, das das Patronatsrecht über die Johanniskirche hatte.

Das Karmelitenkloster in Schweinfurt, das nie mehr als zwei oder drei Konventualen zählte, befand sich am südwestlichen Rand der Stadt, dort, wo sich heute die Grünanlage des aufgelassenen »Alten Friedhofes« befindet. Es stand an der Stelle eines von König Heinrich (VII.) 1233 gegründeten Siechenhauses mit einer dem heiligen Nikolaus geweihten Kapelle. Obwohl die Gründungsurkunde ausdrücklich festlegte, daß das Siechenhaus selbständig und ohne Rechte der Stadtpfarrei bestehen solle sowie in weltlicher Hinsicht direkt dem König verpflichtet sei, scheint doch das Prämonstratenserkloster Veßra in Thüringen schon früh Einfluß auf das Schweinfurter Siechenhaus bekommen zu haben. Nähere Einzelheiten darüber sind jedoch zunächst nicht faßbar. Nicht auszuschließen ist ferner, daß Veßra die Gründung einer eigenen Niederlassung im 14. Jahrhundert in der Reichsstadt plante, diese Absicht aber aufgab. Um 1364 nämlich trug sich die Witwe des Schweinfurter Bürgers Peter Esel mit der Absicht, bei der »Kapelle zum heiligen Nikolaus mit dem alten Spital in der Vorstadt« ein Kloster zu stiften. 1367 übergab die Witwe Esel mit Zustimmung der Prämonstratenser in Veßra diese Gebäude dem Karmelitenorden. Diese Stiftung scheint jedoch nur mäßig dotiert gewesen zu sein, denn der weitere Ausbau erfolgte sehr langsam. Erst im Jahre 1405 konnte der Chor einer neuen Kirche geweiht werden. Weitere hundert Jahre später wurde endlich das Kirchenschiff gewölbt (1502). Dies geschah damals nur, weil der Rat der Reichsstadt die Kosten für Bedachung und Wölbung getragen hatte. Diese Investitionen waren freilich nicht ohne Eigennutz, denn das Kloster mußte dafür der Stadt den Dachboden als Getreidelager überlassen.

Schon allein solche wirtschaftlichen Probleme ließen das Karmelitenkloster nie zu besonderer Bedeutung gelangen. Dies spiegelt wohl ganz allgemein das Bestreben des stets auf seine Reichsunmittelbarkeit bedachten Rates wider, andere Mächte neben sich in der Stadt nicht zu Einfluß kommen zu lassen.

In den letzten Jahren seines Bestehens spielte das Kloster eine bemerkenswerte Rolle im Zusammenhang mit der Annahme der Reformation in Schweinfurt. Bald nachdem der sächsische Hofprediger Spalatin 1532 in Schweinfurt zum ersten Mal evangelisch gepredigt hatte, waren in der Karmelitenkirche vor der Predigt deutsche Psalmen zu hören gewesen. Nach der Predigt wurde sogar Luthers Choral »Ein' feste Burg ist unser Gott« gesungen. Der Provinzial, Dr. Veit Stoß, hielt deshalb 1534 eine Visitation ab und sah sich aus »viel Ursachen« veranlaßt, dem Rat der Reichsstadt die silbernen Kleinodien zu treuen Händen und mit dem Recht auf jederzeitige Rückgabe zu übergeben.

Nach Annahme der Reformation 1542 übergab der einzige noch im Kloster lebende Konventuale Johann Nestmann der Stadt die Verwaltung des Klosters. 1554 wurden die Gebäude ein Opfer des Markgräfler

Schweinfurt, ehem. Karmelitenkloster. Von dem 1542 aufgegebenen Karmelitenkloster finden sich in der ehemals protestantischen Reichsstadt kaum noch Überreste. In der St. Johanniskirche erinnert ein schlichter Grabstein an den Prior Georg Ofner († 1532).

Krieges, und 1560 erwarb Schweinfurt Grund und Boden endgültig vom Orden. Auf dem Gelände wurden ein Seelhaus und der nachmalige »Alte Friedhof« angelegt.

Vom Karmelitenkloster haben sich nur wenige materielle Überreste erhalten. Dazu zählt ein schlichter, mit einem Kelch gezierter Grabstein des Priors Georg Ofner (1513–1532) in der Johanniskirche. Von der Kapelle des dem heiligen Nikolaus geweihten Siechenhauses ist ein Tympanon auf uns gekommen. Es war bis nach dem Zweiten Weltkrieg in der Mauer des erwähnten Friedhofes eingelassen und wurde dann dem Museum übergeben. Die gegen Ende des 13. Jahrhunderts zu datierende, ursprünglich nicht unbedeutende Arbeit zeigt in der Mitte Christus, angebetet von Maria und dem heiligen Nikolaus. Leider hat das Tympanon unter Umwelteinfluß massiv gelitten und ist kaum noch ein Schatten seiner selbst.

Rhön und Grabfeld

Die Landschaft der Rhön, die oft mit Beinamen wie »karg« oder »rauh« belegt worden ist, der man nachsagte, daß dort Schnee und Nebel für neun Monate Winter und drei Monate Kälte im Jahr sorgten, war ein armes Land und wurde bis weit in das 19. Jahrhundert von Reisenden gemieden. Die Werra grenzt die Rhön gegen den Thüringer Wald nach Nordosten ab. Die Täler von Streu und Fränkischer Saale stellen natürliche Grenzen nach Süden und Südosten dar. Die Sinn trennt die Rhön vom Spessart. Fliede und Obere Fulda scheiden die Rhön vom Vogelsberg. Die Landschaft ist von den Vulkanen des Erdaltertums geschaffen worden, die mit ihren kuppenreichen Basaltkegeln, mit ihren Felsmeeren und Hochmooren der Rhön ein ganz besonderes Gepräge geben. Bis zu tausend Meter hoch erheben sich einzelne Berge. Auf den verkarsteten Höhen ist kaum ertragreiche Landwirtschaft möglich gewesen, nur in den Flußtälern – reich an Wasser ist die Rhön – hat schon in früherer Zeit ein bescheidener Wohlstand geherrscht.

Ganz anders dagegen erscheint die Landschaft des Grabfeldes, das sich zwischen Fränkischer Saale und Nassach, zwischen der Rhön und den Haßbergen erstreckt. Eine nur sanfthügelige Muschelkalkfläche bot und bietet fruchtbare Böden und reichen Ertrag. Nach Norden freilich war die Region Grenzland und lag zudem im Schnittpunkt der Straßen Bamberg–Fulda und Schweinfurt–Thüringen, weshalb die Fürstbischöfe von Würzburg Königshofen als Herz des Grabfeldgaues zu einer Festung ausbauen ließen. Königshofen geht, wie der Name vermuten läßt, auf ursprüngliches Königsgut zurück, das möglicherweise schon den merowingischen Herrschern gehört haben wird. 770 schenkte König Karlmann den Ort mit weiteren Pfarreien dem Bistum Würzburg. Vom 11. bis zum 14. Jahrhundert herrschten hier die Grafen von Henneberg, bis Würzburg 1354 die enorme Kaufsumme von 90 000 Gulden aufbrachte.

Während im Grabfeld die Struktur der Herrschaft relativ eindeutig gestaltet und die Zahl der beteiligten Mächte überschaubar war, gilt dies für die Rhön nicht. Sie war im Lauf ihrer Geschichte nie eine staatliche Einheit. Im Mittelalter war hier vor allem die Fürstabtei Fulda begütert. Im Jahre 1000 erhielt Würzburg den riesigen Salzforst und damit den Löwenanteil; außerdem war das gräfliche Geschlecht der Henneberger in der Rhön ansässig. Am Ende des Alten Reiches war neben der Reichsritterschaft, die sich in einen eigenen Kanton »Rhön-Werra« zusammengeschlossen hatte, noch der Deutsche Orden bei Münnerstadt begütert, und um das Städtchen Ostheim erstreckte sich eine Exklave, die zu Sachsen-Weimar-Eisenach gehörte. Die Henneberger waren seit 1583 ausgestorben, und ihr Erbe fiel an die Wettiner. Vorher hatten die Würzburger Fürstbischöfe jedoch bereits große Teile der Region durch Kauf für sich erwerben und den Besitz abrunden können, weshalb sie in der Neuzeit die dominierende Macht in der Rhön waren.

Im Einflußbereich des Klosters Fulda lag bis zur Mediatisierung Hammelburg. Der Ort im Südwesten der Rhön wurde 716 als »Hamulo castellum« erstmals urkundlich erwähnt und zählt damit nach Würzburg zu den frühesten bezeugten Siedlungen Frankens. Herzog Hedan schenkte damals sein ererbtes Familiengut dem Friesenmissionar Willibrord zur Gründung eines Klosters, das jedoch vermutlich nie entstanden ist. Ebenfalls zu Fulda gehörte das um 823 erbaute Kloster Brachau im Stadtteil Kleinbrach von Bad Kissingen, das 1989 teilweise ergraben werden konnte. Eine dauerhafte Erschließung von Rhön und Grabfeld durch Klöster setzte jedoch erst im Hochmittelalter ein.

Das älteste derartige Kloster gründete Bischof Otto von Bamberg in Aura an der Saale zu Beginn des 12. Jahrhunderts für den Benediktinerorden. Das einsam gelegene Kloster konnte sich jedoch nur wenige Jahrhunderte halten und wurde im Bauernkrieg so schwer getroffen, daß es einging. Die relativ unberührte Gegend bot andererseits ideale Bedingungen für Niederlassungen der Zisterzienser. Die wichtigste unter ihnen dürfte Bildhausen nahe Münnerstadt gewesen sein, die 1154 durch den Pfalzgrafen Hermann von Stahleck gestiftet wurde. 1144 wurde auch das Zisterzienserinnenkloster Wechterswinkel von Bischof Embricho von Würzburg ins Leben gerufen, das vor allem ein Versorgungsinstitut adeliger Damen der Region war. Immerhin hat diese Aufgabe zu einer rei-

chen Ausstattung von Wechterswinkel geführt. Die geistliche Aufsicht oblag dem Abt von Bildhausen, der dieses Amt außerdem in Frauenroth ausübte, das der den Hennebergern entstammende Minnesänger Otto von Bodenlauben gemeinsam mit seiner Gemahlin Beatrix 1231 gestiftet hatte. Beide Frauenklöster überstanden das 16. Jahrhundert nicht.
Dauerhafter waren die Ordensniederlassungen in den Städten. Die sich emanzipierende Bürgerschaft kehrte sich von den alten Orden ab und berief in Münnerstadt 1279 Augustinereremiten aus Würzburg zur Seelsorge. Immerhin mußte man sich noch bis zum Anfang des 15. Jahrhunderts mit dem bereits ansässigen Deutschen Orden streiten, bevor sich die Augustiner durchgesetzt hatten. Einfacher hatten es in diesem Punkt die Karmeliten, die 1352 von den Bürgern der Stadt nach Neustadt berufen wurden und sich rasch größter Beliebtheit erfreuten.
Eine dritte Welle von Klostergründungen gab es im Zusammenhang mit der Gegenreformation. Nun endlich wurde der »Heilige Berg Frankens«, der Kreuzberg, Sitz eines Franziskanerklosters. Erste Bemühungen zur Förderung einer seit dem 15. Jahrhundert belegten Wallfahrt gehen auf Fürstbischof Julius Echter zurück. Nach einer bewegten Gründungsphase leben seit 1685 ständig Mönche in dem sturmumtosten Kloster, das die Säkularisation unbeschadet überstanden hat. Der Volkersberg nahe Bad Brückenau, früher auch »Kleiner Kreuzberg« genannt, ist ebenfalls seit der Mitte des 17. Jahrhunderts von Franziskanern besiedelt gewesen, die dort eine von Fulda geförderte Wallfahrt betreuten. Ebenso wie die beiden genannten Klöster geht das Franziskanerkloster in Altstadt bei Hammelburg auf wesentlich ältere Traditionen zurück. Die Gründung dieses Klosters, das zur Fürstabtei Fulda gehörte, vollzog sich in ähnlich schwierigen Bahnen wie bei den anderen zuletzt genannten. Möglicherweise wollten sich in Altstadt zeitweilig sogar Jesuiten niederlassen, die den für sie untypischen Ort jedoch nicht nutzten.

Münnerstadt

Münnerstadt, dem 1335 Ludwig der Baier das Stadtrecht verlieh, erstreckt sich in der Talniederung der zur Fränkischen Saale fließenden Lauer am Rande des Grabfeldgaues. Die Lage an der die beiden Reichsstädte Nürnberg und Erfurt verbindenden Handelsstraße begünstigte die Entwicklung des Ortes, der sich unter der Herrschaft des mächtigen Grafengeschlechtes der Henneberger zwischen 1251 und 1336 mit einem heute noch fast vollständig erhaltenen Mauerring umgab. Wahrscheinlich auf Betreiben der Bürgerschaft kamen die »Schwarzen Mönche« vom Orden der Eremiten des heiligen Augustinus von Würzburg her nach Münnerstadt, »zur Ehre Gottes und zum nicht geringen Nutzen der Seelen«, wie es in der Gründungsurkunde vom 1. August 1279 heißt. Trotzdem stritt man sich bis 1401 in Münnerstadt mit den dort schon ansässigen Deutschherren um die Ausübung der Seelsorge. Erst dann gelang es, einen dauerhaften Vergleich zu schließen, der es den Augustinern gestattete, ohne Beschränkung die Beichte zu hören und Pfarrangehörige in der Klosterkirche zu bestatten; von allen Meßopfergaben bei Totengottesdiensten aber erhielt der Pfarrer ein Viertel der Einkünfte.
Den Bettelmönchen wurde im Nordwesten des Beringes von Münnerstadt ein Baugelände mit dem Flurnamen »Vogelweide« übergeben. Der Bau von Kloster und Kirche zog sich bis Ende des 13. Jahrhunderts hin, und noch 1316 hören wir von Altarweihen in der Kirche. Im Bauernkrieg wurde das Kloster schwer verwüstet, und 1525 verlangten die Einwohner der Stadt die Abschaffung der »pfafferey« und »muncherey«. Unter dem Druck der Ereignisse flüchteten die Konventualen nach Würzburg. Erst 1650 kamen die Mönche wieder in den Genuß ihrer Einkünfte und erhielten dazu 1685 das im Jahre 1660 unter Fürstbischof Johann Philipp von Schönborn (1642–1672) gegründete Gymnasium sowie die seelsorgliche Betreuung einiger Pfarreien übertragen. Die zerstörten Klostergebäude wurden zwischen 1663 und 1667 renoviert, und die 1670 notdürftig instandgesetzte Kirche ersetzte man zwischen 1752 und 1754

durch den heute noch bestehenden Bau. Das Kloster gehört zu den wenigen in Franken, die die Säkularisation des Jahres 1803 unbeschadet überdauerten, abgesehen von einer kurzen Aufhebung in den unruhigen Jahren 1804/1806. Münnerstadt wurde schließlich der Same für die 1895 neu errichtete Provinz der deutschen Augustiner.

Innerhalb der einem Bettelorden angemessenen Schlichtheit der Erscheinung des Klosters überrascht die reiche innere Ausstattung der Klosterkirche. Johann Michael Schmitt, einer der vielen unter den Augen Balthasar Neumanns in Franken wirkenden ländlichen Baumeister entwarf eine betont unauffällige äußere Hülle mit risalitartigen Querhausstummeln und gerade geschlossenem Chor. Im Inneren ist der Bau in einen vierachsigen flachgedeckten Saalbau mit zweiachsigen, wenig vortretenden Kreuzflügeln und einen tonnengewölbten Chor mit Emporen gegliedert. Nur der Chor weist einen höheren Anspruch in der Art der Wandpfeilerkirchen auf.

So bescheiden sich die Architektur der Kirche gibt, genauso aufwendig ist ihre Ausstattung. Deren besondere Ausstrahlung liegt vor allem im geschlossenen Zusammenwirken der verschiedensten Ausstattungskünste. Die Stukkaturen an den Wänden formten Leonhard und Michael Ebner, die sich dabei zwar von den Schöpfungen des genialen Stukkateurs der Würzburger Residenz, Antonio Bossi, beeinflußt zeigen, aber eben nicht dessen kristallinisch-scharfe Formen erreichten. Mit Hilfe der Stuckdekorationen und der Deckenbilder des Johann Anwander aus Lauingen wurde versucht, der einfachen Landhausdecke Anmutungen eines Tonnengewölbes mit Stichkappen aufzuprägen. Die beiden Hauptfresken stellen im Langhaus die Verherrlichung des heiligen Augustinus und im Chor die Huldigung der Engel nach dem Sturz

Münnerstadt, Augustinerkloster. Innerhalb der schlichten Architektur des Baumeisters Johann Michael Schmitt überrascht die reiche Rokoko-Ausstattung der 1752–1754 erbauten Klosterkirche, deren Stukkaturen von Leonhard und Michael Ebner geschaffen wurden.

des Satans, sie sind 1754 datiert. Zahlreiche weitere größere und kleinere Fresken, zum Teil in Grisaillemalerei, ergänzen die Deckenbilder. Ein weiteres, den Raum entscheidend prägendes Element sind die fünf Altäre und die Kanzel.
Die Bildhauerarbeiten an den Retabeln und an der Kanzel schnitzte Johann Josef Keßler aus dem nahen Königshofen. Das Retabel des Hochaltars folgt dem für Franken typischen Schema des apsidialen Barockaltars; nur hat der Münnerstädter Hochaltar sowohl jede Bindung an die umgebende Architektur als auch jede eigene innere, tektonisch schlüssige Struktur aufgegeben. Übriggeblieben ist eine aufwendige und rauschend inszenierte Altarkulisse mit reichem Personal. Die Gemälde des Hochaltars und der beiden Nebenaltäre seitlich des Choreinganges sind ebenfalls Schöpfungen Anwanders. Die Bilder des Hochaltars sind dabei dem heiligen Augustinus und dem Kirchenpatron Sankt Michael gewidmet. In den beiden Querhausstummeln stehen zwei weitere Altäre, in denen sich ältere, dem Würzburger Hofmaler Oswald Onghers zugeschriebene Gemälde von 1672 bzw. 1682 befinden. Besonders das Gemälde, das den heiligen Nikolaus als Patron der Armen Seelen vorstellt, erinnert in einigen Partien an das Altarbild der Wernecker Schloßkapelle.

▷ *Münnerstadt, Augustinerkloster. Die Bildhauerarbeiten an der prachtvollen Kanzel wie auch an den Altären stammen von Johann Josef Keßler aus Königshofen.*

Die Kirche des Münnerstädter Augustinerklosters stellt ein charakteristisches Beispiel für die Blüte der Dekorationskünste im zweiten Drittel des 18. Jahrhunderts im von Bischöfen aus dem gräflichen Haus Schönborn regierten Hochstift Würzburg dar. Gewiß war Friedrich Karl bereits 1746 verstorben, aber sein Lebenswerk, die Würzburger Residenz, harrte noch ihrer prunkvollen Ausstattung, die schließlich unter Greifenstein und Seinsheim besorgt wurde. Keiner der in Münnerstadt beteiligten Künstler stand in engerem Kontakt zum Würzburger Hof. Und doch hat dieser Residenzbau auch auf die Baukultur im kleinstädtischen, ja bäuerlichen Milieu einen ganz entscheidenden und deutlich zu beobachtenden Einfluß ausgeübt.

Bildhausen

Nur wenige Kilometer von Münnerstadt entfernt stößt man in einem einsamen, von dem kleinen Flüßchen Dippach durchschnittenen Waldtal auf die beachtlichen Überreste des ehemaligen Zisterzienserklosters Bildhausen. Auf kurvenreicher Strecke führt der Weg in das heute Maria Bildhausen genannte Kloster der St.-Josefs-Kongregation, die sich seit 1897 in den Räumen der 1803 aufgehobenen Zisterze der Pflege und Versorgung von körperlich und geistig Behinderten widmet.
Das ehemals der heiligen Bilhildis geweihte Kloster ist eine Gründung des Pfalzgrafen Hermann von Stahleck aus dem Jahre 1154 und wurde wie so viele Zisterzen in Franken von Ebrach aus besiedelt. Durch große Schenkungen und geschickte Erwerbungen gelangte Bildhausen bald zu umfangreichem Grundbesitz, der neben kaiserlichen Privilegien den Aufschwung des Klosters begünstigte. Mangelnde klösterliche Zucht erforderte jedoch im 13. und 15. Jahrhundert Reformen. Bauernkrieg und Reformation erschütterten das Kloster auf das schwerste.
Während der Regierungszeit des Abtes Valentin I. (1520–1528) rückten die Bauern der Umgebung 1525 vor das Kloster, vertrieben die verhaßten Mönche und besetzten das Kloster. Hier brachen sie das Archiv auf und verbrannten alle erreichbaren Urkunden, die ihre Abhängigkeit vom Kloster bezeugten. Der Abt selbst war in einen Klosterhof nach Königshofen geflüchtet, und die vertriebenen Mönche irrten in weltlicher Kleidung schutzlos umher.
Mit Unterstützung einer päpstlichen Bulle setzte Fürstbischof Konrad von Thüngen 1527 den Abt von Bildhausen ab und ordnete die Wahl eines Nachfolgers an. Damit hatte sich der Einfluß der Würzburger

Bildhausen, ehem. Zisterzienserkloster. Erst im 18. Jahrhundert konnte unter Abt Bonifaz Geßner (1754–1771) die Ausstattung der Abtei vollendet werden, in der den Besucher ein prunkvolles Treppenhaus mit einem kunstvollen schmiedeeisernen Gittertor empfängt.

Landesherren zwar endgültig durchgesetzt, aber die Zeitumstände – Markgräflicher und Dreißigjähriger Krieg – behinderten das Aufblühen des Klosters auch weiterhin. Erst in der zweiten Hälfte des 18. Jahrhunderts hatte sich Bildhausen wieder soweit erholt, daß es an eine umfangreiche Erneuerung der Klostergebäude denken konnte. Unter Abt Nivardus Schlimbach (1786–1812) wurde Bildhausen durch die neuen bayerischen Herren aufgehoben.

Bildhausen teilte nach 1803 das Schicksal fast aller bedeutenden fränkischen Klöster und gelangte in private Hände. Wie bei Münsterschwarzach, Heidenfeld oder Theres wurden bald nach der Säkularisation die Klosterkirche und der Kreuzgang abgebrochen, da diese am wenigsten für die künftige Nutzung als landwirtschaftliches Gut geeignet waren und den neuen Besitzern wegen des aufwendigen Bauunterhaltes zur Last zu werden drohten.

Die Abteikirche war, dem Plan des Pantaleon Gärtner von 1788 nach zu schließen, eine dreischiffige Pfeilerbasilika mit einem Querhaus und fünf staffelförmigen Chören nach Osten. Acht Joche gliederten das Langhaus. Diese bedeutende Kirche dürfte in der zweiten Hälfte des 12. Jahrhunderts bald nach der Klostergründung erbaut worden sein. Vom Raumeindruck der Kirche wissen wir nur, daß sie sehr dunkel gewesen sein muß, weil ein Chronist gelegentlich darüber klagte. 16 Altäre zierten die Kirche, wovon alleine sieben mit dem Wappen des Abtes Engelbert Klöpfel gezierte Rokokoaltäre nach der Säkularisation in Dorfkirchen der Umgebung gelangten und auf diese Weise erhalten blieben. Den stattlichen Hochaltar, den der Würzburger Bildhauer Philipp Preuss in den Jahren 1679/80 geschaffen hat, verschlug es in die ehemalige Zisterzienserinnenabteikirche nach Wechterswinkel. Zahlreiche Spolien des abgebrochenen Münsters von Bildhausen sind in der 1825 errichteten St. Nikolaus-Kirche im nahegelegenen Herschfeld eingemauert, wie Fenstergewände und ein Säulenportal mit dem Wappen von Abt Engelbert Klöpfel († 1754). Entlang den Straßen dieses Ortes wurden einige Denkmäler für die Äbte der Zisterze aus der Klosterkirche als Fluraltäre wieder aufgestellt.

Trotz des barbarischen Zerstörungswerkes an der Abteikirche hat sich in Bildhausen eine stattliche Anzahl von Bauwerken erhalten. Noch immer führt der Weg in das Kloster durch ein spätromanisches Portal mit der Figur einer Madonna mit Kind aus dem Jahre 1385 über dem Scheitel der rundbogigen Toröffnung.

In der weitläufigen Klosteranlage fällt nächst dem Torbau die jüngst renovierte Abtei mit dem mächtigen Archivturm und dem westlich anschließenden Kanzleitrakt ins Auge. Die Erbauung erfolgte 1625 durch Abt Georg Kihn. Die prachtvolle Innenausstattung wurde unter Abt Bonifaz Geßner (1754–1771) besorgt.

Von architekturgeschichtlichem Interesse für die aufkeimende Barockarchitektur dürfte vor allem die Westfassade des Kanzleitraktes mit ihrer manieristischen, die Renaissance ablösenden Giebeldekorationen und dem eigenwilligen, jegliche architektonische

▷

Bildhausen, ehem. Zisterzienserkloster. Nach 1803 wurden die Klosterkirche und andere Gebäude abgebrochen. Dennoch gibt es einige bemerkenswerte Bauwerke aus klösterlicher Zeit zu bewundern, wie die 1625 errichtete Abtei mit dem mächtigen Archivturm und die Kanzlei mit ihrer aufwendig gegliederten Giebelfassade.

Bildhausen, ehem. Zisterzienserkloster. Zu den baulichen Kostbarkeiten der ehem. Zisterze aus dem Rokoko zählt das von dem Baumeister Benedikt Lux aufgeführte Sommerrefektorium. Es ist letztendlich auch ein Beleg dafür, wie weit sich die Zisterzienser am Vorabend der Säkularisation von den Idealen eines Bernhard von Clairvaux entfernt hatten.

Struktur meidenden Portal sein. Das Gebäude gehört zu den wenigen Beispielen fränkischer Architektur auf dem Weg zum Barock, die während des Dreißigjährigen Krieges erbaut wurden. Wahrscheinlich waren der Krieg und seine wirtschaftlichen Folgen der Grund dafür, daß die Ausstattung dieses Gebäudes erst in der zweiten Hälfte des 18. Jahrhunderts erfolgte. Dann aber entfaltete sich in Bildhausen aller Pomp, der dieser Abtei zur Verfügung stand. Die gesamte Ausstattung der Abtswohnung ist von einem regelrechten horror vacui durchzogen, so sehr war man offenbar bemüht, die Räume zu dekorieren. Besonderes Augenmerk legte man in diesem Zusammenhang auf das reichgestaltete Treppenhaus, einen quadratischen Raum mit einläufiger Podesttreppe. Ein vielteilig skulptiertes Geländer mit Muschelwerk begleitet die Stufen auf beiden Seiten und findet seine Entsprechung in der Stuckdecke mit Muschelwerkkartuschen, Blattzweigen und Rosengirlanden.

Wenig weiß man über die in Bildhausen tätigen Künstler und Baumeister. Dies betrifft auch die Konventsgebäude. Es handelt sich dabei um zwei im Winkel zusammenstoßende Flügel aus dem 17. und 18. Jahrhundert, die mit dem sogenannten Bibliothekspavillon abgeschlossen werden. Dort, im ehemaligen Bibliothekssaal, jetzt ein Oratorium, ziert ein Fresko des Johann Michael Wolcker von 1749 die Decke. Es stellt die Aufnahme der Immakulata in den Himmel dar und ist in der Anlage mit seinem reichen Begleitpersonal offensichtlich durch das von Johann Evange-

▷

Münnerstadt, Augustinerkloster. Die Deckenfresken sind Schöpfungen des Johann Anwander von 1754. Das Hauptfresko im Langhaus stellt die »Verherrlichung des hl. Augustinus« dar.

Sa
Pien
tiam
eius
Joh: Anwander pinxit

list Holzer nur wenige Jahre früher geschaffene Münsterschwarzacher Kuppelfresko inspiriert.
Von der Baulust der Äbte im 18. Jahrhundert zeugt auch der Pavillon inmitten des einstigen Obstgartens. Ein quadratischer Mittelsaal mit energisch abgeschrägten Ecken wird von zwei kurzen, abseitenartigen Räumen begleitet. Der Pavillon, der 1765/66 unter dem »Sonnenabt« Bonifaz Geßner durch den in dieser Gegend vielbeschäftigten Benedikt Lux erbaut wurde, war kein »Lustgebäude« sondern diente als Sommerrefektorium. Das hohe, dreifach gestufte Kuppeldach des Mittelsaals wurde erst bei der letzten Renovierung wiederhergestellt. Insgesamt erinnert der schöne Rokokobau an ähnliche Pavillons des Bambergers Johann Michael Küchel, etwa jenem geistreichen Gebilde im Park des Schlosses Thurn.

Die Ausstrahlung des Zisterzienserklosters Bildhausen reichte weit über die engeren Klostermauern hinaus. Nicht nur, daß die Abtei als Weiser zahlreicher Frauenkonvente diente (über Wechterswinkel wird im folgenden zu sprechen sein) oder über einen weitgespannten Seelsorgebezirk verfügte, Bildhausen nahm sich auch nach dem Dreißigjährigen Krieg der Wallfahrt zur Kirche Mariä Himmelfahrt und St. Laurentius im nahegelegenen Fridritt an und führte diese zu neuer Blüte. 1737 stiftete Abt Klöpfel einen Hochaltar für die neuerbaute Wallfahrtskirche, aber bereits 1739 stellte die Abtei aus unerklärlichen Gründen die Wallfahrtseelsorge ein, was den erneuten, allmählichen Niedergang der Wallfahrt nach Fridritt zur Folge hatte.

Bad Neustadt an der Saale

Aus der Waldeinsamkeit von Maria Bildhausen führt der Weg wieder zurück an die Fränkische Saale nach Bad Neustadt. Dort hatte 1348 die Pest besonders schlimm gewütet. Wie in Münnerstadt suchten die Bürger ihr Heil im Glauben und beriefen aus Würzburg Beschuhte Karmeliten zur Gründung eines Klosters in der Stadt. Als in Erz gegossene Gründungs-Urkunde erinnert noch heute eine Glockeninschrift daran: »Die erber burger ... zv newstadt hoven gestift der reinen Magd diss gotteshavs das ist geschehen anno domini 1352 invocavit«. Noch im selben Jahr wurde der Bestätigungsbrief des Bischofs von Würzburg ausgestellt. Die Bischöfe von Würzburg waren seit der Jahrtausendwende im Besitz der Krongüter von Neustadt und bauten den Ort systematisch zu einem wirtschaftlichen und geistlichen Zentrum, sowie als Verwaltungsmittelpunkt aus.

◁

Volkersberg, ehem. Franziskanerkloster. Auch dieses Kloster liegt auf einem weithin die Rhönlandschaft dominierenden Berg. August Christian Geist hat dies 1854 in einem Aquarell festgehalten, das dem Mainfränkischen Museum in Würzburg gehört.

Da Neustadt im 14. Jahrhundert innerhalb seiner Mauern bereits relativ dicht besiedelt war, mußten sich die Bettelmönche mit Kirchen- und Klosterbau in das Rathausviertel zwischen 13 Bürgerhäuser zwängen. Der Kirchbau wird denn auch in den Quellen als »arm Gotteshäuslein« und das Kloster als »armselig« bezeichnet. Gleichwohl waren die Mönche durch Seelsorge und Skapulierbruderschaft in der Stadt bald zu Ansehen gekommen und verfügten außerdem über einen weiten Bettelbezirk.
Während der Gegenreformation ab 1563 unterstützten die Mönche die Bemühungen der Würzburger Fürstbischöfe um Rückgewinnung von Protestanten und verpflichteten sich die katholischen Landesherren auf diese Weise. 1652 nahm das Kloster selbst die Reform der Unbeschuhten Karmeliten an. 1803 wurde das Kloster in der Säkularisation aufgelöst. Die Gebäude des Konventes dienen gegenwärtig verschiedenen Verwaltungszwecken. Ebenfalls im Besitz der öffentlichen Hand ist bis heute das Gotteshaus geblieben. Fast scheint es, als erinnere nur noch die großflächige Werbung des »Karmeliter-Bräu«, die ihr Domizil in den weitverzweigten, tiefen Klosterkellern hat, an rund 450 Jahre Geschichte der Karmeliten in Bad Neustadt.

Bad Neustadt a. d. Saale, ehem. Karmelitenkloster. Als Bettelmönche waren die Karmeliten darauf angewiesen, daß sich reiche Bürger der Auszierung ihrer Kirche annahmen. Der Hochaltar ist eine Stiftung des Ratsherrn Jonas Höpfner von 1660.

Die Kirche des ehemaligen Karmelitenklosters stammt aus der Mitte des 14. Jahrhunderts und zeigt in ihrer Anlage deutlich, wie schwierig es war, das Kloster in die dichte Bebauung Neustadts einzufügen; anders ist die auffällige Irregularität des Grundrisses nicht zu erklären. Der Bau ist ein flachgedeckter, rechteckiger Saal, der sich an der Nordsseite teilweise zu einem Seitenschiff mit 3 + 2 Jochen öffnet. An der Südwestecke ist die Annakapelle angebaut, und an der Ostecke erhebt sich ein schlanker Turm. Vor allem das gewölbte Seitenschiff mit seinen gotischen Rippenprofilen und die Lorettokapelle im Osten lassen die Herkunft aus dem 14. Jahrhundert erkennen. Ansonsten ist die Anlage im 17. und 18. Jahrhundert mehrfach überformt worden, wobei sich die Fürstbischöfe aus Würzburg hervorgetan haben. In der Regierungszeit von Julius Echter wurden u.a. die Pfeiler des Seitenschiffes geändert und der kennzeichnende Turm mit seiner Spitzkegelhaube angebaut. Nach dem Dreißigjährigen Krieg war es Fürstbischof Peter Philipp von Dernbach, der 1680 die Kassettendecke stiftete und mit seinem Wappen zierte. Wenige Jahre später, zwischen 1693 und 1703, entstand der sehr einfache Konventbau als dreigeschossige Vierflügelanlage an der Südseite der Kirche.

Obwohl die Karmeliten Bettelmönche waren, brachten sie es in Neustadt zu einem gewissen Reichtum, der sich nachhaltig in der aufwendigen barocken Ausstattung der Kirche manifestiert. Meist sind es Stiftungen reicher Bürger, wie der prachtvolle Hochaltar, den der Ratsherr Jonas Höpfner um 1660 geschenkt hat. Dem Stil nach zu urteilen, erfolgte die Ausführung freilich erst um 1700; dafür spricht der architektonische Aufbau mit übereck gestellten Säulen als Prostasen, wie er zeitgleich etwa in Stift Haug oder im Würzburger Dom entstanden ist. Um das Thema des Altarbildes »Verleihung des Skapuliers an Simon von Stock« gruppieren sich zahlreiche Skulpturen zu einem karmelitischen Heiligenaltar. Bekrönt wird der Aufbau im Auszugsbild von der Darstellung »Elias im Gebet um Regen auf dem Berg Karmel mit der Erscheinung der Gottesmutter«.

Weder von diesem Hochaltar noch von den anderen Kunstwerken in der Kirche sind die ausführenden Künstler bekannt, da sich bei solchen Stiftungen von privater Hand nur zufällig Abrechnungen erhalten haben und Signaturen selten sind. Dies gilt für die beiden Seitenaltäre im Chor genauso wie für den 1750 erneuerten Kreuzaltar mit dem ausdrucksvollen Kruzifix von 1460 oder auch für die Kanzel. Sie zählt zu den Hauptwerken der Bildschnitzerkunst in Unterfranken um 1750 und steht jener in Münnerstadt von Johann Joseph Keßler aus Bad Königshofen sehr nahe. Die ungeheuer flüssig gearbeiteten Rokokoformen lassen diese Kanzel zu einem einzigen großen Ornament verschmelzen. Trotz solcher qualitätvoller Ausstattungselemente wirkt die Karmelitenkirche von Bad Neustadt keineswegs aufdringlich oder überladen. Das kostbare, sorgfältig gearbeitete Einzelstück wird durch eine tonige Farbfassung zu einem ernsten, einer Bettelordenskirche angemessenen Gesamteindruck zusammengebunden.

Wechterswinkel

Wenige Kilometer nördlich von Bad Neustadt liegt das ehemalige Zisterzienserinnenkloster Wechterswinkel. Einer urkundlichen Erwähnung nach muß es vor dem 14. März des Jahres 1144 gegründet worden sein; jedenfalls aber zur Zeit des Würzburger Bischofs Embricho (1128–1146). Dieser war nicht nur ein anhänglicher Parteigänger Konrads III., sondern hat sich ebenso eifrig seinen kirchlichen Aufgaben gewidmet. Wie sein Freund, Otto von Bamberg, hat er zahlreiche Klöster gegründet oder entscheidend gefördert, so z.B. Münchsteinach, Oberzell, Ebrach, Zella, das Schottenkloster in Würzburg und eben Wechterswinkel. Alle diese Klöster bewegten sich auf der Linie der klösterlichen Reformen der Cluniazenser, Prämonstratenser und Zisterzienser.

Wechterswinkel muß sehr rasch aufgeblüht sein, denn bereits 1147 konnte von hier aus das neugegründete Zisterzienserinnenkloster Ichtershausen in Thüringen mit der Äbtissin Hochburga und der stattlichen Anzahl von 18 Nonnen besiedelt werden;

Wechterswinkel, ehem. Zisterzienserinnenkloster. Obwohl Konvent und Kirche nach der Säkularisation baulich mehrfach verunstaltet wurden, läßt sich noch deutlich die romanische Anlage des späten 12. Jahrhunderts an dem Bauwerk ablesen.

ebenso wurden zehn Jahre später Nonnen nach St. Theodor in Bamberg entsandt. Von Ordens wegen gehörte Wechterswinkel unter die Aufsicht des Abtes von Bildhausen, und Mönche dieser Zisterze übten die Klosterämter des camerarius, des cellerarius oder des infirmarius aus. Es fällt allerdings auf, daß eine formelle Inkorporation des Klosters in den Zisterzienserorden offenbar nie stattgefunden hat. Die Nonnen lebten nach den Regeln des heiligen Benedikt, zeitweise nach denen von Cîteaux. Das Ordinariat jedoch hatte der Würzburger Fürstbischof fest in Händen, der sich durch einen Propst vertreten ließ. Sehr bald schon hat der Adel das Kloster an sich gezogen und zum reinen Versorgungsinstitut gemacht. Dies trug zum raschen Anwachsen des klösterlichen Vermögens bei, denn die adeligen Novizinnen brachten als Mitgift nicht wenige Güter und Einkünfte ein. Zugleich lag darin bereits der Keim für den bemerkenswerten Verfall der Ordensdisziplin, der zu Beginn des 13. Jahrhunderts zu beobachten ist. Dafür lassen sich zwei Hauptgründe anführen: Trotz des Reichtums von Wechterswinkel konnten die weit über hundert Klosterfrauen nicht hinreichend versorgt werden. Die Nonnen suchten, um nicht Not leiden zu müssen, Unterstützung bei Verwandten: »Die Clausur wurde nicht beobachtet, der einheitliche Geist zerstört und alle Ordnung zerrüttet« (Himmelstein). Erst das entschiedene Eintreten des Bischofs Hermann im Jahr 1231, der die Neuaufnahme von Novizen verbot, bis die Zahl der Nonnen unter hundert abgesunken sei, brachte für einige Jahre Ruhe. Bedeutsamer war jedoch das fortwährende Eingreifen

des Adels, der die Mitgift der Nonnen entgegen der Ordensregel als persönliches Eigentum ansah. Streit und Fraktionsbildung war die Folge. Diese steigerte sich bis hin zu Tätlichkeiten, und so wurde »aus dem Asyl süßen Friedens ein Tummelplatz der Leidenschaften« (Himmelstein). Mehrere Reformversuche der Würzburger Fürstbischöfe in den folgenden Jahrhunderten brachten jeweils nur für wenige Jahre Ruhe. Kein Wunder, daß Reformation, Bauernkrieg, Grumbachische Händel und die Greuel des Markgrafenkrieges das Ende des Klosters förderten. Nur wenige der geflohenen Ordensfrauen kehrten nach den Kriegshandlungen zurück, Novizinnen traten nicht mehr ein. Im Jahr 1565 befanden sich ganze drei Chorfrauen bei der letzten Äbtissin Margaretha von Hessberg, die jedoch bereits im folgenden Jahr starb. Nun wird offenbar, warum sich die Würzburger Fürstbischöfe seit Jahrhunderten intensiv um die Erhaltung des maroden Klosters bemühten, denn sie befürchteten Ansprüche von seiten der in diesem Gebiet begüterten Grafen von Henneberg und vor allem Sachsens auf die Besitzungen von Wechterswinkel. Trotzdem, auch Versuche in den Jahren 1567 und 1577, das Kloster mit Nonnen aus Himmelspforten bzw. Oberschönfeld in Schwaben zu besiedeln, mußten bald wieder aufgegeben werden. Endlich hob Fürstbischof Julius Echter das Kloster mit Einwilligung des Papstes im Jahr 1589 auf. Die Einkünfte wurden teilweise der neugegründeten Universität und teilweise armen Pfarreien zugewiesen. Die Verwaltung des ehemaligen Klosters oblag auch künftig bis zur Säkularisation einem Propst, der aus dem Würzburger Domkapitel kam. Auf diese Weise konnte Würzburgs Anspruch auf die Besitzungen von Wechterswinkel in diesem Grenzgebiet wenigstens formal gesichert werden. Solche Ansprüche dokumentieren sich noch 1793, also in den letzten Jahren des Hochstiftes, im aufwendigen Neubau einer Propstei in Wechterswinkel.
Obwohl das Zisterzienserinnenkloster schon 1589 profaniert wurde, ist der Kern des kleinen Ortes, der sich als politische Gemeinde erst gegen Ende des 18. Jahrhunderts gebildet hat, noch immer von den allerdings zumeist stark veränderten und verbauten ehemaligen Klosteranlagen bestimmt. Deutlich erkennt man südlich der Kirche das strenge Geviert des Konventbaues, der 1472 unter dem Klosterpropst Gangolf Dienstmann erbaut wurde. Sein Name findet sich auf dem Inschriftstein mit dem Wappen des Fürstbischofs Rudolf von Scherenberg im Ostflügel. Schon kurz nach der Aufhebung wurden die Konventsgebäude entsprechend der angestrebten profanen Nutzung umgebaut. Aus dieser Zeit um 1600 stammt ein dreischiffiger Speicherraum im Untergeschoß des Ostflügels, dessen Balkendecke auf drei von kräftigen Pfeilern getragenen Unterzügen ruht.
Auch die Klosterkirche wurde völlig umgebaut, als sie 1811 um 50 Fuß in der Länge verkürzt wurde. Dabei trug man den Ostteil ab und errichtete aus alten Steinen und Zierteilen den heutigen Abschluß. Die Rekonstruktion des ursprünglichen Zustandes ist schwierig, da neuere Untersuchungen bzw. Grabungen fehlen. Es dürfte sich allem Anschein nach um eine dreischiffige, flachgedeckte Basilika mit sechs Jochen gehandelt haben. Davon sind vier Joche im heutigen Langhaus enthalten, die übrigen zwei entsprechen der Länge des Chores. Daran schloß sich ein in drei Apsiden gegliederter Chor an. Die mittlere Apsis war niedriger als die heutige, die auf den nach der Säkularisation aus Kloster Bildhausen bezogenen Hochaltar Rücksicht nehmen mußte. Der Nonnenchor befand sich im westlichen Teil des Mittelschiffes in halber Höhe des Baues und muß sehr weit in die Kirche hineingereicht haben. Darauf lassen Balkenlöcher schließen, die ehemals den Boden des Nonnenchores getragen haben. Der Zugang erfolgte durch das Treppentürmchen auf der Südwestseite des Langhauses. Die architektonische Behandlung der Langhausarkaden auf einfachen romanischen Pfeilern mit glatten Rundbogen sowie die ehemals sehr langgestreckten Proportionen lassen sich mit einer für das Jahr 1179 überlieferten Weihe der Klosterkirche durch den Würzburger Bischof Reginhard in Einklang bringen. Die gesamte Anlage erinnert zudem stark an die des Tochterklosters Ichtershausen in Thüringen. Die Westfassade, soweit man überhaupt von einer Fassade sprechen kann, wurde ebenfalls verändert, denn durch Mörtelreste auf dem Quaderwerk läßt sich eine Vorhalle erschließen. Das Portal selbst, ein schlichtes Rundbogentor mit einem gut gearbeiteten romanischen Kruzifix über dem Scheitel, wird durch zwei dünne Halbsäulen mit Würfelkapitellen gerahmt. Oberhalb der Kapitelle finden sich auf dem Gesims klassizistische Obelisken mit Girlanden.
Trotz des fragmentierten, zum Teil sogar ruinösen Zustandes der ehemaligen Klosterkirche bildet sie ein eindrucksvolles Beispiel für die Spiritualität romanischen, zisterziensischen Kirchenbaues in Franken, die durch die schlichten, blockhaften Architekturformen im Verein mit der Lichtführung über die kleinen, hochliegenden Fenster des Obergadens erfahren werden kann.

Der Kreuzberg

Wer aus der Abgeschiedenheit von Wechterswinkel kommt und annähernd 25 Kilometer bis zum Kloster Kreuzberg zurückgelegt hat, wird sich vor allem an Wochenenden über das dortige Gewimmel von Touristen und Pilgern wundern. Der besondere Reiz der landschaftlichen Lage des mit 928 Metern höchsten Berges der Fränkischen Rhön und klösterliches Leben im Dienste einer Wallfahrt sind hier in eine offenbar gedeihliche Nachbarschaft geraten.

Touristisches Ausflugsziel war der Kreuzberg freilich spätestens seit der Zeit der Romantik: »Man hat bey ordentlichen und unausgesetztem Schritte immerhin anderthalbe Stunden vonnöthen, um von dem Fuße bis auf den Gipfel des Berges zu kommen. Indessen vergißt man alle Beschwernisse des Wegs sobald man diesen Gipfel erreicht hat. Denn eine unbeschreiblich schöne Aussicht überrascht das Aug, und wie bezaubert steht man hier auf dem grünen Waasen angeheftet. Weit bis über Mergentheim hin, eine Strecke von 30 Stunden, sieht man in unendlich mannigfaltigen Schattierungen die Städte und Dörfer des unteren Franken wie auf einer Charte zu seinen Füßen liegen, sieht die Gebirgskette des Steigerwaldes und der sich anschließenden hohen Berge, kleinen Anhöhen ähnlich, in blaues Dunkel gehüllt, verfolgt die Flüsse nach ihrem Spiegelglanze in vielen Krümmungen bis zu ihrem Ursprunge, und ergötzt sich an den stäten Abwechslungen von Waldungen und Seen, und Wiesen und Arthfeld.« Mit solchen jubelnden Worten der Begeisterung feierte Franz Anton Jäger in seinen »Briefen über die hohe Rhöne Frankens« im Jahre 1803 die Aussicht vom Kreuzberg.

Auch wenn seit der Romantik immer wieder neue Formulierungen gefunden wurden, um die Schönheit der sich vor den Augen ausbreitenden Landschaft der Rhön zu beschreiben, so darf man darüber nicht die wesentlich ältere Bedeutung des Kreuzberges als Kultstätte, Wallfahrtsort und Sitz eines Franziskanerklosters seit 1685 vergessen. Der Legende nach soll im Jahre 686 der iroschottische Wandermissionar und Frankenapostel St. Kilian auf dem Kreuzberg einen heidnischen Altar zerstört und das erste Kreuz aufgerichtet haben. Spätestens seit dem 15. Jahrhundert sind Wallfahrten an den Kreuzfesten auf den Berg belegt. Diese frühe Wallfahrtstradition wurde jedoch durch Bauernkrieg und Reformation unterbrochen.

Wieder ist es der Würzburger Fürstbischof Julius Echter, der die Bedeutung dieser Wallfahrt für sein gegenreformatorisches Wirken erkannte und deren Belebung systematisch betrieb. Er ließ auf dem Berg erneut Kreuze aufstellen und Schutzhütten für die Wallfahrer errichten. Die Seelsorge erfolgte zunächst durch den Pfarrer in Bischofsheim und später durch das 1616 gegründete Franziskanerkloster Dettelbach, das auf dem Kreuzberg vor allem im Sommer tätig wurde. Im Jahre 1598 ließ Echter eine Kapelle bauen, die vermutlich einen zu klein gewordenen Vorgängerbau ersetzen sollte. 1644 endlich berief Fürstbischof Johann Philipp von Schönborn den Franziskanerminoriten P. Johannes Faber als ersten ständigen Seelsorger für den Kreuzberg. Zwei Jahre später wurde Faber erster Präses einer von dem Franziskanerkloster Dettelbach aus betriebener Niederlassung, die zunächst in Bischofsheim selbst ein kleines Kloster bezog. Im Sommer wohnten die Franziskaner in Hütten auf dem Berg, und im Winter halfen sie in der Seelsorge in Bischofsheim aus. Obwohl die Wallfahrt durch die Berufung der Franziskaner deutlich erkennbaren Aufschwung nahm – beispielsweise wird 1647 zum ersten Mal die noch heute bestehende Würzburger Prozession auf den Berg erwähnt –, folgte eine merkwürdige Periode kirchenpolitischen Taktierens: 1665 nämlich wurden die beiden Klöster Dettelbach und Bischofsheim von der Straßburger Provinz an die Thüringer Provinz des Franziskanerordens überwiesen und 1674 die Niederlassung in Bischofsheim formell zu einem selbständigen Konvent erhoben. 1676 bereits wurde diese Maßnahme rückgängig gemacht und Bischofsheim außerdem in den minderen Rang einer Residenz zurückgestuft.

Nach dieser Phase der Irrung setzt die neuere, bis heute reichende Geschichte des Klosters auf dem Kreuzberg ein. 1677 schenkte der Würzburger Fürstbischof Peter Philipp von Dernbach das Kloster in Bischofsheim und dazu Grund und Boden auf dem Kreuzberg zur Errichtung eines weiteren Klosters für zwölf Konventualen. Den Grundstein für das neue Kloster legte 1681 Abt Robert Metzel vom Zisterzienserkloster Bildhausen bei Münnerstadt. Nach Vollendung des Konventsgebäude bezogen 1685 sechs Patres und sechs Brüder das Kloster, das 1692 eingeweiht wurde. Ein wichtiges Ereignis für den

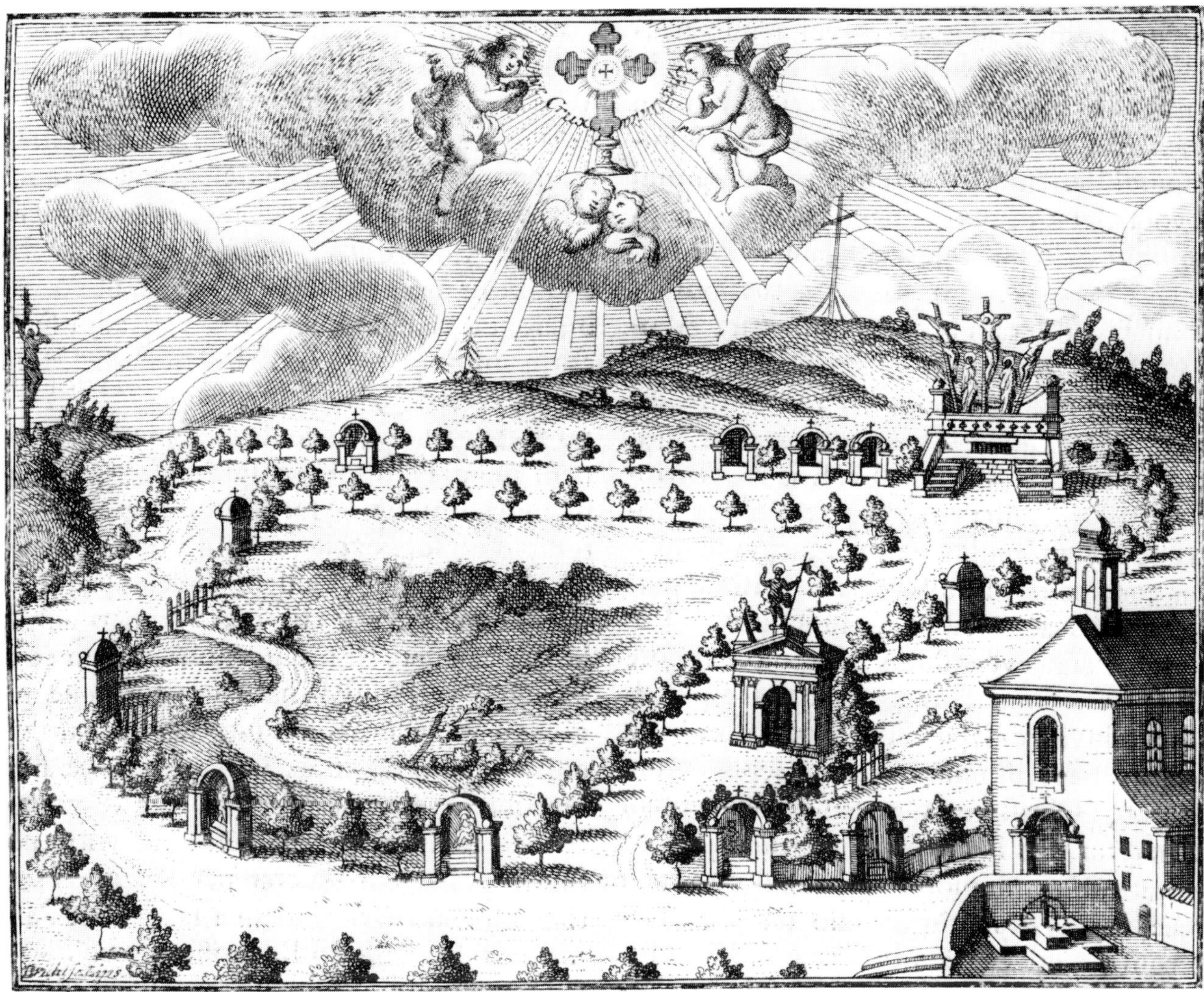

Kreuzberg, Franziskanerkloster. Die Wallfahrten auf den »Heiligen Berg Frankens« zählen seit alter Zeit zu den Höhepunkten im Kirchenjahr der Diözese Würzburg. Kupferstich von Johann Benjamin Brühl von 1743 mit den Kreuzwegstationen auf dem Kreuzberg.

wirtschaftlichen Bestand des neuen Klosters war 1731 die Erlaubnis zur Einrichtung einer Brauerei. Das Kloster erfreute sich steter Prosperität und zählte im Jahre 1790 stattliche 24 Konventualen. Trotz der Säkularisation, in der den Franziskanern auf dem Kreuzberg die Aufnahme von Novizen verboten worden war, lebten 1816 noch 16 Mönche im Kloster. Den endgültigen Fortbestand sicherte König Ludwig I. von Bayern anläßlich eines Besuches und verfügte 1826 per Dekret das Weiterbestehen.

Kunstgeschichtlich gesehen ist die Anlage des Klosters sehr einfach und trägt vor allem in der Außenarchitektur sowohl der rauhen Natur der Rhön als auch der franziskanischen Armutsregel Rechnung. Einzig die Kirche hebt sich durch ihre Ausstattung des späten 17. und 18. Jahrhunderts von zumeist unbekannt gebliebenen regionalen Meistern hervor. Das Äußere der schlichten, vierachsigen Saalkirche mit dreiachsigem, eingezogenem und gerade geschlossenem Chor besteht wie die übrigen Gebäude aus verputztem Basalt. Das Innere der unter Fürstbischof Johann Gottfried von Guttenberg (1684–1698) gebauten Kirche ist von einer dem Baugeschmack der Petrini-Zeit im Hochstift Würzburg entsprechenden Massigkeit der

Kreuzberg, Franziskanerkloster. Als eines der wenigen Beispiele in Franken kann das Franziskanerkloster auf dem Kreuzberg auf eine ungebrochene Tradition seit seiner Gründung verweisen. Stich von Leopold Beyer nach einer Zeichnung von Ludwig Richter, um 1840.

Gliederung geprägt. Stämmige Pfeiler teilen das saalartige Langhaus in vier Joche; es wird von einem Tonnengewölbe mit hocheinschneidenden Stichkappen bedeckt. Auf der Ostseite des Langhauses springt ein ebenfalls überwölbter Kapellenanbau hervor. Die Lage des Ortes hat weder die Ausbildung einer regulären Klosteranlage mit um den Kreuzgang angeordneten Konventsgebäuden noch die sonst übliche Ausrichtung der Kirche nach Osten erlaubt. Sie schmiegt sich regelrecht an den Berg an, so wenig Platz ist auf der Klosterterrasse unterhalb des Kreuzberggipfels.

Zum Gipfel selbst mit seiner zuletzt 1969 erneuerten Kreuzgruppe führt vom Kloster aus ein im Jahre 1710 angelegter Stationsweg mit barocken Reliefs eines unbekannten Künstlers in dreizehn Kapellen. Die zwölfte Station mit der Kreuzgruppe erhebt sich auf einem 1729 geschaffenen Podium mit drei Treppenzugängen. In unmittelbarer Nähe befinden sich die Reste einer vorgeschichtlichen Ringwallanlage und – in gewisser Weise durchaus in der Tradition des Berges als Kultstätte stehend – der 156 Meter hohe Sendemast des Bayerischen Rundfunks.

Das Kloster auf dem Kreuzberg gehört zu jenen in Franken, die in den vielen Jahren ihres Bestehens immer der Seelsorge gedient haben. Sein Entstehen und seine Blüte verdankt das Franziskanerkloster den Wallfahrern, die noch heute in großer Zahl den Berg hinaufziehen und den Kreuzberg damit zu einem der bedeutendsten fränkischen Wallfahrtsorte haben werden lassen.

Volkersberg

Außer diesem Kreuzberg gibt es in der Rhön noch einen weiteren »Kreuzberg« bei Bad Brückenau, wie im 15. Jahrhundert der Volkersberg auch bezeichnet wurde. Dorthin berief der Fuldaer Fürstabt Joachim von Gravenegg 1657/58 Franziskaner zur Betreuung einer Wallfahrt. Der Berg in beherrschender Einzellage dürfte ebenfalls bereits in frühgeschichtlicher Zeit eine Burganlage oder eine heidnische Kultstätte aufgewiesen haben. Für das 12. Jahrhundert ist die Rede von einem Einsiedler auf dem Berg. Der heilige Bischof Otto von Bamberg soll 1111 ein erstes Kirchlein eingeweiht haben; belegbar ist das alles nicht endgültig. Jedenfalls datiert die früheste urkundliche Erwähnung des Volkersberges in die Zeit um 1160 im Güterverzeichnis des Klosters Frauenberg bei Fulda. Eine Meßstiftung von 1378 sicherte die Existenz einer Kirche auf dem Berg. 1448 wird eine Kreuzbruderschaft erwähnt, deren Angehörige als Eremiten dort lebten. Die Wallfahrt nahm im 15. Jahrhundert einen bedeutenden Aufschwung. Dies machte 1453 die Erweiterung der Kirche notwendig; noch 1501 wurde ein zweiter Seitenaltar geweiht. Die Reformationszeit bedeutete jedoch auf dem Volkersberg den Untergang der Wallfahrt, da zahlreiche Gemeinden des Umlandes protestantisch wurden.

Nach dem Dreißigjährigen Krieg lebte die Wallfahrt wieder auf und wurde fortan von Franziskanermönchen seelsorglich betreut. 1661 bzw. 1664 begann der Bau von Kloster und Kirche. Die Kirche konnte 1678 geweiht werden. Baumaßnahmen sind für die Jahre 1707 und 1710 überliefert. Das Kloster überdauerte die Säkularisation des Hochstiftes Fulda, kam aber 1821 zur Diözese Würzburg. Die Patres nahmen seelsorgliche Pflichten in umliegenden Gemeinden wahr. 1966 wurde das Kloster von der bayerischen Ordensprovinz aufgegeben, die gesamten Gebäude von der Diözese Würzburg für eine Jugendbildungsstätte übernommen und großzügig ausgebaut. Schon seit 1921 leiteten die Missionsdominikanerinnen aus Neustadt am Main auf dem Volkersberg ein Waisenhaus, das sie 1955 wieder aufgaben; fortan stellten sie sich in den Dienst des Jugendhauses.

Bau und Ausstattung des Franziskanerklosters auf dem Volkersberg sind mehrfach eng mit dem Kloster Altstadt bei Hammelburg verbunden: So stammen die Pläne für Kirche und Kloster von dem Franziskanerbruder Daniel Hollighofen, der uns bereits von Altstadt her bekannt ist. Der Kreuzweg in den Stationshäuschen und die große Kreuzigungsgruppe vor der Kirche sind Arbeiten von Wenzeslaus Marx aus Leitmeritz aus den fünfziger Jahren des 18. Jahrhunderts. Marx war vorher Mitarbeiter des Bildhauers Faulstieg am Altstädter Stationsweg gewesen. Die übrige Ausstattung der Kirche ist zumeist aus dem späteren 17. Jahrhundert und von behäbig-barocker Schwere; fast meint man noch den Nachklang der Renaissance in den Dekorationen der Altäre zu sehen. Lediglich die Sakristei weist an der Spiegeldecke von 1735 eine reichere Stuckverzierung von der Hand des Johann Martin Hummel auf. Die Themen der Stuckmedaillons sind der Passion Christi entnommen, ebenso die kleinen Rundbilder. Das Ganze ist eine Stiftung des Generalmajors Adam Siegmund von Thüngen zu Roßbach, der sein Wappen über dem Stuckaltar in der Südostecke hat anbringen lassen. Unter den Denkmälern aus vorklösterlicher Zeit ist lediglich das spätgotische Gnadenkreuz in der Wallfahrtskirche von Interesse. Diese um 1500 zu datierende Arbeit beeindruckt vor allem wegen der bestürzenden Leidensmiene Christi.

Frauenroth

In einem stillen Seitental des Flüßchens Aschach stößt man auf die Überreste des 1231 von dem Minnesänger Otto von Bodenlauben und seiner Gemahlin Beatrix gestifteten Zisterzienserinnenklosters. Der gebürtige Henneberger schloß sich als junger Mann den Kreuzzügen an und machte im Heiligen

Land sein Glück, wo er sich mit der reichen Beatrix von Courtenay vermählte. Nachdem er die Mitgift seiner Frau verkauft hatte, kehrte das Paar gegen 1220 nach Deutschland zurück und ließ sich auf der Burg Bodenlauben bei Bad Kissingen nieder. Im Jahre 1231 entschlossen sich die beiden zur Gründung eines Zisterzienserinnenklosters in der abgeschiedenen Gegend und nannten es »Novalis Sanctae Mariae«, Rodung für die heilige Maria, Frauenroth. Zur Sicherung ihrer Gründung verkauften sie 1234 sogar ihre Burg Bodenlauben an den Würzburger Fürstbischof Hermann von Lobdeburg.

Wie in Kitzingen, so ist auch für Frauenroth eine Schleierlegende überliefert: Angeblich soll Beatrix den Bauplatz des neuen Klosters durch den Fundort ihres Schleiers bestimmt haben, den sie vom Söller ihrer Burg Bodenlauben wehen ließ. Tatsache ist, daß der legendäre Schleier seit Bestehen des Klosters in besonderen Ehren gehalten und in einer Nische im Chor aufbewahrt wird. Den Grundherren der Umgebung war solch religiöser Eifer offenbar unheimlich, und sie versuchten die Klostergründung zu hintertreiben. Sogar Papst Gregor IX. mußte sich 1234 der leidigen Sache annehmen und beauftragte den Bischof von Mainz damit, die Gegner des Klosters in ihre Schranken zu weisen. Da dies nicht den gewünschten Erfolg brachte, griff der Minnesänger Otto von Bodenlauben zu den Waffen und zerstörte die bei Burkardroth gelegene Burg seiner Feinde.

Von der ursprünglichen Anlage des Klosters ist außer der stark veränderten Kirche nichts mehr vorhanden, wenn man, wie auch bei Wechterswinkel, von den der Kirche vorgelagerten Fischteichen einmal absieht, die ja für die Ernährung einer Zisterze von grundlegender Bedeutung sind. An der Kirche selbst stellt sich nur noch der Chor mit der Apsis einigermaßen original dar. Die romanische Baugestalt der Kirche konnte im Rahmen zweier Grabungen bzw. Restaurierungen 1913 und 1970/72 rekonstruiert werden. Danach war die Abteikirche als dreischiffige Pfeilerbasilika mit Querhaus und drei gestaffelten Apsiden konzipiert worden, mit einer um ein Chorjoch nach Osten verlängerten Hauptapsis. Nur dieses Chorjoch weist ein Kreuzrippengewölbe auf. Der übrige Kirchenraum ist flachgedeckt.

Im vierjochigen Langhaus sind nur noch auf der Nordseite die ursprünglichen Arkaden zu den abgebrochenen Seitenschiffen erhalten. Die Südwand wurde während des 17. Jahrhunderts komplett erneuert. Original ist außerdem das Westportal mit dem schönen, dreistufigen Gewände und Rundstabprofilen an den Gelenken. Das darüber befindliche Fenster mit Vierpaßmaßwerk diente ehemals zur Belichtung der Nonnenempore im Westteil des Langhauses.

Kunstgeschichtlich stellt die Kirche Frauenroth in ihrer ursprünglichen Baugestalt den Übergang von basikalen Formen zu den für die Zisterzienser typischen Hallenkirchen dar. Wie Wechterswinkel überlebte Frauenroth das 16. Jahrhundert nicht und starb 1558 aus. Während des Dreißigjährigen Krieges wurden die Gebäude und die Kirchen weitgehend zerstört, nur Chor und Stiftergrabmal blieben erhalten. Nachdem die Kirche unter Fürstbischof Johann Philipp von Schönborn im Jahre 1652 wiederhergestellt worden war, verkaufte einer seiner Nachfolger, Johann Gottfried von Guttenberg, 1691 die Güter des ehemaligen Klosters an sieben Bauern. Damit setzte die neuzeitliche Besiedelung des Ortes Frauenroth ein, und die vormalige Klosterkirche wurde in ganz pragmatischer Weise den Erfordernissen einer Gemeindekirche entsprechend umgebaut und verkleinert.

Aus klösterlicher Zeit haben sich neben einigen Fresken und eher unbedeutenden Grabdenkmälern vor allem die Grabplatten mit den beiden Ganzfigurenbildnissen der Stifter Otto und Beatrix von Bodenlauben erhalten. Im Zuge der jüngsten Renovierung rekonstruierte man an durch Grabungsbefunde abgesicherter Stelle in vereinfachten Formen ein Hochgrab mit den Grabbildnissen als Deckplatten. Vorher waren sie seit 1860 in der Nordwand des Chores eingelassen gewesen. Obwohl unbestritten Meisterwerke hohen Ranges und in die Zeit um 1270/80 zu datieren, wobei man davon ausgeht, daß Ottos Porträt früher und das Beatrix' nach einer Zeit der Arbeitsunterbrechung etwas später zu datieren ist, hat sich die Kunstgeschichte in der Frage der stilistischen Einordnung und der Händescheidung noch nicht festlegen mögen. Während Pinder und Zürcher sie im Zusammenhang mit Werken des Naumburger Domes sehen, haben Gröber und Knapp den Schöpfer der Bildwerke in Frankreich, genauer in Straßburg, gesucht und auf die französische Herkunft von Beatrix verwiesen. An unmittelbar vergleichbaren Stücken existiert nur eine aus demselben Stein gearbeitete Madonna in dem wenige Kilometer entfernten Örtchen Lauter, von der vermutet wird, daß sie ebenfalls zur Ausstattung von Frauenroth gehörte. Nach Georg Dehio sind die beiden Bildnisse des Tumbengrabmales »in der poesievollen Idealisierung höfischer Vornehmheit unerreicht«, eine Charakterisierung, die wohl eher auf eine Herkunft aus dem Westen hinweist.

Frauenroth, ehem. Zisterzienserinnenkloster. Das Grabmal der Klosterstifter Otto und Beatrix von Bodenlauben aus der Zeit um 1270/80 lohnt allein schon den Besuch des abgelegenen Ortes.

Aura/Saale

Ebenfalls nur wenige Kilometer von Bad Kissingen entfernt liegt an einem Knie der Fränkischen Saale Aura, hervorgegangen aus einem bereits 1564 aufgehobenen Benediktinerkloster gleichen Namens. Während sich die Zisterzen Bildhausen, Wechterswinkel und Frauenroth auf typische Weise in der Waldeinsamkeit versteckten, dominiert die ehemalige Klosterkirche von Aura auf einem Bergsporn hoch über dem Ort gelegen, weithin die umgehende Landschaft. In karolingischer Zeit soll hier eine stark befestigte Burg gestanden haben, die aus dem »Nachlaß« des Markgrafen von Schweinfurt an das 1007 entstandenen Bistum Bamberg gelangte. Bischof Otto von Bamberg gründete dort zwischen 1108 und 1113 das Kloster»Uraugia« Die alte, vor allem auf den Würzburger Schottenabt Trithemius fußende Überlieferung, daß die ersten Mönche aus Hirsau gekommen sein sollen, ist jedoch falsch; erster Abt war Ekkehard, der Chronist der beiden Kaiser Heinrich IV. und Heinrich V. Eine reiche Güterausstattung sorgte 1122 für die entsprechende materielle Grundlage. Die Vogtei erhielten die Grafen von Henneberg übertragen. Das aus Südthüringen, dem Raum um Schleusingen stammende Geschlecht machte damals erste Anstalten, seinen Einflußbereich nach Süden bis an den Main auszudehnen. Langfristig konnten sie sich jedoch nicht behaupten; in Aura gingen die Gerichtsrechte 1394 an das Hochstift Würzburg über.

Die weitere äußere Geschichte des Klosters ist rasch erzählt, denn von den Zerstörungen des berüchtigten »Auraer Haufens«, der neben zahlreichen Burgen im Saaletal auch das Kloster brandschatzte, konnte sich Aura nicht mehr erholen; und der Markgräflerkrieg 1553/54 gab dem siechen Kloster den Rest. Nicht unerheblichen Anteil an dieser Entwicklung hatte die Mißwirtschaft des Abtes Leonhard Gnetzamer. Dieser stand von 1551 bis 1556 der Benediktinerabtei Münsterschwarzach vor und war dort wegen liederlicher Amtsführung seiner Würde enthoben worden. Nach einigen Jahren der Verbannung in das Kloster

Aura, ehem. Benediktinerkloster. Im zweiten Jahrzehnt des 17. Jahrhunderts sollte das Kloster an anderer Stelle neu errichtet werden. Mit dem Tod des Fürstbischofs Gottfried von Aschhausen 1622 blieb der angefangene Kirchenbau jedoch bis heute unvollendet liegen. Wie der Grundriß belegt, wäre sie eine der ersten Wandpfeilerkirchen der Barockzeit in Franken geworden.

Aura, ehem. Benediktinerkloster. Der Dorfkirche von Aura ist kaum mehr etwas von ihrer klösterlichen Vergangenheit anzumerken. Nur wer genau beobachtet, wird auf Überreste stoßen, wie zum Beispiel die sechsteiligen Säulenarkaden vom ehem. Kreuzgang, die seit 1874 in die Kirchhofmauer eingelassen sind.

St. Stephan in Würzburg wurde ihm trotz dieser unrühmlichen Vergangenheit 1560 die Leitung der Abtei Aura übertragen. Vier Jahre wirtschaftete Abt Leonhard in der ihm eigenen Weise, bis 1564 sozusagen der »Konkurs« nicht mehr abzuwenden war und das Kloster aufgehoben wurde. Ein Rekonstitutionsversuch an anderer Stelle, östlich vom aufgehobenen Kloster, durch Fürstbischof Gottfried von Aschhausen (1617–1622) wurde nach dessen Tod von den Nachfolgern nicht mehr weiterbetrieben.

Ursprünglich bedeckte das Kloster terrassenartig die Spitze eines Bergsporns mit der Kirche zuoberst und war von einer Mauer umgeben, die heute noch teilweise, vor allem im Bereich des Friedhofes, erhalten ist. Nördlich der Kirche schloß sich der annähernd quadratische Kreuzgang an. Nur die Raumgruppe von Sakristei und Kapitelsaal vermittelt einen Eindruck von der ehemaligen Baugestalt. Der als Sakristei angesprochene Raum weist ein hochbusiges, vierteiliges Kreuzgewölbe auf rundem Mittelpfeiler auf und war mit der Kirche durch eine kleine, jetzt zugesetzte Tür verbunden. Der nächstfolgende Raum war der Kapitelsaal, der seit 1953 als Leichenhalle dient und völlig verändert ist; von Interesse sind nur die beiden romanischen Doppelfenster zu beiden Seiten eines Rundbogenzuganges auf der Westseite. Der gegenüberliegende, den ehemaligen Kreuzgang westlich abschließende Bautrakt stammt aus der Mitte des 16. Jahrhunderts und besitzt ein bemerkenswertes Renaissanceportal mit Sitzkonsolen. Von den übrigen Gebäuden des Klosters sind nur noch Spolien oder ruinenhafte Fragmente erhalten, wie zum Beispiel die in die südwestliche Kirchhofmauer eingesetzte sechsteilige Fenstergruppe. Da die Säulen die gleiche Form wie die im Ostflügel des Klosters haben – attische Basis und Würfelkapitelle mit Nasen – und die Zusammenstellung in dieser Form erst seit 1874 besteht, handelt es sich vermutlich um Reste des ehemaligen Kreuzganges.

Die Kirche selbst, wichtigstes Baudenkmal der Romanik im Saaletal, ist stark verändert und unter dem Mantel mehrerer Renovierungen des 17. Jahrhunderts sowie der Ausstattung zumeist aus der Mitte des 18. Jahrhunderts nur als fragmentierter Überrest der Abteikirche erhalten. Sie läßt sich als dreischiffige basilikale Anlage mit drei Ostapsiden rekonstruieren. Statt des östlichen Querschiffes war der Kirche ein Westwerk mit zwei Türmen vorgelagert, das bis in Höhe der heutigen Friedhofsmauer reichte und im Norden und Süden über das Langhaus hinausragte. Dieser Westteil wurde vermutlich 1687 als »unnotiger Anhang der Klosterkirche« wie es in den Quellen

heißt, abgebrochen. Nach Osten schloß sich das sechs Joche umgreifende Laienschiff an. Die unter der barocken Verkleidung erhaltenen romanischen Säulen weisen einen Stützenwechsel auf, nach dem auf zwei Säulen jeweils ein Pfeiler folgt. Ein solcher Stützenwechsel begegnet uns noch in Neustadt am Main und in St. Burkard in Würzburg. In das Langhaus ragt ein zweijochiger Vorchor hinein, der sich ursprünglich in einem zweijochigen, rundgeschlossenen Chor fortsetzte, der beidseits von einer Zweiergruppe von kreuzgewölbten Räumen in Seitenschiffbreite mit Ostapsiden begleitet wurde und mit einer halbrunden Apsis schloß. Details dieser Ostanlage erinnern an die Chorlösung der Abtei Prüfening bei Regensburg.
Über den beiden östlichen kreuzgewölbten Räumen erhoben sich wahrscheinlich ebenfalls zwei Türme, die aber bereits zu Zeiten des Fürstbischofs Julius Echter so ruinös waren, daß sie durch den heutigen Turm ersetzt werden mußten. Wenigstens übernahm man dabei von einem der Vorgängertürme eine noch erhaltene, 1538 datierte Glocke.
Wie aus der Bauanalyse folgt, läßt sich eine engere Beziehung zu Hirsau nicht belegen. Vielmehr läßt der Kirchenbau auch in Details wie der Stützenform Einflüsse bayerischer Traditionen erkennen, wie sie im fränkisch-thüringischen bzw. fränkisch-sächsischen Grenzgebiet in dieser Zeit häufiger anzutreffen sind.
Der Abschnitt über das ehemalige Benediktinerkloster Aura soll nicht beendet werden, ohne wenigstens kurz auf die östlich davon weit in das Land wirkende Ruine des unter Fürstbischof Gottfried von Aschhausen betriebenen Neubaues einer Abteikirche einzugehen. Die bis in doppelte Stockwerkshöhe ausgeführten Mauern umschließen eine kreuzförmige Anlage mit vierjochigem Langhaus, von breiten, aber wenig tiefen, durch Wandpfeiler getrennten Abseiten begleitet, einem schmalen, gerade geschlossenen und deutlich über das Langhaus hinausragenden Querhaus und einem kurzen, im Halbrund geschlossenen Chor. Im Westen sind die Untergeschosse einer Doppelturmfassade zu erkennen, der offenbar eine Vorhalle vorgelagert werden sollte. Es hat den Anschein, als hätte der unbekannte Baumeister vor allem in der Wandpfeilerbauweise des Langhauses die zwischen 1610 und 1617 erbaute Jesuitenkirche in Dillingen als Vorlage genutzt, das dort vorgefundene Schema aber im Westen und Osten auf eigene, besonders im Querhaus erstaunlich unsichere Weise verändert. Mit dem Tod des Fürstbischofs im Jahr 1622 und vor dem Hintergrund des herannahenden Dreißigjährigen Krieges wurde das Klosterprojekt aufgegeben; der angefangene Kirchenbau blieb unvollendet.

Altstadt

Als das Franziskanerkloster Altstadt bei Hammelburg im Jahre 1649 formell gegründet wurde, war das Benediktinerkloster Aura schon seit Generationen profaniert. Trotzdem reicht die Vorgeschichte von Altstadt weiter zurück als die von Aura und ist eng mit der Geschichte von Hammelburg verknüpft. Diese ist bereits 716 urkundlich faßbar, als Hedan II. dem Bischof und Friesenmissionar Willibrord seine Besitzung »ad hamulo castellum« zur Gründung eines Klosters übereignete. Eine solche frühe Klostergründung ist jedoch vermutlich nicht erfolgt. Vielmehr entstand wohl nur ein landwirtschaftliches Gut.
Mitte des 8. Jahrhunderts war das Gebiet Königsgut; einen Teil der Rechte und Einkünfte schenkten die Karolinger dem neugegründeten Hochstift Würzburg. 777 übergab Karl der Große Hammelburg dem Kloster Fulda. Das karolingische Hofgut und eine spätestens im 12. Jahrhundert am jenseitigen Saaleufer entstandene Siedlung verband eine 1121 erbaute steinerne Brücke, die 1945 zerstört wurde. In den Pestjahren des 13. Jahrhunderts entstand in Altstadt eine Vierzehn-Nothelfer-Kapelle. Im Zusammenhang mit der bereits 1524 eingeführten Reformation wurde diese Kapelle profaniert und als Scheune und Pferdestall mißbraucht. Rechtzeitig hatte man steinerne Figuren der Nothelfer vergraben und auf diese Weise vor der Zerstörung retten können. Die »Cosmographia« des Sebastian Münster konstatierte 1544 in Altstadt nur noch Reste einer Kirche und anderer Bauten. Soweit die Vorgeschichte.

Altstadt/Hammelburg, Franziskanerkloster. Unterhalb von Schloß Saaleck erhebt sich die von dem Franziskanerbruder Antonius Peyer ab 1698 errichtete Kirche von Kloster Altstadt.

1603 setzte die katholische Reformbewegung ein. Fuldaer Jesuiten erneuerten die ruinöse Kirche und statteten sie mit vier Altären aus. Vielleicht planten sie zu diesem Zeitpunkt die Gründung einer eigenen Niederlassung in Hammelburg. Mit der Ausgrabung der Nothelfer-Skulpturen wurde der Anfang zu einer Wallfahrt nach Altstadt gemacht. Nach der Niederlage der protestantischen Schweden in Franken tauchte 1636 erstmals die Idee der Gründung eines Franziskanerklosters auf, die am 19. Juli 1649 mit der Ausstellung des Stiftungsbriefes durch Fürstabt Joachim von Gravenegg formell bestätigt wurde. Zum Gründungspersonal gehörten drei Patres und ein Bruder. Wegen des großen Andranges zur Altstädter Wallfahrt mußte die Kapelle bereits 1654 erweitert werden. Zwischen 1656 und 1664 wurden die Konventsbauten erneuert bzw. neu errichtet, und ab 1667 erfolgte der Neubau der Klosterkirche nach Plänen des Franziskanerbruders Daniel Hollighofen, die 1671 um eine Antoniuskapelle erweitert wurde.

Kirche und Klosterbibliothek wurden 1698 Opfer einer Brandkatastrophe. Der Wiederaufbau erfolgte bereits im folgenden Jahr nach Plänen des von Antonio Petrini beeinflußten Franziskanerbruders Antonius Peyer (1673–1704) weitgehend auf den alten Fundamenten. Ähnlich der nach seinen Plänen erbauten Klosterkirche von Schwarzenberg schuf Peyer eine franziskanisch schlichte Saalkirche von sechs Jochen Länge, mit einem leicht eingezogenen dreijochigen und dreiseitig geschlossenen Chor. Das unmittelbar vor dem Chor liegende breitere Langhausjoch öffnet sich nach Norden vollständig zur Antoniuskapelle. Während sich die Architektur im Inneren durch die Pilastergliederung und die Kreuzgratgewölbe eine gewisse Monumentalität und Würde der Erscheinung verschafft, wirkt der Außenbau mit seinen hoch in die Wand eingeschnittenen Fenstern und vor allem mit dem Westportal »unbeholfen« und »schreinermäßig«.

Dies gilt auch für die durchwegs aus der Erbauungs-

Altstadt/Hammelburg, Franziskanerkloster. Statue des hl. Franziskus über dem Kirchenportal.

zeit stammende Innenausstattung, der man aber trotz aller scheinbaren Provinzialität einen gewissen Charme nicht absprechen kann. Der Hochaltar ist, wie die übrigen Altäre auch, völlig zum Ornament, zur Rahmung degradiert. Die Retabelarchitektur bildet nur noch eine Kulisse für das Altarbild, eine lebensgroße Holzplastik der Immakulata. Während dieses Bildwerk von vier Engeln begleitet wird, die Stern, Monde, Halbmond und Regenbogen als Gleichnisse Mariens tragen, erscheint im Auszug die ebenfalls lebensgroße Holzfigur des Erlösers mit Kreuz und Weltkugel. Die Bekrönung des Ganzen bildet das Wappen des Fuldaer Fürstabtes Adalbert von Schleifras, der den Hochaltar gestiftet hat. Der Bildhauer der Altäre ist nicht eindeutig gesichert.

Möglicherweise handelt es sich um Schöpfungen des Franziskanerbruders Georg Blank (1655–1733), der sich als Kunstschreiner für die Kanzel sicher belegen läßt.

Ähnlich volkstümlich wie die Altäre ist auch der Kreuzweg von 1733, den der Hammelburger Bildhauer Johann Jakob Faulstieg (1697–1768) zusammen mit dem Franziskanerbruder Wenzel Marx (1708–1773) aus Leitmeritz geschaffen hat. Der Kreuzweg zieht sich vom Vorplatz der Kirche bis in halbe Höhe der Burg Saaleck und von dort wieder herunter bis zum Kloster. Bis auf die große Freigruppe der zwölften Station mit der Kreuzigung Christi sind alle übrigen in kleinen Kapellen untergebracht, in denen das Geschehen durch Reliefs oder in Sandstein gehauene Vollplastiken bühnenhaft dargestellt wird. Die letzte Kapelle am Kirchplatz ist als Grabkapelle zugleich die größte und aufwendigste. Sie wurde von dem Fuldaer Oberamtmann in Hammelburg, von Dalberg, gestiftet. Im Inneren befindet sich ein Heiliges Grab, darüber ein Steinrelief des Auferstandenen.

Das Franziskanerkloster Altstadt wurde, wie die meisten Niederlassungen dieses Bettelordens in Franken, zur Betreuung der Wallfahrt und damit zur Festigung des katholischen Glaubens gegründet. Daneben wirkten die Franziskaner im Hammelburger Schulwesen, und das Kloster war über viele Jahre Sitz eines theologischen bzw. philosophischen Studiums für die thüringische Ordensprovinz. Neben der volkstümlichen Bedeutung für die Wallfahrtsseelsorge kommt Altstadt somit auch eine wissenschaftliche zu. Dies drückt sich nicht zuletzt in der sehr anspruchsvollen Klosterbibliothek aus, die im Jahr 1910 noch stattliche 5000 Bände zählte, darunter alleine 72 Inkunabeln der Zeit vor 1500. Gerade diese wissenschaftliche Bedeutung mag auch den Fortbestand des Klosters über die Säkularisation hinaus bis heute gesichert haben.

▷

Altstadt/Hammelburg, Franziskanerkloster. Vom Kirchplatz aus nimmt ein Kreuzweg seinen Anfang, der 1733 geschaffen wurde. Blick auf die große Kreuzigungsgruppe der zwölften Station unterhalb von Schloß Saaleck.

Steigerwald und Haßberge

Östlich von Maindreieck und Grabfeld schließen sich die Waldgebirge des Steigerwaldes und der Haßberge an. Beide weisen schon im Namen auf ihre Wald- und Hügelstruktur hin, wenn auch die höchsten Erhebungen kaum 500 Meter über den Meeresspiegel reichen mögen. Wieder spielt der Main eine wichtige Rolle und grenzt die beiden Landschaften von Bamberg bis auf die Höhe von Schweinfurt in seinem Lauf gen Westen gegeneinander ab. Weitere natürliche Grenzen des Steigerwaldes sind im Osten die Regnitz, die bei Bamberg in den Main mündet, im Süden die Aisch und im Westen wiederum der Main. Die Haßberge schneiden ein grünes Dreieck in die fränkische Landschaft mit Schweinfurt, Bamberg und Maroldsweisach als Merkpunkten. Neben dem Main sind im Osten Itz und Rodach gegebene Grenzen, im Westen Lauer und Nassach. Im Norden schließt die Fränkische Saale den Landschaftsraum ab. Auch in den Haßbergen erreichen die höchsten Erhebungen gerade etwas über 500 Meter. Geologisch gesehen gehören beide Landschaften der Keuperformation der Trias und fallen von steilem Aufstieg im Westen stetig nach Osten ab.

Wirtschaftlich ist der Steigerwald seit vorindustrieller Zeit vor allem von Wein, Gips und Holz geprägt. Der westliche Steilhang wird vom Weinbau beherrscht. Gips findet sich im unteren Vorland. Daneben gab es zahlreiche Steinbrüche, die den gelblich-grauen Sandstein lieferten, aus dem viele Bauwerke in dieser Gegend errichtet wurden und die der Landschaft ein weiteres charakteristisches Gepräge verleihen.

Auch die Haßberge waren bis in unser Jahrhundert hinein ähnlich landwirtschaftlich geprägt gewesen: Weinbau wurde nicht nur an den Hängen des Maintales, sondern auch in den Tälern von Itz und Baunach betrieben. Anders als im Steigerwald mit seinen kleinteiligen Privat- und Gemeindewäldern dominiert in den Haßbergen der Staatsforst. Im Herrschaftsbereich des ehemaligen Hochstifts Bamberg überwiegt die Kiefer, die hier eine lange Tradition hat und als Bauholz gesucht war. Zu langen Flößen zusammengestellt, transportierte man dieses Holz auf dem Main bis nach Holland.

Alte Straßen erschließen die Haßberge, von denen der Rennweg hervorzuheben ist. Dieser verlief als Hochstraße auf dem westlichen Höhenkamm und war ein Heer- und Handelsweg. Einstmals verband er die bedeutendsten Burgen der Gegend und führt etwa von Sulzfeld im Grabfeld im Nordwesten bis zum Kapellenberg oberhalb von Zeil.

Auch der Steigerwald hat wichtige alte Straßen aufzuweisen: Die ältere, möglicherweise schon in vorgeschichtlicher Zeit existierende Verbindung deckt sich in etwa mit der Bundesstraße 8 und ist Teil einer großen mitteleuropäischen Traverse vom Donaubekken bis in die Niederlande. Die zweite alte Straße, die heutige Bundesstraße 22, wurde vom Kloster Ebrach erzwungen, da dieses nicht ohne Verbindung zum Sitz des Diözesanbischofs in Würzburg sein konnte und im übrigen ein gut ausgebautes Straßennetz zur Verwaltung und Bewirtschaftung der weitverstreuten Besitzungen Ebrachs unerläßlich war.

In karolingischer Zeit waren Steigerwald und Haßberge Grenzland nach Osten. Königlicher Besitz ist lediglich am westlichen Rand des Gebietes in größerem Umfang nachgewiesen. Der Einfluß des jungen Bistums Würzburg reichte ebenfalls nicht sehr weit nach Osten. Stark begütert dagegen war in den Haßbergen das Kloster Fulda, das im Steigerwald ebenfalls eine führende Rolle spielte.

Die Herrschaftsverteilung änderte sich entscheidend mit der Gründung des Bistums Bamberg im Jahre 1007 durch Kaiser Heinrich II. Das bedeutete vor allem eine Entmachtung der einflußreichen Markgrafen von Schweinfurt in der Region. Fortan teilten sich Würzburg und Bamberg die Macht in den Haßbergen und im Steigerwald, was nicht immer friedlich vonstatten ging. Delikat wurde das Ganze, wenn weltliche und geistliche Macht in jeweils verschiedenen Händen lagen, was beispielsweise das Benediktinerkloster Theres am Main geschickt auszunutzen wußte.

Haßberge und Steigerwald haben dennoch im Detail unterschiedliche Entwicklungen erfahren. Die Haßberge hatten nie einen einzigen Herrn. Aus der Rivalität der beiden Bistümer Bamberg und Würzburg sowie der einflußreichen Fürstabtei Fulda zogen die zahlreichen kleinen Adelsgeschlechter langfristig

Vorteile und sicherten sich oft die Reichsunmittelbarkeit. So geschah es, daß in vielen Dörfern der Haßberge mehrere Grundherren saßen. Nach der Reformation führte dies dazu, daß viele solcher Dörfer doppelkonfessionell waren und häufig sogar zwei Kirchen besaßen, denn ein Großteil der fränkischen Reichsritterschaft war protestantisch geworden. Hier war kaum noch Platz für die Ansiedlung von Klöstern.
Anders im Steigerwald, wo neben den Bischöfen von Bamberg und Würzburg das Zisterzienserkloster Ebrach die dominierende Rolle spielte. Abgesehen von der karolingischen Wurzel Münsterschwarzachs nahe Ullstadt lassen sich hier seit dem 12. Jahrhundert zahlreiche Klöster nachweisen.
Zwei Klöster liegen am Main, der natürlichen Grenze zwischen Haßbergen und Steigerwald: das Benediktinerkloster Theres und das Zisterzienserinnenkloster Mariaburghausen. Theres gehört in den Zusammenhang mit der Gründung des Bistums Bamberg und repräsentiert einen Teil des Familienbesitzes der Babenberger, die wie die Markgrafen von Schweinfurt zu den Verlierern dieses machtpolitischen Coups des Kaisers gerechnet werden müssen. Auch Mariaburghausens Lage gegenüber Haßfurt an der nordöstlichen Grenze hat ursprünglich machtgeographische Gründe gehabt und sollte diese Grenze sichern helfen. Sonst kennen wir aus den Haßbergen kaum Klöster. Erwähnenswert ist allenfalls die Enklave Königsberg, wo sich außer einem Augustinerkloster noch die Kenntnis von einer Schwesterngemeinschaft von Tertiarinnen des Augustinerordens erhalten hat.
Im Steigerwald muß bis in das 12. Jahrhundert ein relatives Machtvakuum geherrscht haben, anders ist der enorme Aufstieg des Klosters Ebrach ab 1127 in dieser abgeschiedenen Lage kaum zu erklären. Dieses Kloster war das einzige in Ostfranken, das es an Macht und Einfluß mit beiden Metropolen aufnehmen konnte und bis zuletzt kaum eine Gelegenheit ausgelassen hat, sich mit ihnen, vor allem mit Würzburg, zu messen.
An kleineren Konventen sind Schlüsselau und vor allem Münchsteinach am Rande des Steigerwaldes erwähnenswert. Das Haus Schwarzenberg hat nicht nur die Kartause in Astheim gefördert, sondern unmittelbar neben seinem Schloß oberhalb von Scheinfeld ein Franziskanerkloster gestiftet, die einzige katholische Ordensniederlassung, die es im Kerngebiet des Steigerwaldes bis in die Gegenwart gibt.
Die Grafen von Castell, das andere wichtige Adelsgeschlecht, das seit dem 11. Jahrhundert nachweisbar ist, haben die Gründung des Klosters der Augustinerchorherren in Birklingen gefördert und vermutlich auch zur Familiengrablege bestimmt.
Letztlich aber war das benachbarte Iphofen, das sich gegen diese Konkurrenz vor seinen Toren wehrte, mächtiger; nachdem Castell protestantisch geworden war, fehlte von dort der notwendige Rückhalt. Es war sicher nicht nur Zufall, daß Birklingen im selben Jahr 1546 aufgelöst wurde, in welchem Castell sich für die Annahme der Reformation entschied. Auf besondere Weise haben die Grafen bzw. die Fürsten von Castell im Laufe der Geschichte die evangelische Variante des Ordensgedankens in der Region gefördert: Graf Friedrich Ludwig zu Castell (1706–1772) erwarb 1734 den abgeschiedenen Ort Rehweiler, um dort nach dem Vorbild von Herrnhut eine pietistische Siedlung zu gründen, »zur Ausbreitung des Reiches Gottes im Frankenland«. Mit dem Tod des Grafen ging das Unternehmen allmählich ein. Auf dem Schwanberg, Eigentum des Grafen Radulf zu Castell-Rüdenhausen, entstand mit Förderung des Grafen Ende der 50er Jahre unseres Jahrhunderts die evangelische Ordensgemeinschaft Communität Casteller Ring, in der Frauen nach der Regel des heiligen Benedikt beten und arbeiten.

Theres

Die Stiftung der Benediktinerabtei St. Stephan und St. Vitus in Theres am Main, die im Jahre 1047 durch einen Schutzbrief des Papstes Clemens II. endgültig bestätigt wurde, ist eine Folge der Gründung des Bistums Bamberg durch König Heinrich II. Eine Burg »Terassa« der Babenberger ist bereits 906 urkundlich erwähnt. Das fränkische Reichsadelsgeschlecht der Babenberger war im 9. Jahrhundert in Mainfranken

Theres, ehem. Benediktinerkloster. »Mittag Seite vom Kloster Theres«. Zeichnung von Conrad Geiger, um 1785.

reich begütert gewesen. Zu Beginn des 10. Jahrhunderts verstrickten sich diese »älteren« Babenberger in einen Machtkampf mit dem aufstrebenden Geschlecht der hessischen Konradiner, den die Babenberger verloren. In der Sagenüberlieferung, die, je nach Vorteil, vom Kloster Theres selbst kräftig unterstützt wurde, geht die Gründung der Abtei auf den Sohn des 903 zu Bamberg hingerichteten Babenbergers Adalbert zurück. Dieser Adalbert soll, nachdem er sich ebenfalls gegen den König empört hatte, im Jahre 940 zu Gremsdorf hingerichtet worden sein. Kurz vor seinem Tod soll er noch Burg und Siedlung in Theres dem Kloster Fulda zur Stiftung eines Klosters vermacht haben. Der tiefere Grund der Sagenüberlieferung wird damit offenbar: Es ging ganz einfach darum, ältere Rechte des mächtigen Fulda auf das reiche Theres nachzuweisen und Fulda einen begehrten Stützpunkt am Main zu verschaffen. Jedenfalls übernahm die Sagenfigur des Babenbergers Adalbert in der Tradition des Klosters Theres die Funktion des Stifters, und noch 1724 errichtete man als Ersatz für ein zerstörtes Epitaph ein neues in der Abteikirche.

Tatsache ist, daß die Güter der aufrührerischen Babenberger an das Reich fielen und 1010 von König Heinrich zur Dotation des Bistums Bamberg verwendet wurden. Darunter eben auch Theres. Um die Ansprüche Bambergs auf Theres, das ja bereits auf dem Gebiet des Hochstiftes Würzburg lag, zu sichern, errichtete Bischof Suidger zwischen 1040 und 1045 auf dem ehemaligen Königsgut eine Benediktinerabtei unter dem Patronat der in seiner sächsischen Heimat besonders verehrten beiden Heiligen Stephan und Vitus. Dank zahlreicher Stiftungen und Rechte – so verlieh Kaiser Heinrich IV. bei einem Aufenthalt in Theres 1097 einen Mainzoll sowie Markt- und Münzrechte – entwickelte sich das Kloster fortan in »anspruchslosem Wohlstand« und überdauerte die Plünderungen des Bauernkrieges und des Markgräflerkrieges ebenso wie die Glaubensstürme der Reformation.

Das Aussehen der mittelalterlichen Klosteranlage läßt sich nur in Umrissen skizzieren. Fest steht, daß sie kleiner war als das Areal der vormaligen Burg der Babenberger, von der sich etwa hundert Meter nördlich des Klosters Reste von Wall und Graben feststellen lassen. Wie aus einem Kupferstich des Ebracher Konventualen C. F. Weygant aus dem späten 17. Jahrhundert hervorgeht, reichte die wehrhafte, von zahlreichen Türmen und hohen Mauern gesicherte »Klosterburg« im Süden direkt bis an den Main. Der Zugang erfolgte von Norden durch einen von zwei Türmen gesicherten Torbau mit Zwinger. Umgeben von Ökonomiegebäuden und Gärten lag im Zentrum der Anlage die Abteikirche mit westlichem Hauptturm und zwei Chortürmen. Südlich davon erstreckten sich die Konventsgebäude im Geviert.

Die Anlage der Kirche weist große Ähnlichkeiten mit der von St. Burkard in Würzburg auf. Dieser Komplex mit seinen im Laufe von über einem halben Jahrtausend gewachsenen Baubestand, der trotz aller Reno-

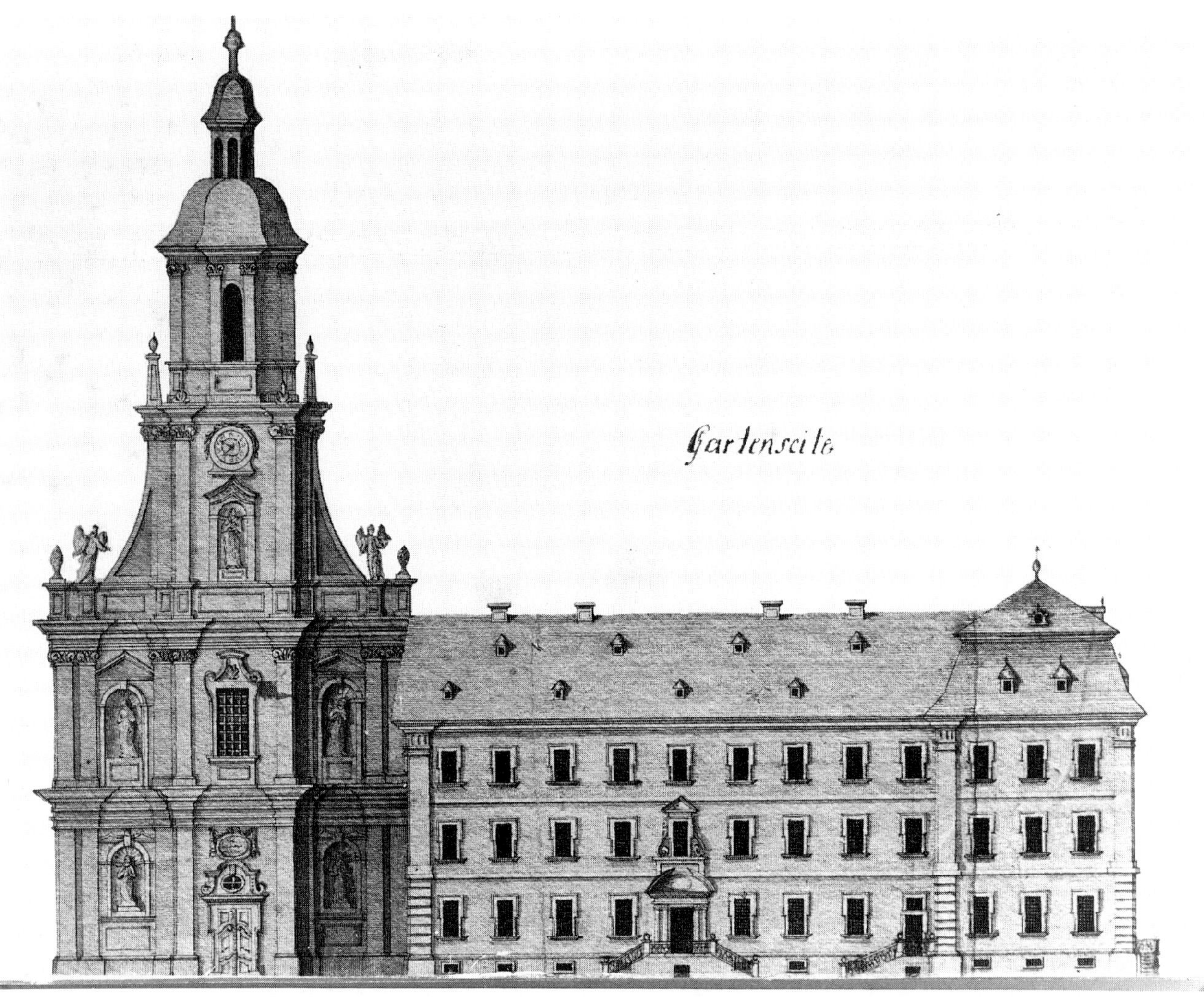

Theres, ehem Benediktinerkloster. Von 1715 an errichteten die Benediktiner von Theres in über dreißigjähriger Bauzeit ein neues Kloster. Bereits 1809 wurde jedoch die Kirche im Gefolge der Säkularisation wieder abgerissen. Nur Zeichnungen aus dem frühen 19. Jahrhundert, die im Zusammenhang mit dem Abbruch entstanden sind, können noch einen Eindruck von diesem bedeutenden Bauwerk des Würzburgers Joseph Greising vermitteln.

vierungen und Erweiterungen einen deutlich erkennbaren Kern aus romanisch-gotischer Zeit aufwies, wurde – auch das ist typisch für fränkische Klöster – erst zu Beginn des 18. Jahrhunderts durchgreifend erneuert.

Motor des Neubaues der Abteikirche, mit der das große Werk begonnen wurde, war Abt Gregor II. Fuchs, der 1715 zur Regierung gekommen war. Schon im Mai des folgenden Jahres begann man mit dem Abbruch der mittelalterlichen Kirche und konnte bereits am 7. Juli 1716 den Grundstein legen. Baumeister war der Würzburger Stadtzimmermeister Joseph Greising, der meistbeschäftigte Baumeister im Hochstift Würzburg vor dem Auftreten Balthasar Neumanns. Für den Neubau von Kirche und Kloster in Theres gibt es eine authentische, sehr lebendig geschriebene Quelle, denn Abt Gregor führte während der Bauzeit zwischen 1716 und 1725 ein Tagebuch, in dem er alle Einzelausgaben peinlich genau eintrug. Bereits am Weihnachtstag des Jahres 1721 erhielt der Chor die Weihe, und 1724 waren das Kirchenschiff und der Fassadenturm im Rohbau vollendet. Erst nach dreißigjähriger Bauzeit konnte die Kirche durch Weihbischof Anton von Gebsattel am 11. August

1748 eingeweiht werden. In der Zwischenzeit waren ab 1724 die Konventsgebäude nach den Plänen des 1721 verstorbenen Greising neu gebaut worden. Nur diese Konventsgebäude haben als Schloß die Säkularisation überdauert, die Kirche wurde 1809 abgebrochen.

Der barocke Neubau hat an der mittelalterlichen Gesamtdisposition trotz aller Veränderungen kaum gerührt und die alte Vierflügelanlage mit der Kirche im Norden erhalten. Vor allem die Kirche dürfte zu einem erheblichen Teil auf den Grundmauern des Vorgängerbaues errichtet worden sein, so ähnlich ist der Aufriß mit Einturmfassade im Westen und zwei den Chor flankierenden Türmen im Osten. Im Inneren wie auch im Aufbau des Langhauses außen bestanden enge genetische Beziehungen zu Joseph Grei-

Theres, ehem. Benediktinerkloster. »Adalbert von Babenberg«, Epitaph des sagenhaften Gründers von Theres aus dem Jahr 1724, als Spolie in der Altenburg nahe Bamberg eingemauert.

sings Pfarrkirche St. Peter in Würzburg, die 1717 bis 1720 ebenfalls unter Verwendung romanischer Bauteile errichtet worden war. Hier wie dort liefen bzw. laufen über den niedrigen Abseiten Emporen, die sich in großen Arkaden zum Mittelschiff hin öffnen. Den Blick zum Chor verstellen die beiden Chortürme, die in dem Barockbau in ganzer Breite zum Mittelschiff gehören und nicht mehr den Chor flankieren. Dieser zweistöckige Aufriß war in Theres auch auf den Außenbau übertragen und gab der Abteikirche in einer Joseph Greising eigenen Weise ein gewisses kleinteiliges und kistlerhaftes Aussehen. Diese Beobachtung gilt besonders für die Fassade, die in drei sich nach oben verjüngenden Geschossen gegliedert war, auf denen das Turmfreigeschoß mit Kuppelhaube und bekrönender Laterne aufruhte. Die Mitte der dreigeteilten Fassade war so energisch nach vorne gerückt, daß die beiden Flankentravéen der Fassade nur wie »beigeschoben« wirkten. Die Fassade war durch reichen bildhauerischen Schmuck noch betont, den Thomas Wagner, der Klosterbildhauer, schuf.

Wie bei der baulichen Anlage hat man in Theres auch bei der Innenausstattung versucht, städtischen, besser gesagt würzburgischen Maßstäben nachzueifern, und nur die damals im Hochstift bedeutendsten Künstler beschäftigt. So engagierte man für den Hochaltar Balthasar Esterbauer aus Würzburg. Die für den Altar benötigten sechs Marmorsäulen waren eine Schenkung des Herzogs Ernst Friedrich von Sachsen-Hildburghausen. Der Altar wurde Mitte 1735 aufgerichtet; doch ist Esterbauers Retabel ebenso verschollen wie das Marienbild des Würzburger Malers Johann Adam Remela, das den Mittelpunkt dieses Altares gebildet hatte. Nur vier Skulpturen, die seitlich davon angebracht waren und die Heiligen Vitus, Benedikt, Stephanus und Katharina darstellen, haben die Säkularisation in der Pfarrkirche von Untertheres überdauert.

Die Gründe für die Zerstörung der Abteikirche ab 1809 liegen sowohl in wirtschaftlichen Erwägungen als auch in geistesgeschichtlichen Strömungen der Zeit. Der neue Besitzer, der coburgische Minister Freiherr von Kretschmann, war ein Mann der Aufklärung und erfüllt vom kirchenfeindlichen Geist der »neuen Zeit«. Auf der anderen Seite bedeutete die Erhaltung der Kirche eine enorme wirtschaftliche Belastung, da sich das Gotteshaus nicht ohne weiteres in ein Ökonomiegebäude verwandeln ließ. Und so wurden wie auch in Münsterschwarzach oder Heidenfeld die baulichen Überreste und die künstlerische Ausstattung nach ihrem Materialwert verkauft und verschleudert. Die Steine wurden zu Straßenschotter; im besten Fall haben sich Spolien der Ausstattung in einigen Dorfkirchen erhalten, wo sie wegen ihrer künstlerischen Qualität aus ihrer neuen Umgebung hervorstechen.

Und doch gibt es im Falle von Theres so etwas wie einen Epilog. Auf Kretschmann folgte 1828 Freiherr von Dithfurt, und seit 1856 sind die Freiherren von Swaine Besitzer des Schloßgutes.

Der Abbruch der Kirche ließ aus dem Klostergeviert eine schloßartige Dreiflügelanlage von großzügigen Dimensionen entstehen, deren Hauptportal sich auf der Westseite findet, während die ursprüngliche Schaufront zum Main hin, gegliedert durch Pavillons und ein mittleres Risalit, jetzt abgewertet wurde. In den Wohnräumen entdeckt »man nicht mehr die Welt eines geistlichen Stiftes ..., sondern die Atmosphäre eines fränkischen Landschlosses« (Sayn-Wittgenstein). Zwar tragen noch einige Räume den zierlichen Schmuck der Stuckdekorationen von Agostino Bossi, die Georg Dehio mit dem zu strengen Verdikt »unbedeutend« verdammte, aber den Besucher nehmen vor allem die von Dithfurt eingerichteten Räume gefangen: die starkfarbigen Fresken des Fuchssaales, um 1835/40, die Tapetenzimmer im Südflügel oder der jetzt als Musiksaal genutzte ehemalige Kapitelsaal mit den überlebensgroßen Stuckbildnisreliefs Dithfurths und seiner Frau in antikischer Kleidung. Die übrigen Räume und langen Korridore sind gefüllt mit kostbaren Möbeln, Familienbildern und Kunstgewerbe, die von der Familie von Swaine gesammelt worden sind. Die Benediktiner in Kloster Theres wurden vertrieben, aber begünstigt durch die heutigen Besitzer und die ländliche Abgeschiedenheit spiegelt sich ihr Wirken noch immer im »Schloß« Obertheres wider.

Mariaburghausen

Gegenüber von Haßfurt liegt am Mainufer das ehemalige Zisterzienserinnenkloster Mariaburghausen. Die Äbtissin Jutta von Heiligenthal gründete diese Niederlassung im Jahre 1237 zunächst in Kreuzthal, gab das Unterfangen wegen der Unwirtlichkeit des Ortes und der für ein Frauenkloster gefährlich einsamen Lage aber bald auf und zog mit dem jungen Konvent in die Nähe des Weilers Marburghausen. Aus Marburghausen wurde später Mariaburghausen. Im lateinischen Namen – »Vallis Sanctae Crucis« – erhielt sich die Erinnerung an die ursprüngliche Gründung. Die Verlegung des Klosters fügte sich in die Bemühungen des Bischofs Hermann von Lobdeburg zur Sicherung der nordöstlichen Grenze des Hochstiftes Würzburg. 1279 wurde die Zisterze von einer größeren Brandkatastrophe getroffen; darauf lassen jedenfalls Ablaßbriefe, die für Bauspenden gewährt wurden, schließen.

Nach zwei Jahrhunderten machten sich gegen 1450 Auflösungserscheinungen in der klösterlichen Zucht bemerkbar, die zum Eingreifen der Würzburger Fürstbischöfe führten. Nichtbeachtung der Klausur und Besuche von und nach Haßfurt wurden beispielsweise 1498 besonders gerügt. Das 16. Jahrhundert bedeutete dann das allmähliche Aussterben des Konventes, und mit dem Tod der Äbtissin Ursula von Rüsenbach am 17. März 1582 endete das klösterliche Leben in Mariaburghausen. Im selben Jahr noch säkularisierte Fürstbischof Julius Echter mit päpstlicher Erlaubnis die Zisterze und zog die Einkünfte für seine neu gegründete Würzburger Universität ein. Noch heute werden in dem 2250 Hektar umfassenden Wald des Universitätsforstamtes jährlich viele Tausend Festmeter wertvoller Eichen geschlagen, was manchen Rückschluß auf den einstigen Reichtum des Zisterzienserinnenklosters Mariaburghausen zuläßt.

Von der mittelalterlichen Anlage hat sich, abgesehen von unbedeutenden Resten der Klausur und von Ökonomiegebäuden, vor allem die Kirche erhalten: ein langgestreckter, schmaler Bau, in typischer Zisterzienserinnenart zweigeteilt. Man betritt die in ihrem Westteil profanierte Kirche zumeist über die ehemalige Sepultur, einem dreischiffigen, gewölbten Raum mit sieben Jochen. Den schlank proportionierten Pfeilern entwachsen die Kreuzrippengewölbe mit

Mariaburghausen, ehem. Zisterzienserinnenkloster. Madonna mit Kind, spätes 15. Jahrhundert.

Mariaburghausen, ehem. Zisterzienserinnenkloster. Die gewölbte dreischiffige Sepultur aus dem späten 13. Jahrhundert unter dem Nonnenchor ist einer der beeindruckendsten Räume dieser Art in Franken. Die Gebäude und Ländereien des ehem. Klosters gehören seit der Säkularisation der Universität Würzburg.

schönen Birnstabprofilen ohne jede Vermittlung. Die heutige Verbindung zur Laienkirche gehört in die Zeit nach der Säkularisation des Klosters. Ursprünglich befanden sich die beiden Verbindungstüren in den Seitenschiffen der Sepultur hinter den spätgotischen Altarmensen. Der ehemalige Nonnenchor über der Sepultur ist seit dem 16. Jahrhundert durch einen nachträglich eingezogenen Boden in zwei Geschosse aufgeteilt und dient als Speicher des Universitätsgutes.

Die Laienkirche besteht aus einem zweijochigen Schiff und einem einjochigen Chor in gleicher Breite mit Fünfachtel-Schluß. Die Kreuzrippengewölbe mit birnenstabförmig profilierten Rippen ruhen auf polygonalen, unten verjüngten Konsolen, von denen zwei mit Laubwerk verziert sind. Aus der Erbauungszeit der Kirche stammt außerdem eine bemerkenswerte Sediliennische. Diese von einem Hohlkehlprofil umgriffene, dreiteilige Nische wird von drei Kreuzrippengewölben geschlossen.

Unter den fränkischen Zisterzienserinnenkirchen gelang es in Mariaburghausen erstmalig, Ostchor und Laienkirche zu einem einzigen Gewölberaum zu verbinden. Die Sepultur gehört zu den großartigsten Beispielen ihrer Art.

Die Ausstattung, darunter der mächtige Hochaltar mit den Wappen der Fürstbischöfe Julius Echter und Johann Philipp von Greiffenklau (1699–1719), stammt zumeist aus nachklösterlicher Zeit. Auf die Zisterzienserinnen dürfte nur die Holzskulptur einer Madonna mit Kind zurückgehen, die einen Seitenaltar ziert. Im Martin von Wagner-Museum der Universität Würzburg werden außerdem zwei als »mittelfränkisch, um 1480« eingeordnete Flügel eines spätgotischen Altares aufbewahrt, die aus Mariaburghausen stammen. Sie zeigen auf der Innenseite Holzreliefs mit Darstellungen der Geburt Christi, der Anbetung der Könige, der Verkündigung und der Beschneidung. Eine Zuschreibung an einen bestimmten Meister ist weder für die Madonna noch für die Flügelreliefs bekannt. Einer der wichtigeren Meister in Würzburg vor Riemenschneider war Ulrich Hagelfutter. Die ihm zugeschriebenen Figuren in St. Johannis in Schweinfurt weisen große stilistische Verwandtschaft mit den Arbeiten aus dem Zisterzienserinnenkloster Mariaburghausen auf. Es lohnte sich, in diesen Vergleich auch die drei etwa gleichzeitigen Skulpturen der Frankenheiligen Kilian, Kolonat und Totnan aus der benachbarten Pfarrkirche von Haßfurt miteinzubeziehen, doch führte das in unserem Zusammenhang zu weit. Jedenfalls zeigt das Beispiel der Kirche des ehemaligen Zisterzienserinnenklosters, daß es in Franken noch manches Stück spätgotischer Plastik an dem Ort zu bewundern gibt, für den es geschaffen wurde, und nicht nur in der sterilen Atmosphäre eines weit entfernten Museums.

Königsberg

Der Main bildet die natürliche Grenze zwischen den Landschaften Steigerwald und Haßberge. Nur das Benediktinerkloster Theres hat ehemals in den Haßbergen über größeren Landbesitz verfügt. Sonst gibt es kaum Nachrichten über Klöster. Vielleicht liegt ein Grund darin, daß diese Region seit alters so dicht von kleinen und kleinsten Herrschaften durchsetzt war, daß für Klöster einfach kein Raum mehr zur Verfügung stand. Da fällt es dann besonders auf, wenn sich in der einstigen Enklave von Sachsen-Coburg-Gotha, Königsberg, eine einigermaßen sonderbare Gemeinschaft von Tertiarinnen des Augustinerordens, Aglai-Schwestern genannt, nachweisen läßt. Viel weiß man über diese exklusiv adelige, 1380 gegründete Schwesterngemeinschaft nicht, deren Erkennungszeichen eine silberne, vergoldete Anstecknadel in Gestalt einer Akelei war. In kaum regulierter Gemeinschaft lebten sie in einem Privathaus und hatten keine eigene Ordenskirche. Über der weltlichen Kleidung trugen sie ein Skapulier und einen Ledergürtel. Eintreten konnten nur adelige Damen im Mindestalter von 40 Jahren und mit dem Nachweis von vier adeligen Vorfahren. Die Oberin trug den Titel »Königin«. Neben dem Gebet widmeten sich die »Schwestern von der Agelblume« den Armen und Kranken. Für das Jahr 1489 sind immerhin 23 Damen nachweisbar.

Mit der Annahme der Reformation in Königsberg 1524 löste sich die Schwesternschaft auf. Materielle Überreste sind kaum bekannt. Nach den Angaben bei Norbert Backmund gehörte das Haus in der Kirchgasse Nr. 60 dem Orden und wurde für besondere Versammlungen genutzt.

Ebrach

Selbst wer in unseren Tagen die baulichen Überreste des ehemaligen Zisterzienserklosters Ebrach in einem Talgrund des Steigerwaldes aufsucht, dem teilt sich noch immer etwas von der Ausstrahlung des einstmals geschlossenen, weltabgeschiedenen Mönchsstaates mit, wie er dort zwischen 1127 und 1803 bestanden hat. Das Kloster war die erste Niederlassung der Zisterzienser rechts des Rheins und zugleich eine der bedeutendsten in Franken, der, mit einigem Abstand freilich, vielleicht noch Heilsbronn nahekam. Wenn Ebrach heute politisch auch zu Oberfranken zählt, gehörte es doch Zeit seines Bestehens zum Hochstift Würzburg, dem ungefähr das moderne Unterfranken entspricht. Die Bindung an Würzburg bestimmte Werden und Schicksal der Abtei, der die Reichsunmittelbarkeit stets verwehrt blieb, obwohl sie immer danach gestrebt hat.

Die Gründung reicht bis in das Jahr 1115 zurück, als die beiden edelfreien Brüder Berno und Richwin ihre Burg Ebrach und den zugehörigen Besitz dem Orden zur Gründung eines Klosters antrugen. Die Besiedlung erfolgte unter dem ersten Abt Adam von der Abtei Morimond aus, der jüngsten, 1115 vom Mutterkloster Cîteaux gegründeten »Primarabtei«. Als Gründungstag gilt der 25. Juli 1127. Abt Adam von Ebrach, der als erster Abt dem Kloster an die 40 Jahre vorstand und um 1167/69, starb, zählt zu jenen seltenen Persönlichkeiten, die das Leben einer Gemeinschaft über Jahrhunderte zu prägen vermögen. Seine besonderen Fähigkeiten offenbarten sich schon früh, denn er gehörte als junger Mönch zu den »Besseren und Vollkommeneren«, die unter Abt Arnold das Kloster Morimond verließen, um nach Jerusalem zu pilgern und dort ein neues Kloster zu gründen.

Nach dem Tod des Abtes Arnold zu Beginn des Jahres 1126 versuchte der große Bernhard von Clairvaux den Mönch Adam und seine Gefährten zur Rückkehr nach Morimond zu bewegen. Bernhard spricht in diesen Briefen mit Adam in solcher Liebe und Hochachtung, daß es nicht überrascht, wenn er ihn schon im folgenden Jahr mit der verantwortungsvollen Aufgabe der Klostergründung im Steigerwald betraute. Noch unter Abt Adam wurde der Grundstein für die spätere wirtschaftliche Bedeutung Ebrachs gelegt und, durch Schenkungen begünstigt, zehn klösterliche Eigenhöfe am Main und im Steigerwald erworben.

Dieser Abt war jedoch nicht nur ein erfolgreicher Sachwalter der wirtschaftlichen Interessen des Klosters, sondern verstand es offenbar auch, für die spirituellen Anliegen seines Ordens zu begeistern. Sechs Tochtergründungen erfolgten während seiner Regierungszeit von Ebrach aus: Rein in der Steiermark (1129/30), Heilsbronn und Langheim (1132), Pomuk in Böhmen und Aldersbach in Niederbayern (1146) sowie Bildhausen im Grabfeldgau (1156). Nur drei Filiationen kamen in späteren Jahrhunderten hinzu: Wilhering an der Donau (1185), Eytheren in Holland (1342); Bronnbach an der Tauber wurde 1573 von Ebrach »adoptiert«.

Die Staufer Konrad III. und Friedrich I. suchten den Rat des Kirchenmannes, dessen Name auch eng mit dem gescheiterten Kreuzzug von 1147–1149 verbunden ist. In seinen letzten Lebensjahren war das Verhältnis zu Kaiser Barbarossa wegen dessen Kirchenpolitik und der von ihm auf dem Reichstag zu Würzburg 1156 geforderten Ächtung des Papstes Alexander III. getrübt. Die Nähe Ebrachs zum Herrscherhaus wird durch die Tatsache illustriert, daß Gertrud, die Gemahlin des Staufers Konrad III., nach ihrem Tod 1146 in der Ebracher Klosterkirche ihre letzte Ruhestätte fand; genauso wie ihr Sohn Herzog Friedrich von Schwaben, genannt von Rothenburg.

Ebrach war ein ausgesprochen reiches Kloster und verfügte zuletzt über Grundbesitz, Einkünfte oder andere Rechtstitel in mehr als 700 Orten. An strategisch wichtigen Punkten errichtete das Kloster deshalb Wirtschaftshöfe zur Verwaltung der Einkünfte. Solche entstanden u. a. in Bamberg, Brünnstadt, Burgwindheim, Effeldorf, Elgersheim, Füttersee, Großlangheim, Hüttenheim, Mainbernheim, Mainstockheim, Marktbreit, Mönchstockheim, Nürnberg, Ochsenfurt, Rödelsee, Rüdenhausen, Schmalfeld, Unterspiesheim und Weyer bei Schweinfurt. Dieser Besitz ist bereits durch das Ebracher Gesamturbar von 1340 bezeugt. Durch Kauf kam 1431 noch der Klosterhof in der Reichsstadt Schweinfurt hinzu. Dank einer sehr pragmatischen Einstellung konnte Ebrach auch nach der Reformation in Nürnberg, Schwabach und Schweinfurt Einkünfte und Klosterhöfe halten. Zum Zeitpunkt der Säkularisation war Ebrach die reichste Abtei Frankens, die allein an Barvermögen 30000 Gulden in der Kasse hatte. Zum Vergleich dazu besaß

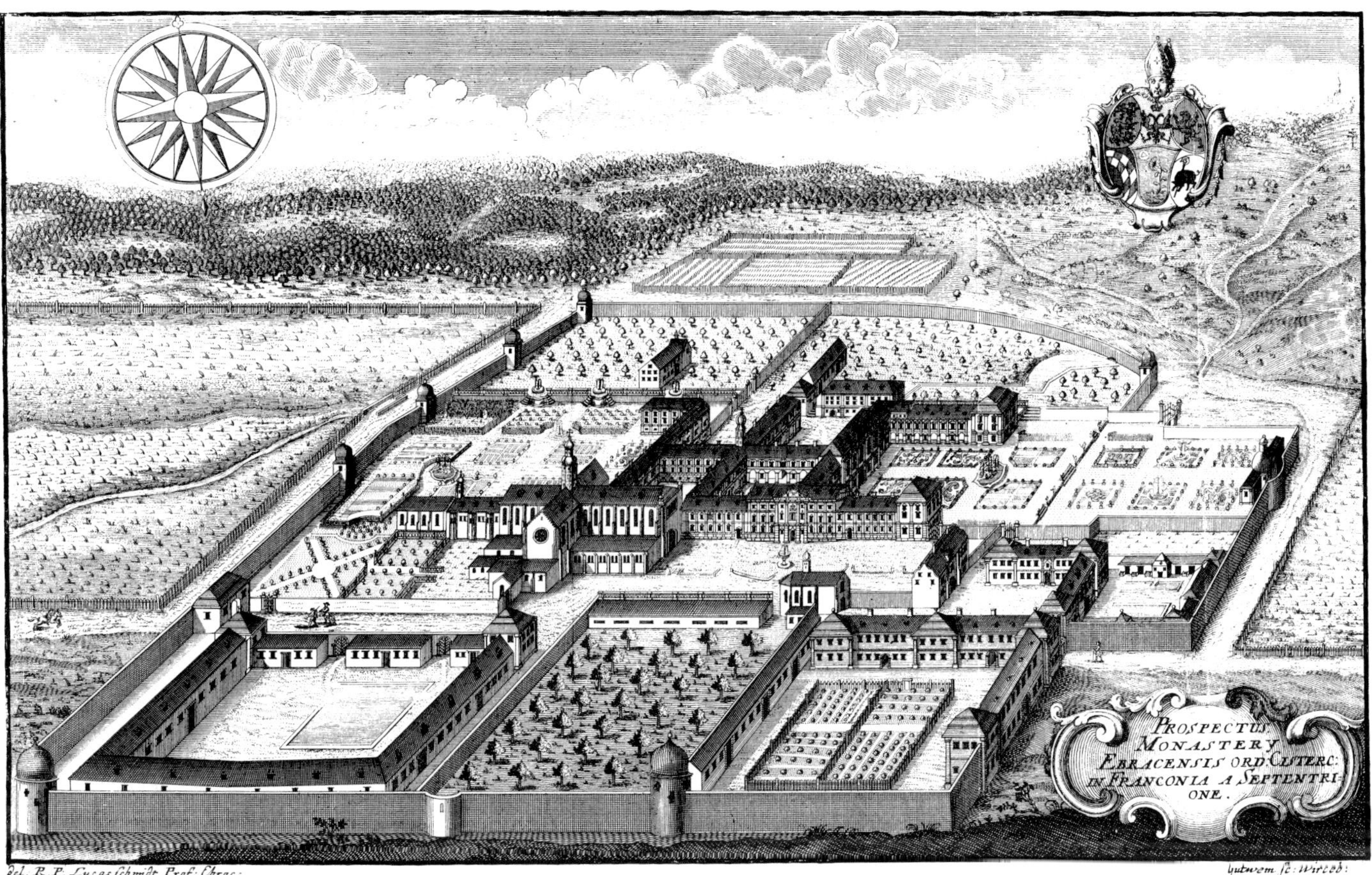

Ebrach, ehem. Zisterzienserkloster. Ansicht des Klosters von 1739. Stich von Johann Balthasar Gutwein nach einer Vorzeichnung des Ebracher Paters Lucas Schmidt.

das nicht gerade arme Benediktinerkloster Münsterschwarzach am Main nur etwa 7 000 Gulden Bargeld. Diese Wirtschaftskraft, die durch zahlreiche Rechte auf dem Gebiet der Gerichtsbarkeit ergänzt wurde, ließ in Ebrach immer wieder den Wunsch aufkommen, den Würzburger Fürstbischof als Landesherrn abzuschütteln und eine reichsunmittelbare Stellung zu erlangen. Vorbilder waren die großen Reichsklöster im Schwäbischen oder gar die mächtige Benediktinerabtei Fulda, die ein eigenes Hochstift bildete. Die Vorteile hätten dabei nicht nur im Gewinn politischer Selbständigkeit und größeren Ansehens gelegen, sondern wären auch durch den Wegfall lästiger Abgaben an den Würzburger Landesherrn von wirtschaftlicher Bedeutung gewesen. Ebrach versuchte also im Laufe seines Bestehens immer wieder, die Schutzbriefe der Kaiser und Päpste seit dem 12. Jahrhundert im Sinne der Reichsunmittelbarkeit auszulegen, während Würzburg auf der anderen Seite ebenso nachhaltig versuchte, diesen wichtigen »Steuerzahler« an das Hochstift zu binden. Man berief sich dabei vor allem auf den Würzburger Bischof Embricho, der 1134 bei der Weihe der ersten Abteikirche das Kloster ausdrücklich in seinen Schutz genommen und damit für das Hochstift reklamiert hatte. Durch eine besondere Geste suchte Würzburg diese Bindung noch zu stärken: Von 1287 bis 1573 ist nämlich der Brauch nachweisbar, die Herzen der Würzburger Fürstbischöfe in der Ebracher Abteikirche beizusetzen. Erst Julius Echter gab diese Tradition auf und verfügte, daß sein Herz in der von ihm gestifteten Kirche seiner Universität in Würzburg bestattet werden sollte. 1521 und 1523 diente diese Sitte der Herzbestattungen Kaiser Karl V. und Papst Clemens VII. als Argument, das Zisterzienserkloster weiterhin Würzburg zu unterstellen. Noch Jahrhunderte später kam es unter Abt Wilhelm Söllner (1714–1741) in dieser Frage zu ernsten Auseinandersetzungen mit Würzburg.

Ebrach, ehem. Zisterzienserkloster. Die Kirche des 13. Jahrhunderts und der Abteibau des 18. Jahrhunderts stehen nicht nur für Anfang und Ende der bedeutendsten Zisterze im Hochstift Würzburg, sondern auch für zwei wichtige Epochen in der Geschichte des Klosters.

Söllner ließ nämlich in einer »Brevis Notitia Monasterii Ebracensis«, die er 1738 im Druck herausbrachte und mit Kupferstichen des Klosters und der wichtigsten Amtshöfe illustrierte, die Geschichte der Abtei aufzeichnen und darin den Anspruch auf Reichsunmittelbarkeit begründen. Das Werk diente als Grundlage eines entsprechenden Prozesses in Rom. Fürstbischof Friedrich Carl von Schönborn (1729–1746) reagierte schnell, ließ die gesamte Auflage konfiszieren und in Würzburg öffentlich verbrennen. Auch eine zweite, 1739 in Rom herausgebrachte Auflage des umstrittenen Werkes half Ebrach nicht weiter, da Rom einer Entscheidung aus politischen Gründen aus dem Weg ging. Noch der letzte Ebracher Abt, Eugen Montag (1791–1803), rang um die Reichsunmittelbarkeit und widmete sich deshalb ausführlichen historischen Studien. Es klingt wie ein Treppenwitz der Geschichte, daß Ebrach ausgerechnet im Reichsdeputationshauptschluß von 1803, jenem Vertrag also, der die Rechtsgrundlage der Aufhebung auch dieses Klosters war, ein erstes und ein letztes Mal unter die reichsunmittelbaren Klöster gerechnet wurde.

Die Säkularisation mit ihren genauen Besitzinventaren offenbarte den ganzen Reichtum der Zisterzienserabtei, der sich nicht nur in besonderer Prachtentfaltung in der Kirche, den Prunkräumen des Abtes oder in den Klosterhöfen, die Schlössern gleich ausge-

▷

Ebrach, ehem. Zisterzienserkloster. Die Michaelskapelle an der Stirnfront des Nordquerarmes der Kirche wurde 1207 geweiht und ist der älteste erhaltene Bauteil von Ebrach. An ihren zahlreichen Kapitellen läßt sich die Entwicklung der romanischen Plastik um 1200 ablesen.

baut worden waren, sondern auch im Kunstbesitz und nicht zuletzt in einer vorzüglichen Bibliothek äußerte. So berichtete der Direktor der kurpfalz-bayerischen Kunstsammlungen, Johann Christian von Mannlich, den Kurfürst Maximilian I. Joseph losgeschickt hatte, um in den aufgehobenen Klöstern die bedeutendsten Kunstgegenstände für seine eigene Sammlung zu requirieren, am 3. Oktober 1803 nach München, daß sich in den Räumen des Abtes Gemälde »stark an der Zahl und von sehr guten italiänischen und anderen Meistern« befänden. Außerdem besaß der Abt »eine vollständige Sammlung von Albrecht Dürers Drucken und mehrere schöne Handzeichnungen«, auf die Mannlich ein Auge geworfen hatte. Es wäre jetzt allerdings falsch, aus der glänzenden wirtschaftlichen Situation der Abtei Schlüsse auf die Lebensführung im Kloster zu ziehen, das als Hort der Wissenschaft einen guten Namen hatte. Unter den Wissenschaftlern der frühen Zeit ragt der Mönch Konrad († 1399) als bedeutende Einzelpersönlichkeit heraus. Er war ein hervorragender theologischer Schriftsteller und lehrte als Professor an den Ordenskollegien in Prag und Wien. Wertvolle Handschriften des Ebracher Skriptoriums befinden sich in den Bibliotheken in München, Bamberg, Würzburg und Wolfenbüttel, wohin die Säkularisation sie zerstreut hat. Allein die Universitätsbibliothek in Würzburg verzeichnet 337 Inkunabeln Ebracher Provenienz in ihren Katalogen, den größten Einzelbestand überhaupt!

Daneben hat die Baukunst in der Geschichte Ebrachs von Anfang an einen hohen Rang eingenommen. Dies gilt für die Kirche genauso wie für die Konventsgebäude. Die Abteikirche ist das zweite Gotteshaus an dieser Stelle und wurde im Jahre 1200 begonnen. Die mit ihr verbundene Michaelskapelle konnte bereits 1207 mit drei Altären geweiht werden; sie ist der einzige Bauteil der Kirche, der auch im Inneren unverändert auf uns gekommen ist. In der für Kirchenbauten üblichen Weise wurde von Ost nach West, also mit dem Chor beginnend, gebaut. Um 1240 waren Chor und Querhaus weitgehend vollendet, und bis 1283 wurde das Langhaus errichtet. Am 9. September 1285 weihte der Würzburger Bischof Berthold von Sternberg die Abteikirche der Gottesmutter Maria und den beiden Nebenpatronen St. Johannes dem Evangelisten und St. Nikolaus.

Die Abteikirche wurde im Bauernkrieg schwer beschädigt, aber bald wiederhergestellt. Größere Erneuerungen wurden erst in der Barockzeit vorgenommen. Dazu zählt vor allem der Dachreiter über der Vierung, den Joseph Greising 1716 aufrichtete. Unter Abt Wilhelm Roßhirt (1778–1791) schließlich wurde die gesamte Innenausstattung durch den Würzburger Hofstukkateur Materno Bossi und den dortigen Hofbildhauer Johann Peter Wagner im frühklassizistischen Stil umgeformt, so daß die Ebracher Abteikirche heute von einem merkwürdigen Gegensatz von romanisch-frühgotischem Außenbau und klassizistischer Innenausstattung – Anfang und Ende des Klosters – geprägt wird.

Die Abteikirche bildet eine dreischiffige Pfeilerbasilika mit östlichem Querhaus und, nach Zisterzienserart, gerade geschlossenem Chor, den ein Umgang mit auf drei Seiten anliegendem Kapellenkranz begleitet. Wie üblich fehlt ein Turm, doch hat Greisings »Dachreiter« über der Vierung durchaus schon Turmformat. Überhaupt sind die Abmessungen der Kirche recht respektabel mit einer Länge von 84,5 Metern und einer Breite von 44,5 Metern, im Innern des Querhauses gemessen.

Stilistisch läßt sich, von der Michaelskapelle ausgehend, mit ihrer gliederungsfreudigen Instrumentierung, vor allem im Chorbereich, eine Hinwendung zu einer Frühgotik von zisterziensisch-burgundischer Schlichtheit beobachten. Eine schmuckfreudigere Spätromanik vollendete im fünften Jahrzehnt des 13. Jahrhunderts das Querschiff, bis bald darauf eine neue Bauführung im Langhaus wieder zu einer strengeren Architekturauffassung zurückkehrte. Ein Hauptstück dieser Bauperiode, die den Querhausrosen von Notre Dame in Paris nachgebildete Fensterrose in der Westfassade, ist freilich nur in einer neuzeitlichen Kopie in situ vorhanden. Das Original befindet sich seit 1886 im Bayerischen Nationalmuseum in München.

Nur die Michaelskapelle am nördlichen Querhausarm, die ehemals als Sepulturkapelle diente, ist auch im Inneren noch als mittelalterlicher Raum erhalten. Ihr romanischer Ostteil mit Chor und Querhaus ist um acht Stufen erhöht, um der darunterliegenden Krypta, die als Beinhaus diente, Platz zu geben. Der übrige Innenraum der Abteikirche ist gänzlich mit einer frühklassizistischen Stuckverkleidung überzogen, die aber noch etwas von den vorzüglichen Maßver-

▷

Ebrach, ehem. Zisterzienserkloster. Das Innere der Kirche gegen die Orgelempore mit der Westrose läßt trotz der bemerkenswert einheitlichen klassizistischen Ausstattung des ausgehenden 18. Jahrhunderts noch die ursprünglichen Proportionen des Bauwerks aus dem 13. Jahrhundert erkennen.

◁
Ebrach, ehem. Zisterzienserkloster. Der über zwei Geschosse reichende und sich über die ganze Breite des Corps-de-logis der Abtei erstrekkende Hauptsaal untermauert in Aufwand und Programm den Anspruch des Klosters auf die Reichsunmittelbarkeit.

Ebrach, ehem. Zisterzienserkloster. Trotz der entstellenden Veränderungen des 19. Jahrhunderts gehört das Treppenhaus in Ebrach zu den prunkvollsten und aufwendigsten Treppenanlagen der Barockzeit in Franken.

hältnissen dieser Kirche ahnen läßt. Trotz seines absoluten Verdiktes über Bossis Stuckverkleidung, die darin gipfelt, daß Bossi den »großartigsten frühgotischen Bau, den Deutschland hervorgebracht hat, ... wo nicht materiell, so doch ästhetisch vernichtet« haben soll, milderte Dehio wenig später schon ab, indem er dem Stukkateur wenigstens zugestand: »Er ließ das neue Gewand sich eng an den alten Gliederbau anschmiegen, so daß man den kühnen und strengen Rhythmus desselben noch immer herausfühlt«. Das dritte Element der Ausstattung von Ebrach sind jene barocken Ausstattungsteile aus dem 17. und 18. Jahrhundert, die Bossi ausgespart hat, so die Stuckdekoration der Südwand des Querhauses, die 1698 von Giovanni Battista Brenno geschaffen wurde. Auf einem Balkon über der Sakristeitüre sind als Freireliefs

Ebrach, ehem. Klosterhof in Mainstockheim. Noch zu Beginn des Dreißigjährigen Krieges konnte Kloster Ebrach 1624 in Mainstockheim einen großen Amtshof entstehen lassen. An dem Bauwerk im Stil der Renaissance interessiert besonders die bemerkenswerte Podesttreppe im Inneren, deren vier Arme um freistehende Pfeiler angelegt sind.

vor einer illusionistisch gestalteten Halle Maria und die Apostel versammelt, um das Pfingstwunder zu erleben, das sich zu ihren Häuptern ereignet: Ein Musterbeispiel für barockes »theatrum sacrum« in Stuck. An der zugehörigen Retabelarchitektur fallen besonders die über Eck gestellten Marmorsäulen auf, die für die Genese des apsidialen Barockaltares in Franken noch näher zu beachten wären.

Zu den herausragenden Ausstattungsstücken des Rokoko zählt das ehemalige Chorgitter, das 1753/54 von Johann Georg Oegg geschaffen wurde und heute unter der Orgelempore den Eintritt in die Kirche verwehrt. Das prachtvolle Gitterwerk des wohl bedeutendsten Kunstschlossers der Barockzeit, dessen Name vor allem mit den Kunstschmiedearbeiten der Würzburger Residenz verbunden ist, offenbart sich als eine reife Schöpfung des Rokoko, in die sich schon die ersten Formen des aufkeimenden Klassizismus mischen. Noch umrankt leichtes Laubwerk die Eisenstäbe, deren oberer Abschluß an die Giebelarchitekturen eines Johann Lukas von Hildebrandt erinnert, doch die klassizistischen Vasen über den »Pfeilern« zu Seiten des Mittelportales sprechen bereits eine neue Sprache.

Von Bedeutung sind in Ebrach die Konventsgebäude, die sich als einheitliches, wenn auch vielgestaltiges Werk der ersten beiden Jahrzehnte des 18. Jahrhunderts präsentieren. »Sie eröffnen«, um noch einmal Georg Dehio zu zitieren, »für Franken die Reihe jener im Verhältnis zum Zweck unbegreiflich kolossalen Anlagen, in denen die süddeutschen Klöster im letzten Jahrhundert vor der Säkularisation ihren Ruhm suchten«. Die Klostergebäude wurden in mehreren, zeitlich weit auseinanderliegenden Bauphasen errichtet. Unter Abt Ludwig Ludovici, der 1686 gewählt worden war, wurde sogleich der erst 26jährige Johann Leonhard Dientzenhofer von Waldsassen nach Ebrach berufen und 1688 der Grundstein gelegt. Dientzenhofers großzügige Planung sah ein weiträumiges Geviert vor, das von Zwischentrakten in vier Binnenhöfe gegliedert werden sollte. Ausgeführt wurden davon nur Teile, vor allem im östlichen Bereich. Es war dies der erste Auftrag Dientzenhofers im Fränkischen, dem sich in den nachfolgenden Jahren eine reiche Bautätigkeit vor allem im Hochstift Bamberg anschloß. Mit seinem Namen sind auch die beiden Klöster St. Martin und St. Michael verbunden.

Nach 1702 ruhte das Bauwesen zunächst einmal; die Hauptursache mag im Spanischen Erbfolgekrieg gelegen haben. Erst unter Abt Wilhelm Söllner, der ab 1714 regierte und, wie gesagt, einer der energischsten Vertreter der Reichsunmittelbarkeit Ebrachs war, wurde der Neubau wiederaufgenommen. Das bisher Gebaute war zwar stattlich, aber erstens in seiner äußeren Erscheinung eher trocken, und zweitens fehlten jene Repräsentationsräume wie Treppenhaus, großer Festsaal oder eine entsprechende Gartenanlage, die schon vom Äußeren her den Anspruch Ebrachs auf die Reichsunmittelbarkeit unterstreichen sollten. Die Bauarbeiten setzten 1715 im Bereich des Querflügels mit Treppenhaus und Kaisersaal ein. Möglicherweise hat sogar Balthasar Neumann dafür Pläne ausgearbeitet, da er im März 1716 »für verschiedene abriss über den neuen abtey bau« hundert Gulden ausbezahlt erhielt. Planung und Bauleitung in diesem Stadium des Abteibaues hatte jedoch Joseph

Ebrach, ehem. Amtsschloß in Burgwindheim. Zur Verwaltung des weitgestreuten Besitzes mußte Ebrach an zahlreichen Orten eigene Amtshöfe errichten. Nicht selten waren sie so aufwendig wie das zwischen 1720 und 1725 erbaute Amtsschloß in Burgwindheim.

Greising aus Würzburg. Greising sind wir in diesem Kapitel schon im Benediktinerkloster Theres begegnet, das gleichzeitig mit Ebrach entstand. Ebrach zählt zu Greisings Hauptwerken auf dem Gebiet des Klosterbaues, in dem er sich von einer sonst bei ihm zu beobachtenden Kleinteiligkeit in Massenführung und Gliederung seiner Architekturen befreien konnte.

Die Konventsgebäude von Ebrach bilden ein lehrreiches Beispiel für die kollektivistische Bauweise des Spätbarock, um ein Wort von Hans Rose aufzugreifen. Nehmen wir die Nordfassade des Abteigebäudes, die sich im rechten Winkel zur Kirchenfront entwikkelt: An ein siebenachsiges, zweigeschossiges Fassadenkompartiment, das von den Plänen des 1707 verstorbenen Johann Leonhard Dientzenhofer übriggeblieben war, schloß Greising einen großen, dreigeschossigen Bau von neun Achsen an, der im Inneren Treppenhaus und Kaisersaal aufnimmt. Dann wiederholte er die sieben Dientzenhoferschen Achsen noch einmal symmetrisch und beschloß die Front mit einem Pavillon von drei Travéen im Geviert mit reichgestuftem Mansarddach. Trotz des Wechsels von Bauherren, Ideen und Baumeistern über ein ganzes Menschenalter hinweg entstand am Ende doch ein geschlossenes Ganzes.

Man sollte das Kapitel Ebrach nicht abschließen, ohne wenigstens mit einigen Sätzen auf die großen, häufig Landschlössern gleichenden Kurien der Zisterzienserabtei einzugehen. Der älteste dieser »Schloßhöfe« ist jener in Mainstockheim, der um 1624 errichtet wurde. Abgesehen von Ecktürmen, Renaissancegiebeln und einem reichgegliederten Portal sowie einer vierteiligen Podesttreppe im Inneren handelt es sich um ein verhältnismäßig schlichtes Gebäude, das noch am ehesten die Zweckbestimmung als Wirtschafts- und Verwaltungsnebenstelle der Abtei erkennen läßt. Anders bei dem Amtshof in Burgwindheim, nur acht Kilometer östlich der Abtei an der Straße nach Bamberg gelegen. Hier verknüpften sich zwei Anliegen: Erstens die Nutzung als Wirtschaftshof und zweitens die Repräsentanz der Abtei an der von ihr geförderten Wallfahrt zum Heiligen Blut. Dazu lebten in diesem zwischen 1720 und 1725 erbauten Schloß ständig zwei Patres, deren Appartement und Hauskapelle in einem eigenen, gesonderten Teil des Schlosses lag, der über eine separate Wendeltreppe vom Hof aus zu erreichen war. Das »Lustschloß« des Abtes dagegen befand sich im nördlichen Flügel zusammen mit dem Hauptsaal. Die Ebracher Äbte pflegten jährlich während der Wallfahrt zum Heiligen Blut im Sommer einige Zeit in Burgwindheim zu weilen. Dies genügte offenbar als Grund für die Errichtung dieser kleinen, aber kostbaren Anlage, mit der man als Baumeister Maximilian von Welsch, aber auch Balthasar Neumann in Verbindung gebracht hat. Von der Größe her noch aufwendiger ist der 1728 vollendete Dreiflügelbau des Amtsschlosses in Sulzheim mit seiner barocken Orangerie im Garten südlich des Schlosses. Im Deckengemälde des Treppenhauses, das den Sturz des Mars und den Sieg des Merkur darstellt – symbolisch für den Untergang des Krieges und den Sieg von Handel und Wirtschaft –, wird programmatisch die Bedeutung des Schlosses als Wirtschaftsbetrieb der Abtei unterstrichen. Der letzte der großen barocken Amtshöfe in Oberschwappach entstand bis gegen 1738. Wiederum als Dreiflügelbau gestaltet mit Mansarddächern und einem nordwärts vorgelagerten Garten auf drei Terrassen. Mit Oberschwappach endet gewissermaßen auch die Geschichte der Zisterzienserabtei Ebrach, denn der letzte Abt, Eugen Montag, erhielt nach der Säkularisation dieses Schloß von den bayerischen Behörden als Wohnsitz bis zu seinem Tod zugewiesen.

Schlüsselau

Angesichts der starken Stellung Ebrachs in der Region mutet es schon merkwürdig an, daß sich ganz in der Nähe, am Rande des Steigerwaldes, wenige Kilometer nordöstlich von Pommersfelden, das Zisterzienserinnenkloster Schlüsselau etablieren konnte. Erklärlich wohl nur deshalb, weil es sich eben um ein Frauenkloster handelte und weil anfangs der Ebracher Abt als Visitator fungierte, bis er dieses Amt an seinen mächtigen »Mitbruder«, den Zisterzienserabt des oberfränkischen Langheim, abtrat. Die Lage war jedenfalls für eine Gründung einer Zisterze ideal: am Ufer der Reichen Ebrach, umgeben von Wiesen, Feldern und Wald. Wie im Falle von Mariaburghausen handelte es sich um eine adelige Stiftung. Stifter des Klosters war vermutlich Eberhard IV. aus dem Geschlecht der Edelfreien von Schlüsselberg, einem der bedeutendsten fränkischen Adelsgeschlechter, das über ein stattliches Herrschaftsgebiet im Bereich der Fränkischen Schweiz und des Aischgrundes regierte. Der 1283 gestorbene Schlüsselberger gründete die Zisterze gegen 1280 als Grablege für sich und seine Familie und berief dazu die ersten Nonnen aus Mariaburghausen unter der Führung seiner Tochter Gisela († 1308), der ersten Äbtissin von Schlüsselau. Erst im Jahre 1295 wurde die junge Gründung formell in den Zisterzienserorden inkorporiert. Von Ebrach aus kamen die Kapläne, Beichtväter und vermutlich auch die Konversen, Laienbrüder also, die die Wirtschaft des Klosters besorgten.

Im 14. Jahrhundert regierte die für die Entwicklung des Klosters wohl bedeutendste Äbtissin, Anna von Schlüsselberg (1339–1377/79). Sie bemühte sich um den Ausbau der Niederlassung durch Zuerwerb und Tausch von Besitzungen vor allem in Klosternähe zwischen Reicher Ebrach und Aischgrund. Trotzdem gehörte Schlüsselau nie zu den reichen Klöstern und dürfte im Durchschnitt nur etwa 20 Nonnen beherbergt haben, die meist adeliger Herkunft waren.

Erst das Aussterben der Stifterfamilie der Schlüsselberger 1379 nahmen die Zisterzienserinnen zum An-

laß, sich unter den Schutz des Kaisers zu stellen und ihn um Bestätigung ihrer alten Rechte zu bitten.
Dennoch geriet die Zisterze bald in Schwierigkeiten. Die Nonnen mußten wegen der ihnen auferlegten strengen Klausur, die ihnen ein Verlassen des Klosters verbot, die Felder immer häufiger von weltlichen Kräften gegen Bezahlung bestellen lassen – Konversen oder Laienschwestern waren kaum noch zu bekommen. Wie in Wechterswinkel schwächten außerdem private Pfründen und Einnahmen einzelner Klosterfrauen den inneren Zusammenhalt.
Das einsam gelegene, wirtschaftlich schwache und von inneren Krisen geschüttelte Kloster überlebte die stürmische Zeit des 16. Jahrhunderts nicht: Zweimal, 1525 und 1553, mußten die Nonnen vor den aufständischen Bauern und dem »wilden« Markgrafen Albrecht Alcibiades in den Schlüsselauer Hof am Kaulberg in Bamberg flüchten. Jedesmal wurden die Klostergebäude zerstört, zuletzt sogar die Kirche. Während der Reformationszeit verließen einige Nonnen die Abtei, und 1554 waren alle Nonnen außer der fünfundsiebzigjährigen, erblindeten Äbtissin Brigitte von Stiebar gestorben. Mit ihrer Zustimmung hob der Bamberger Fürstbischof Weigand von Redwitz das Kloster am 1. August 1554 auf.
Seit ihrem Wiederaufbau 1603 dient die ehemalige Klosterkirche als Pfarrkirche. In die einstigen Konventsgebäude zogen der Pfarrer und die Verwaltung des Klostergutes ein. Zeitweilig war in Schlüsselau ein Hospiz für alte und pflegebedürftige Priester eingerichtet. Obwohl schon im 17. Jahrhundert Pläne für eine Wiederbesiedlung des Klosters bestanden, konnten diese erst 1949 realisiert werden, als ein Konvent der Beschuhten Karmeliterinnen einzog, der jedoch bereits zwei Jahrzehnte später, 1968, nach Erlangen-Büchenbach verlegt wurde.
In Schlüsselau weist nach den Zerstörungen des 16. Jahrhunderts nur die Abteikirche noch größere Reste an Bausubstanz aus klösterlicher Zeit auf. Die ehemalige, der Heiligsten Dreifaltigkeit und der Gottesmutter Maria geweihte Abteikirche entstand in zwei Bauperioden: Im späten 13. bis ins frühe 14. Jahrhundert errichtete man den Chor und die beiden östlichen Langhausjoche. Mitte des 14. Jahrhunderts folgte dann der Ausbau auf die heutige Länge.
In der Gesamtanlage weist die Kirche von Schlüsselau große Ähnlichkeit mit Mariaburghausen auf und folgt damit dem im 13. Jahrhundert entwickelten Typ der Nonnenklosterkirche mit in gleicher Breite sich entwickelndem Chor und Langhaus, langgestreckt und mit tief in das Langhaus hineinragendem Nonnenchor. Im Detail freilich wurde die 1603 wiederaufgebaute Kirche völlig verändert, und nur der Chor mit Kreuzrippengewölbe und Fünfachtel-Schluß zeigt originale Substanz aus klösterlicher Zeit.

Schlüsselau, ehem. Zisterzienserinnenkloster. Das Kenotaph des Erbauers der Kirche, Gottfried von Schlüsselberg († 1308), stand ursprünglich auf vier Säulen in der Mitte des Presbyteriums.

Die 1553 ruinierten Konventsgebäude wurden beim Wiederaufbau vollends abgetragen. Letzte Spuren finden sich auf der Nordseite der Kirche, wo sich Reste eines Kreuzgangs im Putz abzeichnen.
Die Ausstattung der Kirche wird weitgehend von der barocken Einrichtung um 1730 bestimmt. Spolien aus zisterziensischer Zeit gibt es nur wenige. Darunter ist der Kenotaph des Gottfried von Schlüsselberg († 1308) im Chor zu nennen, der offenbar die Gaben Eberhards ergänzt und damit den Anspruch des Geschlechts auf das Kloster bekräftigt hatte. Ursprünglich stand die Grabplatte mit dem prachtvoll skulpierten Wappen der Schlüsselberger auf vier Säulen mitten im Chor. Zu den frühen Arbeiten vom Beginn des 14. Jahrhunderts zählt auch der ausgezeichnete, überlebensgroße Kruzifixus an der Wand des Langhauses mit seinen für die frühe Gotik kennzeichnenden strengen Formen. Die Evangelistensymbole an den Enden der Kreuzbalken wurden um 1603 erneuert. Zu erwähnen ist noch aus klösterlicher Zeit ein ausgezeichnetes Tafelbild mit einer Darstellung der Heiligen Sippe, das im frühen 16. Jahrhundert im Umkreis Albrecht Dürers entstanden sein dürfte.
Ebenfalls an eine Schöpfung Dürers lehnt sich das Hochaltarbild der »Schmerzhaften Dreifaltigkeit« an, das im Zusammenhang mit der Erneuerung der Kirche 1603 entstand und das Joachim Hotz mit dem Bamberger Hofmaler Wolf Fugker in Verbindung gebracht hat. Dieses Bild ist zugleich Ziel einer Wallfahrt, die noch heute vor allem am Dreifaltigkeitsfest stattfindet. Sie hat ihren Ursprung im frühen 16. Jahrhundert und war von den damals wirtschaftlich arg gebeutelten Zisterzienserinnen zur Erschließung neuer Einnahmequellen gefördert worden.

Münchsteinach

Der kleine Ort Münchsteinach im südwestlichen Steigerwald, etwa auf halber Höhe zwischen Scheinfeld und Neustadt/Aisch gelegen, hat als besondere Kostbarkeit eine der kunstgeschichtlich wertvollsten romanischen Kirchen Frankens aufzuweisen. Dies wird insbesondere seit der Renovierung zwischen 1964 und 1970 eindrucksvoll sichtbar.
Das ehemalige Benediktinerkloster in Münchsteinach geht auf eine Stiftung des Adalbert von Steinach und seiner Schwester Adelheid zurück, die um 1133 eine »cella« St. Nikolaus gründeten und diese dem Bischof von Würzburg übergaben. Nach den Forschungen von Gerhard Pfeiffer kam der erste Konvent vermutlich aus dem Kloster Komburg. 1139 wird ein erster Abt Hartmann genannt. Kaiserliche Bestätigungen für das »cenobium in Steinach« sind für die Jahre 1181, 1272 und 1405 überliefert. Ursprünglich lag die Schutzvogtei für das Kloster bei den Herzögen von Schwaben. Sie wurde 1251 oder 1265 von König Konradin dem Burggrafen von Nürnberg übertragen und ging später an die Markgrafen von Ansbach über. Damit war die weitere Entwicklung von Münchsteinach vorgezeichnet.
Trotz einer glanzvollen Zeit unter Abt Wilhelm von Abenberg (1452–1495), der die Klosterkirche renovierte und wehrhafte Mauern anlegte, traf der Bauernkrieg Münchsteinach so schwer, daß es sich nie mehr erholte. Abt Christoph von Hirschaid (1519 bis 1529) wurde von den Aufständischen nach Marktbibart entführt, wo man hohe Kontributionen erpreßte. Die drei verbliebenen Mönche konnten nur noch wenig ausrichten. Zudem hatten sich die Ansbacher Markgrafen der lutherischen Lehre angeschlossen, zogen folgerichtig das Klostergut ein und lösten die Gemeinschaft 1529 auf. Münchsteinach wurde zum Klosteramt umgestaltet, als Kameral- und Steuerbehörde für 19 Orte, darunter so weit entfernte wie Frickenhausen am Main. Dort besaßen die Benediktiner seit 1341 mehrere Weinberge und einen »Mönchshof«.
Obwohl das Kloster seit dem 16. Jahrhundert säkularisiert ist, prägen seine Bauten Münchsteinach bis heute. Die Gesamtanlage des wehrhaften Komplexes ist noch deutlich erkennbar. Einzelne Gebäude, wie Klostermühle, -bräu und -gästehaus, sind trotz Umbauten des 18. Jahrhunderts im wesentlichen erhalten. Die beiden wichtigsten Bauwerke jedoch sind das vom letzten Abt um 1520 erbaute sogenannte

Münchsteinach, ehem. Benediktinerkloster. In der Bauskulptur weist die Kirche zahlreiche bemerkenswerte Details auf. Darunter dieses Adlerkapitell, das stilistisch mit der Bauskulptur St. Jakob in Regensburg verwandt ist.

»Schlößchen« und die ehemalige Klosterkirche selbst. Das »Schlößchen« ist ein dreigeschossiger Bau in den Formen der Spätgotik mit Krüppelwalmdach. Seine Erbauung belastete die Finanzen des Klosters schwer, was nicht unwesentlich zum Untergang Münchsteinachs beigetragen haben dürfte.
Herzstück des Klosters aber war die heutige evangelische Kirche St. Nikolaus. Ihre Erbauung fällt in die Jahre 1170/80, vermutlich als Nachfolgerin einer vormaligen Eigenkirche der Herren von Steinach. Die Ostteile des Gotteshauses wurden um 1220 erneuert und in reicheren Formen wiederaufgebaut: dreischiffige, kreuzförmige Basilika mit ausgeschiedener Vierung und dreiteiligem Staffelchor. Das sieben Joche umfassende Langhaus wird durch Arkaturen auf quadratischen Pfeilern gegliedert und gegen die Seitenschiffe getrennt. Der Chorschluß ist siebenteilig. Über den beiden Nebenchören erhoben sich zwei

Münchsteinach, ehem. Benediktinerkloster. Die in der Zeit zwischen 1170/80 und etwa 1220 erbaute Kirche zählt in ihrer strengen Monumentalität zu den beeindruckendsten romanischen Kirchenbauten der Region.

Türme, von denen nur der südliche erhalten ist. Die Kirche ist flach gedeckt. Ursprünglich war der Chor gewölbt, was Rippenansätze erkennen lassen.

In der baulichen Anlage haben sich Einflüsse der Hirsauer Tradition niedergeschlagen, die sich auch archivalisch belegen läßt, denn von Hirsau aus wurde ein Mönch als Abt nach Steinach entsandt. Bei der Bauskulptur sind Beziehungen sowohl nach Hirsau als auch nach Regensburg auffällig. Der reiche Kapitellschmuck in der Vierung zeigt verschlungene Bandornamentik in der Art der Hirsauer Schule. Eine Entwicklung bis hin zu von pflanzlichen Formen abgeleiteten Blattkapitellen mit großen, tief geschnittenen Ornamenten ist erkennbar. Als besonders schönes Stück gilt ein Adlerkapitell in der südlichen Nebenapsis, das den Formen von St. Jakob in Regensburg nahesteht und den Schluß zuläßt, daß anfangs des 13. Jahrhunderts Angehörige der Regensburger Bauhütte in Münchsteinach gearbeitet haben.

Herausragender Teil der Ausstattung der Kirche aber ist der Lettner, der bei der jüngsten Renovierung wiederentdeckt und rekonstruiert wurde. Er stand ursprünglich vor dem Kreuzaltar in Höhe des sechsten Langhauspfeilers. Zu beiden Seiten führten kleine Pforten in den Chor. Schrankenmauern setzten den Lettner in die Seitenschiffe fort. Im südlichen Seitenschiff hat man die Schrankentür wiederaufgebaut und die nördliche Schrankentür sowie den Mittelschifflettner an der südlichen Seitenschiffmauer museal präsentiert.

Schwarzenberg

Fürst Johann Adolf I. zu Schwarzenberg und seine Gemahlin Maria Justina ließen im Jahre 1670 auf einer Anhöhe östlich ihres oberhalb Scheinfelds gelegenen Schlosses an der Stelle einer Bildeiche eine Gnadenkapelle errichten. Die Gräfin hatte dafür ein Gnadenbild aus Passau erworben. Das Geld für diese hölzerne Kapelle kam bezeichnenderweise aus Stiftungs- und Strafgeldern ihrer Dienerschaft zusammen, das diese bei unentschuldigtem Fernbleiben von den Marienandachten entrichten mußten.
Schon im Zusammenhang mit der Rekatholisierung seines Landes hatte 1627/28 der seinerzeitige Graf Georg Ludwig aus Dettelbach Franziskanermönche zur Seelsorge in der Pfarrei Scheinfeld herangezogen. 1666 suchte dann der Provinzial der thüringischen Ordensprovinz um die Gründung eines Klosters in Scheinfeld nach; eine Bitte, der jedoch nicht sofort entsprochen wurde. Nach längeren Verhandlungen erhielten die Franziskaner schließlich 1699 die fürstliche Genehmigung zur Gründung eines Hospizes bei der oben erwähnten Gnadenkapelle Maria Hilf.
1701 wurde der Grundstein zum Klosterbau nach den Plänen des Laienbruders Antonius Peyer gelegt, und bereits im folgenden Jahr konnten die Franziskaner in den Südtrakt einziehen. Außer dem Refektorium und der Küche enthielt dieser Trakt ein Oratorium mit drei Altären und einer Kanzel. In den folgenden Jahren förderte das Haus Schwarzenberg immer wieder die Entwicklung dieser Niederlassung, beispielsweise im Jahr 1705, als Fürst Adam Franz die Stiftung von jährlich 900 Messen erneuerte, welche die Franziskaner zum Teil auch in der Schloßkapelle von Schwarzenberg lesen mußten. Unter dem selben Fürsten wurde 1730 durch den Scheinfelder Maurermeister Gottfried Schneider der West- und im Jahr danach der Ostflügel der Klosteranlage errichtet. Die Niederlassung wuchs zwischen 1725 und 1732 von drei auf zwölf Patres an und wurde deshalb am 21. Juni 1732 zu einem förmlichen Konvent mit P. Makarius Emmert als erstem Guardian erhoben.
Einen wichtigen Meilenstein bildete die Errichtung der Klosterkirche. 1730 hatte man dafür einen Bauplatz ausgewählt, doch dieses Grundstück gehörte pikanterweise dem benachbarten protestantischen Markgrafen von Ansbach. Erste Baupläne lehnte das Würzburger Ordinariat ab und überwies sie dem Baubüro Balthasar Neumanns zur Überarbeitung – ein damals nicht ungewöhnlicher Vorgang, denn Fürstbischof Friedrich Karl von Schönborn legte stets großen Wert darauf, »an dergleichen nächst der Straße gelegenen Kirchengebäuen etwas recht Sauberes herzustellen«. Die Veränderungen des Neumannschen Baubüros betrafen vor allem die Proportionen der Kirche – die Maße wurden auf die übrige Klosteranlage abgestimmt und der Chor auf Langhausbreite gebracht – sowie Details der Wand- und Fassadengliederung. Insgesamt aber wurde der auf den Petrini-Schüler Antonius Peyer zurückgehende Plan nicht angetastet. Deshalb gleicht die Klosterkirche in ihrer Raumerscheinung auch eher einem Bau vom Jahrhundertanfang denn einem der dreißiger Jahre des 18. Jahrhunderts. Die Architektur ist von größter Schlichtheit: Ein Gerüst aus blockhaften, stämmigen Wandpfeilern gliedert die fünf Joche der Saalkirche, deren Altarraum einen dreiseitigen Schluß aufweist. Laienkirche und Mönchschor sind durch die Architektur kaum unterschieden; lediglich ein um zwei Stufen erhöhtes Bodenniveau und die Brüstung der Kommunionbank trennen die beiden Raumteile. Auch das leicht segmentierte Tonnengewölbe mit den Stichkappen über den Fenstern ist betont schmucklos gehalten. Nur die Gurte zwischen den Pfeilern und die die Stichkappen rahmenden Profile sind farbig abgesetzt.
Das Bild der Ausstattung wird vor allem durch die fünf Rokokoaltäre und die Kanzel geprägt. Während die Kanzel bereits 1735 aufgestellt wurde, folgten die heutigen Altäre erst um 1764/65. Ein Meister der ländlichen Schöpfungen ist nicht überliefert. Hauptstück ist der Hochaltar, »zu dessen triumphbogenartiger Säulenarchitektur sich die bescheidenen, kulissenartig angeordneten Seitenaltäre schrittweise steigern« (Altmann). Wieder hat das Fürstenhaus hier als Stifter fördernd eingegriffen, wie aus dem unter der Gruppe der Dreifaltigkeit angebrachten Allianzwappen von Fürst Josef Adam und seiner Gemahlin Maria Theresia hervorgeht.
Bald nach der Konsekration der Kirche durch Weihbischof Johann Bernhard Mayer aus Würzburg im Jahre 1735 regte sich der Wunsch nach einem würdigen Neubau der baufällig gewordenen Gnadenkapelle aus Holz hinter der Kirche. Dieser erfolgte zwischen

Schwarzenberg, Luftaufnahme vom Franziskanerkloster. Obwohl die Kirche in den dreißiger Jahren des 18. Jahrhunderts erbaut worden ist, griff man auf Baupläne vom Jahrhundertanfang zurück. Ihre Erscheinung wird deshalb weitgehend von der Ausstattung mit den Rokoko-Altären und der Kanzel geprägt.

1743 und 1746. Die an den Chorscheitel angebaute Gnadenkapelle ist durch zwei Türbogen hinter dem Hochaltar erreichbar. Das Gnadenbild, eine steinerne Nachschöpfung des Passauer Maria-Hilf-Bildes bzw. der auf Lucas Cranach zurückgehenden Originalfassung von 1514 in Innsbruck, wird durch einen recht behäbigen Rokokoaltar gefaßt, den der Kitzinger Bildhauer Rainer Wirl 1745 für das Kloster geschaffen hat. Wirl gehörte in den Kreis der Künstler um Balthasar Neumann und scheint hier ein Erstlingswerk vorgelegt zu haben. Seine späteren Schöpfungen in Volkach, Vilchband oder Gaibach, um nur einige zu nennen, lassen eine erhebliche Steigerung seines künstlerischen Vermögens erkennen, das sich durchaus mit einem Johann Wolfgang von der Auwera vergleichen kann.

Kloster Schwarzenberg hat das große Klostersterben im Zuge der Säkularisation überdauert. Zwar wurde der Konvent 1807 aufgehoben, doch durften die Mönche beisammen bleiben. 1835/36 wurde die Aufhebung auf Wunsch König Ludwigs I. rückgängig gemacht, und der noch erhaltene Konvent wurde der bayerischen Provinz der Franziskanerreformaten angegliedert. Die Bürokratie konnte dann aber doch noch einen Erfolg verbuchen: Auf Veranlassung des königlichen Staatsministeriums des Innern wurde das renovierungsbedürftige Kloster 1866 versteigert, und die dort nur als Gäste geduldeten Franziskanerreformaten mußten die Gebäude räumen. 1867 gingen die Immobilien in den Besitz der Pfarrei Scheinfeld über, die ihrerseits bereits 1869 das »Kloster nebst Zubehör« den Würzburger Franziskanerminoriten als Schenkung vermachte. Seitdem wirken diese in Schwarzenberg und unterhalten seit 1969 dort ein Bildungshaus.

Birklingen

Im Steigerwald gab es eine Reihe von Klöstern und Konventen, die nur über wenige Jahrzehnte florierten. Ein Beispiel dafür ist das St. Maria geweihte Priorat der Augustinerchorherren in Birklingen nahe Iphofen. Seit 1454 wurde dort ein wundertätiges, in einem Baum gefundenes Marienbild verehrt. Angeblich gaben Graf Wilhelm II. von Castell und dessen Gemahlin Geld für einen Klosterbau; jedenfalls wurden die beiden und deren Sohn Graf Friedrich IX. in Birklingen bestattet.
1458 wurde dort eine kleine Kirche erbaut. Zur Sicherung der Wallfahrt berief Bischof Johann von Grumbach von Würzburg Augustinerchorherren aus Heidenfeld und Triefenstein. Da die Niederlassung nicht so recht florierte, rief der Bischof 1461 neue Konventualen aus dem Kloster Kirschgarten, das der Windesheimer Kongregation angehörte, nach Birklingen. Im Jahr darauf zerstörte der Markgraf Albrecht Achilles aus Ansbach den Ort, doch schon 1463 wurde das neue Kloster offiziell an die Windesheimer Kongregation angegliedert. Die neuerrichteten Gebäude konnten 1466 bezogen werden. Damals pilgerten Wallfahrten aus Böhmen, Ungarn, Italien und aus allen Gegenden des Reiches nach Birklingen.
1480 legte Prior Meffrid den Grundstein für Erweiterungsbauten von Dormitorium und Refektorium, die 1482 vollendet waren – ein weiteres Zeichen für das Florieren der Wallfahrt. Für das Jahr 1500 ist die Vollendung eines gewölbten Kreuzganges überliefert, und 1506 war die Wallfahrtskirche vollendet. Wie die Geschichte zeigt, machte die Wallfahrt das Stift rasch vermögend. Dazu kamen Pfarreien wie St. Martin in Iphofen (1471), Geiselwind und Falkenstein.
Um das Jahr 1500 erbauten sich die Augustinerchorherren in Dettelbach am Main einen stattlichen Hof, um dort ihre Einkünfte aus Wein- und Zehntrechten zu lagern und zu verwalten. Dennoch war der Aufschwung nur Schein, und der Bauernkrieg 1525 bedeutete bereits das Ende. Die Konventualen gaben ein Jahr später die Güter an das Hochstift zurück. Auch die zwangsweise Zurückberufung von Chorherren 1527 brachte keine entscheidende Wende: 1542 lebten nur noch zwei Konventualen in Birklingen. 1546 wurde das Kloster endgültig aufgelöst. Unter Fürstbischof Julius Echter kam der Iphöfer Mönchshof in den Besitz des Juliusspitals.

Birklingen, ehem. Augustinerchorherrenstift. Die Jahrhunderte haben von dem 1546 aufgelösten Kloster kaum Zeugnisse übriggelassen. Außer den wenigen Resten der Kirche hat sich vor allem dieses Gnadenbild des frühen 14. Jahrhunderts erhalten. Einstmals war es Ziel einer Wallfahrt nach Birklingen, heute befindet es sich in der Stadtpfarrkirche in Iphofen.

Birklingens Tragik lag offenbar von Beginn an in ungelösten Differenzen mit Iphofen: 1459 wurde die Kirche in Birklingen aus der Pfarrei Iphofen ausgegliedert. Das Chorherrenstift erwarb außerdem vom Spital in Iphofen das Dorf Birklingen. Ein solcher schleichender »Ausverkauf« mag in Iphofen nicht gern gesehen worden sein, denn 1501 gründeten diese zwischen Iphofen und Birklingen eine sogenannte »falsche Wallfahrt« und versuchten auf diese Weise der Birklinger Wallfahrt zu schaden. Auch bei den Zerstörungen des Jahres 1525 war Iphofen die treibende Kraft, die die Wirren des Bauernkrieges für ihre Zwecke mißbrauchte.

Vom ehemaligen Augustinerchorherrenstift ist heute in Birklingen kaum noch etwas zu sehen. Scheunen, Hütten und Ställe gruppieren sich um die Reste der einstmals stattlichen Stiftskirche. Erhalten ist der Chor mit dreiseitigem Schluß und zweigeschossigem Turm auf der Nordseite. Im Inneren ziert ein feines Netzgewölbe das Untergeschoß des Turmes; sonst gibt es nur noch wenige Spolien, darunter das Wappen des Bischofs Grumbach. Das Gnadenbild von Birklingen wurde der Überlieferung nach im Jahr 1700 im Schutt des eingefallenen Langhauses wiederentdeckt und nach Iphofen in die Pfarrkirche St. Veit gebracht. Es ist eine eher handwerkliche Pieta des frühen 14. Jahrhunderts. Die Kirche in Birklingen erhielt ihre heutige Gestalt 1789/90, als man den Chor nach Plänen des Hofarchitekten Johann Michael Fischer aus Würzburg um einige Meter niedriger anlegte und im Westen eine schlichte klassizistische Fassade vorblendete. Damals entstand auch die Ausstattung der Kirche mit Altar, Bänken und Orgel, wie sie heute noch besteht.

Die Bischofsstadt Bamberg

Angesichts der Dichte von bedeutenden Kunstwerken besonders aus Zeiten der frühen Gotik und des reifen Barock über Bamberg zu schreiben und nicht ständig in Superlative zu verfallen, ist schwer. Ohne Übertreibung kann diese Siebenhügelstadt, umflossen von Main und Regnitz, als eine der schönsten und malerischsten alten Städte Deutschlands gelten.
Ein »Castrum Babenberg« wird erstmals im Jahre 902 im Zusammenhang mit dem Kampf zwischen den Konradinern und den unterlegenen Babenbergern urkundlich genannt. Otto II. schenkte die Civitas Papinberg seinem Vetter, dem Bayernherzog Heinrich dem Zänker. Dessen Sohn, der nachmalige Kaiser Heinrich II., verbrachte seine Jugend hier und begann die Burg auszubauen. 997 vermählte er sich mit Kunigunde von Luxemburg und übergab Bamberg seiner Frau als Hochzeitsgeschenk.
Das Herz des jungen Königs hing jedoch sicher nicht nur aus solchen sentimentalen Gründen an Bamberg. Als Herrscher dürfte er die geostrategische Lage der Stadt an der Ostgrenze seines Reiches erkannt haben. Systematisch begann er nach seiner Wahl zum deutschen König 1002, vor allem die hier mächtig gewordenen Markgrafen von Schweinfurt in ihrem Einfluß zu beschneiden und deren Besitz Zug um Zug an sich zu ziehen. Neben diesen weltlichen Mächten mußten auch die geistlichen in dieser Region Einbußen hinnehmen, vor allem Fulda, Würzburg und Eichstätt. Vor den Bischöfen auf der Reichssynode 1007 in Frankfurt konnte Heinrich seinen Plan der Gründung eines Bistums damit durchsetzen, daß er kinderlos sei und die Missionierung der Slaven fördern wolle. In die Grundausstattung des neuen Bistums floß die oben erwähnte Morgengabe seiner Frau Kunigunde ein. Zur Sicherung seiner Gründung unterstellte Heinrich das Bistum dem unmittelbaren Schutz des Papstes in Rom. Die besondere Verbindung mit Bamberg demonstrierte Papst Benedikt VIII. dadurch, daß er im Jahre 1020 auf Bitten des Kaisers die junge Metropole besuchte.
Das 11. Jahrhundert und die Regierungszeit des heiligen Bischofs Otto (1102–1139) war eine bedeutende Epoche in der Geschichte der Stadt. Zwischen 1035 und 1135 wurden hier zahlreiche Reichs- und Hoftage abgehalten. Domschule und Reichskanzlei bildeten wichtige geistige Zentren und waren die notwendigen Ausbildungsstätten für den geistlichen Führungsnachwuchs in Stadt und Reich. Als Papst Klemens II. (1046–1047) bestieg Bischof Suidger von Bamberg sogar den Papstthron in Rom. Die Leistungen Bischof Ottos brauchen an dieser Stelle nicht eigens hervorgehoben zu werden, da sie im Zusammenhang mit der Geschichte der von ihm geförderten und gegründeten Klöster ihre Würdigung finden.
Ein weiterer Höhepunkt in der reichen Geschichte Bambergs bildet das 13. Jahrhundert. Nicht nur, daß sich die Bischöfe von Bamberg damals ein bedeutendes Territorium schaffen konnten. Wesentlicher in unserem Zusammenhang ist die Blüte der Kunst, die im Bamberger Dom ein steingewordenes Zeugnis ablegt.
Im 16. und frühen 17. Jahrhundert blieb die Domstadt von den Erschütterungen der Reformation und des Dreißigjährigen Krieges nicht verschont. Der Boden mag in Bamberg vorbereitet gewesen sein, da der Hof des Bischofs Georg III. von Limpurg (1505–1522) ein Treffpunkt der geistigen und künstlerischen Welt seiner Zeit war. Die Reformation berührte nicht nur Fragen des Glaubens. Der Übertritt der Markgrafen von Bayreuth, der Reichsstadt Nürnberg und der meisten Angehörigen der freien Reichsritterschaft zum Protestantismus bedeutete einen schweren Aderlaß an Macht und Territorium.
Dennoch vollzog sich nach dem Dreißigjährigen Krieg der unaufhaltsame Wiederaufstieg der Stadt. Er ist mit dem Namen zweier Regenten aus dem Hause Schönborn verbunden: Lothar Franz von Schönborn (1693–1729) war zugleich Kurfürst von Mainz und in dieser Eigenschaft Reichserzkanzler. Weitblickend machte er schon früh seinen Neffen Friedrich Karl von Schönborn zum Suffragan in Bamberg mit dem Recht der Nachfolge und zum Reichsvizekanzler in Wien. Friedrich Karl regierte von 1729 bis 1746 die benachbarten Bistümer Bamberg und Würzburg. Unter den Schönborn-Fürstbischöfen fiel noch einmal etwas vom Glanz des Reiches auf Bamberg wie in seinen Gründerjahren.
In Bamberg gab es nie den direkten Gegensatz von Bi-

schof und Bürgerschaft wie beispielsweise in Würzburg; dazu war das Siedlungsgebiet topographisch und rechtlich zu differenziert. Der Bischofssitz war auf dem Babenberg. Dort befanden sich Bischofskirche, Domkapitel und Pfalz; 1088 wird eine Ummauerung dieses Bezirkes erstmals erwähnt. Die Bischöfe haben diesen Berg bis zuletzt nicht aufgegeben und sich dort noch im 18. Jahrhundert trotz beengter Verhältnisse eine neue Residenz erbauen lassen. Einziges Zugeständnis in späten Jahren war eine Absenkung des Domplatzes und eine Neuordung der Zugänge gegen die Stadt unter Aufgabe der Tortürme. Eine Siedlung bestand in Bamberg sicher bereits in der zweiten Hälfte des 10. Jahrhunderts. Diese königliche Marktsiedlung auf der Regnitzinsel und im sogenannten Sand unterhalb des Domberges konnte erst unter Bischof Otto I. erworben werden.

Neben der Bürgerschaft gab es in Bamberg die sogenannten Immunitätsbezirke: Es handelte sich dabei um den Grund der im 11. Jahrhundert entstandenen Stifte, die es erreicht hatten, den Einfluß des Bischofs auf ein Minimum zu beschränken. Abgesehen von der Blutgerichtsbarkeit, die weiterhin beim Bischof lag, hatten die Immunitäten praktisch alle Rechte innerhalb ihres ummauerten Bezirkes. Sie mußten außerdem keine Steuern zahlen und sich auch nicht am Mauerbau der Stadt insgesamt beteiligen. Ein weiterer erheblicher Machtfaktor war das Domkapitel, das alles unternahm, um den Einfluß des Bischofs gering zu halten. Dieses vielschichtige Geflecht der verschiedensten Interessen im Verein mit der auf Hügel und Flußniederung verteilten Stadt führte noch im 17. Jahrhundert dazu, daß Bamberg Ortsfremden als eine Anhäufung mehrerer Städte erschien.

Die ältesten und vornehmsten Klöster und Stifte wurden in direktem Zusammenhang mit der Gründung des Bistums Bamberg ins Leben gerufen. Das Kollegiatstift St. Stephan entstand auf unmittelbares Betreiben des Kaiserpaares hin und existierte wahrscheinlich ab dem Jahr 1009. Der Alterssitz der Kaiserin Kunigunde hatte in Bamberg fortan den höchsten Rang unter den Stiften der Domstadt. Die Gründung des Benediktinerklosters St. Michael 1015 war gewissermaßen das bischöfliche Gegenstück zu St. Stephan, da Bischof Eberhard es als Eigenkloster stiftete. Der Gründungskonvent kam aus Amorbach und brachte in der Mission erfahrene Mönche mit; dies sollte fortan Hauptbetätigungsgebiet des Michaelsklosters werden. Vor allem Bischof Otto I. hat im ersten Drittel des 12. Jahrhunderts St. Michael besonders unterstützt und liegt dort begraben. Im wesentlichen eine adelige Gründung war das in der Theuerstadt gelegene Kollegiatstift St. Gangolf, das zwischen 1057 und 1059 entstand. Dennoch unterstand es dem Bischof, der insbesondere das Recht hatte, den Propst zu ernennen. Dies hinderte St. Gangolf jedoch nicht, sich gelegentlich gegen den Bischof zu stellen. Auch St. Jakob datiert in das 11. Jahrhundert. Obwohl sich die Augustinerchorherren in den ersten Jahren ihres Bestehens (erfolgreich) mit Bischof Hermann gestritten hatten, war St. Jakob nicht nur seiner Lage wegen dem Dom und seinem Bischof später eng verbunden. Dombau und Stiftskirche St. Jakob wiesen in der ersten Hälfte des 13. Jahrhunderts viele Gemeinsamkeiten auf.

Das 13. Jahrhundert brachte die Ansiedlung der Bettelorden innerhalb der nun schon dichter bebauten Stadt. Als Beispiel dafür wird das um 1273 gegründete Karmelitenkloster St. Theodor angeführt. Einerseits waren die Bettelmönche schon wegen ihres mitten unter den Bürgerhäusern gelegenen Klosters der Bamberger Bevölkerung eng verbunden, auf der anderen Seite aber brachte das Karmelitenkloster eine ganze Reihe tüchtiger und einflußreicher Berater der jeweiligen Bischöfe hervor und spielte während der Reformationszeit eine interessante Rolle. Ähnlich verhielt es sich mit den ab 1310 in Bamberg lebenden Dominikanern, die sich vor allem in der Zeit der Gegenreformation profilierten und eine Reihe gelehrter Mönche und Weihbischöfe beisteuerten.

Ebenfalls im 14. Jahrhundert wurde das dem Heiligen Grab geweihte Dominikanerinnenkloster als bürgerliche Stiftung am Ort eines legendenhaft überlieferten Hostienfrevels gegründet. Dieses im Bamberger »Gärtnerviertel« gelegene kleine Kloster bildet ein schönes Beispiel für die eher kontemplativ orientierte Variante des Ordenslebens.

Eine der späten Gründungen stellt das Jesuitenkolleg St. Martin dar, für das Fürstbischof Gottfried von Aschhausen im Jahr 1610 die ersten Jesuiten nach Bamberg berief. Mit Erfolg festigten in den Jahrzehnten der Gegenreformation die Jesuiten durch Seelsorge und Wissenschaft den katholischen Glauben in Bamberg. Mit dem Bau der Jesuitenkirche St. Martin haben sie ihrem Sieg monumentalen Ausdruck verliehen.

St. Stephan

Ähnlich wie in Würzburg ist die Geschichte von Stadt und Hochstift Bamberg von Beginn an eng mit der seiner Klöster und Stifte verknüpft. Im Unterschied zu Würzburg aber spielten in Bamberg iroschottische Traditionen des mönchischen Zusammenlebens nie eine Rolle. Die Stiftung bzw. Errichtung von Klöstern zielte von Anfang an auf deren dienende Rolle innerhalb des Bistums ab. Nur mit einer straff und zentralistisch geführten kirchlichen Organisation war es überhaupt möglich, das 1007 von König Heinrich II. aus dem Verband der Altbistümer Würzburg und Eichstätt gegen deren Widerstand herausgelöste Bistum Bamberg durchzusetzen. Den vorhandenen, älteren Strukturen mußten neue, auf Bamberg hin orientierte entgegengesetzt werden, sollte der Bischofssitz der ihm vom König zugedachten Aufgabe als politische und religiöse Grenzveste gegen die Welt der Slawen gerecht werden können. Die Aufgabe der Klöster und Stifte in Bamberg war demnach eine doppelte: Stärkung der Macht des Bischofs nach innen und Träger der Missionstätigkeit nach außen.

Zu den klösterlichen Institutionen Bambergs, die ihre Entstehung unmittelbar der Gründung dieses Bistums verdanken, zählt das Kollegiatstift St. Stephan, in beherrschender Lage auf dem gleichnamigen Berg gelegen, dem südlichsten der Bamberger Höhen. Kaum hatte Heinrich auf der Reichssynode zu Frankfurt 1007 die Gründung des Bistums Bamberg verkündet, da ließen er und die Königin den ersten Bischof Eberhard die Gründung dieses Stiftes vorantreiben, das spätestens 1009 vorhanden gewesen sein muß. Im Gegensatz zum Domstift, zu dem nur Adelige Zutritt hatten, stand St. Stephan den Angehörigen der Ministerialität (»minores et mediocres«) offen. Als »kaiserliches Primatnebenstift« hatte St. Stephan fortan als ältestes den Vorrang unter den drei Bamberger Kollegiatstiften.

Die Anfänge des Stiftes waren entschieden dadurch gefördert worden, daß Kunigunde erheblichen Grundbesitz aus dem bei ihrer Heirat erworbenen Privatvermögen als fromme Schenkung eingebracht hat. Die Kaiserin blieb »ihrer« Gründung zeitlebens eng verbunden. Jedenfalls gilt der alte Kanonikerhof St. Stephansplatz 1 als »Wohnung der heiligen Kunigunde«. Wenn auch der bauliche Befund heute gegen eine ungebrochene Tradition der Überlieferung spricht, so läßt die vielfache Verehrung gerade dieses Ortes es wahrscheinlich werden, daß hier in Lage und Anlage die letzte Wohnstatt der heiligen Kunigunde zu suchen ist. Noch 1660 berichtete der Jesuit Papebroich in den Acta Sanctorum: »Wir stiegen zur Wohnung der heiligen Kunigundis hinauf, die sehr baufällig ist, aber in lieblicher Lage steht. Im hölzernen Obergeschoß bestand ein heizbares Zimmer wie für die bescheidensten Ansprüche einer Jungfrau aus dem Volk. Von ihm aus betrat man eine kleine Privatkapelle, in der ein überaus einfacher hölzerner Stuhl gezeigt wird.«

Überhöht wurde die Gründung von St. Stephan zusätzlich dadurch, daß die Stiftskirche am 24. April 1020 von Papst Benedikt VIII. in Anwesenheit von nicht weniger als 72 Bischöfen persönlich geweiht worden ist. Das jedenfalls überliefert der Diakon Adalbert vom benachbarten Benediktinerkloster St. Michael in seiner in der zweiten Hälfte des 12. Jahrhunderts entstandenen »Vita s. Henrici«.

Das Klerikalstift folgte offenbar nie einer der formellen Ordensregeln und gehörte nicht, wie gelegentlich fälschlich behauptet wurde, den Augustinerchorherren an. Wahrscheinlich handelte es sich um eine der häufigen präregulären Kommunitäten, die sich zunächst um Regel und Ordnung wenig sorgten und erst zu einem späteren Zeitpunkt irgendeiner der bestehenden Ordensformen sich anschlossen. Das Kapitel bestand aus acht Kanonikern, sieben Domizellaren sowie zwei Vikaren, die »Stephaniter« genannt wurden. Spätestens seit dem ausgehenden Mittelalter wohnten diese in eigenen Stiftskurien auf dem Stephansberg. Dem Stift stand ein vom Bamberger Bischof ernannter Propst vor, der seinerseits den Kustos bestimmte. Der Dechant wurde vom Kapitel gewählt, in welchem der Propst weder Sitz noch Stimme hatte, und vom Bischof bestätigt. Dieses ausgeklügelte System der Amtsverteilung sicherte das Gleichgewicht der Mächte offensichtlich vortrefflich. Der Kustos war Stiftspfarrer, der ebenfalls vom Propst ernannte Kellner Oberrichter im stiftischen Gerichtsbezirk, der insgesamt 154 Häuser umfaßte. Außerdem unterhielt St. Stephan eine Schule mit eigenem Lehrpersonal. Ferner gehörten die von den beiden Vikaren versehenen Pfarreien Eisenheim bei Volkach und Bieberehren an der Tauber dazu sowie eine Reihe weltlicher

Rechte und Einkünfte. Diese Ausstattung ermöglichte den wenigen Kanonikern ein hervorragendes Auskommen. St. Stephan war während des Mittelalters berühmt für seine ungewöhnlich reiche und kostbare Sammlung von Gemälden und seine aus Goldarbeiten bestehenden Altertümer, wovon freilich nichts mehr überkommen ist.
Zweifelsohne aber war mit dem Beginn des Stiftes im Glanze kaiserlicher und päpstlicher Protektion zugleich der höchste Gipfel des Ruhmes erreicht. Neue Impulse gewannen erst am Ende des Mittelalters und später in der Barockzeit wieder Bedeutung. Zu den berühmtesten Kanonikern zählte der Humanist Lorenz Beheim (1457–1521), der 1505 aufgenommen wurde. Der Freund Pirckheimers und Dürers wirkte in Bamberg als Advokat und verfaßte kleinere astrologische Schriften. Rund hundert Jahre später stellte Johann Gottfried von Aschhausen, Fürstbischof von Würzburg und Bamberg (1600–1622), St. Stephan unter seinen besonderen Schutz: Von dort berief er seinen Generalvikar Dr. Förner, und im Bezirk des Stiftes gründete er sein »Ehehaltenhaus«, eine soziale Einrichtung für alte und kranke Dienstboten. Solche Gunstbeweise ermunterten das Stift offenbar, trotz kriegerischer Zeiten nun endlich an den Neubau der »baufälligen« Kirche zu gehen.
Den beengten topographischen Verhältnissen auf dem Stephansberg entsprechend, hatte bereits die erste Kirche vier nahezu gleichlange, einschiffige Flügel in kreuzförmiger Anlage. Ein Turm wurde Anfang des 12. Jahrhunderts erbaut, und der im Kern heute noch vorhandene entstand um 1235 in spätromanischen Formen. Um 1300 erhielt die Kirche schließlich einen frühgotischen Chor. Das sind die wesentlichsten Nachrichten über Baumaßnahmen an der Stiftskirche während des Mittelalters. Wie bei vielen kleineren Klöstern und Stiften handelte es sich um ein Stückwerk verschiedenster Epochen und Stile, entstanden vor dem Hintergrund oft bescheidener finanzieller Möglichkeiten, das man in wirtschaftlich besseren Zeiten schnell als »baufällig« abtun mochte.
Erste Pläne für einen Neubau fertigte 1624 Valentin Juncker; sie blieben jedoch unausgeführt. Schließlich erhielt der fürstbischöfliche Baumeister Johann Bonalino, ein gebürtiger Italiener, 1628 einen Vertrag auf Abbruch des alten und Errichtung eines neuen Chores. Bonalino scheint dabei die Pläne Junckers mit dessen Zustimmung verarbeitet zu haben, da Juncker weiterhin beratend zu der Baumaßnahme herangezogen wurde. Kaum war der Chor vollendet, verhinderte der Dreißigjährige Krieg alle weiteren Bauvorhaben. Bald nach dem Friedensschluß errichtete der Maurer Nikolaus König aus Würzburg mit dem Zimmermeister Frank aus Kronach zwischen 1657 und 1662 in gotisierenden Formen ein neues Kirchenschiff. Dieses war jedoch so mangelhaft, daß es kaum zwanzig Jahre bestand.
Erst als 1677 Antonio Petrini, der fürstbischöfliche Baumeister aus Würzburg, herangezogen wurde, kam es endlich zu einer befriedigenden, wenn auch nur teilweise ausgeführten Lösung. Petrini nahm zwar den Gedanken einer kreuzförmigen Anlage im Grundriß auf, unterstrich aber die Würde des Chores, indem er in der Ausführung gegenüber dem Interimsbau die Querhausarme auf ein Joch mit apsidialem Abschluß jeweils verkürzte und das Langhaus nur dreijochig anlegte. Als Festungsbaumeister bereiteten ihm die schwierigen Substruktionen, mit denen er die Fundamente sichern mußte, keinerlei Probleme. Zudem hatte sich Petrini zur Gewährleistung guter Bauausführung einen Trupp erfahrener italienischer Bauarbeiter unter dem Werkmeister Hieronymus Turra verpflichtet. 1680 bereits war die Kirche bis auf Kuppel und Turmabschluß vollendet.
Die von Petrini vorgesehene hochragende Tambourkuppel wurde aus finanziellen Gründen nicht ausgeführt. Ein zeitgenössischer Riß mit einem Schnitt durch diese Anlage wird im Bamberger Staatsarchiv aufbewahrt: Über einem hohen, kreisrunden, mit Fenstern belichteten und von Pilastern gegliederten Tambour sollte sich eine leicht gestelzte, halbkreisförmige Kuppel mit Laterne erheben. Neben dem Stift Haug in Würzburg hätte dann St. Stephan in Bamberg eine der Gründungsbauten des fränkischen barocken Kuppelbaues aufgewiesen, die die Erscheinung der Stiftskirche im Stadtbild ganz erheblich verstärkt hätte. Das gilt auch für den Turm, der erst 1699 durch den Zimmermeister Michael Scherer errichtet wurde: eine verhältnismäßig schlichte, kuppelige Haube mit zwei Laternen. Während sich Scherer in seiner Proportionierung an die einer gotischen Haube anschmiegte, hatte Petrini eine markante, barocke »Krone« als Abschluß vorgesehen.
Trotz solchem Stückwerk insgesamt verdient die Fassade des Langhauses, ein Prunkstück der frühen italienisierenden Architektur des Hochbarocks in Franken, Beachtung. Wegen der beengten Lage und des zur »Eisgrube« steil abfallenden Geländes war es nicht möglich gewesen, Hauptportal und Westfassade zu vereinen, weshalb die Fassade von St. Stephan in erster Linie eine städtebauliche, die Umgebung des Stiftes dominierende Aufgabe hat. Nur so ist es zu verste-

Bamberg, ehem. Kollegiatstift St. Stephan. Die Fassade gegen die »Eisgrube« hin bildet ein Prunkstück der italianisierenden Architektur des Hochbarock in Franken.

hen, daß Petrini die ihm eigenen, vergröbernden Gliederungsmittel weniger hochragender Pfeiler, schluchtender Nischen und großer Fensterformen erneut vereinfachte und erheblich in die Wand eintiefte. Auf diese Weise war es überhaupt erst möglich, etwas von der Gliederung zu vermitteln, die sonst für das Auge sich egalisiert hätte.

Der Bau der Stiftskirche scheint die Kräfte von St. Stephan stark beansprucht zu haben, denn erst gegen Mitte des 18. Jahrhunderts war man wieder soweit, daß man an Umbau oder Erneuerung weiterer Baulichkeiten wie z. B. der Stiftshöfe denken konnte. Von Johann Jakob Michael Küchel stammt der 1754 errichtete Mansarddachbau des Kapitelhauses, der mit elf Achsen Front gegen die Stadt macht. Der für Küchel kennzeichnende Schweifgiebel enthält das Wappen des seinerzeitigen Stiftspropstes Anton Maria von Werdenstein.

1803 wurde das Stift aufgehoben und 1807 die Kirche der evangelischen Gemeinde Bambergs als Gottes-

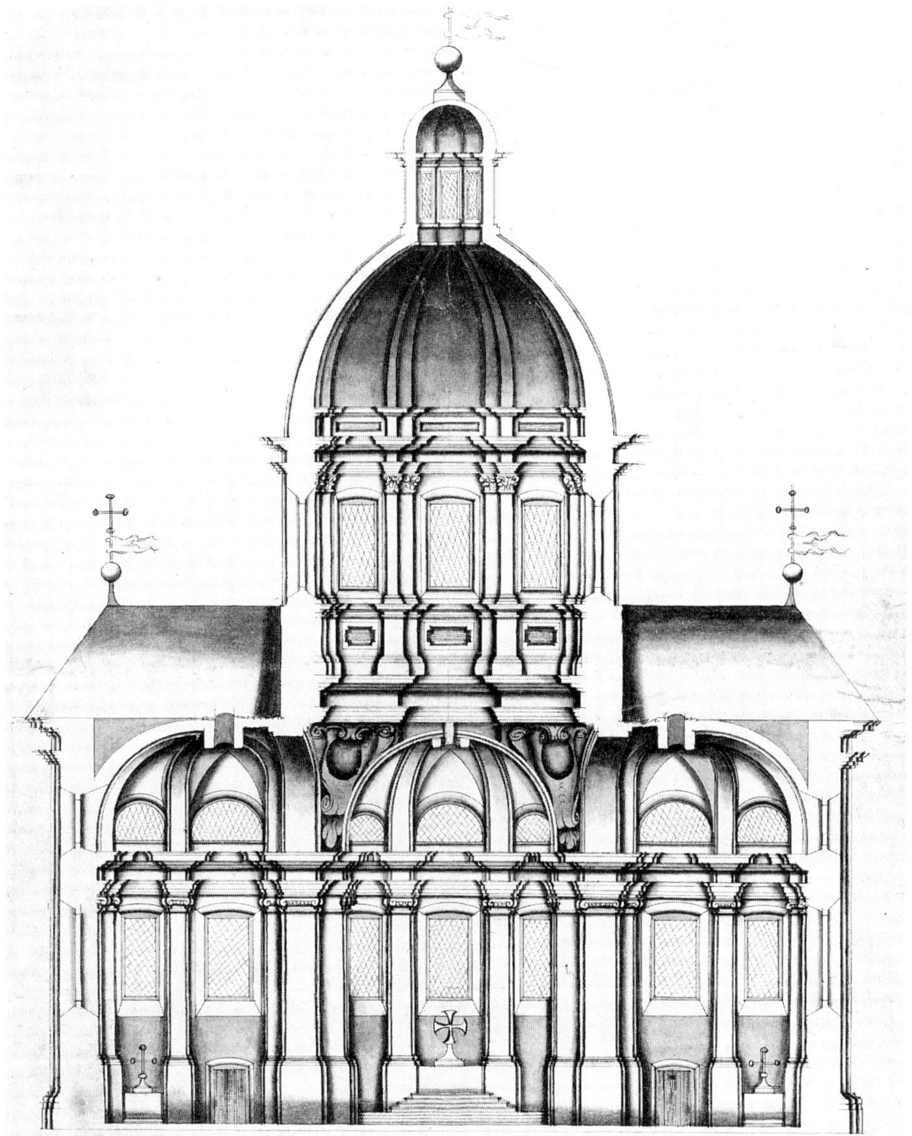

Bamberg, ehem. Kollegiatstift St. Stephan. Antonio Petrini plante die Errichtung einer hochragenden Kuppel über der Vierung. Die Ausführung unterblieb jedoch aus Geldmangel. Eine zeitgenössische Schnittzeichnung in der Staatsbibliothek Bamberg gibt Aufschluß über dieses Projekt.

haus übergeben. Während des 19. Jahrhunderts wurde das Innere teilweise seiner barocken Ausstattung beraubt. Immerhin schmücken St. Stephan heute wieder eine Reihe guter Altarbilder aus der Zeit als Kollegiatstift: Zu nennen sind der Hochaltar mit eine »Stephanussteinigung« von Joseph Scheubel d. Ä. und ein 1707 datierter »Abschied des heiligen Laurentius« von Melchior Steidl, dem Schöpfer der Fresken im Kaisersaal der Bamberger Residenz. Das Orgelgehäuse – es gilt als eines der schönsten im Hochstift Bamberg – formte 1695 Johann Georg Götz, und das Chorgestühl ist ein Werk des Bambergers Johann Bernhard Kamm von 1769. Wesentlich für den Raumeindruck sind die Stuckdekorationen des Hofstukkateurs Johann Jakob Vogel, der 1688 die Kuppelöffnung in der Vierung, die man mit einem »Deckel« verschlossen hatte, mit einer »Steinigung des heiligen Stephanus« verzierte, wodurch der von Travelli und Quadri begonnene Stuck in der übrigen Kirche vollendet wurde. Vogels erzählfreudige, plastische Stuckzier ergänzt die etwas trockene Architektur Petrinis vorteilhaft und läßt aus der Stephanskirche »das bedeutendste sakrale Barockbauwerk vor 1700 in Oberfranken« werden (J. Hotz).

St. Michael

Das Benediktinerkloster St. Michael gehört ebenfalls in die »Gründerjahre« des Bamberger Hochstiftes. Es entstand mit Unterstützung des Kaisers Heinrich II. 1015 als bischöfliches Eigenkloster. Der erste Konvent wurde von Bischof Eberhard aus Amorbach unter Führung von Abt Rapotto berufen. Die Wahl mag nicht zufällig auf das Benediktinerkloster im Odenwald gefallen sein, hatte sich dieses doch schon in der karolingischen Sachsenmission bewährt, und außerdem standen Kaiser und Kloster Amorbach eben in wichtigen Verhandlungen um die Reichsunmittelbarkeit. Bereits 1021 konnte die Kirche von St. Michael geweiht werden, wobei dem Gründungsbischof die Metropoliten aus Mainz und Köln assistierten. Das Besondere des Ereignisses unterstrich nicht nur die Mitwirkung der beiden mächtigsten Bischöfe des Reiches, sondern die Anwesenheit des Kaiserpaares selbst. In der Tat hat das Kloster St. Michael in der Folgezeit versucht, eine reichsunmittelbare Stellung zu erlangen – ohne Erfolg! Die Wahl des Patroziniums unterstreicht dies ebenfalls: Die Verehrung des Erzengels war damals auf ihrem Höhepunkt, und St. Michael galt zudem als Führer im Kampf gegen die Heiden. Das Kloster stellte sich somit schon rein äußerlich an die Spitze des von Heinrich bei der Gründung des Bistums Bamberg gesetzten Ziels der Ausrottung des Heidentums im Osten. Möglicherweise verdrängte die Anlage des Klosters auf einem Berg eine vormals dort befindliche heidnische Kultstätte. Jedenfalls werden in der Literatur die »Götzenbilder«,

Bamberg, ehem. Benediktinerkloster St. Michael. Die weiträumigen Anlagen von St. Michael sind wie eine eigene Stadt in der Stadt angelegt; nicht umsonst wurden diese Klosterbezirke »Immunitäten« genannt.

die bei Bischwind aus der Regnitz geborgen wurden, mit einem solchen Heiligtum in Verbindung gebracht.

Von der ersten, 1021 geweihten Kirche gibt es kaum Nachrichten. Mit einiger Wahrscheinlichkeit hatte sie einen kreuzförmigen Grundriß, und im Westen befand sich ein sogenanntes Westwerk mit Empore. Außerdem dürfte sie Chorschranken gehabt haben, da nur dort die 1034 vom Polenherzog Misiko II. gestifteten »24 Statuen um den Chor« sinnvoll vorstellbar sind.

Trotz eines guten Anfanges war St. Michael bereits im ersten Jahrhundert seines Bestehens vielfach gefährdet. Nach dem Tod des dritten Abtes Andreas im Jahr 1071 geriet das Kloster in die Hände eines macht- und geldgierigen Pfründenjägers, der dem Kaiser Heinrich IV. als Meistbietender die Abtswürde abkaufte. Der von seinen Zeitgenossen mit dem bezeichnenden Beinamen »Stellenhändler« Titulierte versuchte schließlich noch die Würde eines Abtes von Fulda zu erwerben, scheiterte dabei jedoch und mußte bald auch seine Pläne in Bamberg aufgeben. Bischof Hermann berief daher Abt Egbert von Münsterschwarzach (1046/47–1076/77), der in St. Michael im Sinne der Gorzer Reform wirkte. Wie gefürchtet Egbert als Visitator gewesen sein muß, läßt die Nachricht ahnen, daß die Mönche bei seiner Ankunft im Kloster »wie das welke Laub vor den Winden des Herbststurms davongestoben« sein sollen.

Egberts Reform fruchtete allerdings nur wenige Jahre. 1112 griff Bischof Otto (1102–1139) erneut ein. Er ersetzte Abt Gumpold durch den tatkräftigen Wolfram aus Hirsau, der mit fünf Mönchen die Ideale der Hirsauer Reform in Bamberg einführte. Er tat dies so erfolgreich, daß auch ein Erdbeben im Jahr 1117, das die Kirche zerstörte, seinem Werk nichts anhaben konnte. St. Michael wurde ein Hort mönchischer Zucht und Ausgangspunkt für zahlreiche Neugründungen sowie für die Mission in Pommern.

Nach dem Erdbeben war es Bischof Otto, der seine schützende Hand weiter über das Kloster hielt und den Wiederaufbau unterstützte. Unter der Leitung eines Baumeisters mit Namen Richolf entstand ein teilweiser Neubau, größer als die erste Kirche. Die Weihe fand 1121 statt, genau ein Jahrhundert nach der des Gründungsbaues. Der Bauplan folgte dem von Hirsau vorgegebenen Schema: Ein ausladendes Querschiff war beidseitig von Türmen besetzt und öffnete sich nach Osten gegen einen länglich-rechteckigen Chor, der von vier Apsiden begleitet wurde. Der Chor

Bamberg, ehem. Benediktinerkloster St. Michael. Der nach einem Brand 1610 wiederaufgebauten Doppelturmfassade der Abteikirche wurde nach Plänen von Johann Leonhard Dientzenhofer ab 1697 eine Schaufront vorgelegt, die 1722/23 durch die von Johann Dientzenhofer gebaute Treppenanlage ihren Abschluß fand.

▷

Bamberg, ehem. Benediktinerkloster St. Michael. Der schlichte, nachgotische Kirchenraum, der 1617 neu geweiht worden war, bildet die rechte Kulisse für eine sich gegen den Chor hin steigernde festliche Ausstattung des Bamberger Rokoko.

griff dabei über die Vierung hinweg in das östlichste Joch des Langhauses hinein. Im Westen übernahm man das erhaltene »Paradies« des Vorgängerbauwerkes mit seinen beiden kleineren Türmen.
Bischof Otto ist auf vielfältige Weise mit dem Geschick von St. Michael verbunden und hat versucht, dieses Kloster über die anderen Institute Bambergs zu erheben. Dazu diente die Eingliederung der auf der Krone des Michaelsberges residierenden Propstei St. Getreu in das Kloster. Otto war ein besonderer Verehrer der heiligen Fides, einer in Südfrankreich unter Diokletian gemarterten Jungfrau. Deren Kult war gegen Ende des 11. Jahrhunderts nach Süddeutschland vorgedrungen und von Bischof Otto im Zuge der Klosterreformen aufgegriffen worden. Obwohl er erst ein eigenständiges Frauenkloster gründen wollte, entschloß er sich dann doch zu einem von St. Michael abhängigen Priorat, das 1126 Propstei des Benediktinerklosters wurde. Von den Gründungsbauten ist kaum etwas bekannt. Die bestehende Kirche wurde Mitte des 17. Jahrhunderts gebaut, unter der Regentschaft des damaligen Abtes Anselm Geisendorfer (1724–1743/73) erweitert und im Geiste des Regence ausgestattet. Dabei dominiert ein besonderes, an der Verehrung der Trinität ausgerichtetes Programm. Die ehemalige Propstei dient seit 1804 als Heil- und Pflegeanstalt.
Zur ältesten Ausstattung des Klosters St. Michael gehört der Fischerhof in Gaustadt bei Bamberg. Dort ließ Abt Gumpert (1094–1114) eine Quelle fassen, die anfangs seinen Namen trug, später aber in Jungfernbrunnen umbenannt wurde. Über dem Brunnen wurde 1763 eine Halle errichtet, deren gewölbte, ursprünglich offene fünfachsige Architektur im Innern das Wappen des Abtes Gallus Brockard trägt. Das Obergeschoß des mit einem Mansarddach geschlossenen Bauwerks, das die Hand des Bamberger Hofbaumeisters Fink verrät, ist vom Berg aus zugänglich.
Bischof Otto, der große Wohltäter des Benediktinerklosters, wurde nach seinem Tod im Chor der von ihm wiederaufgebauten Kirche vor dem Altar des heiligen Michael bestattet. Im Anschluß an seine Heiligsprechung 1189 wurden seine Gebeine »erhoben« und im Lauf der Jahrhunderte mehrere kostbare Tumben geschaffen.
Seit der barocken Umgestaltung des Chores unter Johann Dientzenhofer ist der Ort seines Begräbnisses eng und wenig weihevoll geworden. Trotzdem bildet das um 1400 entstandene Hochgrab das Ziel vieler Gläubigen, denn auf dieses Grabmal übertrug sich im Volksglauben die Vorstellung, daß es heilsam sei, einen gehöhlten Felsen oder Stein zu durchkriechen. Daher findet man unter der Deckplatte des Grabmals einen noch heute vielbenutzten Durchschlupf. Das Werk selbst gehört dem sogenannten »weichen Stil« an und weist nicht jene künstlerische Höhe auf, die dem Rang des dort Bestatteten entspräche. Auch scheinen die Erbauer wenig Wert auf historische Richtigkeit gelegt zu haben, denn die Umschrift auf der Deckplatte gibt ein falsches Todesjahr an. Sehr viel bedeutender ist ein an der Rückwand der Krypta aufgerichtetes Grabmal Ottos, das um 1300 zu datieren ist. Die auf dieser Deckplatte eines abgegangenen Hochgrabes zu sehende Liegefigur wurde bereits im Grabmal des 1287 gestorbenen Bischofs von Sternberg in Ebrach nachgebildet und könnte ein Porträt des heiligen Otto enthalten.
St. Michael war im 11. und 12. Jahrhundert ein Hort wissenschaftlicher Gelehrsamkeit und verdankte dies ebenfalls den Reformen Ottos. Der gelehrte Mönch Frutolf († 1103), Prior im Kloster, schrieb gegen Ende des 11. Jahrhunderts seine Weltchronik, eines der bedeutendsten Geschichtswerke des Mittelalters, mit großer Gelehrsamkeit und dem Ansatz zu historischer Kritik verfaßt. Antrieb für solche Bemühungen war die Frage nach der richtigen Zeitrechnung, der Komputistik. Frutolf wollte ergründen, wie viele Jahre seit der Geburt Christi vergangen wären, um zu wissen, an welchem Punkt der Zeitenwende man angelangt war, damit man auf keinen Fall vom Weltuntergang, vom Jüngsten Gericht, unvorbereitet überrascht würde. Frutolf und seine Mitbrüder erarbeiteten deshalb auch naturwissenschaftliche Werke, in denen sie die technischen Hilfsmittel zur Zeitberechnung beschrieben: das Astrolab, den Rechenstab oder die Sonnenuhr. Ein praktisches Ergebnis der Komputistik war die für das kirchliche Festjahr notwendige Berechnung des vom Sternenstand abhängigen Ostertermins. Mit seinem Traktat »de musica« verfaßte Frutolf außerdem eines der ersten musiktheoretischen Werke überhaupt.
Nach dem Tod dieses Gelehrten setzten andere Schreiber, wie Ekkehard, Ebbo und Herbord, die Weltchronik Frutolfs fort und schrieben die Biogra-

▷

Bamberg, ehem. Kollegiatstift St. Stephan. In beherrschender Lage oberhalb Bambergs demonstrierte die Kirche von St. Stephan den Rang als ältestes der drei Kollegiatstifte in der Domstadt.

OSTERBRÄU

phien Kaiser Heinrichs II. und des heiligen Otto. Die Geschichtsschreibung avancierte zur Legitimation des eigenen Rechtsstatus, einer Tätigkeit, der sich die Klöster bis zur Säkularisation mit besonderer Hingabe unterzogen. Neben solchen herausragenden Wissenschaftlern gab es in St. Michael eine gut organisierte Schreibschule, die sich um die Verbreitung der Wissenschaft ebenso sorgte wie um die Vervielfältigung liturgischer Texte. Auch diese Arbeit wurde als Teil mönchischer Askese verstanden, denn, so der Ausspruch eines Abtes, »der Teufel erleidet so viele Wunden, wie der Schreiber Buchstaben malt«.

Das ganze Mittelalter hindurch wurde in St. Michael mit wechselnder Intensität gebaut: Die Osttürme der Kirche trug man gegen 1230 ab und erbaute dafür die beiden mächtigen Westtürme. Um 1400 steigerten sich die Spannungen zwischen dem sich emanzipierenden Bürgertum und den auf ihren alten Rechten beharrenden Immunitäten in der Bischofsstadt. Abt Rotenhan von St. Michael machte sich zum Sprecher des Klerus und verkündete das auf dem Baseler Konzil von 1435 über Bamberg verhängte Interdikt. Die empörten Bürger stürmten und plünderten daraufhin das Kloster. Davon erholte sich St. Michael nur langsam, denn erst gegen Ende des 15. Jahrhunderts konnte der seinerzeit beschädigte Chor wieder eingewölbt werden. Dem Bauernkrieg 1525 fiel u. a. einer der beiden Türme zum Opfer.

Wichtiger für die heutige Erscheinung der baulichen Anlage von St. Michael aber war eine durch die Unvorsichtigkeit eines Handwerkers im Jahr 1610 verursachte Brandkatastrophe, die den westlichen Teil der Kirche vernichtete und den Chor erneut in Mitleidenschaft zog. Der Wiederaufbau erfolgte unter der Leitung des Münchner Baumeisters Georg Niedermaier und war 1614 abgeschlossen. Von Lazaro Agostino, dem Erbauer der Wallfahrtskirche auf dem Gügel im Landkreis Bamberg, wurden schließlich die Gewölbe in nachgotischen Formen eingezogen. Katholisches Bauen war in den Jahrzehnten der Gegenreformation auch in Bamberg ein rückwärtsgewandtes, der hohen Gotik verpflichtetes Bauen gewesen. Die freien Gewölbefelder erhielten als eigenartige Zier ein gemaltes Herbarium mit über 600 einzelnen Pflanzenportraits; nach den Worten des Bamberger Stadthistorikers Heinrich Mayer ein »wahrer Himmelsgarten«. Als weiteren Schmuck weisen die Gewölbe in den Seitenschiffen viereckige Felder mit emblematischen Darstellungen auf.

War man vor dem Dreißigjährigen Krieg im Kloster in Stilfragen betont konservativ orientiert, so wurde man in der zweiten Hälfte des 17. Jahrhunderts geradezu zum Vorreiter der allgemein sich abzeichnenden Bau- und Barockisierungswelle in der Stadt. Unter Abt Christoph Ernst von Guttenberg (1689–1715) wurden Pläne für eine völlig neue Barockanlage geschmiedet, die jedoch unausgeführt blieben. Das mächtige und reiche Kloster St. Michael trat damit in Konkurrenz zum neugewählten Fürstbischof Lothar Franz von Schönborn (1693–1729), der ab 1695 durch denselben Baumeister Leonhard Dientzenhofer mit der Umgestaltung bzw. mit dem Neubau der Residenz auf dem Domberg gegenüber beginnen ließ.

Wie sehr man in Bamberg um Vorrechte und Privilegien rang, zeigt die Tatsache, daß Lothar Franz bei den Benediktinermönchen nachträglich die Einfügung seines Wappens als Zeichen seiner landesherrlichen Hoheit über dieses Kloster an der Fassade der Abteikirche erzwang. Johann Leonhard Dientzenhofer ging in St. Michael großzügig und behutsam zugleich vor: Er tastete die gute und in ihrer etwas trokkenen Art doch zugleich auch qualitätvolle Architektur der Kirche nicht an, sondern brach das im Westen vorgelagerte Paradies ab und fügte dort seine mächtige Fassade an, die er den mittelalterlichen Doppeltürmen vorblendete. Anders als in dem nur wenig älteren Werk von St. Martin sind es bei den Benediktinern in Bamberg weniger die großen architektonischen Gesten, entlehnt aus dem Motivschatz des römischen Barock, als die feine und doch energische Instrumentierung und Gliederung, die die Fassade von St. Michael zu etwas Besonderem in der fränkischen Architekturgeschichte werden ließen. Dazu kommt noch die vom jüngeren Bruder Johann Dientzenhofer 1722/23 vorgelegte Freitreppe, die nicht nur das schwierige Terrain des Michaelsberges meistert, sondern der Fassade zugleich die notwendige »Bühne« für den den Klosterhof auf der gegenüberliegenden Seite durch die Pforte Betretenden verschafft und ihm etwas von seiner weiten Leere nimmt.

Johann Dientzenhofer führte ebenfalls die Erneuerung der Konventsgebäude fort, die der ältere Bruder begonnen hatte, und schloß diese Arbeiten 1712 ab. Johann Leonhard hat es meisterhaft verstanden, die

◁

Bamberg, ehem. Benediktinerkloster St. Michael. Die Kanzel mit Schnitzarbeiten von Georg Reuß aus dem Jahr 1751 demonstriert den überquellenden Formenvorrat des Rokoko in höchster Vollendung.

Bamberg, ehem. Benediktinerkloster St. Michael. Das um 1400 entstandene Hochgrab des Bamberger Bischofs Otto des Heiligen († 1139) ist auch in der Gegenwart noch das Ziel von Kranken, die Heilung von bestimmten Leiden darin zu finden suchen, daß sie durch die Öffnung in der Längsseite kriechen.

topographisch schwierigen Bedingungen auf dem Michaelsberg durch seine Baukunst zu bewältigen. Anders als bei der kistlerhaft wirkenden, schematischen Reihung der Fensterraster der Bamberger Residenz schuf Dientzenhofer in St. Michael bei der Nordfassade trotz aller Kleinteiligkeit in den Einzelformen eine auf Weitsicht angelegte, städtebaulich beeindruckende Anlage. Selbständige Werke des Johann Dientzenhofer sind die Sakristei und die Marienkapelle zu beiden Seiten des Chores aus den Jahren 1725/26. Diese kleinen Bauten mit zunächst dienendem Charakter brachten der Kirche im Inneren eine entschiedene Erhöhung des Chorbodenniveaus. Am Außenbau sorgten sie städtebaulich für die Einbindung des gotischen Chores in die lange Front des barocken Konvents, der sich der Stadt zuwendet. Damit schuf Dientzenhofer so etwas wie eine »Chorfassade« gegen Bamberg hin.

Die Innenausstattung der Klosterkirche erfolgte in der Regierungszeit des Abtes Anselm Geisendorfer (1723–1743/74). Sie ordnet sich in vornehmer Weise der hohen, lichten und zugleich ernsten Architektur des Raumes unter und beschränkt sich auf wenige Akzente, die vor allem in den Seitenschiffen kulminieren. Trotz ihrer goldschweren Fassung und ihres reichen bildhauerischen Apparates bilden die sechs an die Langhauspfeiler angelehnten Altäre aus der Zeit um 1726 gewissermaßen nur das Proszenium zum weit entfernten und für den Blick des Gläubigen fast entrückten Chor der Benediktiner. Einzig die Kanzel in der Mitte des Langhauses ragt wie eine vorgeschobene »Bastion« weit in dieses hinein. Sie ist ein

Bamberg, ehem. Benediktinerkloster St. Michael. Zu den weniger bekannten Kostbarkeiten der Abteikirche zählt die Heiliggrabkapelle am südlichen Querhaus. Die teils in Stuck, teils als Gemälde ausgeführten Darstellungen an der Decke zeigen den Tod als Bezwinger allen irdischen Tuns: Hier reißt er gerade einen Gelehrten mitten aus seinem Vortrag.

Gemeinschaftswerk des Bildhauers Georg Reuß mit Schreiner Franz Anton Thomas von 1751 und präsentiert den ganzen Formenreichtum des entwickelten Rokoko in einer fast etwas zu prächtig geratenen Fülle: »Der mit Nußbaum furnierte Holzkörper ist geschwungen und vielfach gebrochen; vor diesem bewegten Hintergrund entfaltet sich eine reiche Dekoration aus leichtem Muschelwerk. Am Korb sitzen über Voluten die vier Evangelisten, Lambrequins hängen vom Schalldeckel herab, seitlich rafft ein Engel die Draperie. Auf dem Schalldeckel haben die vier abendländischen Kirchenväter ihren Platz, ganz oben erhebt St. Michael sein Schwert über den stürzenden Satan« (J. Hotz, 1970).

Ähnlich festlich ist der den Mönchen vorbehaltene Chor gestimmt, dessen Ausstattung seit der Höherlegung im 18. Jahrhundert sich wie auf einer Bühne präsentiert. Wiederum kunstvolle Schreinerarbeiten und Intarsien beim Gestühl und ein Choraltar mit einem prachtvollen Rahmen von der Hand des Franz Schlott. Die Stuckdekoration entstand gleichzeitig mit der Kanzel und erfaßt gotisches Gewölbe und barockes Gestühl zu einem einheitlichen Raumbild zusammen.

Zu den eher verborgenen Kostbarkeiten des ehemaligen Michaelsklosters zählt die ikonographisch bemerkenswerte Heiliggrabkapelle am südlichen Querhaus. Ursprünglich diente der barocke Bau wohl als Sepultur der Äbte. An diese Aufgabe erinnern noch immer die Totentanzdarstellungen von der Hand des Martin Grass an der Decke. Die teils gemalten, teils stuckierten Szenen stellen den Tod als Bezwinger allen irdi-

Bamberg, ehem. Benediktinerkloster St. Michael. Die Innenausstattung von Konvent und Abtei stand der Kirche nicht nach. Blick in das Sommerrefektorium. Der Stuck stammt wohl von Johann Jakob Vogel, und die Gemälde sind Arbeiten des Sebastian Reinhart.

schen Treibens vor. Über dem Heiligen Grab öffnet sich die Decke zu einer Kuppel, wo Gottvater selbst mit Blitzschlag das Grab sprengt, in welchem die erschütternde Gestalt des toten Christus liegt. Die ganze Anlage ist stilistisch nicht ganz einheitlich; begonnen wurde 1728/30 mit den Stuckdecken, die Anlage des Heiligen Grabes entstand ab 1730, und um 1787 fügten Georg Joseph Mutschele und Georg Hoffmann die Christusfigur ein.

Der Innenausstattung der Kirche stand die der Repräsentationsräume des Klosters nur wenig nach. Auch dort wetteiferten die Benediktiner mit den Bamberger Fürstbischöfen und beschäftigten die ersten Künstler ihrer Zeit. Zu den Haupträumen zählen der Kapitelsaal im Ostflügel mit einer Johann Jakob Vogel zugeschriebenen Stuckdekoration und vor allem das Sommerrefektorium im Nordflügel des Konventsbaues. Die reiche Stuckzier der Gewölbe, ebenfalls wohl ein Werk des Bamberger Hofstukkateurs, schafft den Rahmen für drei eingelassene Leinwandbilder, die Sebastian Reinhart zugewiesen werden und 1714 datiert sind. Dargestellt sind »Die Speisung der Fünftausend«, »Die Einsetzung des Ostermahles« und »Abraham bewirtet die drei Engel«, alles Anspielungen auf die Aufgabe des Speisesaales. Kleinere Bilder mit benediktinischen Themen in den Stichkappen der Gewölbe ergänzen die Gemäldeausstattung des Refektoriums. Auch in den reich ausgeschmückten Prälatenzimmern der ehemaligen Abtei dominiert der schwere Stuck des Johann Jakob Vogel und seiner

Werkstatt. Reichsstiftischen Anspruch drückte der Kaisersaal aus, der jedoch bereits 1778 in Gastzimmer aufgeteilt wurde; das Benediktinerkloster in Bamberg war da offenbar realistischer eingestellt als das Zisterzienserkloster im nahen Ebrach, das gerade in seinen letzten Jahrzehnten unermüdlich seinen Anspruch auf Reichsunmittelbarkeit herauszustreichen wußte. Außer den beiden Dientzenhofer war Balthasar Neumann für das Kloster tätig: Nach seinen Plänen wurden in den späten dreißiger bzw. frühen vierziger Jahren die Hofgebäude aufgeführt. Wichtiger aber war die Anlage der Terrassengärten unterhalb des Klosterberges, die von Abt Gallus Brockard († 1799) vollendet wurden. Die drei kleinen Pavillons darin stellen bemerkenswerte Beispiele barocker Kleinarchitektur in der für Bamberg kennzeichnenden reichen bildhauerischen Auffassung dar.

Höhepunkt und Untergang lagen in St. Michael zeitlich sehr eng beieinander, denn kaum war das große Werk der baulichen Erneuerung vollendet, wurde das Kloster 1803 aufgehoben. Dabei darf nicht übersehen werden, daß die Prachtentfaltung in Architektur und Ausstattungskunst, die ein wohlgeordnetes Klosterleben zu signalisieren scheint, letztendlich doch nur die das ganze 18. Jahrhundert hindurch schwelende »Gravamina« zwischen den jeweiligen Äbten und den Mönchen des Konvents übertünchte. Wechselweise forderten die einzelnen Parteien bei den Bamberger Fürstbischöfen die Durchführung einer Visitation, von der man sich die Verurteilung oder zumindest die Maßregelung der jeweils anderen Seite erhoffte. Abt Anselm Geisendorfer focht in den 18 Jahren seiner Regentschaft mit den Konventualen erbitterte Sträuße aus, bis er 1743 schließlich resignieren mußte. Unter Abt Gallus Brockard, der von 1759 bis 1799 regierte, hinterließ der Siebenjährige Krieg deutliche Spuren, und weltliches Leben hielt Einzug hinter die Klostermauern: »Weitaus als das Aergerlichste aber wird angeführt der allzuhäufige und familiäre Umgang des Prälaten (und einiger Religiosen) mit der Familie eines Klosterbeamten. ... zu größtem Aufsehen fahre der Prälat öfters mit der Frau des erwähnten Beamten in eigner Kutsche auf das Land, so daß man auf offener Gasse auf sie zeige als die Frau Prälatin ...« (Lahner). Nun, mögen solche Anschuldigungen auch zu einem Gutteil Ergebnis der total vergifteten Atmosphäre im Kloster gewesen sein, sie illustrieren dennoch eindrucksvoll, wie weit St. Michael am Vorabend der Aufhebung von den Idealen des Ordensgründers St. Benedikt entfernt war.

Im Nachhinein kann es als Glücksfall der Geschichte gelten, daß die Stadt Bamberg in der Säkularisation die Anlage erwarb und darin ein Altersheim einrichtete. Dies dürfte Kirche und Klostergebäude vor dem sonst üblichen Schicksal eines Militärmagazins und damit der Zerstörung bewahrt haben. Glück war es wohl auch, daß Pläne einer romanisierenden Purifizierung des Kircheninneren, die 1889, anläßlich des 700jährigen Jubiläums der Heiligsprechung des Bischofs Otto aufgekommen waren, verhindert werden konnten und auf diese Weise die barocke Ausstattung von St. Michael überdauert hat.

St. Gangolf

In der Reihe der drei Bamberger Kollegiatstifte, die als Nebenstifte des dem Adel vorbehaltenen Domstiftes galten, war das Maria und Gangolf geweihte Kollegiatstift die zweitälteste Gründung. Außerhalb Bambergs, rechts der Regnitz, an der großen Nord-Süd-Fernstraße gelegen, hatte sich eine bäuerliche Siedlung, die »Theuerstadt« entwickelt. Zwischen 1057 und 1059 richtete dort Bischof Gunther (1057–1065) unter Mitwirkung des Edelfreien Reginold ein der Gottesmutter geweihtes Kollegiatstift ein, das im Volksmund jedoch schon früh nahezu ausschließlich den Namen des Nebenpatrons St. Gangolf führte. Reiche Güter bei Hollfeld und an fast vierzig weiteren Orten im Jura sicherten die Aufnahme von 15 Kanonikern und neun Vikaren; dazu kamen noch vier Chorschülerpfründen. Den Propst ernannte der Bamberger Bischof. Trotz dieser Abhängigkeit bildete das Stift wie in Bamberg üblich mit den zugehörigen Curien und Hintersassen eine Sondergemeinde mit eigener Gerichtshoheit, die erst 1786 nach längeren Konflikten

Bamberg, ehem. Kollegiatstift St. Gangolf. Die Kirche gilt als ältestes Gotteshaus Bambergs: Vom ersten, angeblich 1063 geweihten Bau stammen noch Langhaus und Querschiff. Der Chor datiert in die Mitte des 15. Jahrhunderts.

mit dem Bischof aufgegeben werden mußte. St. Gangolf war weitgehend von Abgaben befreit. Es ermöglichte den Söhnen nichtadeliger Familien den Eintritt in den geistlichen Stand und damit zum Studium. Stifte wie St. Gangolf bildeten gewissermaßen das geistige Rückgrat der Ausbildung des akademischen Führungsnachwuchses von Bistum und Hochstift Bamberg. Gerade dieses Kloster war im Mittelalter für seine im Kapitelhaus untergebrachte Schule berühmt. Dort lehrte z. B. zwischen 1260 und 1306 Hugo von Trimberg als Schulmeister und verfaßte sein Gedicht

◁

Bamberg, ehem. Kollegiatstift St. Gangolf. Der 1768/69 geschaffene Hochaltar der Brüder Mutschele ist in seiner Verspieltheit der Dekoration einzigartig im fränkischen Rokoko.

»Der Renner«. Freilich machte die waltende intellektuelle Offenheit das Stift auch aufgeschlossen für die neuen Lehren der Reformation. Jedenfalls predigte der Kustos Johann Schwanhausen 1523/24 unter großem Zulauf Luthers Ideengut, bis er vom Bischof des Landes verwiesen wurde und 1528 völlig verelendet in Weikersheim erst 42jährig verstarb.

Das Kollegiatstift St. Gangolf war wegen seiner Lage in der Vorstadt jenseits der Regnitz bei kriegerischen Ereignissen in besonderem Maße gefährdet und hat im Lauf seiner Geschichte deshalb viel durchgemacht. Dies gilt für den Markgräfler Krieg 1553/54 ebenso wie für den Dreißigjährigen Krieg und vor allem für den Siebenjährigen Krieg. Damals stieß der preußische General von Drießen mit 6600 Soldaten von Sachsen aus nach Franken vor und stand am 31. Mai 1758 vor den Toren Bambergs. Bei Straßen-

Bamberg, ehem. Kollegiatstift St. Gangolf. Bonaventura Mutschele stiftete die 1780 entstandene Figur des gemarterten Sebastian an der Gartenmauer des ehem. Kapitelhauses.

kämpfen um St. Gangolf wurde der Kanoniker Adolf Bruckhausen, der von seinem Chorherrenhof aus die entstehenden Brände mit dem »Okular« beobachtet hatte, von einer verirrten Kugel tödlich getroffen. Nach der Übergabe der Stadt an die Preußen mußte sich auch das Stift an der Einlösung der gewaltigen Kontributionsforderungen beteiligen und das gesamte Kirchensilber opfern. Während des Krieges mit Frankreich blieb St. Gangolf zwar von unmittelbaren Katastrophen verschont, aber die Stiftsherren Dietz, Caramé und Schuberth gerieten als Geiseln in die Hände der Revolutionstruppen und wurden ein Jahr lang in Givet gefangengehalten.

Seit der Säkularisation ist manches an historischen Gebäuden von St. Gangolf verlorengegangen. Dennoch läßt sich trotz aller Verluste und Verbauung in der Umgebung der Kirche der Umriß des ursprünglich durch Tore geschützten Stiftsbezirkes erkennen: Nördlich der Kirche steht das ehemalige Kapitelhaus, ein 1732 von Justus Heinrich Dientzenhofer errichtetes barockes Bauwerk mit gefälligen Proportionen, das in seinem Äußeren auf die gelbliche Sandsteinfas-

sade der Kirche antwortet. Heute dient es als Pfarrhaus. Die anderen zehn Stiftskurien an den drei übrigen Seiten des (Park-)Platzes sind mehr oder minder verändert und lassen kaum etwas von ihrer früheren Bedeutung ahnen. Das gilt auch für die Reste des romanischen Kreuzganges im Winkel zwischen Kirche und Pfarrhaus.
Der wichtigste Zeuge des ehemaligen Stiftes ist die Kirche selbst. Sie genießt zudem das Prädikat, Bambergs ältestes Gotteshaus zu sein. Ein erster Bau wurde angeblich 1063 geweiht. Davon stehen das Langhaus und das Querschiff: ehemals eine dreischiffige, flachgedeckte, vierjochige Basilika mit Ostquerhaus und daran anschließendem Chor. Ausbauten erfolgten im 12. Jahrhundert mit den beiden Westtürmen und im späteren Mittelalter durch Anfügung von Langhauskapellen, die bis heute die sonst im 15. Jahrhundert aufgegebene Vierzahl der Arkadenstellungen aufweisen. Zwischen 1456 und 1458 entstand der gotische Chor, der 1563/64 nach einem Teileinsturz erneuert wurde. Die Barockzeit setzte 1671 den beiden Türmen Kuppelhauben auf und zog im Inneren unter anderem Lattengewölbe ein. Das Rokoko um 1750 schuf vor allem die prächtige Innenausstattung, die in großen Teilen erhalten ist.
Das Innere der Stiftskirche ist deshalb so interessant, weil die Schöpfungen der Bildhauerfamilie Mutschele und des Johann Bernhard Kamm etwas vom Charakter der damals in Bamberg bodenständigen Kunst vermitteln können. Johann Georg Mutschele († 1746) stammte aus Schwaben und ließ sich um 1710 in Bamberg nieder.
Das Bamberger Rokoko prägten vor allem seine beiden Söhne Josef Bonaventura (1728–1778) und Franz Martin (1733–1804). Ihre Altäre haben jede Bindung an architektonische Ordnung aufgegeben und entfalten sich frei als ornamentale Figurationen. Dies gilt auch dann, wenn Franz Martin am Hochaltar noch nach dem Schema des apsidialen Kolonnadenaltares mit Säulenstellungen arbeitet. Die Architektur wird dabei so von der Dekoration überformt, daß sie nur noch wie ein Gerüst für die Dekoration wirkt. Die gleiche Spielfreudigkeit weisen die Skulpturen der Heiligen und Putten der Mutschele auf, die so in Franken sonst nicht zu finden sind. Ein gutes Beispiel dafür ist die von Martin Mutschele und seinem Schüler Friedrich Theiler 1780 geschaffene Statue des heiligen Sebastian vor der Gartenmauer des Kapitelhauses. Die Steinfigur, die übrigens von Bonaventura Mutschele gestiftet wurde, erinnern daran, daß das Kollegiatstift St. Gangolf in Bambergs Gärtnervorstadt liegt, deren Schutzpatron der Heilige ist. Bambergisch ist auch das in Öl gemalte Bild in der Vierungskuppel, eine Arbeit des Hofmalers Johann Josef Scheubel (1686–1769): Über der Darstellung der vier Evangelisten kniet Maria in einer merkwürdigen Doppelfiguration der Krönung und der Verkündigung.
Die Säkularisation und das kirchenfeindliche 19. Jahrhundert haben manches von der Ausstattung von St. Gangolf verschleppt und verschleudert. Einige glückliche Rückkäufe und Ergänzungen aus anderen abgegangenen Kirchen Bambergs haben St. Gangolf jedoch seine ganz besondere Stimmung wieder zurückgegeben.

St. Jakob

Ebenfalls noch in das 11. Jahrhundert datiert die Gründung des auf dem Jakobsberg westlich des Domberges gelegenen Kollegiatstiftes St. Jakob. Bischof Hermann (1065–1076) stiftete das Kloster aus eigenen Mitteln zunächst für Augustinerchorherren. Am 3. Mai 1072 wurde die »Magna cripta« zu Ehren der Heiligen Dreifaltigkeit, des Heiligen Kreuzes und der Jungfrau Maria geweiht. Die Kirchenbaupläne sahen eine dreischiffige Basilika mit zwei Chören und je einer Krypta darunter vor, mit einem Querschiff im Westen sowie zwei Türmen mit Eingängen zu Seiten des Ostchores. Dieses Grundrißschema und die Verlegung des Hauptchores nach Westen orientierte sich am Vorbild des ersten Bamberger Doms. Im Langhaus von St. Jakob spiegelt sich damit vermutlich das Hauptschiff des ersten Bamberger Dombaues wider.
Wenn auch das Unternehmen mit großen Anstrengungen begonnen wurde, war es schon nach wenigen

Jahren ernstlich gefährdet. Bischof Hermann geriet mit den Augustinern in Streit und berief deshalb 1075 Benediktiner aus dem nahegelegenen Kloster Michaelsberg. Die vertriebenen Kanoniker wandten sich ihrerseits an Kaiser und Papst und erhielten recht. Im Zusammenhang mit einem weiteren Prozeß wegen Simonie und Verschwendung von Kirchengut wurde Bischof Hermann schließlich abgesetzt und beschloß seine Tage 1084 im Benediktinerkloster Münsterschwarzach am Main.

Die Stiftsherren kehrten in das Jakobskloster zurück und wirkten dort bis zur Säkularisierung 1803. Unklar für die frühe Zeit ist, ob es sich tatsächlich um regulierte Augustiner handelte oder um ein Kollegiatstift nach der sogenannten Aachener Regel. In jedem Fall nahmen die Stiftsherren vor 1347 eine weltliche Verfassung an.

Bischof Otto der Heilige (1102–1139) förderte auch St. Jakob. Er verbesserte die ungenügende Dotation des Stiftes und wies ihm kolonisatorische Aufgaben im Gebiet um Marktschorgast zu. Pfarreien dort und in Amberg wurden in das Stift inkorporiert. Auch die Altenburg bei Bamberg gehörte damals zu St. Jakob. Die wirtschaftlich gesunde Situation brachte gute Früchte: Im 12. Jahrhundert wirkte im Stift der Chorherr Haimo († 1139), der als großer Gelehrter gefeiert wurde und sich vor allem komputistischen Studien widmete. Im 14. Jahrhundert lebten dort zwei berühmte Ärzte: Arnold von Bamberg und Konrad. Dennoch ist St. Jakob nach außen nie in größerem Maß hervorgetreten. Ab 1463, mit der Inkorporierung der Propstei in die Domdechantei, waren die Entfaltungsmöglichkeiten ohnedies begrenzt. Immerhin war das Kapitel bis zuletzt gut besetzt: 1798 zählte man außer dem Propst und dem Dekan sieben Kanoniker, zwei Domizellare und einen Vikar; 16 Benefizien gab es insgesamt im Stift.

Der enorm tatkräftige Bischof Otto trieb neben seiner Wirtschaftsförderung den Fortgang des steckengebliebenen Kirchenbaues ebenfalls an und vollendete ihn, wobei er wenigstens teilweise die noch unter Bischof Hermann gelegten Fundamente verwenden ließ. 1109 erfolgte die Weihe der Kirche und der sich südlich davon erstreckenden Stiftsbauten. Erst 1112 wurde die kleinere Ostkrypta geweiht. Wie eng St. Jakob immer wieder mit dem Geschick des Bamberger Domes verbunden war, zeigt sich daran, daß in der ersten Hälfte des 13. Jahrhunderts mit der Neuerrichtung des Domes unter den Bischöfen aus dem Hause Andechs-Meranien zugleich die Baugestalt der Jakobskirche verändert wurde. Vermutlich unter dem Einfluß Bischof Poppos (1237–1242), einem ehemaligen Propst des Stiftes, wurde der nördliche der beiden Osttürme im spätromanischen Stil des Georgenchores ersetzt. Dieser »Meranierturm« wuchs freilich erst in der Gotik zur endgültigen Höhe empor und erhielt gar erst 1737 seine barocke Kuppelhaube.

Zu den Kostbarkeiten von St. Jakob gehörte im Mittelalter der ornamental und figural geschmückte Fußboden, der nach den Aufzeichnungen des Jesuitenpaters J. Gamans aus der Mitte des 17. Jahrhunderts in Gipsinkrustation hergestellt war: Im Hauptchor sah man eine sitzende Frauengestalt mit turmhoher Kopfbinde, die in ihren ausgebreiteten Armen Schrifttafeln hielt (Philosophie?). Solche Schmuckfußböden muß man sich wohl in vielen mittelalterlichen Kirchen Bambergs vorstellen. Die Technik bestand nach Heinrich Mayer »wahrscheinlich im Auftragen einer Kreideschicht auf gestampftem Lehm; die Zeichnung konnte durch Aussparung oder Einritzen hergestellt werden, die vertieften Linien wurden mit Farbstoff gefüllt; endlich wird der Boden geglättet worden sein«.

Im Lauf der Jahrhunderte veränderten zahlreiche Umbauten die Kirche, ließen aber den Kern der Anlage unberührt. Im 15. Jahrhundert wurde der Westchor unter Wahrung der Krypta durch einen größeren gotischen ersetzt. Während der Barockzeit wurden 1652 und 1706/26 die beiden Krypten beseitigt. 1770 wurden unter dem Stiftsdechanten Günther Lattenkreuzgewölbe eingezogen. Davon ist nur noch das Vierungsgewölbe mit den Malereien des Würzburger Hofmalers Christoph Fesel erhalten. Alle übrigen Gewölbe wurden 1867/82 bzw. 1954/56 wieder entfernt. Die Fassade geht zurück auf Pläne, den Ostchor des Domes zugunsten eines großen mittleren Haupteinganges zu beseitigen. Ähnliche Überlegungen bestanden auch für St. Jakob, die schließlich 1771 anläßlich der Erneuerung des Inneren im Stil des Rokoko zur Erneuerung der Fassade führten. Die Risse dazu schuf ein namentlich noch unbekannter Architekt, vermutlich Johann Michael Fischer aus Würzburg. Die zurückhaltend instrumentierte Fassade bezieht, wie in Bamberg häufiger zu beobachten, geschickt bildhauerischen Schmuck in die Gliederung

▷

Bamberg, ehem. Kollegiatstift St. Jakob. Die romanische Kirche erhielt 1771 eine neue Schaufront. Dahinter erhebt sich der »Meranierturm« aus der Zeit des Bischofs Poppo († 1242) mit der Kuppelhaube, die freilich erst 1737 aufgesetzt wurde.

◁
Bamberg, ehem. Kollegiatstift St. Jakob. In der Architektur des Langhauses von St. Jakob aus dem späten 11. Jahrhundert spiegelt sich vermutlich das Hauptschiff des ersten Bamberger Dombaues wider.

ein. Die Figur des heiligen Jakobus im »Auszug« über dem Portal ist ein Werk des Ferdinand Tietz »in leichter, liebenswürdigster Lebendigkeit« (H. Mayer).
Die Kirche war in der Säkularisation zum Abbruch bestimmt worden, konnte aber 1805 von der Marianischen Bürgersodalität davor bewahrt werden. Seit 1852 wirken in St. Jakob Franziskaner, die zugleich neues klösterliches Leben mitgebracht haben.
Wenn auch die Überlieferung zur Stiftskirche recht gut ist, so fehlen Nachrichten über die Stiftsgebäude nahezu gänzlich. Der schon mehrfach genannte Prälat Heinrich Mayer hat die heutige Josephskapelle an der südlichen Stirnseite des Querschiffes mit dem romanischen Kapitelsaal bzw. der Sepultur in Verbindung gebracht, ohne dies aber definitiv begründen zu können. P. Gamans sah im 17. Jahrhundert noch Reste des Kreuzganges, freilich »völlig zerfallen«. Von den Stiftskurien aus der Barockzeit ist vor allem die ehemalige Dechantei am Jakobsplatz erwähnenswert, die in ihrem Innenhof den Rest eines wohl hochmittelalterlichen Turmes birgt.

St. Theodor

Die Geschichte dieses Karmelitenklosters in Bamberg kreuzte sich im Laufe seines über siebenhundertjährigen Bestehens zweimal in entscheidender Weise mit der anderer Orden. Ursprünglich lag das Kloster inmitten der Altstadt im Sprengel der Pfarrei St. Martin. Ein genaues Gründungsdatum ist nicht überliefert, doch wird der Beginn um 1273 angenommen; eine erste urkundliche Nennung ist für 1279 belegt. Als Bettelmönche waren die Bamberger Karmeliten immer eng in Geschicke und Geschichte der Bürger eingebunden. Das 14. Jahrhundert war dabei eine Zeit besonderer Blüte des Klosters. Damals erhielt die bauliche Anlage in der Au ihre endgültige Gestalt, so wie sie noch im Stadtplan des Feldmessers Peter Zweidler aus dem Jahr 1602 festgehalten ist. 1371 war das Kloster Ort eines Provinzialkapitels der Karmeliten. Im 14. Jahrhundert wurde die Niederlassung von einer Reihe tatkräftiger Prioren regiert: Um 1347 durch Heinrich von Volkach, der von 1352 bis 1359 Weihbischof in Regensburg war, und ab 1368 durch Albert Kress, der sich vor allem um die Erweiterung bzw. Abgrenzung der Terminiergebiete verdient gemacht hat. 1385 fand in Bamberg sogar ein Generalkapitel des Ordens statt, in welchem ein eigenes Generalstudium zu Wien beschlossen wurde. Einer der ersten Studenten dort war Walther von Bamberg, der zwischen 1396 und 1399 studierte. Von seiner Hand sind Sentenzenkommentare in der Staatlichen Bibliothek Bamberg überliefert. Ein anderer, P. Konrad Altingen, war um 1397 Lesemeister im Bamberger Konvent. Vermutlich aus seiner Feder stammt eine Predigtsammlung im Kodex Clm 3554 in der Münchner Staatsbibliothek.
Doch auch in Bamberg bedeutete das 14. Jahrhundert nur eine kurze Blütezeit in der Geschichte der »Frauenbrüder«. Pestepidemien und die Hussitenkriege bedrängten das Kloster. Beim Stadtbrand am 4. April 1435 brannte die Karmelitenkirche mit ab, konnte aber bald darauf am 9. Juli 1441 wieder geweiht werden. Schwieriger war die Reformationszeit zu überstehen: Auf der einen Seite fanden sich mit dem Lesemeister Johannes Röttelstein und dem Lektor Johannes Frosch in Bamberg Anhänger des Humanismus und Sympathisanten der Lehren Luthers. Der Karmelitenpater Eucharius spielte eine wichtige Rolle beim Aufstand der Bürger von 1525. Andererseits hatte auch die katholische Seite ihre Anhänger im Kloster. 1525 löste sich der Nürnberger Konvent der Karmeliten auf, und der dortige Prior Andreas Stoß mußte in die Verbannung gehen. 1529 wurde dieser, ein Sohn des Bildschnitzers Veit Stoß, zum Prior in Bamberg gewählt und zum Provinzial der Oberdeutschen Karmeliten berufen. In dieser Eigenschaft war er zugleich ein enger Berater des Bischofs Weigand von Redwitz

(1522–1556) und gilt als der eigentliche Retter des Katholizismus in Bamberg. Bischof Weigand hat sich nach dem Tod von Stoß im Jahr 1540 insofern dafür als dankbar erwiesen, als er aus der Nürnberger Salvatorkirche den von Prior Stoß noch für das Nürnberger Kloster bei seinem Vater bestellten »Karmelitenaltar« erwarb und im Bamberger Dom aufstellen ließ.
Doch nicht immer wirkten so starke Persönlichkeiten an der Spitze des Klosters, und bald waren kaum noch Konventualen dort: 1575 traf der päpstliche Visitator nur einen einzigen, kranken Priester an. Wenn auch der Konvent später wieder besser besetzt war, mußten die Karmeliten 1589 ihr altes Kloster in der Au zugunsten des durch Fürstbischof Ernst von Mengersdorf (1583–1591) dort eingerichteten Priesterseminars räumen. 1611 wurden die Gebäude den neu nach Bamberg berufenen Jesuiten übergeben, die fortan die Geschicke dieses Ortes prägten.
Die Karmeliten zogen in das ihnen zugewiesene ehemalige Nonnenkloster St. Theodor am Kaulberg. Dieses Kloster war in der Regierungszeit Bischof Ottos (1102–1139) durch das Domkapitel als Pilgerspital errichtet und 1157 in ein Zisterzienserinnenkloster umgewandelt worden. Die erklärte Absicht des Bischofs Eberhard II. (1146–1170) war es dabei, daß »unsere Stadt, die von allen Seiten durch Bollwerke von Kanonikern und Mönchen umgeben ist, auch gottgeweihte Jungfrauen in ihrem Umkreise besitzt, der Dienst Gottes in ihr gemehrt und die Versorgung der Armen und Fremden nichts zu wünschen übriglasse«. Die Besiedlung erfolgte unter der Führung der verwitweten Pfalzgräfin Gertrud von Wechterswinkel aus. Seit der ersten Hälfte des 14. Jahrhunderts lebten die Nonnen nach der Regel des heiligen Benedikt. Doch diese Reform hielt den weiteren Niedergang nicht auf, der sich u. a. in der Aufnahme von Nonnen aus bürgerlichen Familien spiegelt. Nicht zuletzt wegen zusätzlicher wirtschaftlicher Schwächen überstand das Kloster die Reformationszeit nicht und wurde 1554 aufgehoben. Seine Güter und Liegenschaften fielen an die bischöfliche Verwaltung. Als Karmelitenkloster diente der Ort von 1589 bis zur Aufhebung der Gemeinschaft in der Säkularisation 1803.
Nach der Säkularisation blieben die Klostergebäude zunächst in Staatsbesitz, bis sie im Jahre 1900 an die Stadt Bamberg gelangten. Diese verkaufte das Objekt 1902 an den Karmelitenorden, der sogleich dort einzog. Nur unterbrochen von der Aufhebung durch die Nationalsozialisten zwischen 1941 und 1945 leben die Mönche bis heute in St. Theodor.
Die Karmeliten haben sich in den zwei großen Epochen ihrer Besiedlung des Klosters sowohl als Erneuerer als auch als Bewahrer der kunsthistorisch wertvollen Substanz von St. Theodor verstanden. Beim Einzug 1589 fanden die Karmeliten eine in drei Bauphasen errichtete Kirche vor: Eine erste, bescheidene Kirche mit Mittelapsis wurde in der zweiten Hälfte des 12. Jahrhunderts errichtet. Unter Bischof Berthold von Leiningen (1257–1285) erfolgte der Ausbau zu einer dreischiffigen Pfeilerbasilika ohne Querschiff mit dreiapsidialem Abschluß und romanischer Westfassade, die von zwei Turmstümpfen flankiert war. Hauptstück dieser Fassade war das »Löwentor«, das älteste romanische Portal Bambergs. Etwa hundert Jahre später baute die Äbtissin Kunigunde III. Truchseß von Wetzhausen den Chor zu einer polygonal gebrochenen Anlage um und errichtete die Obergeschosse des Südturmes.
Nach der Übergabe an die Karmeliten verstrichen wiederum 100 Jahre, bis man zwischen 1692 und 1707 an die Umwandlung in ein Gotteshaus der Bettelmönche gehen konnte: Nach den Plänen des Johann Leonhard Dientzenhofer wurde die liturgische Ausrichtung der Kirche um 180 Grad nach Osten gedreht und auf einen gegen Stadt und Kaulberg hin offenen Platz orientiert. Unter Einbeziehung großer Teile älteren Mauerwerks schuf Dientzenhofer einen einschiffigen Kirchenraum zu drei kreuzgratgewölbten Jochen, die sich beidseitig zu je drei Kapellen zwischen den Wandpfeilern hin öffnen. Besonders der schmale, hohe Chor verrät die Rücksichtnahme auf ältere Substanz. Frei entfalten konnte sich der Baumeister an der neu geschaffenen Ostfassade, die 1703 vollendet war. Diese Fassade markiert in Bamberg den endgültigen Durchbruch eines, wenn man so will, »fränkischen« Barock. Sie verzichtet völlig auf jene Dramatik der Inszenierung und der großen architektonischen Gesten, wie sie Petrini an St. Stephan und Georg Dientzenhofer bei St. Martin einsetzten. Statt dessen bindet Johann Leonhard seine architektonischen Formen in die Fläche zurück und erweist sich als Meister der feinen Akzente trotz des ihm eigenen Hangs zu einer gewissen »Trockenheit« in der architektonischen Gliederung.
Auf Dientzenhofer gehen auch die Pläne für die barocken Klosterbauten zurück, mit denen ab 1692 be-

◁
Bamberg, Karmelitenkloster St. Theodor. Fassade der Klosterkirche nach Plänen von Johann Leonhard Dientzenhofer aus dem Jahr 1703.

▷

Bamberg, Karmelitenkloster St. Theodor. Der in mühevoller Kleinarbeit nach den Zerstörungen des 19. Jahrhunderts rekonstruierte Kreuzgang ist wieder ein Ort der Sammlung und des Gebets für die Karmelitenmönche geworden. In der retrospektiv romanischen Plastik der Kapitelle und Kämpfer wird eine insgesamt nur schwer deutbare Fabelwelt des späten Mittelalters inszeniert.

◁

Bamberg, Karmelitenkloster St. Theodor. Das romanische »Löwentor« bildete das Hauptstück der ursprünglich im Westen gelegenen Fassade der Kirche.

gonnen wurde. Damals entstanden der Süd-, Ost- und Nordflügel unter Einbeziehung des Kreuzganges aus dem 14. Jahrhundert. Während die ersten Bauten von schlichter Zweckgestalt waren, zeichnet sich der 1739/40 unter der Oberaufsicht Balthasar Neumanns von Justus Heinrich Dientzenhofer errichtete Westflügel durch seine repräsentative Gestaltung aus: ein dreigeschossiger Bau mit Mansarddach und Segmentgiebel, geziert mit dem Wappen des Fürstbischofs Friedrich Karl von Schönborn (1729–1746).

Als die Karmeliten 1902 in das verwaiste und in ein Militärlager umfunktionierte Kloster zurückkehrten, fanden sie nur noch einen nahezu ruinierten Torso vor. Der Kreuzgang war wesentlicher Teile beraubt und die Ausstattung der Kirche verschleudert worden. In zäher Kleinarbeit gelang es wenigstens, den Josephsaltar und die Kanzel aus Gaustadt zurückzuerwerben. Sie waren mit den übrigen Einrichtungsstükken um 1714 von dem Karmelitenbruder Leopold a S. Alberto Heim und Johann Valentin Götz aus Bamberg in den Formen der frühen Regence geschaffen worden. Da der Verbleib und damit das Aussehen der meisten Ausstattungsteile bekannt waren, wurden sie in der Klosterwerkstatt des Frater Alois Ehrlich originalgetreu rekonstruiert, so daß heute der Eindruck der Ausstattung der Karmelitenkirche dem des 18. Jahrhunderts entspricht. Die Schnitzarbeiten schuf Ludwig Sonnleitner aus Würzburg, die Altargemälde Waldemar Kolmsberger, der durch eine ähnliche Arbeit im Geist des 18. Jahrhunderts bereits von seinen Deckenbildern in Gößweinstein her bekannt ist.

Solche »retrospektiven« Ambitionen haben nach den Feststellungen von Tilman Breuer in St. Theodor Tradition, wie er am Beispiel des Kreuzgangs darlegte.

Dieser ist ohne Zweifel das bedeutendste Kunstwerk im Kloster. Seinen reichen bildhauerischen Schmuck erhielt der im späten 13. Jahrhundert aufgeführte Kreuzgang in der Zeit der Regentschaft der Äbtissin Kunigunde Truchseß von Wetzhausen in der zweiten Hälfte des 14. Jahrhunderts. Tilman Breuer hat darauf hingewiesen, daß der plastische Kapitellschmuck einen bewußten stilistischen Rückgriff auf die Romanik darstellt, zu einer Zeit, als man in Bamberg längst »gotisch« baute. Solche bewußten Rückbeziehungen fanden sich gerade damals vor allem im Bereich der höfischen bzw. dem Hof nahestehenden Kunst häufiger und sind ein noch unzureichend gedeutetes Phänomen. Die vielfältigen Bildinhalte der Kapitelle sind ebenfalls nicht abschließend untersucht. Die zahlreichen Motive aus der Pflanzenwelt sowie die Menschen- und Tierdarstellungen, die oft einer uns heutigen Betrachtern fernen Fabel- und Mythenüberlieferung entsprungen sind, machen den Kreuzgang zu einer in Stein gemeißelten Bilderbibel. In dieser abgeschlossenen Welt beteten und meditierten die Nonnen von St. Theodor und heute noch die Karmeliten. Abgesehen davon, daß es sich bei diesem Kreuzgang um eine der größten erhaltenen Anlagen handelt, ist er eben immer auch und vor allem ein Ort des Gebetes und des Glaubens gewesen und dank der enormen Anstrengungen der Bamberger Karmeliten bis heute geblieben.

St. Christoph

Gegen 1310 ließen sich in Bamberg am Fuß des Domberges, hart am Ufer der Regnitz, Dominikanermönche nieder. Sie kamen auf Einladung des Bischofs Wulfing von Stubenberg (1304–1318), der selbst aus dem Dominikanerkloster Frisach in Kärnten hervorgegangen war. Es brauchte einige Jahre, bis es gelungen war, an dieser Stelle in Bamberg Baugrund zu erwerben, denn die ersten Dominikaner siedelten zunächst bei der Nikolauskapelle nahe Alt-St.-Martin. Auch deuten bauliche Besonderheiten an Kirche und Klosteranlage darauf hin, daß man nur allmählich mit den Neubauten vorankam und sich in ein bereits bestehendes Geflecht von Bauten und Straßen einzwängen mußte. Vermutlich handelte es sich um einen kaiserlichen Freihof der Familie Zollner von Brand; jedenfalls fügt sich die Wahl des Baugrundes in eine damals gern geübte Regel ein, Klöster in Städten an Plätzen mit rechtlicher Tradition zu errichten, der sie dem Schutz eines Mächtigen empfahl.
Das Bamberger Dominikanerkloster verfügte von Anfang an über stattlichen Grundbesitz: Die Mönche besaßen Wiesen und Äcker bei Gundelsheim und Memmelsdorf sowie in der Kaulsberger, Stephansberger und Altenburger Markung. Weiter entfernt lagen die Güter in Forchheim, die bereits 1317 im Besitz des Klosters nachweisbar sind, und in Freienfels, wo die Bamberger im 18. Jahrhundert auch den Pfarrdienst besorgten. Trotzdem zählte das Dominikanerkloster nie zu den reichen geistlichen Instituten in Bamberg. Bekannt war es für seine vorzügliche Bibliothek. 1801 notierte der Mathematikprofessor Johann Baptist Roppelt 214 Inkunabeln ohne Drucker und Druckorte, darunter die Straßburger Bibel von 1466 und außerdem 620 Erstdrucke von 1471 bis 1499.
Vor diesem Hintergrund ist es verständlich, daß gerade aus dem Bamberger Dominikanerkloster eine Reihe von Gelehrten, Bischöfen und sonstigen frommen Ordensoberen hervorgegangen ist, etwa der 1466 verstorbene Weihbischof und Theologe Johannes von Held, dessen Grabmal sich als einziges Beispiel einer langen Reihe von nach der Säkularisation verschleppten und zerstörten Denkmälern in der Kirche erhalten hat. Weihbischof in Bamberg war auch Prior Johannes Rüger († 1546). Zu den wichtigen Persönlichkeiten der katholischen Reform zählte Petrus Rauch aus Ansbach, der an zahlreichen Universitäten lehrte und auch eine Schrift gegen die Augsburger Konfession verfaßte. Rauch wurde schließlich als Weihbischof von Bamberg nach seinem Tod 1555 in der Dominikanerkirche beigesetzt.
Das 18. Jahrhundert brachte ebenfalls einige gelehrte Mönche hervor, wie Heinrich Tripp († 1761), der eine eigene Ordensschule aufbaute, Barnabas Böhmer († 1779), der als besonderer Förderer der Wissenschaften das Amt des Provinzials bekleidete, und Justin Körner († 1779), der als Magister der Theologie fünfmal in das Amt des Priors gewählt wurde.
Dem Kloster wurde bei der Säkularisation übel mitgespielt. Ein unbekannter Benediktiner vom Kloster Michaelsberg berichtete damals darüber: »...Von dem Dominikanerkloster weiß man nicht, ob es noch ein Kloster oder eine Kaserne ist; wo sie nur hinsehen, sehen sie Kinder, Weiber und Soldaten und selten in ehrbarem Aufzug. Sie selbst (die Mönche) müssen oben in einem Zimmer wie die Häringe ineinandergeschichtet essen. ... Unsere umliegenden Protestanten ... bedauern uns im Ernst sehr, sie fragen selbst, ob denn der Churfürst von Bayern katholisch sei«.
Die Kirche des ehemaligen Dominikanerklosters, die bis zum Jahre 1993 das Orchester der Bamberger Symphoniker beherbergte, entstand in ihrer heutigen Form als ein gründlicher Umbau, den der Dominikaner Dominique Clarian aus Frankreich gegen Ende des 15. Jahrhunderts vornahm. Der Umbau galt vor allem dem Langhaus, denn der gotische, kreuzrippenüberwölbte Chor war unter Prior Willibrand zwischen 1380 und 1387 bereits neu aufgeführt worden. Wahrscheinlich waren hier die gleichen Bauleute tätig gewesen, die in Bamberg den Chor der Oberen Pfarrkirche errichteten. Während dem Chor in seiner baulichen Anlage und vor allem in seiner schlanken Proportionierung noch eine gewisse Festlichkeit zugesprochen werden kann, handelt es sich bei dem dreischiffigen Langhaus der Kirche zu fünf Jochen um einen reinen Zweckbau, wenn auch von beachtlichen Ausmaßen; offensichtlich spiegelt sich darin der enorme Zulauf, den der Predigerorden unter der Bamberger Bevölkerung hatte.
Seit der Verwendung als Militärmagazin im 19. Jahrhundert ist die Kirche ihrer einstigen Ausstattung beraubt. Bei Renovierungsarbeiten in den 60er Jahren konnten einige Fresken freigelegt werden, darunter

Bamberg, ehem. Dominikanerkloster St. Christoph. Kreuzgang, erbaut um 1464 von Hans Vorchheimer.

an der westlichen Umfassungsmauer, die von einem Vorgängerbau stammt, eine um 1400 zu datierende Darstellung der heiligen Kümmernis. Sie stellt eine merkwürdige Parallele zur Plastik aus dem ehemaligen Dominikanerinnenkloster dar, die in St. Gangolf aufgestellt ist. Erhalten ist noch an der barock überarbeiteten Fassade die überlebensgroße Holzfigur des heiligen Christophorus, des Titelheiligen der ehemaligen Kirche, um 1480 anzusetzen.

Außer der Sakristei westlich des Chores und der Dominikuskapelle am Langhaus, die ab 1337 erbaut wurde, sind an mittelalterlichen Bauteilen der sich östlich der Kirche erstreckende Kreuzgang bemerkenswert. Das 1464 als im Bau befindlich überlieferte Geviert ist kreuzrippenüberwölbt, teilweise sogar mit aufwendigeren Figurationen; als Baumeister wird Hans Vorchheimer genannt. Auffällig sind die maßwerklosen Öffungen zum Kreuzhof. Möglicherweise

hatten sie niemals Füllungen, jedenfalls sind seit dem 17. Jahrhundert keine mehr nachweisbar.
Obwohl dieser Kreuzgang nur durch einige Mauern vom geschäftigen Treiben auf der Innenstadtstraße getrennt ist, atmet er doch jene Stille, die man sich für ein Kloster vorstellt. Gelegentlich jedoch, wenn die Bamberger Symphoniker hier ein Konzert gaben, fühlte man sich gerade in diesem Kreuzgang in eine andere Welt versetzt.
Weniger stimmungsvoll geht es in den übrigen Höfen des ehemaligen Klosters zu, die als Parkplätze oder Durchgänge völlig in den Betrieb der Bamberger Altstadt einbezogen sind. Der äußere Hof wurde ab 1732 von Justus Heinrich Dientzenhofer mit langgestreckten barocken Trakten neu ummantelt; Pläne dazu hatte auch Balthasar Neumann geliefert. Wie die Kirchenfassade ist Dientzenhofers Regnitzfront mit der überhöhten Mitte städtebaulich von Bedeutung und signalisiert allein durch die Mächtigkeit des Baublokkes die Bedeutung des Dominikanerklosters im 18. Jahrhundert für Bamberg. Das oberste Stockwerk des Mittelbaues nahm einst die bereits genannte Bibliothek auf. Diese aber gelangte mitsamt den 1744 vom Laienbruder Alvarius Karl gefertigten, kunstvoll intarsierten Schränken nach 1803 in den Besitz der Staatsbibliothek. Verblieben ist in dem weiten Saal nur noch die Stuckdecke, wahrscheinlich eine Arbeit des Franz Jakob Vogel.
Die Erneuerung der Klosteranlage war besonders von Fürstbischof Friedrich Karl von Schönborn gefördert worden. Nach dessen Tod im Jahr 1746 begannen sich die Bauunternehmungen als immer größere wirtschaftliche Belastung zu erweisen. Der Fürstbischof verbot die Aufnahme von Novizen. Selbst Stiftungen linderten nur die äußerste Not; 1750 mußte zum Beispiel ein zu Gaustadt abgetretenes Gut sofort wieder verkauft werden. Erschwerend hinzu kam die kriegerische Zeit. Während des Siebenjährigen Krieges mußten die Dominikaner ihr gesamtes Kirchensilber zur Bezahlung von Kontributionsforderungen der Preußen herausgeben. Die während der Säkularisation durchgeführte Inventur offenbarte die zerrütteten finanziellen Verhältnisse des Bamberger Klosters, das nach Aussagen selbst wohlmeinender Zeitgenossen auch ohne diesen Gewaltakt verloren gewesen wäre.

Das Dominikanerinnenkloster zum Heiligen Grab

Indirekt geht die Gründung eines Dominikanerinnenklosters in Bamberg ebenfalls auf Bischof Wulfing von Stubenberg (1304–1318) zurück, obwohl die Besiedlung mit sechs Nonnen aus Frauenaurach erst 1356 erfolgte. Der Legende zufolge wurde 1314 von einem fahrenden Scholaren namens Simon aus der alten Bamberger Pfarrkirche St. Martin ein Kelch mit geweihten Hostien gestohlen und auf einem Feld in der Nähe des Kollegiatstiftes St. Gangolf vergraben. Bischof Wülfing zog selbst an den Ort des Frevels und erhob feierlich die Hostien. In seinem Gefolge mitgeführte Kranke sollen angesichts der Hostienerhebung geheilt worden sein. Noch im selben Jahr ließ das Kollegiatstift St. Gangolf über der Frevelstätte eine Sühnekapelle erbauen.
1356 stiftete der Bamberger Patrizier Franz Münzmeister mit seiner Gattin Katharina dort eine Heilig-Grab-Kapelle und ein damit verbundenes Dominikanerinnenkloster im Anschluß an eine Pilgerfahrt ins Heilige Land. Das heutige Gotteshaus wurde mit dem Chor um 1400 begonnen, das Langhaus etwas später vollendet und die Gewölbe um 1500 eingezogen. Wenn auch Kirche und Kloster 1430 beim Hussiteneinfall, 1525 im Bauernkrieg und 1632/34 im Dreißigjährigen Krieg mehrfach schwer geplündert und beschädigt wurden, überlebte das Dominikanerinnenkloster bis zur Aufhebung im Jahre 1803. Den damals aufgestellten Besitzverzeichnissen zufolge war das Kloster durchaus nicht ohne Vermögen. In den Kellergewölben lagerten große Mengen an Wein aus

▷

Bamberg, Dominikanerinnenkloster zum Heiligen Grab. Das Kloster war schon im Mittelalter bekannt für seine sakralen Stickarbeiten. Hier entstand auch um 1500 der im Bamberger Domschatz aufbewahrte große Bildteppich mit neun Passionsszenen.

dem Weinberg in Ziegelanger bei Zeil; die Braugerechtigkeit sicherte weitere Einkünfte.
Bei der Säkularisation erzielte der Kurfürst aus dem Verkauf des Grundbesitzes außerhalb der Klostermauern stolze 21 378 Gulden. Offensichtlich zählte das Dominikanerinnenkloster zu den wenigen Einrichtungen, denen man das Fortbestehen erlauben wollte, denn man wies den Nonnen 1806 Räumlichkeiten im »Englischen Institut« zur Fortsetzung ihrer Gemeinschaft an. Die Dominikanerinnen schlugen das Angebot jedoch aus und trennten sich. Von 1806 bis 1926 diente das Areal als Kavalleriekaserne, später als Lazarett. Die Klostergebäude wurden bis auf das sogenannte »Beichtvaterhäuschen« aus dem 16. Jahrhundert abgebrochen.
1926 kehrten Dominikanerinnen aus dem Kloster St. Ursula in Augsburg zurück. Sie nahmen damals eine Tradition der Bamberger Niederlassung wieder auf und widmeten sich neben der Stillen Anbetung und Verehrung Gottes der Sakralstickerei, wie schon ihre Vorgängerinnen im späten Mittelalter. Hauptwerk dieser künstlerischen Bildwirkerei ist ein im Bamberger Domschatz aufbewahrter großer und farbenreicher Bildteppich. Das um 1500 entstandene Stück zeigt neun Passionsszenen in prachtvoller Rahmung, an deren Unterseite sich zwei am Webstuhl arbeitende Nonnen gleichsam als Signatur verewigten. Vermutlich ebenfalls von Bamberger Dominikanerinnen wurden die beiden etwas älteren Passionsteppiche in St. Jakob gewebt.
Die Kirche des im Bamberger »Gärtnerviertel« gelegenen Klosters ist ein schlichter, aber vornehmer Saalbau, dessen Chor die gleiche Breite wie das Langhaus aufweist und mit einem Fünfachtel-Polygon geschlossen ist. In der Mitte der Fassade steigt ein Strebepfeiler zum First auf, der einen Dachreiter mit Glockentabernakel und steinerner Spitze trägt. Im Inneren ist der gesamte Bau von einem reich figurierten Netzgewölbe überdeckt, dessen Anlage an das Chorgewölbe von St. Lorenz in Nürnberg erinnert. Eine von Westen her tief in den Raum eingreifende Holzempore diente den Nonnen ehemals als Gebetsstätte. Links unter der Empore stand der Gnadenaltar über der Stelle des Hostienfrevels. Nach der Überlieferung hatte die Mensa dieses Altares eine mit einem Gitter verschlossene Öffnung, aus welcher die Dominikanerinnen Erde entnahmen, die sie kunstvoll in sogenannte »Klosterarbeiten« einhüllten und an die Gläubigen verkauften.
Die an der Südseite gelegene Seitenkapelle mit Kreuzrippengewölbe entstand gleichzeitig mit dem Chor. Sie dient als Grabstätte der 1787 im Ruf der Heiligkeit verstorbenen Nonne Maria Columba Schonath. Die 1754 in den Orden eingetretene Laienschwester empfing ab 1763 die fünf Wundmale Christi, die, so die Überlieferung, besonders an Freitagen bluteten.
Von der Ausstattung hat sich nur wenig erhalten, da das meiste in der Säkularisation verschleudert wurde. Große Teile gelangten 1806 in das südlich von Bamberg gelegene Strullendorf, dessen eben erbaute Pfarrkirche ohne Einrichtung war. In den achtziger Jahren des letzten Jahrhunderts fielen die meisten Gegenstände einer dortigen Neuausstattung zum Opfer. Vor einigen Jahren wurde das barocke Bild des Gnadenaltars, die Hostienerhebung durch Bischof Wulfing darstellend, wiederentdeckt und nach einer Restaurierung in das Bamberger Diözesanmuseum verbracht.
Die im Jahre 1705 vermutlich nach einer älteren Vorlage geschaffene Grabplatte des Stifters Franz Münzmeister mit dem Modell der Kirche in der Rechten wird im Museum der Stadt Bamberg gezeigt. Zwei auf Holz gemalte Epitaphien aus der Zeit um 1440 sind im Besitz des Bayerischen Nationalmuseums in München.
In St. Gangolf in Bamberg hat sich ein Kruzifix erhalten, das als »Göttliche Hilfe« verehrt wurde: Der Klosterstifter Franz Münzmeister ließ nach einer Wallfahrt auf den »Helfenberg« im Eichsfeld eine Kopie des dortigen Gnadenbildes anfertigen, das seinerseits eine Nachbildung des im Dom von Lucca als »volto santo« verehrten Bildwerkes war. Nördlich der Alpen ließ die Fremdartigkeit der Darstellung des Gekreuzigten, der lebend und gekrönt vorgezeigt wird, mit langem, parallel gefalteten Ärmelrock und geflochtenem Gurt, daraus die Legende der heiligen Kümmernis oder Wilgefortis entstehen. Münzmeisters Gnadenbild wurde 1525 zerstört; später entstand eine weitere Nachschöpfung, die um 1760 barock überformt wurde.
Der wichtigste Beleg der alten Ausstattung der Dominikanerinnenkirche aber befindet sich noch am originalen Ort. Es ist eine Folge von zwölf Tafelgemälden des frühen 17. Jahrhunderts, auf denen in einfachen, erzählstarken Bildern die Stiftungslegende dargestellt wird.

◁

Bamberg, Dominikanerinnenkloster zum Heiligen Grab. Blick in den Chor der Kirche mit seinem reich figurierten Rippengewölbe aus der Zeit um 1500.

St. Martin

Mit dem Einsetzen der Gegenreformation durch das Konzil von Trient 1563 sollten auch in Bamberg die Ausbildung des Priesternachwuchses verbessert und ein Diözesanseminar gegründet werden. Papst Pius V. sandte bereits 1566 ein entsprechendes Breve an Fürstbischof Veit II. (1561–1577), aber erst dessen Nachfolger, Ernst von Mengersdorf (1583–1591), griff das Anliegen auf und richtete 1586 im Karmelitenkloster in der Au eine Seminarschule ein. Es dauerte aber immer noch einige Jahrzehnte, bis unter Gottfried von Aschhausen (1609–1622) im Jahre 1610 drei Jesuiten zur Unterrichtung nach Bamberg berufen werden konnten. Der Fürstbischof hatte in Fulda selbst eine Zeitlang bei den Jesuiten studiert und dabei Methode und Leistung des Ordens kennen- und schätzen gelernt. In Bamberg erhielten die Jesuiten schon 1611 die Leitung des Collegium Ernestinum übertragen. Sie verlegten das Seminar in das benachbarte »Haus zum Bock« und begannen im selben Jahr mit der Errichtung eines eigenen Schulbaues für das Gymnasium, der 1613 bezogen werden konnte. Die breite Masse der Bevölkerung zeigte sich von der Seelsorge der Jesuitenpatres beeindruckt; für Ostern des Jahres 1621 sind beispielsweise 6000 Gläubige überliefert, die zur Beichte kamen und das Sakrament empfingen. Kloster und Kirche der Karmeliten erwiesen sich unter diesen Umständen bald als zu klein. Hinzu kam, daß diese Klosteranlage zwar mitten in der Stadt lag, aber keinen direkten Zugang zum Grünen Markt hatte und damit nicht den Ansprüchen der Jesuiten nach einer demonstrativ-repräsentativen Lage entsprochen haben mochte.

Baulichen Veränderungen stand zunächst die Ungunst des Dreißigjährigen Krieges entgegen. Zwischen 1632 und 1634 war Bamberg wiederholt von den Schweden besetzt, worunter besonders die Jesuiten als die Exponenten der Gegenreformation zu leiden hatten. Als Quartiere des Oberst Wildenstein und der Bülowschen Reiter wurden Kolleg und Kirche mehrfach geplündert und geschändet. Unter der Besetzung kaiserlicher, also katholischer Truppen war es nicht viel besser. 1646 hatten die Jesuiten hundert Reiter der Truppen des Kaiserbruders Erzherzog Leopold Wilhelm von Österreich als »Gäste« einquartiert bekommen, worüber sich ein Chronist mit bewegten Worten empörte: »... Nichts blieb unverletzt, kein Fenster, kein Ofen, keine Bettstatt, keine Tür, kein Tisch, keine Bank blieb ganz. Alles wurde zerschlagen und verbrannt. Scheunen und ganze Häuser wurden niedergerissen oder so total ruiniert, daß sie kaum mehr zu bewohnen waren. Um es kurz zu sagen, das Elend und Unglück war so groß, daß es das der vorausgehenden Zeit weit übersteigt.«

Während sich das übrige Bamberg nur langsam von dem großen Krieg erholte, scheint dies den Jesuiten besser geglückt zu sein. 1648 schon erhoben sie ihre Schule zu einer Akademie, die sie in Einnerung an Bischof Otto »Academia Ottoniana« nannten. Diese Hochschule beanspruchte alle Rechte einer Universität, bestand aber zunächst nur aus einer theologischen und einer philosophischen Fakultät. Knapp hundert Jahre später (1735) erweiterte Fürstbischof Friedrich Karl von Schönborn (1729–1746) die Akademie um eine juristische Fakultät, die im »Hochzeitshaus« lag, und stiftete eine ordentliche Professur des deutschen Staatsrechtes, der ersten ihrer Art in Deutschland. 1770 schließlich errichtete Fürstbischof Adam Friedrich von Seinsheim noch eine medizinische Fakultät und baute die »Academia Ottoniana« damit zu einer klassischen Vierfakultätenuniversität aus.

Aber auch das von den Jesuiten betriebene Gymnasium gedieh, weshalb sich Fürstbischof Adam Friedrich von Seinsheim (1757–1779) zu einem vergrößerten Neubau entschloß. Dieser wurde 1772 nach Plänen des Würzburger Hofarchitekten Johann Michael Fischer gegenüber dem Kolleg errichtet. 1773, als gerade der südliche Seitenflügel vollendet war, hob Papst Clemens XIV. den Jesuitenorden auf, und alle Baumaßnahmen wurden eingestellt. Auf den Fortbestand von Akademie und Gymnasium hatte die Aufhebung keinen Einfluß. Die Akademie lehrte von 1773 bis 1803 als Universität weiter, ebenso das Gymnasium. Zwischen 1804 und 1891/92 wurden beide Einrichtungen zu einem Lyzeum vereinigt, das dann

◁

Bamberg, ehem. Jesuitenkolleg (St. Martin). Wie ein mächtiger Triumphbogen verkündet die 1690 nach Plänen von Georg Dientzenhofer vollendete Fassade den Sieg des »Namens Jesu«, dem die Kirche zu Zeiten der Jesuiten geweiht war.

Bamberg, ehem. Jesuitenkolleg (St. Martin). Die Architektur der Wandpfeilerkirche greift auf den Urtyp jesuitischen Kirchenbaus, Il Gesu in Rom, zurück.

wieder den Rang einer Hochschule mit einer theologischen und einer philosophischen Fakultät erhielt; genauso wie zu Beginn im Jahr 1648.

Kehren wir zu den Anfängen zurück. Trotz der schweren Kriegszeiten des 17. Jahrhunderts hatte sich die wirtschaftliche Lage der Bamberger Jesuiten stetig gebessert. Seit 1615 besaßen sie in Leimershof im Landkreis Staffelstein ein Erholungsheim, das sie um 1700 in der Art des Leonhard Dientzenhofer behaglich umzubauen wußten. 1639 erhielten sie das Gut Sandhof bei Oberhaid überlassen, das sie ebenfalls in den Ferienmonaten zur Rekreation nutzten. 1758 errichteten sie dort die Filialkirche St. Franziskus Xaverius und sorgten für eine auffallend qualitätvolle Ausstattung im Stil des Bamberger Rokoko: Ein prachtvoller Altar und sieben Statuen jesuitischer Heiliger zieren die Wände, das Deckenbild zeigt die Verklärung des Titelheiligen.

Nach vieljährigem Bemühen war es endlich gelungen, die fehlenden Grundstücke zum Grünen Markt hin zu erwerben. Zahlreiche Privilegien und Steuerbefreiungen von seiten der Fürstbischöfe, Spenden der Bevölkerung und vor allem eine Stiftung des Bamberger Dompropstes Franz Conrad von Stadion ließen ein Vermögen anwachsen, mit dem man den großzügigen Neubau von Kirche und Kolleg beginnen konnte.

Im August des Jahres 1686 legte Abt Roman Knauer vom benachbarten Michaelskloster »unter dem Glückwunsch der ganzen Stadt und unter dem Jubel aller Gutdenkenden« den Grundstein zum Neubau der Jesuitenkirche. Zwei Jahre später waren die Umfassungsmauern bis zum Dachansatz hochgezogen; 1689 wurde der Dachstuhl aufgerichtet, ein Jahr später die Fassade vollendet, wie die am Giebel angebrachte Jahreszahl »1690« ausweist. Ende 1691 war das Gotteshaus so weit fertig, daß die Jesuiten es am Silvesterabend beziehen konnten. Nach weiteren Arbeiten an der Innenausstattung weihte Fürstbischof Marquard Sebastian Schenk von Stauffenberg (1683–1693) die Kirche am 17. Mai 1693 feierlich ein. Obwohl die Jesuiten ihr Bauwerk solide finanziert hatten, zog sich die Vollendung des Turmes länger hin. Erst nachdem Fürstbischof Lothar Franz von Schönborn (1693–1729) dazu unentgeltlich Bauholz beigesteuert hatte, konnte das Werk 1696 abgeschlossen werden.

Die Kirche ist nach dem Schema der Wandpfeilerbauweise entworfen: Auf ein kurzes, von einer Emporenbrücke überklammertes Fassadenjoch folgt das zweiachsige Langhaus, beidseits von Abseitenkapellen mit Emporen begleitet. Vor dem Chor schließt ein weiteres, tieferes Joch an, das sich in ganzer Höhe zu den Abseiten öffnet und mit einer Hängekuppel überwölbt ist. Dieses Joch nimmt insofern eine vermittelnde Position zwischen einem dem Langhaus angehörenden Raumteil und einem Querhaus im herkömmlichen Sinn ein. Der Chor ist rund geschlossen und von einem Umgang begleitet. Chor und Langhaus werden von einem Tonnengewölbe mit Stichkappen geschlossen. Neben der räumlichen Anord-

nung wird die Architektur von St. Martin vor allem durch eine mächtige korinthische Ordnung gegliedert, die jedoch nicht frei von Manierismen ist.
Otto Albert Weigmann hat 1902 mit dem Irrtum aufgeräumt, daß der Italiener Andrea Pozzo den Entwurf zur Jesuitenkirche geliefert habe, und statt dessen Georg Dientzenhofer (1643–1689), den Erbauer von Basilika und Kappel in Waldsassen, als Planentwerfer nachgewiesen. Die Zisterzienser dort waren mit Georg Dientzenhofer sehr zufrieden, denn sie stellten ihm 1686 ein entsprechendes Empfehlungsschreiben für die Jesuiten in Bamberg aus, die einen Baumeister suchten. Georg Dientzenhofer hat 1685 erste Pläne entworfen, die noch im Herbst von der Prokuratorenversammlung der Jesuiten in Rom gebilligt wurden. Mit dem Bau wurde am 11. August 1686 begonnen. Die Bauleitung hatte zunächst Georg, der sie jedoch bald seinem jüngeren Bruder Johann Leonhard Dientzenhofer übertrug. Dessen Tätigkeit an St. Martin wird durch einen Brief der Maurerzunft belegt, in welchem es heißt: »Herr und Maurermeister Leonhord Dintzenhöfer, nun würklich Bürger und Jesuitischer Neuen Kirch derzeit Baumeister allhier zu Bamberg.«
Die Architektur von St. Martin in Bamberg greift auf den Urtyp jesuitischen Kirchenbaues, Il Gesù in Rom, zuruck, jedoch in der durch die Münchner Jesuitenkirche St. Michael nördlich der Alpen verbindlich gewordenen Gestalt. In der Tat sind gerade diese Beziehungen sehr eng. Das beginnt schon bei der Lage an städtebaulich ausgezeichneter Stelle. Die Grundrißdisposition ist vergleichbar, ebenso der Aufriß, bis hin zum Verzicht auf eine Kuppel und deren Andeutung in Stuck in München bzw. durch die Perspektivmalerei Francesco Marchinis in Bamberg.
Gerade die Fassade der Jesuitenkirche läßt verstehen, warum man lange nach einem italienischen Baumeister suchte: Große, fast monumental zu nennende Gesten gliedern nicht nur in der Fläche, sondern schaffen eine räumlich tiefe, triumphbogenartige Architektur. Diese Fassade verkündet den Sieg der Gegenreformation allein schon in der Art, wie sie selbst heute noch über die Umgebung des Grünen Marktes dominiert. Dies übrigens ganz anders als die nur wenig ältere Fassade von St. Stephan, die gegen die Jesuitenkirche geradezu »hölzern« und steif erscheint. Man muß weit in die italienische Renaissance bis zu Bauten des Leon-Battista Alberti in Mantua oder Rimini zurückgehen, um St. Martin vergleichbare Strukturen zu finden. Und doch ist St. Martin eben nicht das Werk eines Italieners, denn neben den großen Gesten hat Georg Dientzenhofer nicht an kleinen, ja fast kleinlichen Details gespart. Gerade hier wird seine Zeitstellung zwischen »Tradition und Import« verständlich. Georg Dientzenhofer offenbart einerseits Sinn »für barocke Massenstruktur und für einen kräftigen Gegensatz von Hell und Dunkel«, zu dem andererseits eine »häufend kleinteilige Gliederung« im Gegensatz steht (Rudolf Kömstedt).
Die acht überlebensgroßen Figuren in den Nischen der Fassade gehören zu den ältesten Großplastiken Bambergs aus der Barockzeit. In ihrer auf Entfernung gearbeiteten groben Durchbildung unterstützen sie die architektonische Wirkung. Eine Zuweisung an einen bestimmten Bildhauer ist bisher nur für die Figuren des »Salvator mundi« und der »Mater salvatoris« gelungen, die als Arbeiten des Bambergers Samuel Koch von 1691 nachgewiesen wurden. Sie unterscheiden sich in ihrer malerischen Auffassung von allen übrigen Figuren. Neben Koch tauchen in den Rechnungen die Namen der Bildhauer Michael Maucher, Johann Jakob Hasler und Leonhard Gollwitzer im Zusammenhang mit der Fassade auf, ohne daß bisher eine Zuordnung gelungen wäre.
Die Innenausstattung konzentriert sich hauptsächlich auf die Altäre und das Kuppelfresko des Giovanni Francesco Marchini aus dem Jahr 1714. In der Art des Andrea Pozzo illuminierte Marchini eine hochragende Tambourkuppel in perspektivischer Malerei, so wie er es auch später noch einmal für den Grafen von Schönborn in den beiden Kirchen von Wiesentheid malen sollte. Wenig beachtet wird wegen seiner Anbringung unter der Orgelempore das ehemalige Hochaltarbild, das nun wirklich eine eigenhändige Arbeit des italienischen Jesuiten Pozzo für den von Fürstbischof Lothar Franz von Schönborn gestifteten und 1700 entstandenen Altares war. 1803 verlor dieses Werk mit der Umwandlung in eine Pfarrkirche und der Veränderung des Patroziniums in »St. Martin« seinen angestammten Platz. Die Darstellung bezieht sich auf das ursprüngliche Patrozinium »Namen Jesu« und illustriert das Wort des Apostels Paulus im Brief an die Philipper (Phil 2, 9–10): »Im Namen Jesu beuge sich jedes Knie, im Himmel, auf der Erde und unter der Erde.« Ganz im Sinne Andrea Pozzos war demnach die Triumphbogenarchitektur der Fassade zugleich der Rahmen für diese Verherrlichung des Namens Jesu; Architektur und Ausstattung sind die Kulissen für eine großartige Inszenierung jesuitischer Überlegenheit.
In ein solches Konzept fügen sich auch die Altarretabeln ein, allen voran der den Chor dominierende

Hochaltar des Giovanni Battista Brenno aus dem Jahre 1701. Brenno stammte aus Mendrisio und ist als Stuckkünstler von den Klöstern Ebrach und Michelsberg her schon bekannt. Er bildete den »welschen Gegenpol« zu den Mitgliedern der Familie Vogel. Den Hochaltar begleiten als Zeugen die Jesuitenheiligen Ignatius von Loyola, der Ordensgründer, und Franz Xaver, der Apostel Indiens und Japans. Auf diese beiden Statuen nehmen die von Oswald Onghers 1691 für die den Chor begleitenden Kapellen geschaffenen Gemälde Bezug mit Darstellungen der »Vision des heiligen Ignatius« und des »Franz Xaver«. In die Vorstellung einer »theatermäßigen« Glaubensverkündigung fügt es sich ferner ein, daß die beiden schräg an den Chorbogen angelehnten Altäre ursprünglich als Wandelaltäre gebildet waren, die dem jeweiligen Festtag entsprechend umdekoriert werden konnten.

Bei solchem Aufwand wirken die ab 1696 errichteten Kollegiengebäude fast bescheiden. In der Tat begnügte man sich mit dem ortsansässigen Maurermeister Johann Finkel, der bereits beim Kirchenbau mitgewirkt hatte und eines der größten Bauunternehmen in der Stadt besaß. Gemeinsam mit dem Steinhauer Melchior Kurz aus Zeil errichtete Finkel bis 1706 die Kollegiengebäude in konservativen, durchaus noch in der ersten Hälfte des 17. Jahrhunderts wurzelnden Formen. Welches Stückwerk dabei entstand, erhellt alleine daraus, daß es am Ende nur mühsam gelang, die beiden unterschiedlich hohen Flügel des letzten Bauabschnittes zu verbinden: Um die peinliche Stockwerksverschiebung zu kaschieren, stellte Finkel einfach einen Treppenturm in die Hofecke davor, der seinerseits ein Beispiel für die stilistische Rückständigkeit des Maurermeisters darstellt.

Die innere Auszier der Kollegiengebäude war ebenfalls recht bescheiden geplant und bezog sich lediglich auf die Repräsentationsräume mit Refektorium und Saletta und einen besonders kostbar ausgestatteten Raum für den Pater Provinzial. Der Stuck in diesem Flügel wird der Werkstatt des Johann Jakob Vogel zugeschrieben. Im übrigen handelte es sich außer den Wohnräumen der Patres und der 1735/36 geschaffenen Bibliothek, die über zwei Stockwerke reichte, um reine Funktionsräume, wie der Küche, einer Brauerei mit Malzdörre oder einer Bäckerei, die für das leibliche Wohl der Jesuiten und ihrer Zöglinge zu sorgen hatten.

Die meisten dieser Räume befinden sich heute nicht mehr im ursprünglichen Zustand, denn nach der Aufhebung des Ordens 1773 wurde das Gebäude der im gleichen Jahr gegründeten Universität Bamberg übergeben. Die Räume dienten nunmehr den Professoren als Wohnung. Bibliothek und Museum der Jesuiten blieben zunächst erhalten. 1787 stürzte jedoch die Decke der Bibliothek herab, und Fürstbischof Franz Ludwig von Erthal (1779–1795) begann mit einer durchgreifenden Umgestaltung des Inneren der jungen Universität, in die der Klassizismus einzog.

Der Obermain

Auch in Oberfranken hat der Main die Landschaft entscheidend geformt. Der Fluß hat seine beiden Quellen an den Hängen des Fichtelgebirges bei Bischofsgrün und nahe Creussen bei Bayreuth. Die Quellflüsse Weißer und Roter Main vereinigen sich oberhalb von Mainleus zum Main. Das Obermainland wird im Westen von Haßbergen und Steigerwald begrenzt und nach Osten von Frankenwald und Fichtelgebirge umschlossen. Im Süden liegt die Fränkische Schweiz und im Norden der Thüringer Wald. Der Main schneidet tiefe Terrassen in das Land und erzeugt dabei solche wunderbaren Bilder wie die hochragenden Bergsporne, auf denen Banz und Vierzehnheiligen liegen. Um Bamberg erstreckt sich am Zusammenfluß von Main und Regnitz eine fruchtbare Niederung, in der intensiver Garten- und Obstbau betrieben wird. Die umgebenden Wälder sind reich an Holz, das auf dem Main geflößt wurde. Der Main war außerdem das richtige Transportmittel für den Schiefer, der im Frankenwald gebrochen wurde. Die kargen Böden mainaufwärts waren kaum für eine lohnende Landwirtschaft geeignet. Dafür siedelt seit dem 16. Jahrhundert am Obermain um Lichtenfels ein blühendes Handwerk der Korbflechter, das auch mainabwärts hie und da zu finden ist.

Die Region um den oberen Main war seit karolingischer Zeit Königsland und von einer Reihe von Königshöfen und Pfalzen durchsetzt, allen voran das 805 erstmals genannte Forchheim. Parallel dazu setzte auf Betreiben Karls des Großen eine intensive Missionierung der in diesem Gebiet ansässigen Slawen ein, und nachweislich 14 Kirchen wurden »inter Moinum et Radanziam« gegründet, die freilich im Einzelfall nur selten genau zu lokalisieren sind. Die Hochkultur war angelsächsisch geprägt. Darauf läßt ein bei Pettstadt im Main gefundener Silberbecher mit der typischen Tierbandornamentik schließen.

In spätkarolingischer Zeit verlor die Zentralgewalt mehr und mehr an Einfluß, und regionale Kräfte wie die Popponen, später Babenberger genannt, übernahmen die Führung. 906 unterlagen diese den Konradinern im Kampf um die Macht, das Land wurde erneut Königsgut. Die Markgrafen von Schweinfurt hatten im Obermaingebiet eine starke Stellung und erhoben sich 1003 gegen König Heinrich II. Nach dem Sieg über die Schweinfurter war für den König der Weg frei für eine Neuordnung der Region, die in der Gründung des Bistums Bamberg im Jahr 1007 gipfelte.

Ähnlich erfolgreich verlief die Entmachtung geistlicher Konkurrenten. Im Verlauf des 8. Jahrhunderts hatte das Kloster Fulda im gesamten Obermaingebiet an zahlreichen Orten Besitz und Rechte erwerben können. Bald nach der Bistumsgründung war davon kaum etwas übriggeblieben. Andererseits konnte Würzburg wenigstens in Banz seine Rechte wahren, was sich in diesem Falle noch über Jahrhunderte hinweg als störender Faktor auswirken sollte.

Keines der Klöster am Obermain reicht vor die Jahrtausendwende zurück. Das älteste ist das 1071 gestiftete Benediktinerkloster Banz. Wie in Heidenfeld am Main signalisiert diese Gründung von Alberada aus dem Geschlecht der Markgrafen von Schweinfurt den weiteren Rückzug dieser Familie aus dem Machtgeflecht in der Region. Insgesamt wurden in Oberfranken nicht viele Klöster gegründet. Erst rund zwei Generationen später folgte mit Unterstützung von Bischof Otto dem Heiligen 1132/33 die Stiftung der Zisterze von Langheim. Langheim entstand sicher, um den bambergischen Einfluß in diesem Gebiet zu stärken, da Banz in geistlichen Angelegenheiten bekanntlich den Würzburger Bischöfen unterstand. Banz und Langheim haben sich denn auch im Lauf ihrer Geschichte immer ein wenig als Konkurrenten betrachtet. Der Bau von Kloster Banz und die Anlage der Wallfahrtskirche von Vierzehnheiligen im 18. Jahrhundert sind Stein gewordene Zeugnisse dafür. Letztlich aber kann die Bedeutung von Langheim für den Landesausbau in Oberfranken nicht hoch genug eingeschätzt werden.

Eine weitere Gründung des 12. Jahrhunderts war die des Benediktinerklosters Mönchröden im Jahre 1149. Diesem adeligen Eigenkloster fehlte genauso die nötige Ausstattung, wie dies für alle weiteren Klöster im Obermaingebiet gilt; die Einfluß- und Entwicklungsmöglichkeiten waren von daher zwangsläufig begrenzt. Mönchröden hat die Reformation ebensowenig überdauert wie die beiden Zisterzienserinnenklöster Sonnefeld und Himmelkron, die adelige Stiftungen von 1264 bzw. 1279 waren. Beide Zisterzen hatten Mitte des 14. Jahrhunderts ihre hohe Zeit, in der auch die bedeutendsten Kunstwerke entstanden. Danach verkamen sie jedoch mehr und mehr zu reinen Versorgungsinstituten nachgeborener adeliger Damen und siechten dahin wie ein morsch gewordener Baum. Die Klöster konnten sich in der protestantisch gewordenen Umgebung nicht mehr halten. Gleichwohl waren die bestehenden Verwaltungsstrukturen für die jeweiligen Landesherren so wichtig, daß sie die ehemaligen Klöster künftig als Mittelpunkt eines Amtes oder als Prinzenschule bzw. Sommerresidenz nutzten.

Die Reformation war im Bereich des Hochstiftes Bamberg ein einschneidendes Ereignis. Für lange Zeit hören wir in der Region nichts mehr von Klostergründungen. Eine späte Blüte bedeutet deshalb die Stiftung eines Franziskanerklosters zur Betreuung der Wallfahrt nach Gößweinstein im Jahre 1723. Allein dieses Kloster existiert bis heute.

Banz

Die ehemalige Benediktinerabtei Banz ist das älteste Kloster am Obermain. Es geht auf die Burg Banz zurück, eine um 930 gegen die aus dem Osten herandrängenden Ungarn errichtete Grenzbefestigung, und liegt auf einem 170 Meter über dem Maintal im Banzgau sich erhebenden Bergsporn. Um 1071 stifteten Alberada aus dem Geschlecht der Markgrafen von Schweinfurt und deren Gatte, Hermann von Habsberg-Sulzbach, die ererbte Burg zur Gründung eines Benediktinerklosters. Die Grundherrlichkeit erhielt der Bischof von Bamberg als Schenkung übertragen, obwohl Banz eigentlich auf dem Gebiet des Bischofs von Würzburg lag – ein Umstand, der die Geschicke des Klosters in Zukunft stark beeinflussen sollte. Nach dem Tod der Stifter geriet die junge Gründung rasch in Verfall und wäre vermutlich untergegangen, wenn nicht Bischof Otto I. von Bamberg (1102–1139) eingegriffen und aus Prüfening bei Regensburg erneut Mönche unter Leitung eines Abtes Balduin berufen hätte. Bereits 1114 konnte der Bischof eine neu erbaute Abteikirche den Heiligen Petrus und Dionysius weihen – äußeres Zeichen eines aufstrebenden Gemeinwesens.

Das mittelalterliche Kloster war, nach Grabungsbefunden und einigen Veduten zu urteilen, baulich in zwei Komplexe gegliedert: Am Steilhang über dem Maintal, etwa im Bereich der heutigen Konventsgebäude, erhob sich die mit einem Westturm ausgestattete Klosterkirche, davor lagen Kreuzgang und Konvent sowie nördlich davon die Abtei. Als Schutz an der ungesicherten Bergseite des Sporns befand sich die sogenannte »Burg«, ein Torbau, der von vier Rundtürmen gesäumt und mit Mauern zum inneren Klosterbezirk verbunden war. Innerhalb des so geschaffenen »Vorhofes« befand sich ein Rundturm, vermutlich Nachfolger eines Bergfrieds der Banzburg. Diesen Gebäudebestand gibt die älteste erhaltene Ansicht des Klosters wieder, die 1623 in Stengels »Monasteriologia« erschien. Größere Neubautätigkeit läßt sich lediglich unter Abt Alexander von Rotenhan (1529–1554) belegen, der die im Bauernkrieg demolierten Gebäude des Klosters und die Kirche erneuerte. Deshalb waren viele Bauten von Banz im Kern noch mittelalterlich, wenn auch die zahlreichen »welschen« Hauben als Turmbekrönungen auf neuzeitliche Bautätigkeit schließen lassen, wie sich dies für den zum Abteibau gehörigen mächtigen Rundturm aus dem Jahre 1613 nachweisen läßt. »Wichtig ist jedoch im Hinblick auf die barocke Klosteranlage«, so Joachim Hotz, der beste Kenner von Banz, »daß sich bereits die Vorgängerbauten im Hauptbereich um drei Höfe – zwei geschlossene und einen offenen – gruppierten, daß die Kirche schon damals auf der dem Main zugewandten Seite lag und daß die einzelnen Trakte oder Gebäudefolgen in etwa in der gleichen Richtung wie heute verliefen.«

Doch werfen wir zunächst einen Blick zurück in die Geschichte des Klosters Banz, bevor wir uns der Kunstgeschichte zuwenden. Das Kloster litt erheblich unter dem Streit zwischen Bamberg und Würzburg um die hoheitlichen Rechte. Würzburg kämpfte dabei gelegentlich mit gefälschten Urkunden und er-

Banz, ehem. Benediktinerkloster. Die »Antwort« auf die Benediktinerkirche Banz war die von den Zisterziensern aus Langheim errichtete Wallfahrtskirche Vierzehnheiligen. Holzschnitt von Schröder, 1872.

reichte in einem Vergleich von 1509, daß ihm die Spiritualia, also die Rechte in geistlichen Angelegenheiten, endgültig zugestanden wurden. Bamberg sollte danach fortan ungestört im Besitz der Temporalia, der weltlichen Rechte also, bleiben. Diese hat Bamberg denn auch recht energisch verteidigt, und noch 1672 wurden die Äbte von Banz und Langheim festgenommen und in ihre Klöster Truppen einquartiert. Die Bauernunruhen von 1525 und der Dreißigjährige Krieg brachten dem Kloster schwere Verwüstungen; 1633 brannte die Abteikirche ab.

Schwerwiegender als diese Angriffe auf die materiellen Besitztümer von Banz, das sich in dieser Hinsicht nie mit Langheim oder gar Ebrach messen konnte, waren die Auswirkungen der Reformation in geistiger Hinsicht: In der Regierungszeit des Bamberger Fürstbischofs Veit von Würzburg (1561–1577) traten Abt und Konvent geschlossen zum Protestantismus über. 1568 resignierte Abt Georg, und das Kloster blieb in den folgenden sieben Jahren verwaist.

Da der Bamberger Bischof offenbar zu schwach war, griff 1575 der junge Würzburger Fürstbischof Julius Echter ein und sandte aus Münsterschwarzach Abt Johannes Burckardt (1563–1598) als Reformator nach Banz. Im Alter von gerade 25 Jahren zum Abt gewählt, hatte dieser damals Münsterschwarzach bereits geistig und wirtschaftlich erfolgreich reformiert und an die Bursfelder Kongregation angeschlossen. 1574 führte er in Kloster Theres Bursfelder Bräuche ein, und ein Jahr später wurde ihm Banz übertragen. In späteren Jahren erhielt der katholische Reformabt 1590 noch einmal einen Ruf zur »Sanierung« des in Schuldennot geratenen Benediktinerklosters St. Stephan in Würzburg.

Die Epoche dieses starken und von hoher persönlicher Autorität geprägten Abtes Johannes Burckardt bedeutete jedoch nur ein »Zwischenhoch« in der Geschichte von Banz, denn der Dreißigjährige Krieg setzte allem Aufschwung zunächst ein Ende. Nach 1648 aber erlebte Banz eine über anderthalb Jahrhun-

derte währende ruhige, stetige Entwicklung, die sich nach außen in der baulichen Erneuerung von Kirche und Kloster sichtbar niedergeschlagen hat. Die Grundlagen dazu wurden unter Abt Otto de la Bourde (1664–1677/1708) gelegt, dessen weitreichende Beziehungen und souveräne Amtsführung das Kloster wirtschaftlich gesunden ließen und die monastische Zucht auf eine vorbildliche Höhe brachten. 1677 verzichtete Abt Otto auf seine Würde, um in die Dienste des Kaisers zu treten. Er wurde später Fürstbischof von Gurk in Kärnten und hinterließ seinem Heimatkloster Banz die stattliche Summe von 43 500 Gulden als Erbe.
Damit war eine Basis gelegt für künftige Baumaßnahmen, die bereits unter seinem Nachfolger, Abt Eucharius Weinert (1677–1701), archivalisch nachweisbar sind. Dieser Prälat errichtete vermutlich kurz vor der Jahrhundertwende ein neues Krankenhaus, in dessen Obergeschoß er selbst Wohnung nahm, da seine bisherige Abtei dem Neubau weichen mußte. Verantwortlich in dieser Phase war der Bamberger Hofbaumeister Johann Leonhard Dientzenhofer, dessen Wirken in Banz erstmals 1698 faßbar wird. Seine Pläne sahen vor, die alte Kirche nur wenig zu ändern, dagegen die Abtei- und Konventtrakte völlig neu zu errichten. Dientzenhofers unregelmäßige Anlage war in hohem Maße von den schwierigen topographischen Gegebenheiten des Banzberges abhängig und wurde wohl auch deshalb bis zum Tod des Abtes Weinert nicht vollendet. Außer dem Krankenbau war nur die neue Abtei im Entstehen, alle übrigen Kernbauten waren unangetastet geblieben.
Bald nach der Wahl des Abtes Kilian Düring (1701–1720) wurden weitere Verträge mit Dientzenhofer geschlossen und Abtei- und Konventsgebäude bis zum Tod des Baumeisters 1707 nach neuen Plänen vollendet. Aufschlußreich ist in diesem Zusammenhang ein Deckenbild von Sebastian Reinhard im sogenannten Fürstenzimmer mit einer Ansicht der Abtei. Dieses 1707 geschaffene Bild zeigt den Gebäudebestand so, wie er sich damals darstellte oder doch wenigstens nach Dientzenhofers Plänen entstehen sollte: Inmitten der mittelalterlichen Mauern und Vorhofanlagen erhob sich eine dreigeschossige, zwei große Höfe umschließende Klosteranlage mit einer von Dientzenhofer im Südwesten des Komplexes geplanten Kirche. Diese Kirche mit turmloser Schauseite, dreijochigem Langhaus und stark eingezogenem Chor hat unverkennbare Parallelen zur Jesuitenkirche St. Martin in Bamberg. Im Anschluß an den Chor wollte Dientzenhofer in Banz den Turm der Vorgängerkirche beibehalten, der dann tatsächlich erst 1728 abgetragen wurde.
Beim Tod des ersten Baumeisters der barocken Erneuerung von Kloster Banz im Jahre 1707 waren der im Westen gelegene Bischofsbau (1702), der westliche Teil der Abtei (1704), das zwischen Abtei und Kirchenchor vermittelnde Refektoriumsgebäude (1705) und der Konventsflügel – später Bibliothcksbau (1707) vollendet. Von den Innenräumen dieser Periode sind vor allem der sogenannte Kaisersaal im Abteibau und die Abtskapelle im Bischofsbau hervorzuheben. Der »Kaisersaal« genannte Große Saal dürfte dabei eine der ersten architektonischen Leistungen des Johann Dientzenhofer in Banz sein. Den Stuck schuf Johann Jakob Vogel; der erhaltene Vertrag dazu datiert vom 5. April 1709. Die Deckengemälde des Sebastian Reinhard führen in mehreren Szenen auf legendenhafte Weise die Gründungsgeschichte des Klosters aus barocker Sicht vor. Auch in der Abtskapelle wird nicht mit Hinweisen auf die Geschichte der Abtei gespart, und man versicherte sich in den Gewölbezwickeln der Hilfe vier heiliger Bischöfe, nämlich Bonifatius, Kilian und Otto (der fehlende vierte ist leider noch nicht eindeutig bestimmt).
Anders als in Münsterschwarzach bedeutete der Tod des Baumeisters im Jahre 1707 keine Phase längerer Unsicherheit über den weiteren Bauverlauf. Bereits am 11. Mai 1710 legte Abt Kilian Düring den Grundstein zum Bau der neuen Abteikirche. Die Pläne stammten von Johann Dientzenhofer, dem jüngeren Bruder des Johann Leonhard, der diesem bekanntlich im Amt des Bamberger Hofbaumeisters nachgefolgt war. Johann Dientzenhofer hatte damals die in Vollendung begriffene, ab 1704 erbaute Fuldaer Domkirche als Empfehlung vorzuweisen. In nur drei Jahren war in Banz der Rohbau soweit gediehen, daß mit dem Innenausbau begonnen werden konnte. 1713 erhielt Balthasar Esterbauer aus Würzburg den Auftrag für die Plastiken der Außenfassade und für sechs große Holzfiguren im Innern. 1714 begann Johann Jakob Vogel mit der Stuckierung, und im selben Jahr wurden Kanzel und Hochaltar an Esterbauer und an den Bamberger Schreinermeister Martin Walter vergeben. 1715 baute Dientzenhofer unter dem Langhaus nachträglich die für 200 Mönche ausgelegte Sepultur ein und schuf die Außentreppe. Im folgenden Jahr signierte Melchior Steidl das Fresko im Obergeschoß der südlichen Turmkapelle. 1718 ist die Inschrift über dem Kirchenportal datiert, und am 15. Oktober 1719 konnte die neue Abteikirche feierlich eingeweiht werden. Die für damalige Verhältnisse au-

Bamberg, ehem. Jesuitenkolleg (St. Martin). Die Architektur der Wandpfeilerkirche greift auf Il Gesu, den Urtyp jesuitischen Kirchenbaues, zurück.

Banz, ehem. Benediktinerkloster. Die Barockzeit hat nahezu alle mittelalterlichen Bauwerke des Klosters zerstört. Eine grobe Vorstellung davon vermittelt eine Zeichnung des 17. Jahrhunderts im Staatsarchiv Würzburg.

ßerordentlich kurze Bauzeit von nur achteinhalb Jahren belegt die Konzentration der Kräfte und Mittel der Abtei auf die Kirche als das Hauptprojekt der Erneuerung des Klosters.

Die Abteikirche von Banz ist eines der Hauptwerke kirchlicher Baukunst des Barock in Franken. In ihr kulminieren Baugedanken des böhmischen Barock, und zugleich stellt sie ein architekturgeschichtlich wichtiges Bindeglied zwischen Böhmen und Franken dar. Dies wird nicht zuletzt in der Person des Baumeisters Johann Dientzenhofer sichtbar, ein Sproß des böhmisch-fränkischen Baumeistergeschlechtes der Dientzenhofer. Die Architektur von Banz ist hauptsächlich aus dem Grundriß entwickelt, dem sich Wand- und Gewölbebildung unterordnen. Damit erschließt sich die räumliche Struktur nur dem gänzlich, der die Anlage des Grundrisses vor Augen hat. Das Langhaus weist dabei ähnliche Bildungen auf wie die späteren sogenannten »Holzkirchen-Pläne« des Johann Dientzenhofer, die Thomas Korth überzeugend mit dem Würzburger Damenstift St. Anna in Verbindung gebracht hat: An ein größeres Mitteloval grenzen nach Osten und Westen jeweils nur wenig schmalere Nebenovale. Von Norden und Süden greifen kleine, ovoide Abseiten in die Nahtstellen der drei Hauptraumovale ein. Insgesamt sind es acht solche sich überschneidende, verschränkende oder sich tangierende Ovalfiguren, die nur in sehr abstrakter Weise im Raum selbst anschaulich nachvollziehbar sind. Der Chor paraphrasiert das Grundrißthema des Langhauses in vereinfachter Weise: An ein breiteres Mitteloval schließen sich nach Westen und Osten Nebenovale an. Es gelten jedoch besondere Bedingungen, denn Breite und Länge des Chores waren durch

◁

Banz, ehem. Benediktinerkloster. Der Große Saal des Abteibaues erinnert mit seinen Deckenbildern, um 1709 von Sebastian Reinhard gemalt, an die Stifterfamilie des Klosters aus dem Hause der Markgrafen von Schweinfurt.

die älteren Konventsbauten vorherbestimmt, weshalb die Ovale im Norden und Süden gekappt wurden und das Nebenoval im Osten gar nur halb ausgebildet wurde. Anders als im Langhaus sind diese Figuren nur an der Gewölbebildung ablesbar bzw. an der Projektion dieser Gewölbe auf den Grundriß.

Im Aufriß erweist sich die Kirche als Wandpfeilerbau in einer entwickelten Form. War im Grundriß noch eine Scheidung in Haupt- und Nebenräume möglich, so ist dies im aufgehenden Mauerwerk nur noch schwer nachvollziehbar, denn »der Mittelraum dringt in die Abseiten ein, überall ein Nachgeben und Ausweichen« (Georg Dehio). Deshalb existiert keine feste Grenze zwischen den einzelnen Raumteilen; vielmehr werden diese Raumgrenzen durch die Architektur in feste beleuchtete und unfeste, lichthafte Zonen geschieden. Wichtigstes Gliederungselement sind dabei die Wandpfeiler selbst. Insgesamt könnte man den Raum in Banz als »malerisch« charakterisieren, herrscht doch überall eine unbestimmte, verschleifende Durchformung des räumlichen Aufbaues vor. Ganz anders dagegen die kristallinische, aber auch synthetische Bildung des Innenraumes im benachbarten Vierzehnheiligen!

Die Fassade von Banz ragt in drei Geschossen hoch über die anderen Gebäude hinaus. Sie ist von ihrer Lage im Klosterkomplex und von der Topographie her ganz auf Fernwirkung angelegt und daher im Aufriß entsprechend deutlich akzentuiert: Eingespannt zwischen die beiden dreigeschossigen Türme, wölbt sich das dem Langhaus entsprechende Mittelteil der Fassade energisch nach vorne. Nur dort wird die Gliederung stärker herausgearbeitet, während sie sich an den Türmen merkwürdig flach an die Wand schmiegt. Eine Besonderheit sind die beiden Kuppelhauben der Türme, denn sie erweisen sich mit ihren geschlossenen Laternen als typisch oberfränkisch und stellen zugleich frühe Beispiele eingeschnürter Kuppelhauben im Fränkischen dar – ein Motiv, das vor allem Balthasar Neumann später fortentwickelt und zur Vollendung gebracht hat.

War für die Architektur Johann Dientzenhofer entscheidend, galt dieser hohe Maßstab gleichermaßen für die Ausstattung, vor allem aber für die Deckenfresken des Tirolers Melchior Steidl. Dieser hatte schon 1707 bis 1709 den Kaisersaal der Bamberger Residenz freskiert, und Banz orientierte sich an diesem Vorbild. Das Thema der Langhausfresken symbolisiert den Weg der Menschen zu Gott: Über der Orgel steht die Bekehrung des Paulus für die Reinigung. Die Ausgießung des Heiligen Geistes über dem Kanzeljoch symbolisiert die göttliche Erleuchtung, die schließlich über dem Kommuniongitter zum Letzten Abendmahl als Zeichen der Vereinigung Gottes mit den Menschen führt. Die Darstellungen sind in Scheinarchitekturen in der Art des Andrea Pozzo eingebunden, die den Kirchenraum nach oben illusionistisch erweitern.

Der reiche Stukkaturenschmuck des Bamberger Meisters Johann Jakob Vogel breitet sich vornehmlich auf den Gurten und in den Gewölbezwickeln aus und trägt seinerseits zur »malerischen« Verunklärung der Raumstruktur bei. Trotz mancher Anklänge an schwere, hochbarocke Formen hat in Banz das zierlichere Bandelwerk der Regence schon sichtbar die Oberhand.

Ähnlich theaterhaft wie der Illusionismus der Deckenfresken gestaltet sich die Anordnung und Anlage des Hochaltars am Chorbogen und des Choraltars dahinter. Die Idee dazu geht auf Johann Dientzenhofer selbst zurück. Die plastische Ausformung besorgte der Bildhauer Balthasar Esterbauer 1714, der im Auszug des Hochaltares den heiligen Benedikt verherrlicht. Die architektonische Bildung des Altares erfolgte nach dem Schema des »apsidialen Kolonnadenaltares« (E. Hubala), wobei die Mitte offen geblieben ist zugunsten eines freien Durchblickes auf das Gemälde des Choraltares. Dort befindet sich eine Darstellung des Kopfwunders des Kirchenpatrones St. Dionysius von der Hand des Sebastian Reinhard. Der Hochaltar schließt den Mönchschor lettnerartig ab. Dieser Bauteil ist sonst in dieser späten Zeit nur aus der Kartause Astheim bekannt und für Benediktinerkirchen des 18. Jahrhunderts eher auffällig. Die vom Langhaus aus nicht einsehbare Ausstattung des Mönchschores wird durch das prachtvolle intarsierte Chorgestühl des Wiesentheider Hofschreiners Johann Georg Neßtfell bestimmt. Es entstand vermutlich gegen 1749/50, ordnet sich stilistisch aber dem Regence-Charakter der übrigen Ausstattung unter. In meisterhafter Verarbeitung sind in die Rückfelder des Gestühls Szenen aus dem Leben des heiligen Benedikt eingelegt. Vor allem die ebenfalls als Intarsien gestal-

▷

Banz, ehem. Benediktinerkloster. Zwischen 1710 und 1719 wurde von Johann Dientzenhofer die barocke Abteikirche aufgeführt. Die hochragende Doppelturmfassade ist dabei in ihrer architektonischen Ausformung ganz auf Fernwirkung hin angelegt.

Banz, ehem. Benediktinerkloster. Der barocke Ausbau des Klosters hat sich über mehrere Generationen hingezogen. Erst in den siebziger Jahren des 18. Jahrhunderts blendete Sebastian Weber dem um die Jahrhundertwende von Johann Leonhard Dientzenhofer errichteten Abteitrakt seine Giebelfassade mit der Auffahrt vor.

teten Architekturkulissen der Füllungen der Dorsale bezeugen den Rang dieses Kunstschreiners, Architekten und Instrumentenbauers, der bekanntlich auch für das Banz verbundene Benediktinerkloster Münsterschwarzach gearbeitet hat.

Ohne jetzt auf weitere Details der Ausstattung von Banz eingehen zu können, ist doch die Feststellung möglich, daß Architektur und Ausstattung der Abteikirche eines der wenigen Beispiele für die kurze Phase zwischen Hochbarock und Rokoko in Franken darstellen, für die man, sicherlich nur als Notbehelf, den schon mehrfach gebrauchten Stilbegriff »Regence« gefunden hat: eine nur etwa zwanzig Jahre umfassende Periode vom Ende des Spanischen Erbfolgekrieges bis vielleicht in die Mitte der dreißiger Jahre. Auch die zerstörte Klosterkirche von Münsterschwarzach sollte ursprünglich ähnlich ausgestattet werden, bis unter dem Einfluß des Fürstbischofs Friedrich Carl von Schönborn (1729–1746) eine Wendung zum Rokoko stattfand.

Die finanziellen Ressourcen waren in Banz durch den Kirchenbau anscheinend nicht überstrapaziert worden, denn danach trieb man die bauliche Erneuerung des Klosters voran. Erst 1728 war die alte, sich östlich des Neubaues erstreckende Kirche abgebrochen. Aus den wiederverwendbaren Steinen bauten die Mönche die der Kirche vorgelagerte Terrassenanlage. Östlich davon errichtete man 1732 den Konventbau, den

Banz, ehem. Benediktinerkloster. Die Wandpfeilerkirche ist ein Hauptwerk des Johann Dientzenhofer und verbindet Baugedanken des böhmischen und des fränkischen Barock.

man auf Anraten Balthasar Neumanns drei- statt zweigeschossig baute; ein Rat, der einmal mehr Neumanns Gefühl für ausgewogene Proportionierung bestätigt.

Dieser Baumeister hat ein weiteres Mal entscheidend in Banz eingegriffen, als um 1750 Johann Thomas Nißler Pläne für den Vorhof mit den umgebenden Ökonomiegebäuden entworfen hatte und Neumann diese im Sinne streng symmetrischer Achsenbezogenheit korrigierte. Ausgeführt wurde dieses Projekt jedoch erst zu Beginn der siebziger Jahre durch Sebastian Weber, der den Abteibau durch einen Risalit akzentuierte und davor eine Auffahrt mit Rampe legte.

Die Anlage des Benediktinerklosters Banz kann als anschauliches Beispiel für das Streben des barocken Gestaltungswillens nach regelmäßiger Anordnung und Symmetrie gelten. Dieser kapitulierte nicht vor der schwierigen Topographie des Banzberges, sondern schuf vielmehr eine der interessantesten Klosteranlagen des Barock. Kloster Banz ist »in der Ausdeutung natürlicher Gegebenheiten durch monumentale Architektur den Stiftsanlagen von Melk und Göttweig in Niederösterreich durchaus vergleichbar« (Lippert). Über vier Generationen haben entwerfende Baumeister in bemerkenswertem Gleichklang der Intentionen an der architektonischen Hierarchie der Klosteranlage gearbeitet: Über die von Neumann redigierten niedrigen, aber durch die Eckpavillons markant abge-

Banz, ehem. Benediktinerkloster. Im Mönchschor stehen noch die von dem Kunstschreiner Johann Georg Neßtfell aus Wiesentheid geschaffenen Chorstallen. In den Rückwänden sind Intarsien mit Szenen aus dem Leben des hl. Benedikt eingelegt.

hobenen Wirtschaftsgebäude des Vorhofes gleitet der Blick über Konvent und Abtei mit dem auszeichnenden Mittelrisalit hinauf zur Kirche als dem Herzstück des Benediktinerklosters, die mit ihren beiden Türmen ihrerseits hinübergrüßt zur Wallfahrtskirche der Zisterzienser in Vierzehnheiligen; eine Geste, die wohl verstanden und bekanntlich sofort beantwortet wurde.

Das 18. Jahrhundert bedeutete für Banz nicht nur die bauliche Erneuerung des Klosters im Geist des Barock, sondern auch eine Zeit der wissenschaftlichen Kultur in der Abtei. Dazu gehörten eine Klosterschule, eine große Bibliothek, die bei der Säkularisation an die 15000 Bände zählte, ein Naturalien- und Physikalienkabinett und eine Münzsammlung. Unter Abt Gregor Stumm (1731–1768) entwickelte sich Banz zum wissenschaftlich aufgeschlossensten und einflußreichsten Kloster Frankens. Gelehrte Patres,

wie der Mathematiker J. B. Roppelt, Künstler, wie der Musiker Valentin Rathgeber, der zahlreiche Messen und am Volkslied orientierte Musikstücke komponiert hat, zogen die Augen der geistigen Welt auf das Kloster Banz.
Fast dreißig Jahre lang, von 1772 bis 1798, gaben die Benediktiner in Banz eine eigene gelehrte Zeitschrift heraus. Für diese »Litteratur des katholischen Deutschlands ...« zeichnete Pater Placidus Sprenger als Redakteur verantwortlich, später stand ihm Pater Ildefons Schwarz zur Seite. Mit dieser Zeitschrift, die jeweils in einer Auflage von 500 bis 600 Exemplaren erschien, nahm Banz entscheidenden Anteil an der Diskussion jener theologischen und philosophischen Fragen, welche die Aufklärung aufgeworfen hatte. Eine solche Zeitschrift stellte in der Geschichte des Benediktinerordens ein Novum dar. In den ersten Jahrgängen wurde darin vor allem mit den Jesuiten und ihren Lehrmethoden hart abgerechnet, was den Protest der Würzburger Jesuiten-Professoren herausforderte. Deren Kolleg aber wurde ja bekanntlich bereits 1773 aufgelöst. Breiten Raum nahmen Rezensionen der mutigsten und aufgeklärtesten Werke ein. Obwohl hauptsächlich katholische Literatur besprochen wurde, fallen hin und wieder positive Besprechungen evangelischer Autoren ins Auge. Offen wurde der Hildebrandismus, das unfehlbare und despotische Papsttum, angegriffen, und selbst der Zölibat wurde diskutiert: »Recensent stellt sich diese Sache ehemal selbst ganz anders vor und würde vielleicht auf Priesterehen als einer der Kirche Jesu gleichgültige Disziplinsache mit votiert haben ...«, äußerte sich dazu ein Autor vorsichtig.
Solche geistigen Freiheiten forderten jedoch ihren Preis im Kloster Banz selbst, denn man wollte bald in der Zeitschrift nicht mehr nur die fremden Fehler anprangern, sondern trachtete eifrig danach, den »despotischen Hildebrandismus in der eigenen Abtei, ... den fühlbaren Rigorismus des Abtes Valerius« abzustellen. Langwierige fürstbischöfliche Kommissionen untersuchten die Vorwürfe ohne Erfolg, und Abt Valerius starb ohne Klärung der Angelegenheit. Unter seinem Nachfolger Abt Otto Roppelt gingen Gezänk und Streitereien so lange weiter, bis einer der Hauptaufwiegler, Pater Roman Schad, arrestiert wurde. Diesem gelang bald darauf die Flucht aus Banz, und Schad legte die Mönchskutte für immer ab.
Dies alles waren Vorboten der Säkularisation von 1803, die auch Banz nicht verschonte. Das Kloster wurde aufgelöst, und die Mönche zerstreuten sich in alle Welt. Den Klostergebäuden blieb das Schicksal des Abbruches erspart, denn 1814 ging der Besitz in das private Eigentum des bayerischen Königshauses über. Später wurde ein Trappistenkloster eingerichtet, und nach 1933 fand die »Gemeinschaft von den heiligen Engeln« zur seelsorglichen Betreuung der Auslandsdeutschen in Banz ihr Domizil. Seit 1980 ist Schloß Banz Tagungsstätte der Hans-Seidel-Stiftung, die den umfangreichen Gebäudekomplex einer großangelegten Restaurierung unterzogen hat.

Langheim

Das ehemalige Benediktinerkloster Banz ist seit der Übernahme in das Eigentum einer parteinahen Stiftung in seinem baulichen Bestand bestens konserviert. Langheim dagegen, ein ehemaliges Zisterzienserkloster, hat die Zeiten nicht so unversehrt überstanden. Schon von Anfang an müssen diese beiden Klöster offenbar als Ergänzung, vielleicht sogar als bewußter Gegensatz angesehen und gegründet worden sein. Während das ältere Banz noch dem 11. Jahrhundert angehört, wurde Langheim am 1. August 1132, nach anderen Aufzeichnungen erst 1133, innerhalb der alten Pfarrei Ützing gegründet. Sein Entstehen wird dem Wirken des Bamberger Bischofs Otto des Heiligen verdankt, der auch anderwärts zahlreiche Klöster ins Leben gerufen hat: Aura an der Fränkischen Saale (1108), Prüfening bei Regensburg (1109) und Heilsbronn (1132), um nur einige wenige Beispiele anzuführen.
1114 hatte Bischof Otto in Banz reformierend eingegriffen und durch Berufung neuer Mönche aus Prüfening den Fortbestand des Benediktinerklosters gesichert. Da Banz aber in geistlichen Angelegenheiten

dem Bischof von Würzburg unterstand, war der Einfluß des Bamberger Bischofs begrenzt. Nicht zuletzt aus diesem Grund wollte Otto mit Langheim in seiner Diözese ein seiner Macht allein unterstehendes Gegengewicht zu Banz aufbauen.
Da kein ausreichend großes Land im weltlichen Herrschaftsbereich des Bischofs verfügbar war, stiftete der Bamberger zunächst einmal Geld und erwarb Güter in Trieb, die er mit zusätzlichen Rechten ausstattete. Dank der Mitwirkung des begüterten Adels, insbesondere der drei Brüder Hermann, Wolfram und Gundeloh, erhielt die junge Gründung den Ort Langheim im Tal des von Lichtenfels südwärts ziehenden Leuchsenbaches zu eigen. Weitere Zustiftungen anderer Adelsfamilien wie der Andechs-Meranier, die Langheim bald als ihr Hauskloster ansahen, mehrten den Besitz innerhalb weniger Jahre. Der Gründungskonvent kam aus Ebrach im Steigerwald unter Führung des Abtes Adam, und 1154 war die erste Kirche des Klosters vollendet.
Es spricht für den Weitblick des Bamberger Bischofs Otto, daß bereits wenige Jahre nach der Gründung von Langheim aus die Abtei Plaß in Böhmen 1144 besiedelt werden konnte. Kennzeichnend ist ferner, daß sich die bis zu ihrem Aussterben im Jahre 1248 am Obermain entscheidenden Herren, die Grafen von Andechs-Meranien, des Zisterzienserklosters annahmen und es förderten. So erhielt Langheim unter dem Andechs-Meranier Bischof Otto II. von Bamberg (1177–1196) das »Eigen« zu Teuschnitz übertragen, das große Güter im Frankenwald umfaßte. Das »Eigen« Leugast im östlichen Frankenwald stiftete Herzog Otto II. aus dem gleichen Geschlecht.
Ein solcher Grundbesitz, zum Teil mit weitreichenden weltlichen Rechten bis zur Hochgerichtsbarkeit verbunden, ergänzt durch Klosterhöfe in den wichtigsten Städten am oberen Main – ein Urbar von 1390 gibt Besitz an etwa 300 Orten an – förderte aber zugleich das Bestreben, sich von Bamberg zu lösen. Eine günstige Gelegenheit bot sich Mitte des 13. Jahrhunderts mit dem Aussterben der Andechs-Meranier. Die Zisterzienser in Langheim haben wie die Mönche von Ebrach die Reichsunmittelbarkeit angestrebt, und juristisch gesehen waren sie auch eine Zeitlang »frei«. 1274 nämlich nahm Rudolf von Habsburg das Kloster in seinen Schutz. Kaiser Ludwig der Bayer gewährte 1329 und 1331 Rechte und Freiheiten, die Kaiser Karl IV. Mitte des 14. Jahrhunderts erneut bestätigte. Bamberg war gegen solche Autonomiebestrebungen nicht untätig geblieben und nutzte eine wirtschaftliche Schwäche Langheims nach der Mitte des 14. Jahrhunderts geschickt aus, um mit Unterstützung Karls IV. wieder Macht über das Kloster zu erlangen.
Obwohl Kaiser Sigismund Langheim 1431 noch einmal als Reichskloster beanspruchte, konnten er und seine Nachfolger sich nicht mehr durchsetzen. Die Interessen der Beteiligten waren offenkundig. Langheim hätte seine wirtschaftliche Position und sein Ansehen durch den Wegfall lästiger Abgaben an Bamberg erhöhen können. Auch das Reich hätte durch den Zugewinn des Zisterzienserklosters seine Macht in diesem Teil des Landes stärken können. Bamberg aber hätte einen erheblichen Teil seines Territoriums verloren, weshalb es sich gegen solche Bestrebungen zur Wehr setzen mußte, letztlich mit Erfolg. Langheim hat jedoch bis in das 18. Jahrhundert hinein genauso wie Ebrach an seinen Autonomie-Bestrebungen festgehalten, und noch 1707 mußte der Lichtenfelser Oberamtmann zur Durchsetzung bambergischer Forderungen im Kloster mit Soldaten einmarschieren.
Bedrohlich für den Bestand des Klosters war die zweite Hälfte des 14. Jahrhunderts, als Langheim sich durch Mißwirtschaft und drückende Abgabenlast immer tiefer in Schulden verstrickte, bis es schließlich zahlungsunfähig war und 1380 die wirtschaftliche Verwaltung dem Bamberger Bischof Lamprecht von Brunn und dem dortigen Domkapitel übergeben mußte. Zur Schuldentilgung mußte Langheim umfangreiche Ländereien verpfänden oder gar an Bamberg verkaufen; 1384 beispielsweise erhielt das Hochstift Leugast und vier Jahre später Teuschnitz. Aus dieser engen, aus wirtschaftlicher Not erzwungenen Bindung an Bamberg hat sich Langheim nicht mehr ganz zu lösen vermocht. Erst unter Abt Nikolaus II. Heidenreich (1405–1433), einem der bedeutendsten Vorsteher dieses Klosters, der 1422 sogar zum Generalvisitator aller deutschen Ordenshäuser gewählt wurde, kam Langheim wieder zu neuem Wohlstand.
Der Bauernkrieg traf das Kloster 1525 schwer und brachte die Zerstörung der Kirche, die aber 1530 bereits wieder geweiht werden konnte. Zugleich verließen in der Reformation mehrere Mönche Langheim, und der Abt verlor im Lauf des 16. Jahrhunderts die geistliche Oberaufsicht über die säkularisierten Frauenklöster Himmelkron, Himmelthron, Maidbronn,

◁

Langheim, ehem Zisterzienserkloster. Südseite des Eckpavillons am Konventbau, der den Brand überdauert hat, errichtet gegen 1742 nach den Plänen des sachsen-weimarischen Landbaumeisters Gottfried Heinrich Krohne.

Langheim, ehem. Zisterzienserkloster. Der Torso der ehem. Katharinenkirche aus dem 13. Jahrhundert, gebaut ursprünglich als Klosterpfarrkirche, fristet ein eher unrühmliches Schicksal als Scheune.

Schlüsselau und Sonnefeld und damit einen wesentlichen Teil seines politischen Einflusses in der Region. Andererseits verlagerte sich Langheims Einfluß dafür stärker nach Osten, denn 1618 wurde der Abt zum Kommissar und Visitator für das Männerkloster Reifenstein sowie dreier Frauenklöster in Thüringen bestellt. Markgrafenkrieg und Dreißigjähriger Krieg brachten weitere Plünderungen und Verwüstungen, weshalb sich keine höhere bauliche oder künstlerische Kultur entfalten konnte. Eine Ausnahme bildet der 1649 zum Abt gewählte Mauritius Knauer, später bekannt als der Verfasser des sogenannten Hundertjährigen Kalenders sowie des Wallfahrtsbuches »Frankenthalischer Lustgarten«.

Erst gegen Ende des 17. und vor allem im 18. Jahrhundert wurde die barocke Erneuerung des Klosters in mehreren Perioden in Angriff genommen; ein Unternehmen, das jedoch in seiner Großartigkeit die Kraft der Zisterze überforderte. Wenn auch Fürstbischof Friedrich Karl von Schönborn noch seine Hand schützend über Abt Stephan Mösinger (1734–1751) legte und ihn, den der eigene Konvent wegen seiner kost-

Langheim, ehem. Zisterzienserkloster. Inneres der ab 1780 errichteten Schloßkapelle von Tambach gegen den Altar hin.

spieligen Bauunternehmungen im Kloster und besonders in Vierzehnheiligen der Verschwendung beschuldigt hatte, nicht entließ, so wehte einige Jahre später ein ganz anderer Wind. 1788 suspendierte Fürstbischof Franz Ludwig von Erthal aus eben diesen Gründen den letzten großen Bauherrn des Klosters, Abt Johann Nepomuk Pitius (1774–1788). Ein verheerendes Brandunglück kam 1802 erschwerend hinzu, das, vermutlich durch Brandstiftung verursacht, in der Nacht auf den 8. Mai Abts- und Konventsbau mit der wertvollen Bibliothek sowie einen Teil der Kirche zerstörte. Da die Wirtschaftsgebäude verschont geblieben waren, ging man sofort an den Wiederaufbau. Die Säkularisation des Jahres 1803 bedeutete dann das endgültige Aus.

Langheim ist somit heute nur noch die »Ruine« des einstigen prächtigen Bestandes. Dabei hatte das Unternehmen so gut begonnen: Das vorbarocke Langheim bildete, wie etwa Münsterschwarzach oder Ebrach, ein Konglomerat aus Bauten und Bauwerken der verschiedensten Epochen, was sich an dem Kupferstich mit einer Ansicht der Zisterze von Westen aus dem Jahre 1630 nachvollziehen läßt. Zwei Gebäude des weitläufigen und von einer Mauer umschlossenen Areals sind erhalten: der Torso der Katharinenkapelle beim unteren Tor, einer ehemaligen Laienkirche, die vermutlich von den Herren von Streitberg in der ersten Hälfte des 13. Jahrhunderts gestiftet worden ist. Ferner ist die am 1. August 1624 geweihte, nördlich der abgebrochenen Abteikirche gelegene Michaelskapelle überliefert. Dieser langgestreckte einschiffige Bau mit seinen nachgotischen Kreuzrippengewölben diente in klösterlicher Zeit als Sepultur der Konventualen. Obwohl der langheimische Baumeister Hans zu Reßau auch für diese Sepulturkapelle gesichert ist, hebt Hotz vor allem die stilistischen Beziehungen dieses Bauwerkes zu dem bambergischen Baumeister Giovanni Bonalino hervor, der zum Beispiel beim Kollegiatstift St. Stephan in der Domstadt genannt wird.

Langheim, ehem. Zisterzienserkloster. Der von Johann Leonhard Dientzenhofer 1692/93 festungsartig angelegte Gutshof Trieb bei Lichtenfels umschließt als ovale Ringanlage einen großen Innenhof.

In der Sammlung Eckert des Mainfränkischen Museums in Würzburg findet sich eine 1690 datierte Federzeichnung, die einen Grundriß des vorbarocken Klosters Langheim zeigt. Zwar hatte schon Abt Thomas Wagner (1677–1689) großzügig mit dem Bauen begonnen, und 1691 wurde der vermutlich von Johann Leonhard Dientzenhofer gebaute Ostteil der Konventsgebäude vollendet, aber erst unter seinen Nachfolgern waren größere Fortschritte im Bauwesen zu verzeichnen. Dientzenhofer hatte, seiner Zeit entsprechend, einen Komplex aus mehreren Gebäuden um vier Binnenhöfe neben der Abteikirche geplant. Nach dieser Konzeption wurde 1700 der Abtsbau parallel zur Kirche begonnen. Unter dem bedeutenden Abt Stephan Mösinger (1734–1751) wurde der sachsen-weimarische Landbaumeister Gottfried Heinrich Krohne mit neuen Plänen beauftragt. Krohne hatte eine damals moderne Ehrenhofanlage im Sinn. Um diese zu verwirklichen, nahm er den westlichen Querbau zwischen Abtei und Konvent um einige Achsen zurück. Zu einer »regelmäßigen« Ehrenhofanlage fehlte ihm freilich der südliche Flügel als Abschluß. Seinen Mittelbau, die »Neue Abtei«, bekrönte er mit einem mächtigen Schweifgiebel, der das Wappen des Abtes Mösinger trug.

Nachdem sich in den vierziger Jahren Balthasar Neumann als Baumeister in Vierzehnheiligen durchgesetzt hatte, holte man seinen Rat auch für den Weiterbau des Klosters ein. Neumann drang in seiner Planung auf eine Vervollständigung des Ehrenhofes und entwarf als Kernstück seiner Konzeption eine neue Kirche. Vor allem letztere dürfte angesichts der sehr angespannten wirtschaftlichen Lage des Klosters, die bekanntlich gleichzeitig das riesige Unternehmen des Neubaues der Wallfahrtskirche von Vierzehnheiligen aus eigenen Mitteln zu finanzieren hatte, nur noch eine »Idealplanung« gewesen sein: Die reich gegliederte dreischiffige Kuppelbasilika auf lateinischem Kreuzgrundriß sollte von insgesamt sechs Türmen bekrönt werden, wovon allein vier die hochragende Vierungskuppel begleitet hätten. Ein »starkes Stück« angesichts der Tatsache, daß den Zisterzienserkirchen ursprünglich einmal Türme verboten gewesen waren. Tatsächlich ließ Abt Pitius dann dem 1316 geweihten Münster nach den Plänen des Bamberger Hofbaumeisters Fink nur eine dreiachsige barocke Fassade vorblenden und den Dachreiter zu einem mächtigen Turmhelm ausbauen.

Der Brand von 1802 hat nur wenig vom barocken Gebäudebestand verschont, der, teilweise verändert, heute den Kern des Ortes Langheim bildet. Erhalten

Langheim, ehem. Zisterzienserkloster. Das Schloß Tambach bei Coburg vereinigt Klostergut und Sommerschloß des Abtes in einem weitläufigen Gebäudekomplex. Tambach und Vierzehnheiligen vermitteln den besten Eindruck davon, daß die Bauten von Kloster Langheim im 18. Jahrhundert im Hinblick auf Größe und Opulenz mit denen von Ebrach wetteiferten.

sind die meisten Wirtschaftsgebäude, unter denen der Ökonomiehof als wichtigster Komplex hervorragt: Auch dieser Zweckbau wurde in mehreren Phasen errichtet und datiert bis in das 17. Jahrhundert. Um 1740 durch Krohne weitergeführt, erhielt er unter Abt Pitius durch Lorenz Fink seine auffällige Giebelfassade. Fink verdanken wir außerdem den ehemaligen Rindhof, außerhalb des Klosters in Richtung Oberlangheim gelegen, der, zwischen 1792 und 1798 errichtet, die Möglichkeit bieten sollte, die störende Viehhaltung stärker vom Wohnbereich zu trennen, wie dies auch in Maria Bildhausen geschehen war. Von den repräsentativeren Bauwerken in Langheim haben nur Teile des Konvents die Brandkatastrophe überdauert. Dieser umschloß ehemals in drei Flügeln den Kreuzhof südlich der Abteikirche. Es stehen noch ein Teil des Südflügels mit Eckpavillon von Krohne und der östliche Pavillon, das ehemalige Priorat, erbaut von Fink nach dem Krohneschen Vorbild. Gerade am Südwestteil des Konventes wird der starke Einfluß der sächsischen Tradition auf Krohne ebenso sichtbar wie die bildhauerisch geführte Architektur der einzelnen Fassaden. In Franken begegnet uns so etwas sonst nur noch am Böttingerhaus in Bamberg. Zu den Langheimer Spolien zählt auch der in den Park des Gutshofes Trieb versetzte Prunkbrunnen, den Abt Pitius gegen 1787 für sein Kloster in Auftrag gab. Von der ganzen Anlage, an der biblische Geschichte wie in einem in Stein erstarrten Theater dargestellt werden sollte, hat sich nur ein ausladender Aufbau mit dem Wappen von Kloster und Abt überliefert. Überhaupt, wer sich die besonderen Leistungen der Zisterzienserabtei auf dem Gebiet der barokken Baukunst vor Augen führen will, kann dies am besten auf den ehemaligen Wirtschaftshöfen und Sommerresidenzen der Zisterze tun; die Wallfahrtskirche zu Vierzehnheiligen bildet dabei den absoluten Höhepunkt.

Zu nennen ist der bereits kurz erwähnte Gutshof Nassanger in Trieb bei Lichtenfels. Der festungsartig angelegte Hof wurde 1692/93 vermutlich nach Plänen Johann Leonhard Dientzenhofers erbaut und umschließt als ovale Ringanlage einen Hofraum in einmaliger Weise. Ein Wassergraben bietet weiteren Schutz. Abgesehen von einigen Wohnräumen und einer Kapelle enthält das Gebäude hauptsächlich Stallungen und Schüttböden für Feldfrüchte. Dieser befestigte Bauernhof unterstreicht wirkungsvoll die noch im 18. Jahrhundert bestehenden Spannungen zwischen Langheim und Bamberg.

Eine ganz andere Note weist der umfangreichste Profanbau des Klosters, das Schloß Tambach bei Coburg, auf, das einen Wirtschaftshof und ein Sommerschloß der Langheimer Äbte vereinte. Der Ostflügel der dreiteiligen, um einen Ehrenhof sich erstreckenden Anlage entstand 1694–1698 als Sommerresidenz unter Abt Gallus Knauer. Johann Leonhard Dientzenhofer wird als Urheber der Planung vermutet. Der nördliche Teil des Westflügels und ein Teil des Hauptflügels im rechten Winkel dazu entstanden als Wirtschaftsgebäude zwischen 1698 und 1701. Alle übrigen Gebäude einschließlich der Schloßkapelle wurden erst ab 1780 unter Abt Pitius nach Plänen Finks errichtet. Besonders wegen der Kirche, einem hervorragenden Beispiel des frühen Klassizismus mit Schnitzereien von Michael Trautmann und Stuck von Heinrich Seelmann aus Mistelfeld, hatte der Bamberger Fürstbischof Franz Ludwig von Erthal interveniert, konnte aber deren Vollendung und Weihe im Jahr 1786 nicht mehr verhindern. Seit 1806 ist das Schloß im Besitz der Grafen zu Ortenburg.

Am anschaulichsten sprechen sich Rang und Anspruch der Zisterzienserabtei Langheim jedoch in der Wallfahrtskirche Vierzehnheiligen aus. Der Ort gehörte zu dem Hof Frankenthal, den das Kloster 1344 aus den Händen der Marschälle von Kunstadt erworben hatte. Der Schäfer des Klosters, Hermann, hatte dort 1445 und 1446 mehrere Erscheinungen gehabt: den Jesusknaben, umgeben von 14 Kindern, die man bald als die 14 Nothelfer deutete. Unmittelbar darauf einsetzende wunderbare Heilungen förderten die Verehrung des Ortes als Gnadenstätte, und schon 1448 erfolgte der Bau einer ersten hölzernen Kapelle in Vierzehnheiligen. Bereits 1466 erhielt der Wallfahrtsort den Rang einer Propstei von Langheim.

Hochgestellte Pilger, so 1471 und 1485 Kaiser Ferdinand III., 1519 Albrecht Dürer oder 1562 Ferdinand I., ließen die Gnadenstätte bekannt und zum bedeutendsten Wallfahrtsort Frankens werden.

Bis heute hat Vierzehnheiligen nichts von seiner Popularität eingebüßt, die ihren Niederschlag in dem bekannten »Frankenlied« Viktor von Scheffels gefunden hat.

Zum Teil wegen der Baufälligkeit der spätgotischen Wallfahrtskapelle, zum Teil auch wegen der Nachbarschaft zur Benediktinerabtei Banz, die sich gerade anschickte, Kirche und Kloster auf das großzügigste zu erneuern, regten sich um 1700 in Langheim Neubaugedanken. Erneut kam es es zu Problemen mit dem Bischof in Bamberg, die einem raschen Baubeginn im Wege standen. Seit 1450 gab es einen sogenannten Schiedsvertrag zwischen der Abtei und der Pfarrei Staffelstein, der besagte, daß von den Wallfahrtsopfern ein Drittel an das Hochstift fallen sollte, das dafür den baulichen Unterhalt der dem Kloster gehörenden Kapelle garantierte. Der Streit entzündete sich daran, daß Langheim den Neubau zwar aus eigenen Mitteln finanzieren wollte, dafür aber künftig nicht mehr gewillt war, von den Einkünften etwas nach Bamberg zu überweisen. Nach langen Verhandlungen kam es 1741 zum sogenannten Opfervertrag, demzufolge Langheim künftig nur noch 50 bzw. 100 Gulden jährlich abgeben mußte. Im Gegenzug erteilte Fürstbischof Friedrich Karl von Schönborn die Baugenehmigung nach den Plänen seines Baumeisters Balthasar Neumann.

Trotz dieser Einigung in Finanzierungsfragen blieb die weitere Baugeschichte der Wallfahrtskirche von Vierzehnheiligen ein fortwährender Kampf voller Intrigen und Kompetenzstreitigkeiten zwischen den Beteiligten. Der vom Zisterzienserabt favorisierte Baumeister Krohne änderte nämlich die genehmigten Pläne Neumanns von 1742 eigenmächtig ab und begann nach eigenen Vorstellungen zu bauen. Die wesentlichste Änderung bestand darin, daß er die Kirche ein Stück den Hang hinauf verlegte und somit den in seiner Position unverrückbaren Gnadenaltar über der historischen Stätte der Erscheinungen seiner angemessenen zentralen Stellung in der Vierung beraubte. Obwohl Neumann wütend aufgeben wollte, ließ er

Langheim, ehem. Zisterzienserkloster. Das dem Historischen Museum in Bamberg gehörende Modell der Wallfahrtskirche von Vierzehnheiligen demonstriert Balthasar Neumanns Planüberlegungen im Jahr 1744.

sich vom Fürstbischof im Winter 1743/44 doch zu einer Neuplanung bewegen, die er mit den Worten ankündigte: »... habe die Vierzehn Hayligen kirchen bereits außgearbeit, die anjetzo ein vollkommenes werck werdten solle ...«

Neumann hatte nicht zuviel versprochen. Er löste die Probleme, indem er in die bereits mannshoch stehenden Mantelmauern der Krohne-Kirche eine längsovale Rotunde um die Gnadenstätte errichtete und diese damit erneut in den architektonischen Mittelpunkt der Wallfahrtskirche rückte. Den Chor formte er innen ebenfalls zu einer Rotunde und den Eingangsbereich im Westen symmetrisch entsprechend. Schließlich sollten die über kreisrundem Grundriß aufgerichteten Rotunden in den Querhausarmen die im ersten Projekt geplante traditionelle Vierungsrotunde gänzlich aufzehren. Gerade solche Kunstgriffe in Vierzehnheiligen offenbaren Neumanns späte Meisterschaft in höchster Vollendung.

Dies gilt aber auch für die Ausstattung, die der Architektur durchaus ebenbürtig ist. Vor allem unter der Bauleitung des im Dekorativen besonders begabten Bamberger Ingenieurs und Artilleriemajors Johann Jakob Michael Küchel, der im Geiste Balthasar Neumanns plante und gestaltete, wurde Vierzehnheiligen nach den Worten Heinrich Mayers zur »vollendetsten Rokokokirche Frankens, eines der glänzendsten und folgerichtigsten Werke der ganzen Epoche«. Von Küchel selbst stammt der Entwurf für den Gnadenaltar, die Stukkaturen sind ein spätes Werk des Johann Michael Feichtmayr, und die Deckengemälde sowie einige der Altarbilder sind Schöpfungen des Mainzer Hofmalers Giuseppe Appiani. Und doch bedeutete dieser Höhepunkt zugleich den Wendepunkt in der Geschichte Langheims. Die prunkvolle Weihe durch Adam Friedrich von Seinsheim am 16. September 1772 sollte das letzte große Fest in der Geschichte dieser Zisterze sein.

Mönchröden

Banz und Langheim sind die mit Abstand größten und bedeutendsten Klöster am Obermain gewesen. Alle anderen Abteien haben jene überragende Bedeutung niemals erlangt, die es ihnen erlaubte, sich sogar mit dem Landesherrn, dem Bamberger Fürstbischof, anzulegen. Zu den kleineren Klöstern gehörte das ehemalige Benediktinerkloster Mönchröden, auf einer Geländestufe hoch über dem Rödental bei Coburg gelegen, dessen Frühgeschichte sich im Mittelalter weitgehend verliert. Die Gründung eines Hermann Sterker, Burggrafen von Meißen, auf dem Gelände seines Gutes Rothine wurde 1149 von dem zuständigen Würzburger Bischof Siegfried bestätigt. Die Entwicklungsmöglichkeiten der Benediktinerabtei, die die im Bistum Würzburg besonders verehrten Heiligen Maria und Kilian mit Gefährten sowie Walpurga und vielleicht auch Rupert zu Patronen gewählt hatte, waren von Beginn an eingeschränkt, denn der Klosterbesitz stieß im Südwesten und Westen an Saalfelder und Banzer Güter. 1171 erhielt Mönchröden die Pfarrei Gauerstadt zur seelsorglichen Betreuung. Im Lauf der Jahre wuchsen der Abtei Besitzungen und Rechte in 45 Orten im Coburger Land zu.

In der ruhigen Entwicklung hebt sich das 15. Jahrhundert als von Mißwirtschaft gekennzeichnet ab. Aus der Zeit des Abtes Heinrich Brummer (1435–1446) sind Nachrichten vom Einsturz der Kirche und der Baufälligkeit anderer Gebäude überliefert. Abt und Konvent verließen das Kloster; um 1436 taucht ein »verirrter« Konventuale aus Mönchröden als Zisterziensermönch in Urkunden des Klosters Langheim auf. Ein Erneuerungsversuch der sächsisch-thüringischen landesfürstlichen Regierung, die den Coburger Bürger Eberhard Lebherz als Verwalter einsetzte, hatte zunächst Erfolg. Lebherz berief dazu aus St. Egidien in Nürnberg vier Mönche und übergab 1446 das Kloster dem dortigen Pater Ulrich Wochner. Dieser regierte bis 1477 und bereitete durch seine strengen Reformmaßnahmen Mönchröden an die 1485 erfolgte Angliederung an Bursfeld vor. Sein Mitbruder Martin, den er aus Nürnberg mitgebracht hatte, wurde 1466 als Abt des Klosters Münsterschwarzach gewählt, wo er bis 1494 regierte. Die unter dem Reformabt Wochner wiederhergestellte klösterliche Zucht und der damit verbundene wirtschaftliche Aufstieg blieben jedoch nur Episode. 1524 verließ der letzte Abt Nicolaus Hielbrand Mönchröden; er starb ein Jahr darauf »in fremden Orten«. 1525 wurde die Abtei ein Opfer der Bauern. Das Kloster wurde der Landesverwaltung unterstellt, die es 1538 endgültig vereinnahmte und säkularisierte.

Trotz mannigfaltiger Veränderungen und Verluste ist das ehemalige Mönchrödener Kloster ein wertvolles Denkmal spätmittelalterlicher Architektur in Oberfranken. Von der Anlage, die sich wegen ihrer Schieferdächer von der übrigen Bebauung abhebt, sind drei Gebäudekomplexe in unterschiedlichem Umfang erhalten: die Kirche, das sogenannte Refektorium und der Abtsbau. Die unregelmäßige Anordnung dieser Bauten, die alle in etwa westöstlich orientiert sind, läßt kaum einen Schluß auf die frühere Disposition des Klosters zu. Vielmehr hat es den Anschein, als sei das Ende von Mönchröden mitten in einer Phase baulicher Erneuerung erfolgt, als das Alte nur noch teilweise stand und das Neue noch nicht vollständig erbaut war.

Die ehemalige Abteikirche ist der Jungfrau Maria und der heiligen Walpurga geweiht. Lediglich der Unterbau der Apsis weist spätromanische Züge auf, dürfte aber kaum in die Gründerzeit zurückreichen. Auf diesem halbrunden Sockel sitzt der dreiseitig geschlossene Chor, der ebenso wie das dreijochige Langhaus der Spätgotik angehört und im 15. Jahrhundert erbaut wurde. Die unregelmäßige Bildung der Rippengewölbe und die stämmige Proportionierung der Dienste verraten eine eher handwerkliche Leistung. Die Kirche ist nurmehr ein Torso, denn sie wurde im Dreißigjährigen Krieg schwer beschädigt und, zwischenzeitlich wieder instandgesetzt, im Jahr 1788 unter Herzog Ernst Friedrich von Coburg verkürzt und verändert. Auf diese Zeit gehen der gesamte Westabschluß und die zweigeschossigen Emporen zurück. Wenn auch in jüngerer Zeit einige, zum Teil bedeu-

▷

Langheim, ehem. Zisterzienserkloster. Die von Balthasar Neumann ab 1744 gebaute Wallfahrtskirche Vierzehnheiligen ist trotz oder vielleicht gerade wegen ihrer zwischen Abt Stephan Mösinger und dem Fürstbischof Friedrich Karl von Schönborn kontrovers diskutierten Planungsgeschichte die Hauptleistung des Klosters im Kirchenbau geworden.

Mönchröden, ehem. Benediktinerkloster. Der gegen 1521 errichtete Abtsbau mit seinem filigran gearbeiteten Kapellenerker zählt zu den wenigen, aber bemerkenswerten Überresten der Abtei.

◁

Himmelkron, ehem. Zisterzienserinnenkloster. Obwohl nur noch der Nordflügel des einstigen Kreuzganggevierts erhalten ist, darf er doch wegen der reichen Bauplastik aus der Zeit um 1473 als einer der stimmungsvollsten seiner Art in Franken gelten.

tende Grabsteine in der Kirche aufgestellt wurden – zu nennen ist vor allem der Grabstein des Abtes Wochner († 1477) – so ist die Mönchrödener Kirche als Ganzes im Lauf der Jahrhunderte eine echte Dorfkirche geworden, die kaum noch an ihre klösterliche Herkunft erinnert.

In das frühe 16. Jahrhundert datieren das sogenannte Refektorium und der Abteibau. Dieses Refektorium ist ein zweigeschossiger Bau, der laut Inschrift 1516 errichtet wurde. Erwähnenswert sind die vier großen

Fenster an der Südseite des Hauses mit dreiteiligen, sogenannten »sächsischen« Vorhangbogenfenstern. Wahrscheinlich erstreckte sich der abgegangene Kreuzgang zwischen diesem Refektorium und der Kirche. Darauf lassen die eben genannten großen Erdgeschoßfenster und vermauerte Balkenlöcher schließen.

Außerhalb der Klausur, am nördlichen Rand des Klosterberges gelegen, erhebt sich die vielstöckige, kastenartige ehemalige Abtei mit Satteldach, zahlreichen unregelmäßig angeordneten Öffnungen und einem nach Süden vorkragenden Erker mit Maßwerkblenden, auf einer Halbsäule aufruhend. In Höhe des zweiten Obergeschosses tritt dieser Kapellenerker mit drei ganzen und zwei halben Seiten eines Achtecks vor die Wand. Die Kanten sind mit Stabwerk und Fialen besetzt. Dazwischen liegen schmal proportionierte Spitzbogenfenster, deren Brüstungen mit Maßwerkblenden geschmückt sind. Ein halbes Kegeldach mit Maßwerkblume bildet den oberen Abschluß. Von ähnlich reicher Bildhauerarbeit ist das Innere des Kapellenerkers, dessen Decke als achtseitiges Gewölbe gestaltet wurde und das sich durch einen mit Krabben besetzten Spitzbogen zur Abtei hin öffnet. Eine am Giebel befindliche Inschrift »1521« läßt darauf schließen, daß die Abtei etwas später als das Refektorium erbaut wurde; das letzte Bauwerk vor Aufhebung des Klosters. Vor allem wegen seines Erkers, der in seiner filigranen Durchbildung fast an ein spätgotisches Sakramentshaus erinnert, dürfte das Mönchrödener Abtshaus zu den kostbarsten Werken gotischer Architektur im Coburger Land zählen.

Sonnefeld

Wenige Kilometer von Mönchröden entfernt liegt das ehemalige Zisterzienserinnenkloster Sonnefeld, das ebenfalls bereits in der Reformationszeit einging und von dem auch nurmehr Reste der ursprünglichen Anlage erhalten sind. Dabei war die Lage ideal für eine Zisterze: Obgleich nicht mitten in der üblichen Waldeinsamkeit gelegen, befindet es sich doch abseits der großen Straßen in dem feuchten Talgrund des Bieberbaches. In den vielen Weihern in der Nähe des ehemaligen Klosters vermag man sogar noch die Nachfolger der für die strengen Fastenvorschriften der Zisterzienser kennzeichnenden Fischteiche erblicken.

Die Gründung von Sonnefeld oder »campus solis«, wie der lateinische Name lautet, erfolgte im Jahr 1264 zunächst einige Kilometer entfernt bei Ebersdorf. Heinrich II. von Sonneberg und seine Gemahlin Kunigunde hatten sich mit diesem Plan schon seit 1260 getragen. Zuerst aber mußte das Einverständnis des Würzburger und des Bamberger Bischofs eingeholt und die Aufnahme der Neugründung beim Generalkapitel der Zisterzienser in den Orden durchgesetzt werden. Ferner wurde das Dorf Frohnlach nebst Zubehör an die Stiftung überwiesen, und der Gründungskonvent wurde aus Maidbronn bei Würzburg berufen. Diese Ansiedlung bei Ebersdorf konnte sich aber nicht lange halten. Nach einem Großbrand verlegte man die Zisterze 1267 an ihren endgültigen Platz in der Nähe des Dorfes Hofstätten.

Wie bereits angedeutet, waren auch in Sonnefeld die Herrschaftsverhältnisse recht komplex: Grundherr war der Bischof von Bamberg, während der in geistlichen Angelegenheiten zuständige Diözesanbischof in Würzburg saß und als Visitator von seiten des Zisterzienserordens der Abt von Kloster Langheim fungierte. Zwar gründeten Graf Heinrich und Gräfin Kunigunde Sonnefeld, um »Christus als Miterben ihrer zeitlichen Güter einzusetzen«, aber trotzdem dürfte diese Stiftung von Bamberg und Würzburg aus schon deswegen unterstützt worden sein, weil man auf diese Weise hoffte, die weitere Ausdehnung der Grafen von Henneberg in diesem Gebiet verhindern zu können. Diese Hoffnung erfüllte sich, langfristig gesehen, jedoch nicht. Trotz vieler Schenkungen schritt der Aufbau von Sonnefeld nur langsam voran, und noch 1367 mußte man den Abt von Cîteaux um Almosen bitten. Seit dieser Zeit fanden bürgerliche Töchter Aufnahme, wenn auch die Äbtissin stets eine Adelige war.

Die Mitte des 14. Jahrhunderts wird in der Kloster-

geschichte als Blütezeit gewertet, die hauptsächlich durch die Konventualin Anna von Henneberg geprägt wurde. Diese kam gegen 1353 als Kind ins Kloster und brachte eine so reiche Mitgift mit, daß sie in Sonnefeld bald als »secunda fundatrix« angesehen wurde. In ihrer Zeit – in der Literatur herrscht keine Einigkeit, ob sie Äbtissin war oder nicht – fand der Klosterbau einschließlich der Kirche seinen Abschluß. In einem Schutzbrief gewährte Kaiser Karl IV. der Zisterze im Jahre 1361 zahlreiche Privilegien.
Nach dem Tod der Hennebergerin um das Jahr 1363 setzte das Kloster ihr einen Grabstein, der heute im Altarraum der Kirche aufgestellt ist. Er gilt als eine vorzügliche Arbeit aus dem Umkreis des sogenannten Wolfskeelmeisters, des führenden Bildhauers in Franken Mitte des 14. Jahrhunderts. Die Gräfin ist in leichter Körperschwingung stehend dargestellt, angetan mit Ordensgewändern, einen Löwen zu ihren Füßen. Abgesehen von der verhalten-expressiven Figurenbildung, beeindruckt die meditative Konzentration, mit der sie sich dem aufgeschlagenen Buch in ihren Händen zuwendet. Die Platte mit der nahezu freiplastischen Figur bedeckte ursprünglich wahrscheinlich ein Hochgrab.
Bald nach dem Tod der Hennebergerin setzte der endgültige Niedergang Sonnefelds ein, der durch eine Brandkatastrophe im Jahre 1380, bei welcher die Gebäude zerstört und die Kirche erheblich beschädigt wurde, zusätzlich beschleunigt wurde. Die Gründe für den Niedergang sind die bekannten und für die Zeit typischen: Der in der Umgebung begüterte Adel sah das Kloster immer mehr als reines Versorgungsinstitut für Töchter und Witwen an, die ihrerseits entgegen allen Ordensregeln Einzelpfründen und Privatbesitz im Kloster durchsetzten. Die Mißstände müssen in der Tat gravierend gewesen sein: beispielsweise wurde 1464 die Nonne Margarete Marschalk vom Generalkapitel in einem besonderen Gnadenakt wieder in den Orden aufgenommen, obwohl sie sich schwere Verfehlungen gegen das Keuschheitsgelübde hatte zuschulden kommen lassen. Einer zu großen Anzahl von Nonnen standen immer weniger Konversen für die tägliche Arbeit gegenüber, so daß das Kloster bald in wirtschaftliche Bedrängnis geriet, weil es bezahlte Arbeiter einstellen mußte. Verschiedene Erneuerungsversuche blieben ohne Erfolg.

Sonnefeld, ehem. Zisterzienserinnenkloster. Das Grabmal der als »secunda fundatrix« verehrten Anna von Henneberg gilt als Arbeit aus dem Umkreis des Wolfskeelmeisters um 1363.

Der Wiederaufbau des durch den Brand verwüsteten Klosters war deshalb erst um 1450 abgeschlossen. Damals führte die Äbtissin Margaretha von Brandenstein (um 1460–1503) Sonnefeld zu einer letzten wirtschaftlichen Blüte. Trotzdem scheint sie in geistlicher Hinsicht die Zügel locker gehalten zu haben, denn der Versuch ihrer Nachfolgerin, 1504 die kaum mehr beachtete Klausur wiederherzustellen, führte zu einer Erhebung gegen die Äbtissin Dorothea von Pfersfeld. Obwohl sich diese mit Unterstützung des Abtes von Georgenthal, der die aufrührerischen Nonnen gefangensetzte, behaupten konnte, kehrte nur scheinbar Ruhe ein. Bald schon machte sich der Einfluß der Reformation bemerkbar, und 1524 wurde gegen den Willen der Äbtissin Margaretha von Zedtwitz ein lutherischer Prediger angestellt.

Nach dem Tod der Äbtissin ein Jahr später gelangte das Kloster unter weltliche Verwaltung, und 1528 wurde die ehemalige Zisterze als »Amt Sonnefeld« der coburgischen Landesherrschaft zugeteilt. Die letzte im Kloster verbliebene Nonne starb 1572.

Von der hochmittelalterlichen Anlage sind nur spärliche Reste erhalten, die jedoch, eingebettet in Wiesen und Gärten, die einstige klösterliche Bestimmung noch gut erkennen lassen. Bestehen blieb vor allem die der Jungfrau Maria geweihte Kirche. Nach Süden erstreckten sich die Klostergebäude im Geviert um einen Kreuzgang. Nur der größte Teil des Ostflügels, der an den Kirchenchor anschließt, hat überdauert.

Die Kirche besteht aus einem schlanken, steil proportionierten Altarhaus, an das sich nach Westen das langgestreckte, niedrigere Kirchhaus anschließt. Bei den 1856 vermutlich unter Alexander von Heideloff vorgenommenen Restaurierungsmaßnahmen wurde die Kirche im Westen nicht nur um sieben Meter verkürzt, sondern auch im inneren Gefüge völlig verändert. Das Kirchhaus war ursprünglich, wie bei Zisterzienserinnenkirchen üblich, in die Sepultur im Erdgeschoß und die Nonnenempore darüber unterteilt. Zum Altarraum hin war es durch eine Mauer abgetrennt gewesen, vor der in Emporenhöhe ein Balkon entlanglief, der mit dem Altarraum durch eine Wendeltreppe verbunden war. Auf diese Weise war es dem Priester möglich, den Klosterfrauen hinter den Gitterfenstern die Kommunion bei der Messe zu spenden. Alle diese Einbauten wurden 1856 entfernt, und das Niveau des Chorbodens wurde um 60 Zentimeter erhöht. Sonst aber blieb dieser Chor, der in klösterlicher Zeit gleichzeitig als Laienkirche für Konversen und Dorfbewohner gedient hatte, unangetastet.

Der Chor ist baukünstlerisch der bedeutendste Teil der Kirche und erweist sich mit seiner steilen Proportionierung der Architektur und seinen hochgotischen Maßwerkfenstern als ein Werk der Zeit um 1320 bis 1350. Für 1384 ist eine Altarweihe im Chor überliefert, der damit als vollendet gelten kann. Architekturgeschichtlich läßt die Tatsache, daß in Sonnefeld ein Chor und Laienkirche trennender Triumphbogen fehlt, auf Beziehungen zur Bettelordensarchitektur in Schwaben und am Oberrhein schließen und verleiht dieser Kirche eine einzigartige Sonderstellung.

Für Sonnefeld sind – selten genug – sogar Baumeisternamen überliefert: 1349 wird ein Steinmetz namens Heinrich genannt, der Kirche und Dormitorium vollendet hat. Für das Langhaus überliefern die Quellen 1380 den Namen eines Bruders Conrad Parler, auch »Cunrad Steynmitz« genannt, wahrscheinlich ein Mitglied der schwäbischen bzw. Prager Baumeisterfamilie Parler.

Südlich an den Chor schließt die kreuzrippenüberwölbte Sakristei an, die man durch eine kräftig profilierte Tür betritt. Unmittelbar darauf folgt der ehemalige Kapitelsaal. Die heutige Verbindung stammt aus nachklösterlicher Zeit, da der Kapitelsaal ein Teil der Klausur gewesen ist. In der Mitte des annähernd quadratischen Raumes stützt ein Rundpfeiler die Kreuzrippengewölbe der vier Joche. Ein Schlußstein trägt das Wappen der Äbtissin Dorothea von Kemmaten (1453–1455). Daraus folgt, daß sich der Wiederaufbau des Ostflügels nach dem Brand von 1380 wenigstens bis in diese Zeit hingezogen hatte. Die Äbtissin von Kemmaten regierte übrigens nur zwei Jahre, weil sie dann aus nicht mehr genau rekonstruierbaren Gründen nach Schlüsselau »strafversetzt« wurde, wo sie um 1487/88 starb.

Die Wände des Kapitelsaales bedecken Reste von Fresken aus der zweiten Hälfte des 15. Jahrhunderts, die zum Teil stark überarbeitet wurden. Weitgehend original ist vor allem die Darstellung »Christus in der Kelter«. Über Sakristei und Kapitelsaal befand sich das Dormitorium, von dem aber kaum noch ursprüngliche Substanz erhalten ist.

Nur wenige Kunstwerke aus klösterlicher Zeit sind in Sonnefeld verblieben. Außer dem bereits genannten Grabmal der Hennebergerin sind die um 1370/80 zu datierenden Grabmäler eines Herrn von Schaumberg und – vielleicht – seiner Frau im Chor sowie das Grabmal eines weiteren Ritters von Schaumberg († 1465) im Kapitelsaal zu nennen. Sie erinnern daran, daß Sonnefeld als Begräbnisstätte des Adels der Umgebung sehr geschätzt war und das Kloster den Totenmemorien manche Stiftung verdankte.

Himmelkron, ehem. Zisterzienserinnenkloster. Auch in Himmelkron haben, abgesehen von der Kirche und dem Kreuzgang, kaum noch Reste des einstigen Klosters überdauert.

Himmelkron

Die Überreste des ehemaligen Zisterzienserinnenklosters Himmelkron liegen kaum vierzig Kilometer Luftlinie von Sonnefeld entfernt. Und in der Tat wurde es gegen Ende des 13. Jahrhunderts in diesem Grenzgebiet zwischen Frankenwald, Fichtelgebirge und Jura schon recht »eng«, als Graf Otto IV. von Orlamünde in den Weihnachtstagen des Jahres 1279 seine am Weißen Main gelegene Burg in Pretzendorf dem Zisterzienserorden übergab und das Kloster »corona coeli« stiftete. Der Graf hatte offenbar eine besondere Vorliebe für die Zisterzienser, und angeblich wollte er zunächst auch ein Männerkloster dieses Or-

Himmelkron, ehem. Zisterzienserinnenkloster. Die Kirche birgt zahlreiche kunsthistorisch bedeutende Grabdenkmäler, darunter die Grabplatte der Äbtissin Agnes von Orlamünde († 1354), die dem Meister des Hohenlohe-Grabmals im Bamberger Dom zugeschrieben wird.

dens stiften. Diesem Wunsch entsprach jedoch das Generalkapitel von Cîteaux wegen der Nähe zu Langheim nicht. Die Anlage eines Frauenklosters in Himmelkron dürfte deshalb ein Kompromiß gewesen sein, der beiden Seiten gerecht werden sollte. Graf Otto und alle nachgeborenen Orlamünder waren jedoch auch dem Zisterzienserkloster Langheim so eng verbunden gewesen, daß sie dort in späteren Jahrhunderten unter die Klosterstifter gerechnet wurden. Die ersten Nonnen für Himmelkron kamen aus Sonnefeld, und der Abt von Langheim war der geistliche Visitator. Graf Otto IV. von Orlamünde hatte seine Gründung, die, so der Text der Stiftungsurkunde, »aus göttlicher Eingebung, zur Vergebung aller unserer Sünden und zum Heil unserer Seelen« veranlaßt war, mit reichen Ländereien und Einkünften sowie Rechten ausgestattet, sie aber offenbar nie ganz aus der Aufsicht seiner Familie entlassen. Merkwürdigerweise geriet Himmelkron nämlich schon zwei Generationen später auf dem Erbwege 1338 an die Burggrafen von Nürnberg. Diese vollzogen 1529 mit der Annahme der Reformation auch gleich die Säkularisation des Klosters und brachten den Besitz wieder unmittelbar an sich. Gegen den schriftlich niedergelegten Protest von Äbtissin und Konvent predigte nach 1529 bereits ein lutherischer Geistlicher die neue Lehre. Der Widerstand des Konventes währte immerhin fast zwanzig Jahre. Aber unter der Äbtissin Margarethe von Döhlau erfolgte dann doch 1548 der Anschluß an die Reformation. Mit dem Tod dieser Äbtissin im Jahre 1569 endete in Himmelkron die Zeit als Kloster.

In der Folgezeit war die aufgelassene Zisterze zunächst bis zu den Zerstörungen des Markgräfler Krieges 1553/54 Residenz markgräflicher Prinzen und Hofdamen, ab 1578 vorübergehend eine Art Pensionat für Kinder begüterter Adelsfamilien aus der Umgebung, und 1581 wurde ein markgräfliches Kloster- und Stiftsamt eingerichtet. 1590 wurde die Klosterkirche Pfarrkirche des Ortes. Gegen Ende des 17. Jahrhunderts fanden die Markgrafen und Prinzen von Kulmbach-Brandenburg Gefallen an dem ehemaligen Kloster und bauten es als Sommersitz um. 1699 bis 1719 entstand nach Plänen von Antonio della Porta und wahrscheinlich unter Mitwirkung von Paul Dekker d.Ä. der Prinzenbau. Um die Mitte des 18. Jahrhunderts wurde der Kreuzgang abgebrochen, und nur dank der energischen Fürsprache des Ortspfarrers Johann Daniel Alberti bei Markgraf Friedrich gelang es, den Nordflügel vor der Zerstörung zu bewahren. 1791 ließ Markgraf Carl Alexander den ganzen Komplex aufteilen und als »Eigentumswohnungen« verkaufen, so daß bald an die 200 Personen im Schloß wohnten. Seit 1893 konnte die Anlage schrittweise von dem Neuendettelsauer Diakoniewerk erworben werden, das dort seitdem Pflege- und Unterrichtsanstalten betreibt. In gewissem Sinn ist Himmelkron damit wieder zu seiner ursprünglichen Bestimmung zurückgekehrt.

Trotz der modernen und schnellen Verkehrsanbindungen ahnt man noch immer etwas von der einsamen Lage des ehemaligen Zisterzienserinnenklosters. Eingebettet in ein weites Tal mit dem Lauf des Weißen Mains erstrecken sich die baulichen Überreste von Himmelkron auf einem schmalen, sich aus den sumpfigen Talauen erhebenden Bergsporn. Diese von der Regel abweichende Lage erklärt sich daraus, daß Graf Otto ja bekanntlich sein »castrum« für die Ansiedlung der Zisterze stiftete.

Aus klösterlicher Zeit sind wegen der starken Eingriffe in die Bausubstanz durch die Markgrafen von Kulmbach-Brandenburg im wesentlichen nur die Kirche und der Nordflügel des Kreuzganges erhalten. Die ehemalige Abteikirche St. Maria bildet den Nordflügel des einstigen Klostergevierts. Sie dürfte nach Ausweis ihrer Bauformen im späten 13. Jahrhundert begonnen und um die Mitte des 14. Jahrhunderts vollendet worden sein. Sie folgt dem für Zisterzienser-Nonnenkirchen üblichen Bauschema, das in Himmelkron am Außenbau deutlich ablesbar ist, sich aber auch im Inneren gut erhalten hat: Altarraum mit 5/8-Schluß, Laienkirche für die Klosterangehörigen und – übereinander in gleicher Breite – Gruft und Nonnenempore. Über der Trennwand zwischen Nonnenchor und Laienkirche sitzt der barocke Dachreiter. Laienkirche und Altarraum weisen eine Stuckdekoration aus der Zeit zwischen 1698 und 1730 auf. Die gotische Bauplastik ist jedoch noch allenthalben spür- und sichtbar; nicht zuletzt am Maßwerk der Fenster. Hinter dem Altar befindet sich eine Piscina zur Reinigung des Altargerätes für den Priester. Größter baulicher Rest aus klösterlicher Zeit ist die Steinempore an der Trennwand der Kirche, über welcher es dem Priester möglich war, den Klosterfrauen im Nonnenchor die Kommunion zu spenden.

Im übrigen zeichnet sich Himmelkron vor allem durch die Vielzahl gut erhaltener Grabmäler aus, die als wertvollste Hinterlassenschaft aus der Zeit als Kloster gelten können. Die Abteikirche war Grablege der Stifterfamilie sowie zahlreicher anderer adeliger Geschlechter der Umgebung. Bedeutendstes Werk unter den etwa zwei Dutzend Grabplatten ist der Stein der Äbtissin Agnes von Orlamünde († 1354): Fein, fast filigran modelliert, hebt sich das Relief der Äbtissin in Ordenstracht mit Krummstab und Buch vom Hintergrund ab. Die grazile Gestalt der Frau mit den edlen Zügen wird dem gleichen Meister zugeschrieben, der den Stein des Bischofs Friedrich von Hohenlohe im Bamberger Dom geschaffen hat. Wie die meisten anderen war dieser Grabstein ursprünglich im Chorboden eingelassen. Unter den übrigen verdient der Stein für Graf Otto IV. von Orlamünde († 1340) Beachtung. Nahezu vollplastisch herausgearbeitet, zeigt die Skulptur einen Ritter in voller Rüstung und mit allen Attributen seines Standes, mit, man kann es kaum anders beschreiben, edlen Zügen und zugleich durchaus starker Hand, worauf das schöne Detail der kräftigen, sehnigen Hände schließen läßt. Fast scheint es, als spürte man in dieser Skulptur noch etwas vom Nachklang der Blüte mitteldeutscher gotischer Plastik.

Die Abgeschiedenheit des Ortes mag in nachklösterlicher Zeit wesentlich dazu beigetragen haben, daß Sepultur und Nonnenchor weitgehend unberührt blieben. Die dreischiffige, sechs kreuzrippenüberwölbte Joche auf Rundpfeilern umfassende Gruft wird im Volksmund »Ritterkapelle« genannt. Der Name würdigt offenbar die Tatsache, daß 1735 die beiden östlichen Joche als markgräfliche Fürstengruft abgeteilt worden sind.

Außer den beschriebenen Grabmälern haben die Reste des gotischen Kreuzganges Himmelkron bekannt gemacht. Innerhalb eines Geviertes von Klostergebäuden umschloß der Kreuzgang, den Äbtissin Elisabeth von Künßberg 1473 begann, einen kleinen Garten. Nur der Nordflügel ist erhalten und zeugt mit seiner ungewöhnlich aufwendigen Bauplastik von der einstigen Schönheit der Anlage: Sieben Joche und zwei Eckjoche werden von einer Tonne mit Stichkappen auf gratig gewundenen Wanddiensten überwölbt. In die Füllungen der durch feine Rippen gegliederten Gewölbefelder sind Reliefs aus Sandstein eingelassen, in denen sich ein vielstimmiges Engelskonzert in diesem spätgotischen »Himmel« entfaltet. Einige der Engel sind singend dargestellt, den meisten aber ist ein Musikinstrument beigegeben, darunter so seltene wie ein Portativ oder ein Monochord. Die Wand zur Kirche hin trägt weitere Sandsteinreliefs mit Motiven der Heilsgeschichte.

Eine Besonderheit befindet sich im östlichen Eckjoch. Dort ist in der Mitte das Künßberg-Wappen eingelassen, in den anderen Feldern symbolisieren Stuckreliefs von zwölf Herolden mit ihren zugehörigen Tituli die einzelnen Rittergesellschaften. Trotz der Vielfalt der Details sind auch im verbliebenen Kreuzgangrest große Verluste zu beklagen, die es beim gegenwärtigen Kenntnisstand verbieten, nach dem ikonographischen Programm zu fragen. Die Reliefs mit den Symbolen der Rittergesellschaften erinnern an die enge Bindung Himmelkrons an adelige Geschlechter; Keimzelle für Aufstieg und Untergang der Zisterze.

Gößweinstein

Wer den Namen Gößweinstein hört, denkt dabei in erster Linie an Balthasar Neumanns Wallfahrtskirche und erst dann an das damit ursächlich verbundene Kapuzinerkloster. Und doch dürfte die Stiftung eines solchen Klosters durch den Bamberger Fürstbischof und Mainzer Kurfürsten Lothar Franz von Schönborn (1693–1729) im Jahre 1723 zu den wichtigen Voraussetzungen für Neumanns glanzvollen Kirchenbau gehört haben.

Die Anfänge der Wallfahrt zum Gnadenbild der Heiligsten Dreifaltigkeit nach Gößweinstein liegen im dunkeln. Vor allem während des 17. Jahrhunderts entwickelte sich der Ort zum Ziel der bedeutendsten Dreifaltigkeitswallfahrt in Franken: Die Kirche wurde bald zu klein. Von ersten Überlegungen zur Erweiterung dieser Kirche hören wir 1683. Damals wurde in einer bischöflichen Resolution die Erlaubnis für einen geplanten neuen Gnadenaltar mit der Begründung verweigert, daß man das Geld für eine Kirchenerweiterung aufzusparen habe. Über zwei Jahrzehnte später reichte 1715 der Bamberger Hofbaumeister Johannes Dientzenhofer Neubauentwürfe ein. Diese wurden aber wegen der hohen Kosten ebenso verworfen wie dessen überarbeitete Pläne von 1725. Andere ebenfalls nicht genehmigte bzw. unausgeführte Pläne stammen von dem Kavaliersarchitekten Anselm Franz Freiherr Ritter zu Groenesteyn, einem sonst unbekannten »Meister Christian aus Bamberg« und dem Erlanger Baumeister Wenzel Berner.

Ein Hauptproblem während dieser umständlichen und langwierigen Vorplanungsphase bildete immer wieder die Finanzierung. Obwohl die Wallfahrt nach Gößweinstein hohe Einnahmen erbrachte, schienen diese doch nicht so gesichert zu sein, daß man darauf allein die Finanzierung des Kirchenneubaues gründen wollte.

Dientzenhofers erster Entwurf sollte 72 500 Reichstaler kosten, mehr als der Bau der Klosterkirche von Banz! Dem aber standen nur etwa 40 000 Gulden Kapital gegenüber. Um hier langfristig zu einer sicheren Lösung zu gelangen, blieben Lothar Franz nur zwei Möglichkeiten: Erstens mußte er versuchen, die Baukosten zu senken, und zweitens mußte es gelingen, modern gesprochen, Management und Service der Wallfahrt so zu verbessern, daß damit auf lange Sicht höhere Einnahmen erzielt werden konnten.

»Zur Förderung der Wallfahrt und Vermehrung des Andachtseifers am Gnadenorte« wurde 1723 aus den Privatmitteln des Fürstbischofs in Gößweinstein ein Kapuzinerkloster gegründet. Unmittelbare Aufgabe des Konventes war es, die Pfarrgeistlichkeit bei der Betreuung der Wallfahrer zu unterstützen. In unmittelbarer Nähe zur Kirche wurde den Kapuzinern die ehemalige Friedhofskapelle als Klosterkirche zugewiesen. Den schlichten, kleinen, in nachgotischen Formen gehaltenen Bau errichtete 1630/31 der Bamberger Hofbaumeister Giovanni Bonalino. Nach Übernahme durch die Kapuziner wurde die Kirche um den Mönchschor erweitert. Unter der Ausstattung ragt eine 1760/70 geschaffene Gruppe mit Maria und Johannes unter dem Kreuz hervor, die dem Bamberger Bildhauer Bernhard Kamm zugeschrieben wird.

Nördlich dieser Kirche wurde bis Ende 1724 ein Klosterbau aufgeführt. Mönchschor der Kirche und Kloster mußten dabei wegen einer vorbeiführenden Straße durch einen gedeckten Gang miteinander verbunden werden. Unter dem Guardian Guido von Vilseck erhielt das Kloster 1790 einen Anbau an der Nordwestecke.

Von den wenigen geschichtlichen Ereignissen um das Kloster ist nur zu erwähnen, daß es 1803 nicht säkularisiert wurde. Trotzdem ging die Zahl der Konventualen stark zurück. Durch Regierungsbeschluß wurde das Kloster schließlich 1828 dem Franziskanerorden übergeben, der die Wallfahrt bis heute betreut.

Kehren wir noch einmal zu den Anfängen des Kapuzinerklosters in Gößweinstein zurück. Eine der ersten damit verbundenen Baumaßnahmen war 1724/25 die Dreifaltigkeitskapelle westlich des Chores der Klosterkirche. Da die alte Wallfahrtskirche an hohen Festtagen den Zustrom der Gläubigen nicht mehr zu fassen vermochte, sollte dort die Messe gelesen und die Kommunion ausgeteilt werden. Eine Notmaßnahme, die in unmittelbarem Zusammenhang mit den oben angesprochenen Neubauprojekten der

▷

Gößweinstein, Wallfahrtskirche Heiligste Dreifaltigkeit. Die Berufung der Kapuziner im Jahr 1723 nach Gößweinstein ist untrennbar mit der durch Balthasar Neumann von 1730 an erbauten Wallfahrtskirche verbunden.

Wallfahrtskirche stand: Um die Wallfahrt während der zu erwartenden vieljährigen Bauzeit nicht zu gefährden, schuf man die Dreifaltigkeitskapelle als Ausweichmöglichkeit.
Der Tod des Lothar Franz von Schönborn im Jahre 1729 unterbrach die weiteren Vorbereitungen nicht mehr, denn mit der Wahl seines Neffen und Koadjutors Friedrich Karl von Schönborn stand wieder ein baufreudiger Oberhirte an der Spitze des Fürstbistums Bamberg. Friedrich Karls favorisierter Architekt war Balthasar Neumann, der bereits am 24. Mai 1730 seine Pläne vorlegte. Schon am 3. Juni, dem Tag vor dem Dreifaltigkeitsfest, wurde der Grundstein gelegt. Unter der örtlichen Bauleitung des Wallfahrtspfarrers Johann Eberhard Dippold wuchs das Werk rasch heran und konnte nach knapp neunjähriger Bauzeit am 14. Mai 1739 durch Friedrich Karl von Schönborn feierlich geweiht werden.
Balthasar Neumann schuf eine zweijochige Wandpfeileranlage mit westlicher Doppelturmfassade, Vierung mit Querhausarmen und kurzem, einjochigem Altarraum, der ebenso wie die Querhausarme dreiseitig geschlossen ist. Besonders die dreikonchenartige Bildung der Ostpartie mit Chor und Querhausarmen, die in Gößweinstein im Werk des Baumeisters erstmals auftaucht und später bei der ersten Planung von Vierzehnheiligen zitiert wurde, stellt einen symbolischen Bezug zum Dreifaltigkeits-Patrozinium der Wallfahrtskirche her. Wichtig für Neumanns architektonische Entwicklung ist ferner die Gestaltung des Vierungsraumes, die als Vorstufe unter anderem für die Schönbornsche Patronatskirche in Gaibach anzusehen ist: In den durch die Breite von Lang- und Querhaus bestimmten und durch die Vierungspfeiler begrenzten Raum stellte Neumann eine Rotunde ein, deren Mantelmauern nahezu vollständig durch die Öffnung zu den Anräumen aufgezehrt sind; lediglich an den Pfeilerstirnen sind noch schmale Streifen dieser Mantelmauern stehengeblieben. Auch die sich über dem Vierungsraum wölbende Kuppel ist entsprechend fragmentiert, einmal durch die zu den Gewölben der Anräume vermittelnden Zwischengewölbe und außerdem dadurch, daß Neumann die Kuppel oberhalb eines gliedernden Stuckringes gleichsam »aufgebrochen« und eine weitere Kuppelkappe darübergewölbt hat. Neumann »substituierte« angesichts der beengten finanziellen und räumlichen Verhältnisse eine große, über das Dachwerk hinausragende Kuppel durch eine kleine Kappe.
Wenn auch die Wallfahrtskirche von Gößweinstein noch kein endgültiges, reifes Werk Neumanns ist, so gehört sie neben Münsterschwarzach zu den wichtigen Kirchenbauten aus Neumanns Reifezeit der dreißiger Jahre.
Von Gößweinstein sprechen heißt zugleich auf die Ausstattung eingehen zu müssen, für die weitgehend Neumanns Stellvertreter im Hochstift Bamberg, der Ingenieurleutnant Johann Jakob Michael Küchel, verantwortlich zeichnete. Sein Entwurf ist vor allem der Gnadenaltar. Anders als später in Vierzehnheiligen erhebt sich dieser nicht im Mittelpunkt der architektonischen Anlage, sondern ist in den Chor gerückt. Dafür aber ist die ganze Architektur kulissenartig auf die Präsentation des Gnadenaltares ausgerichtet. Die handwerkliche Umsetzung von Küchels Entwürfen erfolgte bis 1742 durch den Bamberger Hofstukkateur Franz Jakob Vogel und andere Meister.
Fragt man nach der künstlerischen Herkunft des Hochaltares von Gößweinstein, der in der fränkischen Altarbaukunst kaum Nachfolger gefunden hat, so dürfte eine Studienreise Küchels im Jahr 1737 nach Bayern, Österreich, Böhmen und Sachsen entscheidenden Einfluß auf die formale Gestaltung gehabt haben. Hans Reuther hat in diesem Zusammenhang auf das in Dresden befindliche, bekannte Holzmodell des Salomonischen Tempels hingewiesen, das Küchel 1737 gesehen hat. Das Allerheiligste in diesem Modell könnte Küchel die entscheidende Anregung für seinen Gnadenaltar in Gößweinstein gegeben haben.
Johann Jakob Michael Küchel zeigt sich in diesem Gnadenaltar wie auch in der übrigen Ausstattung von Gößweinstein eben nicht als »Epigone«, wie man von ihm, als im Schatten des großen Neumann stehend, fast erwarten dürfte. Küchel hat offenbar sehr genau erfaßt, daß er Neumann als Baumeister mit den Mitteln strenger und zugleich genial-souveräner Architektur nicht ebenbürtig sein konnte, und ist deshalb in eine unarchitektonische, ja fast als bildhauerisch zu bezeichnende Formensprache ausgewichen. In dieser hätte sich Neumann nie ausgedrückt, und gerade deshalb vermag die Ausstattung neben Balthasar Neumanns Architektur zu bestehen. Küchels Antwort auf die Architektur seines Lehrmeisters ist in erster Linie eine künstlerische und erst in zweiter eine stilistische.

▷
Gößweinstein, Wallfahrtskirche Heiligste Dreifaltigkeit. Der Gnadenaltar von Gößweinstein geht auf Entwürfe von Johann Jakob Michael Küchel zurück, der es verstanden hat, die ganze innere Ausstattung kulissenartig auf die einzigartige Inszenierung des Gnadenbildes hin zu formieren.

Auswahlbibliographie

Die nachfolgend aufgeführte Liste versteht sich als Auswahlbibliographie und bietet in erster Linie Titel an, die entweder einen Einstieg in das Thema ermöglichen oder einen wesentlichen Beitrag zu einem der behandelten Klöster geliefert haben. Sofern bei einem Objekt eine Monographie mit ausführlichen Literaturverzeichnissen vorhanden ist, sei auf diese verwiesen. Auf den Nachweis von tabellarischen Denkmälerverzeichnissen wurde völlig verzichtet. Abschluß 1992.

I. Allgemeine Literatur

Backmund, P. Norbert: Monasticon Praemonstratense, 3 Bde., Straubing 1949–1960.

Backmund, P. Norbert: Die Chorherrenorden und ihre Stifte in Bayern, Passau 1966.

Backmund, P. Norbert: Die Kollegiat- und Kanonissenstifte in Bayern, Windberg 1973.

Backmund, P. Norbert: Die kleineren Orden in Bayern und ihre Klöster bis zur Säkularisation, Windberg 1974.

Bavaria Franciscana Antiqua, 5 Bde., Landshut, München o. J. und 1957 ff.

Biermann, Alfons W.: Unsere mittelalterlichen Klöster, Frankfurt 1986.

Binding, Günter und Untermann, Matthias: Kleine Kunstgeschichte der mittelalterlichen Ordensbaukunst in Deutschland, Darmstadt 1985.

Bosl, Karl (Hrsg.): Handbuch der historischen Stätten Deutschlands, Bd. 7: Bayern, Stuttgart 1961.

Braun, Joseph: Die Kirchenbauten der deutschen Jesuiten, 2 Bde., Freiburg i. B. 1908 und 1910.

Braunfels, Wolfgang: Abendländische Klosterbaukunst, Köln 1969.

Coester, Ernst: Die einschiffigen Cistercienserinnenkirchen West- und Süddeutschlands von 1200 bis 1350, Mainz 1984.

Deckert, P. Adalbert: Die Oberdeutsche Provinz der Karmeliten nach den Akten ihrer Kapitel von 1421 bis 1529, Rom 1961.

Deckert, P. Adalbert: Die Karmelitenklöster in Bayern zwischen Reformation und Säkularisation. In: Zeitschrift für Bayerische Landesgeschichte, Bd. 53, Heft 1, 1990, S. 3–49.

Dehio, Georg: Handbuch der deutschen Kunstdenkmäler, Bayern I: Franken, o. O. 1979.

Eberl, P. Angelikus: Geschichte der bayrischen Kapuziner-Ordensprovinz (1593–1902), Freiburg i. Br. 1902.

Funk, Wilhelm: Das ehemalige Zisterzienserinnenkloster Birkenfeld und die Zisterzienserinnenklöster in Franken, o. O. 1934.

Heimbucher, Max: Die Orden und Kongregationen der katholischen Kirche, 2 Bde., München, Paderborn und Wien 1965.

Hemmerle, Josef: Die Benediktinerklöster in Bayern, Bayerische Heimatforschung Heft 4, München 1951.

Hemmerle, Josef: Die Klöster der Augustiner-Eremiten in Bayern, Bayerische Heimatforschung 12, München 1958.

Hemmerle, Josef: Die Benediktinerklöster in Bayern, Germania Benedictina II, München 1970.

Hengst, Karl: Jesuiten an Universitäten und Jesuitenuniversitäten, Paderborn 1981.

Hochholzer Elmar: Die Benediktinerabteien im Hochstift Würzburg in der Zeit der Katholischen Reform (ca. 1550–1618), Neustadt 1988.

Kist, Johannes: Fürst- und Erzbistum Bamberg. Leitfaden durch ihre Geschichte von 1007 bis 1943, Bamberg 1953.

Kolb, Peter / Krenig, Ernst-Günter (Hrsg.): Unterfränkische Geschichte, Bd. 1, Würzburg 1989 und Bd. 2, Würzburg 1992.

Krausen, Edgar: Die Klöster des Zisterzienserordens in Bayern, Bayerische Heimatforschung Heft 7, München 1953.

Krenig, E. G.: Mittelalterliche Frauenklöster nach den Konstitutionen von Citeaux unter besonderer Berücksichtigung fränkischer Nonnenkonvente. In: Analecta Sacri Ordinis Cisterciensis, Ann. X, 1954, Fasc. 1–2, S. 1–105.

Läpple, Alfred: Klöster und Orden in Deutschland, o. O. und o. J., S. 47 ff. und S. 241 ff.

Lenssen, Jürgen / Wamser, Ludwig (Hrsg.): 1250 Jahre Bistum Würzburg. Archäologisch-historische Zeugnisse der Frühzeit, Würzburg 1992.

Link, Georg: Klosterbuch der Diöcese Würzburg, 2 Bde., Würzburg 1873 und 1876.

Lübeck, Konrad: Fuldaer Nebenklöster in Mainfranken. In: Mainfr. Jb., 2, 1950, S. 1–52.

Mayer, Heinrich: Bamberg als Kunststadt, Bamberg 1952.

Mayer, Heinrich: Die Kunst des Bamberger Umlandes, Bamberg 1955.

Minges, P.: Geschichte der Franziskaner in Bayern, München 1896.

Oswald, Friedrich / Schaefer, Leo / Sennhauser, Hans Rudolf (Bearb.): Vorromanische Kirchenbauten. Katalog der Denkmäler bis zum Ausgang der Ottonen, München 1966.

Prutz, H.: Die geistlichen Ritterorden, Berlin 1908.

Reitzenstein, Alexander Freiherr von: Franken, München 1953.

Roser, Hans: Klöster in Franken, Freiburg i. Br. 1988.

Roth, Elisabeth (Hrsg.): Oberfranken im Spätmittelalter und zu Beginn der Neuzeit, Bayreuth 1979.

Sayn-Wittgenstein, Franz Prinz zu: Schlösser in Franken. Residenzen, Burgen und Landsitze im Fränkischen, München 1984.

Scherzer, Conrad u. a. Verf.: Franken, Nürnberg 1955.

Schneider, Peter: Der Steigerwald in der Gesamtschau, Mainfränkische Heimatkunde 11, Würzburg 1958.

Treutwein, Karl: Unterfranken, 2 Bde., Nürnberg 1961.

Untermann, Matthias: Kirchenbauten der Prämonstratenser. Untersuchungen zur Ordensbaukunst im 12. Jahrhundert, Köln 1984.

Weiss, Dieter J.: Die Geschichte der Deutschordensballei Franken im Mittelalter, Neustadt a. d. Aisch 1991.
Weißenberger, P.: Beiträge zur Kunst und Kulturgeschichte mainfränkischer Benediktiner- und Zisterzienserklöster. In: Mainfr. Jb. 2, 1950 und 3, 1951.
Wendehorst, Alfred: Das Bistum Würzburg. Ein Überblick von den Anfängen bis zur Säkularisation. In: Freiburger Diözesan-Archiv, 86. Bd., 1966, S. 9–93.
Wendehorst, Alfred: Das benediktinische Mönchtum im mittelalterlichen Franken. In: Untersuchungen zu Kloster und Stift, Veröffentlichungen d. Max-Planck-Inst. f. Geschichte, 1980, S. 38–60.
Wollenberg, Klaus: Die Zisterzienser in Altbayern, Franken und Schwaben. Hefte zur Bayerischen Geschichte und Kultur, Bd. 7, München 1988.

II. Literaturhinweise zu den im Text vorgestellten Klöstern

Altstadt/Hammelburg. Feulner, Adolf: Bezirksamt Hammelburg, KDB III/XIV, München 1915, S. 9ff. – Dehio, Georg: Mitteldeutschland, HdK I, Berlin 1924, S. 8. – Kramer, Ernst: Kreuzweg und Kalvarienberg, Kehl/Straßburg 1957, S. 100. – Brandler, Karl: Altstadt – Hammelburg. In: Bavaria Franciscana Antiqua, Bd. IV, München 1958, S. 473ff. – Wich, Günter: Brückenau-Hammelburg, HAB Franken 1/23, München 1973, S. 68f. – Sturm, Erwin: Kloster Altstadt/Hammelburg, KKF 1231, München 1984.
Amorbach. Mader, F. und Karlinger, H.: Bezirksamt Miltenberg, KDB III/XVIII, München 1917, S. 26ff. – Freeden, M. H. v.: Amorbacher Rokoko und Zopf, Amorbach 1964. – Gorenflo, R. M.: Abteikirche Amorbach, Frankfurt 1982. – Oswald, F.: Amorbach, GKF 112, München 1983. – Ders. und Störmer, W. (Hrsg.): Die Abtei Amorbach im Odenwald, Sigmaringen 1984. – Arens, F.: Maximilian von Welsch (1671–1745). Ein Architekt der Schönbornbischöfe, München 1986.
Aschaffenburg, ehem. Jesuitenkolleg. Braun, Joseph: Die Kirchenbauten der deutschen Jesuiten, 1. Teil, Freiburg i. Br. 1908, S. 190ff. – Mader, Felix: Stadt Aschaffenburg, KDB III/XIX, München 1918, S. 170ff. – Hauttmann, Max: Geschichte der kirchlichen Baukunst in Bayern, Schwaben und Franken 1550–1780, München 1921, S. 127. – Gerl, Herbert: Die Jesuitenniederlassung in Aschaffenburg. In: Aschaffenburger Jahrbuch, Bd. 4/2, 1957, S. 661ff.
Aschaffenburg, ehem. Kollegiatstift. Mader, Felix: Stadt Aschaffenburg, KDB III/XIX, München 1918, S. 25ff. – Herberhold, Franz: Beiträge zur älteren Geschichte des Kollegiatstiftes St. Peter und Alexander in Aschaffenburg. In: Aschaffenburger Jahrbuch, Bd. 1, 1952, S. 17ff. – Klewitz, Martin: Die Baugeschichte der Stiftskirche St. Peter und Alexander zu Aschaffenburg, Aschaffenburg 1953. – Fischer, Willibald (Hrsg.): Festschrift »1000 Jahre Stift und Stadt Aschaffenburg«, Aschaffenburg 1957. – Oswald, Friedrich: Zur Rekonstruktion der ottonischen Stiftskirche zu Aschaffenburg. In: Aschaffenburger Jahrbuch, Bd. 5, 1972, S. 277ff. – Fath, Manfred: Die frühgotischen Bauteile der Stiftskirche St. Peter und Alexander zu Aschaffenburg und ihr Kreuzgang. In: ebda. S. 283ff.
Astheim. Karlinger, H.: Bezirksamt Gerolzhofen, KDB III/VIII, München 1913, S. 21f. – Büttner, K.-P.: Führung durch die ehem. Kartause Pons Mariae in Astheim. In: Analecta Cartusiana, 55/2, 1981, S. 83ff. – Benedum, C. u. a. Verf.: Astheim und seine Kartause, 1991.
Aura/Saale. Feulner, Adolf: Bezirksamt Hammelburg, KDB III/XIV, München 1915, S. 16ff. – Hoffmann, Wolfbernhard: Hirsau und die »Hirsauer Bauschule«, München 1950, S. 70 und S. 134. – Mahr, Walter: Zur Geschichte der ehem. Benediktinerabtei Aura/Saale. In: Mainfr. Jb. 13, 1961, S. 55ff. – Oswald, Friedrich: Würzburger Kirchenbauten des XI.und XII. Jahrhunderts, Würzburg 1966, SS. 178, 207 und 222. – Wagner, Heinrich: Das Urkundenverzeichnis des Klosters Aura a. d. Saale von 1556. In: WDGB, 47. Bd. 1985, S. 107ff.
Bad Neustadt/Saale. Gröber, Karl: Bezirksamt Neustadt/Saale, KDB III/XXII, München 1922, S. 105ff. – Borst, Alfons M.: Karmelitenklosterkirche Bad Neustadt a. d. Saale, KKF 558, München 1980.
Bamberg, St. Christoph. Pfau, Christian: Das Dominikanerkloster in Bamberg. In: Alt-Franken, 2, 1926, S. 58ff.– Gruber, K.: Zwei süddeutsche Bettelordenskirchen. In: Zentralblatt der Bauverwaltung, 47. Jg., 1957, Nr. 40, S. 505ff. – Mayer, Heinrich; Bamberg, Bamberg 1952, S. 271ff. – Paschke, Hans: Das Dominikanerkloster zu Bamberg und seine Umwelt. In: 105. Bericht HVB, 1969, S. 510ff.
Bamberg, St. Gangolf. Mayer, Heinrich; Bamberg, Bamberg 1952, S. 328ff. – Paschke, Hans: St. Gangolf zu Bamberg, Bamberg 1959. – Backmund, N.: Kollegiatstifte, Windberg 1973, S. 46f. – Zimmermann, Gerd: St. Gangolf, KKF 1172, München 1982. – Trost, Beatrice: Die Bildhauerfamilie Mutschele, Neustadt/Aisch 1987.
Bamberg, Hl. Grab. Heim, Hans: Die Bamberger Dominikanernonne Columba Schonath, Bamberg 1922. – Mayer, Heinrich: Bamberg, Bamberg 1952, S. 344ff. – Läpple, Alfred: Klöster und Orden in Deutschland, o. O. und o. J., S. 49f. – Hopf, Heinrich: Das Schicksal der Barockausstattung der Klosterkirche zum Hl. Grab in Bamberg. In: 116. Bericht HVB, 1980, S. 141ff.
Bamberg, St. Jakob. Rothlauf, Johann: Geschichtliche Notizen über die St.-Jakobs-Kirche in Bamberg. In: 31. Bericht HVB, 1869, S. 45ff. und S. 107ff. – Hardte, Adolf: Die romantische Anlage der ehem. Collegiatstiftskirche St. Jakob zu Bamberg, Diss. Amberg 1931. – Mayer, Heinrich: Bamberg, Bamberg 1952, S. 137ff. – Mayer, Heinrich: Die Kirche des Kollegiatstiftes St. Jakob. In: Fränkische Blätter, 4. Jg. Nr. 7, 1952, S. 25ff. – Backmund, Norbert: Kollegiatstift, Windberg 1973, S. 45. – Grän, Siegfried und Tunk, Walter: St.-Jakobs-Kirche Bamberg, KKF 658, München 1977.
Bamberg, St. Martin. Haas, Nikolaus: Geschichte der Pfarrei St. Martin zu Bamberg, Bamberg 1845. – Weigmann, Otto Albert: Eine Bamberger Baumeisterfamilie um die Wende des 17. Jahrhunderts. Ein Beitrag zur Geschichte der Dientzenhofer, Straßburg 1902. – Braun, Joseph: Die Kirchenbauten der deutschen Jesuiten, 2. Teil, Freiburg i. Br. 1910, S. 293ff. – Mayer, Heinrich: Bamberg, Bamberg 1952, S. 292ff. – Kömstedt, Rudolf:

Von Bauten und Baumeistern des fränkischen Barocks, Berlin 1963. – Korth, Thomas: Die »Universität in der Stadt«. Das Gebäude des ehemaligen Jesuitenkollegs in Bamberg. In: Bamberger Universitätszeitung, 4, 1982, S. 10ff. – Neundorfer, Bruno: St. Martin in Bamberg, KKF 72, München 1987. – Breuer, Tilmann und Gutbier, Reinhard: Stadt Bamberg. Innere Inselstadt, KDB Regierungsbezirk Oberfranken, VII/5, München 1990, Bd. 1, S. 48ff.

Bamberg, St. Michael. Lahner, Andreas: Die ehemalige Benedictiner-Abtei Michelsberg zu Bamberg. In: 51. Bericht HVB, 1889. – Andernacht, Dietrich: Über Quellen zur mittelalterlichen Bibliothek des Klosters Michelsberg. In: 90. Bericht HVB, 1950, S. 328ff. – Mayer, H.: Bamberg, Bamberg 1952, S. 151ff. – Mayer, H.: St. Michael/Bamberg, KKF 366, München 1975. – Braun, Rainer: Das Benediktinerkloster Michelsberg 1015–1525, 2 Bde., o. O. 1978. – Thye, Margot: Die Säkularisation des Benediktinerklosters Michelsberg in Bamberg 1802/1803. Magisterarbeit Univ. Erlangen 1985.

Bamberg, St. Stephan. Heller, Josef: Geschichte der protestantischen Pfarrkirche zum heil. Stephan in Bamberg, Bamberg 1830. – Weber, Heinrich: Ein Beitrag zur Geschichte des Collegiatstiftes zum hl. Stephan in Bamberg. In: 40. Bericht HVB, 1878, S. 43ff. – Mayer, Heinrich, Bamberg, Bamberg 1952, S. 234ff. – Zimmermann Gerd: Wie die Bamberger Stephanskirche hätte aussehen sollen. In: Fränkische Blätter, 4. Jg., 6. Nov. 1952, S. 85ff. – Festschrift »950 Jahre St. Stephan. 150 Jahre Evangelische Gemeinde Bamberg«, Bamberg 1957. – Backmund, Norbert, Kollegiatstifte, 1973, S. 48f. – Longo, Lucia: Antonio Petrini. Ein Barockarchitekt in Franken, München 1985, S. 64ff.

Bamberg, St. Theodor. Deckert, A.: Das ehemalige Karmelitenkloster in der Au. In: 91. Bericht HVB, 1952. – Müller, B.: Der Kreuzgang des Karmelitenklosters in Bamberg. Bestimmung und Deutung der Bildinhalte seiner Kapitelle. In: 97. Bericht HVB, 1961, S. 1ff. – Breuer, Tilmann: Der Bamberger Karmelitenkreuzgang und die retrospektiven Tendenzen des 14. Jahrhunderts. In: 26. Bericht BLfD, 1967, S. 67ff. – Festschrift »700 Jahre Karmeliten in Bamberg«, Bamberg 1972. – Zink, R.: St. Theodor in Bamberg. Ein Nonnenkloster im mittelalterlichen Franken, Bamberg 1978. – Müller, B.: Der Bamberger Karmelitenkreuzgang, 1981. – Neundorfer, Bruno: Kirche und Kloster der Karmeliten Bamberg, KKF 533, München 1984.

Banz. Kuhn, Martin: P. Valentin Rathgeber. Ein fränkischer Musiker der Barockzeit. In: Geschichte am Obermain, Lichtenfels 1951, S. 34ff. – Hotz, Joachim: Zur Baugeschichte des Klosters Banz. In: 103 Bericht HVB, 1967, S. 447ff. – Lippert, K. L.: Landkreis Staffelstein, Bayerische Kunstdenkmale, München 1968, S. 17ff. – Assmann, W. G.: Die Klosterkirche von Banz. In: Das Münster, XXI, 1968, S. 273ff. – Kuhn, Martin: Die Welt des barocken Klosters Banz im Spiegel seiner Benediktiner-Zeitschrift 1772–1798. In: Geschichte am Obermain, Lichtenfels 1970, S. 33ff. – Jahrbuch der Bayerischen Denkmalpflege, Band 34, 1980, München 1982, S. 180–276. – Hochholzer, Elmar: Das Kloster Banz in der Reformationszeit. In: WDGB, Bd. 45, 1983, S. 75–91. – Alt, Hans-Werner: Banz am Main, KKF 221, München 1984.

Biebelried. Lill, Georg und Weysser, Friedrich Karl: Stadt und Bezirksamt Kitzingen, KDB III/II, München 1911, S. 68ff. – Hoh, Josef: Das ehemalige Johanniterkastell in Biebelried. In: Mainfr. Jb., 4, 1952, S. 319–325. – Antonow, Alexander: Die Johanniterburg Biebelried bei Würzburg. In: Burgen und Schlösser, 17, 1976, S. 10ff. – Wamser, Ludwig: Ausgrabungen im Johanniterkastell Biebelried. In: Jahrbuch des Landkreises Kitzingen 1979, S. 107f.

Bildhausen: Rost: Geschichte der fränkischen Cistercienser Abtei Bildhausen. In: Archiv Unterfranken, XI, 1851, S. 1ff. und S. 108ff. – Schnell, Otto: Grundriß der Klostergebäude von Bildhausen nach dem Stande von 1788 nebst Erläuterungen. In: Archiv Unterfranken, XXX, 1887, S. 173ff. – Gröber, Karl: Stadt Bad Kissingen und Bezirksamt Kissingen, KDB III/X, München 1914, S. 52ff. – Wagner, Heinrich: Geschichte der Zisterzienserabtei Bildhausen im Mittelalter, Mainfränkische Studien Bd. 15, Würzburg 1976. – Wirsing, Alfons Maria: Kloster Maria Bildhausen, München 1978. – Schneider, Erich: Wallfahrtskirche St. Mariä Himmelfahrt Fridritt bei Münnerstadt, KKF 1421, München 1985. – Schneider, Erich: St. Nikolaus Herschfeld, KKF 1519, München 1985.

Birklingen. Freudenberger, Th.: Quellen zur Geschichte der Wallfahrt und des Augustinerchorherrenstiftes Birklingen bei Iphofen (Mfr.) 1457–1546. In: WDGB, 5. Bd, 1937, S. 1ff. – Schneider, Peter: Der Steigerwald in der Gesamtschau, Würzburg 1958, S. 229f. – Backmund, Norbert: Chorherrenorden, Passau 1966, S. 69.– Hojer, Gerhard: Ehemaliger Landkreis Scheinfeld, München o. J., S. 28f.

Dettelbach. Lill, Georg und Weysser, Friedrich Karl: Stadt und Bezirksamt Kitzingen, KDB III/II, München 1911, S. 82ff. – Köberlein, P. Lothar: Dettelbach. In: Bavaria Franciscana Antiqua, Bd. IV, München 1958, S. 379ff. – Gradmann, G.: Die Monumentalwerke der Bildhauerfamilie Kern, Straßburg 1917. – Bruhns, Leo: Würzburger Bildhauer der Renaissance und des werdenden Barock. 1540–1650, München 1923. – Dünninger, Hans: Maria siegt in Franken. Die Wallfahrt nach Dettelbach als Bekenntnis, Würzburg 1979. – Schnell, Hugo: Wallfahrtskirche Dettelbach/Main, KKF 679, München 1983. – Schneider, Erich: Kleine Kunstgeschichte des Landkreises Kitzingen. In: Landkreis Kitzingen, hrsg. von Hans Bauer, Kitzingen 1984, S. 173ff.

Ebrach. Jäck, Joachim Heinrich: Galerie der vorzüglichsten Klöster Deutschlands, Bd. 1 Ebrach, Bamberg 1831. – Festschrift zur 800-Jahr-Feier der ehemaligen Cistercienser-Abtei Ebrach. In: Heimatblätter d. Hist. Vereins Bamberg, 1927/28. – Guttenberg, E. von und Wießner, W.: Quellen zur Besitz- und Wirtschaftsgeschichte des Klosters Ebrach. In: JbfFL, 3, 1937, S. 13ff. – Trepplin, Dorothee: Bau und Ausstattung des Klosters Ebrach im 17. und 18. Jahrhundert, Berlin 1937. – Kengel, Rainer: Joseph Greising. – Der Architekt der fränkischen Barockklöster. In: WDGB, 14./15. Bd., 1952/53, S. 565ff. – Krausen, Edgar: Die Klöster des Zisterzienserordens in Bayern, München 1953.– Mayer, Heinrich: Die Kunst des Bamberger Umlandes, Bamberg 1955, S. 51ff. – Wiemer, Wolfgang: Die Baugeschichte und Bauhütte der Ebracher Abteikirche 1200–1285. In: JbfFL, 17, 1957, S. 1ff. – Zimmermann, Gerd: Ebrach und seine Stifter – Die fränkischen Zisterzen und der Adel. In: Mainfr. Jb., 21, 1969, S. 162 ff. – Hofmann, Walter Jürgen: Der Neue Bau von Kloster Ebrach. In: JbfFL, 31, 1971, S.139 ff. – Festschrift »Ebrach 1127–1977«, Volkach 1977. – Hotz, Joachim: Zisterzienserklöster in Oberfranken, GKF 98, München 1982. – Visosky, Iris Ch.: Die klassizistische Neuausstattung der Abteikirche Ebrach: 1776–1787. Ein kritischer Forschungsbericht. Magisterarbeit Univ. München 1982. – Korth, Thomas: Beobachtungen zu den Fassaden des Ebracher Abteibaues von 1716–1719. In: Jubiläumsschrift »300 Jahre Barockbau Ebrach«, Bamberg 1988, S. 12 ff. – Wiemer, Wolfgang: Zur Entstehungsgeschichte des neuen Baues der Abtei Ebrach. In: Quellen und Forschungen zur Geschichte des Bistums und Hochstifts Würzburg, Bd. XL, Würzburg 1989.

Engelberg. Karfreitag, P. Willibald: Geschichte und Beschreibung vom Engelberg, Bamberg 1926. – Spatz, Thomas: Wallfahrtskirche Engelberg ob dem Main, KKF 1210, München 1989.

Frauenroth. Zürcher, Karl: Die Botenlaubischen Grabdenkmäler, Meiningen 1909. – Gröber, Karl: Stadt Bad Kissingen und Bezirksamt Kissingen, KDB III/X, München 1914, S. 97 ff. – Riecke, Victor: Frauenklöster des Zisterzienserordens im ehem. Bistum Würzburg, Diss. TH Stuttgart 1945, ungedr. Ms. S. 25 ff. – Wabra, Josef: Führer durch die Kissinger Rhön, Bad Kissingen 1968, S. 186 ff. – Reinhard, Anton: Frauenroth, KKF 1009, München 1984.

Gößweinstein. Brückner, Karl: Geschichte der Burg, Wallfahrt, Pfarrei und Marktgemeinde Gößweinstein, Ebermannstadt 1906, S. 33 ff. – Schädler, Alfred: Landkreis Pegnitz, KDB Regierungsbezirk Oberfranken II, München 1961, S. 172 ff. – Kalb, Karl Heinz: Die Wallfahrt zur Heiligen Dreifaltigkeit von Gößweinstein. In: Heimatbeilage zum Amtlichen Schulanzeiger des Regierungsbezirks Oberfranken, Nr. 81 und Nr. 82, Bayreuth 1981. – Reuther, Hans: Wallfahrtskirche Gößweinstein, GKF 127, München 1988.

Grünau. Rommel, Gustav: Geschichte der ehem. Kartause Grünau im Spessart. In: Jb. d. Hist. Vereins Alt-Wertheim, 1932, S. 39 ff. und 1933, S. 41 ff. – Backmund, P. Norbert: Die kleineren Orden in Bayern und ihre Klöster bis zur Säkularisation, Windberg 1974, S. 64 f. – Büttner, Karl-Peter: Die unterfränkischen Kartausen. In: Analecta Cartusiana 55/2, 1981, S. 56 ff. – Hogg, J. und I.: The Charterhouse of Grünau. In: ebd., S. 180 ff.

Heidenfeld. Mader, Felix und Lill, Georg: Stadt und Bezirksamt Schweinfurt, KDB III/XVII, München 1917, S. 165 ff. – Backmund, P. Norbert: Chorherrenorden, Passau 1966, S. 84 ff.

Heiligenthal. Wieland, M.: Kloster Heiligenthal, Schweinfurt 1898. – Mader F. und Lill, G.: Stadt und Bezirksamt Schweinfurt, KDB III/XVII, München 1917, S. 177 ff. – Pinder, W.: Mittelalterliche Plastik Würzburgs, Leipzig 1924, S. 133. – Krausen, E.: Zisterzienser, München 1953, S. 48 f. – Freeden, M. H. v.: Mainfränkisches Museum Würzburg, Würzburg 1972, Nr. 71. – Tausendpfund, A.: Niedergang und Aufhebung des Klosters Heiligenthal. In: JbfFL, 34/35, 1975, S. 501 ff.

Himmelkron. Meißner, Helmuth: Himmelkron. Geschichte und Geschichten, Namen und Daten, Himmelkron 1979. – Hotz, Joachim: Zisterzienserklöster in Oberfranken, GKF 98, München 1982, S. 71 ff. – Coester, Ernst: Cisterzienserinnenkirchen, 1984, S. 212 ff.

Himmelthal. Kittel, J.: Das Cistercienserinnenkloster Himmelthal. In: Archiv Unterfranken, 47, 1905, S. 211 ff. – Feulner, Adolf und Röttger, Bernhard Hermann: Bezirksamt Obernburg, KDB III/XXIII, München 1925, S. 36 ff. – Hefner, Leo: Himmelthal/Spessart, KKF 1205, München 1980. – Schlicht, Eva m. u. a. Verf.: 750 Jahre Kloster Himmelthal, Aschaffenburg 1983. – Coester, Ernst: Cistercienserinnenkirchen, 1984, S. 141 ff.

Holzkirchen. Amrhein, August: Geschichte der ehem. Benediktinerpropstei Holzkirchen. In: Archiv Unterfranken, 38. Bd., 1896, S. 37 ff. Feulner, Adolf: Bezirksamt Marktheidenfeld, KDB III/VII, München 1913, S. 32 ff. – Lübeck, Konrad: Fuldaer Nebenklöster in Mainfranken. In: Mainfränkisches Jb., 2, 1950, S. 21 ff. – Störmer, Wilhelm: Marktheidenfeld, HAB, Teil Franken, Heft 10, München 1962, S. 83 ff. – Sturm, Erwin: Bau- und Kunstdenkmale in der ehem. fuldischen Propstei Holzkirchen. In: Fuldaer Geschichtsblätter, 53. Jg. 1977, S. 1 ff. – Reuther, Hans: Balthasar Neumann, München 1983, S. 190. – Schütz, Bernhard: Balthasar Neumann, Freiburg i. Br. 1986, S. 86 ff. – Korth, Thomas: Der Raum der Schönbornkapelle am Würzburger Dom. In: Korth, Thomas und Poeschke, Joachim (Hrsg.): Balthasar Neumann, München 1987, S. 53 ff.

Kitzingen. Lill, Georg und Weysser, Friedrich Karl: Stadt und Bezirksamt Kitzingen KDB III/II, München 1911, S. 38 ff. – Pfrenzinger, Alfons: Das Frauenkloster zu Kitzingen, Kitzingen 1925. – Weißenberger, P. Paulus: Beiträge zur Kunst- und Kulturgeschichte mainfränkischer Benediktiner- und Zisterzienserklöster. In: Mainfr. Jb., Bd. 3, 1951, S. 163 ff. – Engel, Wilhelm: Das Kitzinger Teufel-Relief. In: Altfränkische Bilder, 54. Jg. 1955 – Petzold, Helmut: Abtei Kitzingen – Gründung und Rechtslage. In: JbfFL, 15, 1955, S. 69 ff. – Ders.: Abtei Kitzingen – Wirtschaftsgeschichte und Klosterarchiv. In: JbfFL, 16, 1956, S. 7 ff. – Ders.: Abtei Kitzingen – Besitzstand und archivalische Überlieferung. In: JbfFL, 17, 1957, S. 87 ff. – Schneider Erich: Die Gestaltung der Südfassade der ehemaligen Ursulinerinnenklosterkirche des Antonio Petrini in Kitzingen. In: JbfFL, 41, 1981, S. 119 ff.

Königsberg. Kunzelmann, Adalbero: Geschichte der deutschen Augustiner-Eremiten, 5. Teil, Würzburg 1974, S. 282 ff. – Backmund, Norbert: Die kleineren Orden, Windberg 1974, S. 21.

Kreuzberg. Minges, P. Parthenius: Das Kloster Kreuzberg in der Rhön, o. O. 1904. – Mosandl, Ludwig: Franziskanerkloster Kreuzberg/Rhön. In: Bavaria Franciscana Antiqua III, Landsberg 1956, S. 441 ff. – Sturm, Erwin: Kloster Kreuzberg/Rhön, KKF 1243, München 1983. – Mälzer, Gottfried: Die Rhön, alte Bilder und Berichte, Würzburg 1984, S. 72 f. und S. 110 ff.

Langheim. Jäck, Joachim Heinrich: Beschreibung des Wallfahrtsortes der Vierzehnheiligen zu Frankenthal und die damit verbunden gewesene Cistercienser-Abtei Langheim im Obermainkreise, Nürnberg 1826. – Krausen, Edgar: Die Klöster des Zisterzienserordens in Bayern, München 1953, S. 65 ff. – Lehmann, Edgar: Zur Baugeschichte des Zisterzienserklosters Langheim im 18. Jahrhundert. In: Zeitschrift für Kunstgeschichte, Bd. XIX, 1956, S. 259 ff. – Teufel, Richard: Vierzehnheiligen, Lichtenfels 1957. – Lehmann Edgar: Balthasar Neumann und Kloster Langheim. In: Zeitschrift für Kunstgeschichte, Bd. XXV, 1962, S. 213 ff. – Geldner, Ferdinand: Langheim. Wirken und Schicksal eines fränkischen Zisterzienser-Klosters, Kulmbach 1966. – Lippert, K. L.: Landkreis Staffelstein, Bayerische Kunstdenkmale, München 1968, S. 276 ff. – Arneth, Gerhard: Die Zisterzienserabtei Langheim vor der Säkularisation. In: 106. Bericht, HVB, 1970, S. 345 ff. – Egloffstein, Albrecht Graf von und zu: Schlösser und Burgen in Oberfranken, Frankfurt 1972, S. 80 ff. – Hotz, Joachim: Zisterzienserklöster in Oberfranken, GKF 98, München 1982, S. 36 ff. – Arneth, Gerhard: Die Zisterzienserabtei Langheim vor der Säkularisation, Lichtenfels 1982. – Korth, Thomas: Zur Entstehungsgeschichte des Schlosses Tambach – Methodisches zur Baugeschichtsforschung. In: 120. Bericht HVB, 1984, S. 445–456. – Pellender, Heinz: Tambach. Vom Langheimer Klosteramt zur Ortenburgschen Grafschaft, Coburg 1985. – Schütz, Bernhard: Balthasar Neumann, Freiburg i. Br. 1986, S. 143 ff. – Petzet, Michael (Hrsg.): Die Restaurierung der Wallfahrtskirche Vierzehnheiligen. 2 Bde., München 1990.

Maria Buchen. Feulner, Adolf: Bezirksamt Lohr, KDB III/IX, München 1914, S. 51 ff. – Barthels, K. J.: Kleine Chronik von Maria Buchen, Lohr 1954. – Dünninger, J.: Die Marianischen Wallfahrten in der Diözese Würzburg, Würzburg 1960, S. 85 ff. – Ruf, H. T.: Die Legende von der Entstehung des Wallfahrtsortes Maria Buchen und ihre Überlieferung. In: Mainfr. Jb. 25, 1973, S. 49 ff.

Mariaburghausen. Denzinger, J.: Die Geschichte des Nonnenklosters Mariaburghausen. In: Archiv Unterfranken, 10. Bd., Würzburg 1850, S. 44 ff. – Hans Karlinger: Bezirksamt Haßfurt, KDB III/IV München, 1912, S. 108 ff. – Kehl, Hansmartin: Universitätsgut Mariaburghausen. In: Festschrift »Stadt Haßfurt 1235–1985«, Haßfurt 1985, S. 51 ff. – Wailersbacher, R.: 750 Jahre Kloster Kreuzthal-Mariaburghausen, Haßfurt 1987.

Mönchröden. Heins, Walther und Pechtold, Ernst: Festschrift »Roten – Mönchröden«, Mönchröden 1949. – Heins, Walther: Das Benediktinerkloster Mönchröden und sein Reformabt Ulrich Wochner. In: Nordfränkische Monatsblätter, Coburg 1954, S. 138 ff. – Teufel, Richard: Bau- und Kunstdenkmäler im Landkreis Coburg, Coburg 1956, S. 94 ff. – Hotz, Joachim und Maierhöfer, Isolde: Oberfranken, Lichtenfels 1970, S. 358 f.

Münchsteinach. Pfeiffer, Gerhard: Die Rechtsstellung des Klosters Münchsteinach. In: JbfFL, 23, 1963, S. 239 ff. – Ders.: Münchsteinach, eine Niederlassung des Benediktinerordens. In: 85. Bericht d. Hist. Vereins für Mittelfranken, 1969/70. – Strobel, Richard: Ehem. Landkreis Neustadt a. d. Aisch, Bayerische Kunstdenkmale, München 1972, S. 111 ff. – Haas, Walter: Münchsteinach, München/Berlin 1984.

Münnerstadt. Gröber, Karl: Stadt Bad Kissingen und Bezirksamt Kissingen, KDB III/X, München 1914, S. 177 ff. – Dinklage, K.: 15 Jahrhunderte Münnerstädter Geschichte, o. O. 1935, S. 128 ff. – Kunzelmann, Adalbero: Geschichte der deutschen Augustinereremiten, Bd. 1, Würzburg 1969, S. 174 ff. und Bd. 5, Würzburg 1974, S. 146 ff. – Back, Siegfried: Das Augustinerkloster in Münnerstadt. Ein Gang durch seine Geschichte, Würzburg 1974. – Kopp, Sebastian: Die Augustinerkirche in Münnerstadt, Königstein im Taunus o. J.

Münsterschwarzach. Brodhun, Werner: Valentin Pezanis Klosterneubau in Münsterschwarzach unter Abt Augustin Voit (1691–1704). In: Archiv Unterfranken, 68, 1929, S. 201 ff. – Büll, Franziskus: Das Monasterium Suarzaha. Ein Beitrag zur Geschichte des Frauenklosters Münsterschwarzach von 788 (?) bis 877 (?), Münsterschwarzach 1992. – Hugger, Pirmin (Hrsg.): Magna Gratia. Festschrift zum 50jährigen Weihejubiläum der Abteikirche Münsterschwarzach 1938–1988, Münsterschwarzach 1992. – Festschrift »Abtei Münsterschwarzach – Arbeiten aus ihrer Geschichte«, Münsterschwarzach 1938 – Festschrift »Studia Suarzacensia«. In: WDGB, 25. Bd. 1963. – Schneider, Erich: Die barocke Benediktinerabteikirche Münsterschwarzach, Neustadt/Aisch 1984. – Schneider, Erich: Johann Christian von Mannlich und die Säkularisation des Kunstbesitzes von Kloster Münsterschwarzach 1803. In: Jahrbuch des Vereins für christliche Kunst, XV, 1985, S. 169 ff. – Schneider, Erich: Johann Evangelist Holzer in Münsterschwarzach. In: Kat. d. Ausst. »Johann Evangelist Holzer (1709–1740) zum 250. Todesjahr. Fresken in Augsburg und Münsterschwarzach«, Augsburg 1990/91, S. 56 ff.

Neustadt/Main. Link, G.: Klosterbuch der Diöcese Würzburg, Bd. 1, Würzburg 1873, S. 123 ff. – Feulner, Adolf: Bezirksamt Lohr, KDB III/IX, München 1914, S. 56 ff. – Boeckelmann, Walter: Die Stiftskirche zu Neustadt am Main, Berlin 1965. – Festschrift »Neustadt am Main. Beiträge zur Geschichte der vor 1200 Jahren gegründeten ehemaligen Abtei (768/59–1968)«. In: WDGB, 30. Jg. 1968, S. 7 ff.

Schlüsselau. Krausen, Edgar: Die Klöster des Zisterzienserordens in Bayern, München 1953, S. 84 ff. – Mayer, Heinrich: Die Kunst des Bamberger Umlandes, Bamberg 1955, S. 230 ff. – Nöth, Stefan: Ager Clavium. Das Cistercienserinnenkloster Schlüsselau 1280–1554. In: HVB, Beiheft 16, Bamberg 1982. – Hotz, Joachim: Zisterzienserklöster in Oberfranken, GKF 98, München 1982, S. 80 ff.

Schmerlenbach. Feulner, Adolf und Röttger, Bernhard Hermann: Bezirksamt Aschaffenburg, KDB III/XXIV, München 1927, S. 123 ff. – Büll, Franziskus Lothar: Quellen und Forschungen zur Geschichte der mittelalterlichen Frauenabtei Schmerlenbach im Spessart, Phil. Diss. Würzburg 1970. – Roth, Elisabeth: Schmerlenbach. Tradition und Neubeginn. Würzburg 1987.

Schwarzenberg. Reuß, L.: Kurzer Abriß der Geschichte des Klosters Maria-Hilf bei Schwarzenberg, Mskr. 1844. – Hojer, G.: Ehem. Landkreis Scheinfeld, München, 1976, S. 156 ff. – Altmann, Lothar: Kloster Schwarzenberg, KKF 1190, München 1980. – Reuther, Hans: Balthasar Neumann. Der mainfränkische Barockbaumeister, München 1983, S. 193 f.

Schweinfurt. Heßdörfer: Geschichtliche Notizen über das ehemalige Siechenhaus zum heiligen Nikolaus, das Spital und die Kirche zum Heiligen Geist in Schweinfurt, Schweinfurt 1896. – Stein, Friedrich: Geschichte der Reichsstadt Schweinfurt, Schweinfurt 1900, passim. – Mader, Felix und Lill, Georg: Stadt- und Bezirksamt Schweinfurt, KDB III/XVII, München

1917, S. 56f. – Saffert, Erich: Annotationes zur Geschichte des Karmeliten-Klosters in der Reichsstadt Schweinfurt. In: WDGB, 26. Bd., 1964, S. 255ff.
Sonnefeld. Lorenz, Walter: Campus Solis. Geschichte und Besitz der ehemaligen Zisterzienserinnenabtei Sonnefeld bei Coburg, Kallmünz 1955. – Teufel, Richard: Bau- und Kunstdenkmäler im Landkreis Coburg, Coburg 1956, S. 134ff. – Hotz, Joachim: Zisterzienserklöster in Oberfranken, GKF 98, München 1982, S. 64ff.
Theres. Karlinger, Hans: Bezirksamt Haßfurt, KDB III/IV, München 1912, S. 130ff. – Weißenberger, Paulus: Beiträge zur Kunst- und Kulturgeschichte mainfränkischer Benediktiner- und Zisterzienserklöster. In: Mainfränkisches Jahrbuch, 3, 1951, S. 184ff. – Kengel, Rainer: Joseph Greising. Der Architekt der fränkischen Barockklöster. In: WDGB, 14./15. Jg., Würzburg 1952/53, S. 586ff. – Zimmermann, Gerd: Das Diarium des Abtes Gregor Fuchs über den Bau der Klosterkirche zu Theres (1716–1726). In: WDGB, 16./17. Jg., Würzburg 1955, S. 295ff. – Hotz, Joachim: Die Fassade der Abteikirche Theres. In: Das Münster, 14/1961, S. 321ff. – Zimmermann, Gerd: Raumgliederung und Ausstattung der Klosterkirche zu Theres. In: WDGB, 26. Bd., 1964, S. 325ff. – Vogt, P. Gabr.: Burg und Dorf, Kloster und Schloß Theres am Main, Münsterschwarzach 1979. – Ramisch, H.: Monumenta Theresiana. Funde zur mittelalterlichen Baugeschichte des Benediktinerklosters Obertheres. In: 117. Bericht HVB, 1981, S. 57ff.
Triefenstein. Feulner, A.: Bezirksamt Marktheidenfeld, KDB III/VII, München 1913, S. 148ff.– Ders.: Die Zick, München 1920, S. 85f. – Störmer, W.: Marktheidenfeld, HAB Franken, I, Bd. 10, München 1962, S. 87f. – Backmund, N.: Chorherrenorden, Passau 1966, S. 144ff. – Hückel, A.: Untersuchung der Ausstattung der ehemaligen Klosterkirche Triefenstein. In: Jb. d. bayer. Denkmalpflege, 32, 1978, S. 189ff. – Störmer, Wilhelm: Das Augustinerchorherrenstift Triefenstein. Probleme der Gründung, Grundzüge der Stiftsentwicklung, Besitzungen und Gerechtsame. In: Lengfurt – Beiträge zur Ortsgeschichte, Lengfurt 1978, S. 116–126.
Tückelhausen. Karlinger, Hans: Bezirksamt Ochsenfurt, KDB III/I, München 1911, S. 254ff. – Wiesener, W.: Tueglenhusen – Tückelhausen, Würzburg 1963. – Trenschel, Hans-Peter: Schätze kirchlicher Kunst zwischen Main und Tauber, München 1978. – Früh, Margrit: Das Chorgestühl der ehemaligen Kartause Tückelhausen. In: Mainfr. Jb., 32, 1980, S. 154ff. – Rackowitz, Robert: Ehemalige Kartause »Cella Salutis« Tückelhausen, Ochsenfurt/Tückelhausen 1982. – Zadnikar, Marijan (Hrsg.): Die Kartäuser. Der Orden der schweigenden Mönche, Köln 1983, S. 329ff.
Volkersberg. Gröber, Karl: Bezirksamt Brückenau, KDB III/XI, München 1914, S. 43ff. – Götzelmann, P. Ambrosius: Der Volkersberg und sein Kloster, Würzburg 1926. – Gabler, P. Martin: Franziskanerkloster Volkersberg. In: Bavaria Franciscana Antiqua III, Landshut 1956, S. 426ff. – Sturm, Erwin: Volkersberg/Rhön, KKF 1011, München 1974.
Wechterswinkel. Himmelstein: Das Frauenkloster Wechterswinkel. In: Archiv Unterfranken, XV, 1861, S. 115ff. – Gröber, Karl: Bezirksamt Mellrichstadt, KDB III/XXXI, München, 1921, S. 150ff. – Krenig, Ernst Günter: Mittelalterliche Frauenklöster nach den Konstitutionen von Citeaux unter besonderer Berücksichtigung fränkischer Nonnenkonvente. In: Analecta Sacri Ordinis Cisterciensis, X, 1954, S. 19. – Oswald, Friedrich: Würzburger Kirchenbauten des XI. und XII. Jahrhunderts, Würzburg 1966, S. 160f.
Würzburg, St. Burkard. Mader, Felix: Stadt Würzburg, KDB III/XII, München 1915, S. 141ff. – Oswald, Friedrich: Würzburger Kirchenbauten des 11. und 12. Jahrhunderts, Würzburg 1966, S. 66ff. und S. 187ff. – Feineis, Dieter Michael: Das Ritterstift St. Burkard zu Würzburg unter der Regierung von Fürstbischof Julius Echter von Mespelbrunn (1573–1617), Würzburg 1986. – Wittstatt (Hrsg.): 100 Jahre Translatio Sancti Burcardi – Zur Bedeutung von St. Burkard in Würzburg, Würzburg 1986 – WDGB, 48. Bd., Würzburg 1986, S. 5ff. – Muth, Hanswernfried: St. Burkard Würzburg, KKF 251, München 1989.
Würzburg, Deutschhaus-Kirche. Pinder, Wilhelm: Mittelalterliche Plastik Würzburgs, Würzburg 1911, S. 17ff. – Mader, Felix: Stadt Würzburg, KDB III/XII, München 1915, S. 165ff. – Herzig, A.: Die Deutschordenskommende Würzburg im Mittelalter (1219–1549). In: Mainfr. Jb., Bd. 18, 1966, S. 1ff. – Trenschel, H.-P.: Deutschhauskirche Würzburg, KKF 1143, München 1978 – Ausst. Kat. »800 Jahre Deutscher Orden. Stationen seiner Geschichte in Würzburg, Würzburg 1990.
Würzburg, Dominikaner-Kloster. Baier, Johannes: Geschichte des alten Augustinerklosters Würzburg, 1895. – Mader, Felix: Stadt Würzburg, KDB III/XII, München 1915, S. 130ff. – Hemmerle, Josef: Die Klöster der Augustiner-Eremiten in Bayern, München 1958, S. 96ff. – Reuther, Hans: Die Kirchenbauten Balthasar Neumanns, Berlin 1960, S. 153f. – Festschrift »700 Jahre Augustiner-Eremiten in Würzburg 1263–1963«, Würzburg 1963. – Kunzelmann Adalbero: Geschichte der deutschen Augustiner-Eremiten, 5. Teil, Würzburg 1974, S. 125ff. – Schnell, Hugo und Muth, Hanswernfried: Augustinerkirche Würzburg, KKF 223, München 1978. – Sprandel-Krafft, Lore: Über die Bibliothek der Würzburger Dominikaner am Ende des Mittelalters. In: WDGB, 48. Bd., 1986, S. 335ff.
Würzburg, Stift Haug. Mader, Felix: Stadt Würzburg, KDB III/XII, München 1915, S. 199ff. – Oswald, Friedrich: Würzburger Kirchenbauten des XI. und XII. Jahrhunderts, Würzburg 1966, S. 139ff. – Hubala, Erich: Die Schönbornzeit. In: Wendehorst, Alfred (Hrsg.): Würzburg in Bilddokumenten, München 1981, S. 86. – Muth, Hanswernfried: Stift Haug/Würzburg, KKF 1315, München 1985. – Longo, Lucia: Antonio Petrini, München 1985, S. 34ff.
Würzburg, Himmelspforten. Henner, Th.: Portal und Treppenturm der Klosterkirche in Himmelspforten bei Würzburg. In: Altfränkische Bilder, Würzburg 1898. – Mader, Felix: Stadt Würzburg, KDB III/XII, München 1915, S. 213ff. – Pinder, Wilhelm: Mittelalterliche Plastik Würzburg, Würzburg 1911, S. 138ff. – Riecke, Victor: Frauenklöster des Zisterzienserordens im ehem. Bistum Würzburg, Phil. Diss. Ms. Stuttgart 1945, S. 27ff. – Hoffmann, Hermann: Urkundenregesten zur Geschichte des Zisterzienserinnenklosters Himmelspforten 1231–1400, Würzburg 1962. – Trenschel, Hans-Peter: Die kirchlichen Werke des Würzburger Hofbildhauers Johann Pe-

ter Wagner, Würzburg 1968, S. 261 und S. 470ff. – Muth, Hanswernfried: Himmelspforten/Würzburg, KKF 1012, München 1974. – Coester, Ernst: Cistercienserinnenkirchen, 1984, S. 148ff.
Würzburg, Jesuiten-Kolleg. Braun, Joseph: Die Kirchenbauten der deutschen Jesuiten, Freiburg i.B., 1910, S. 329ff. – Mader, Felix: Stadt Würzburg, KDB III/XII, München 1915, S. 276ff. – Englander, Clara: Das Werden des Würzburger Collegs der Societas Jesu. Fürstbischof Wirsberg und Petrus Canisius. In: WDGB, 14./15. Bd. 1952, S. 519ff. – Meyer, A.: Würzburger Theatergeschichte. In: Frankenland, 1954, S. 70f. – Kreisel, Heinrich: Würzburg, München-Berlin 1969, S. 25f. – Schütz, Bernhard: B. Neumanns Jesuitenkirche in Mainz und die Pläne für die Jesuitenkirche in Würzburg. In: Mainzer Zeitschrift, 73./74. Bd., 1978/79, S. 49ff. – Freudenberger, Theobald: Die Annales Collegii Herbipolensis Societatis Jesu und ihr Verfasser Johannes Spitznase aus Mühlhausen in Thüringen. In: WDGB, 43. Bd., 1981, S. 163–162. – Hillenbrand, Karl / Weigand, Rudolf (Hrsg.): Mit der Kirche auf dem Weg. 400 Jahre Priesterseminar Würzburg 1589–1989, Würzburg 1989. – Weigand, Rudolf: Die zweite Fundation des Würzburger Jesuitenkollegs und deren Annahme 1591. In: WDGB, 53. Bd., 1991, S. 215–229.
Würzburg, Karmeliten-Kloster. Mader, Felix: Stadt Würzburg, KDB III/XII, München 1915, S. 244ff. – Weninger, P. Redemptus vom Kreuz: Kloster und Kirche der Unbeschuhten Karmeliten zu Würzburg, Würzburg 1927. – Kurzhals, Karlheinz: Geschichte des Klosters der Unbeschuhten Karmeliten in Würzburg (1627–1802), Kath. Theol. Dipl. Arbeit, Ms., Würzburg 1974. – Dischinger, Gabriele: Das ehemalige Karmelitenkloster in Augsburg. In: Ars Bavarica, Bd. 7, 1977, S. 57f. – Longo, Lucia: Antonio Petrini, München-Zürich 1985, S. 26ff.
Würzburg, Neumünster. Mader, Felix: Stadt Würzburg, KDB III/XII, München 1915, S. 285ff. – Oswald, Friedrich: Würzburger Kirchenbauten des XI. und XII. Jahrhunderts, Würzburg 1966, S. 97ff. – Lehmann, Edgar: Zur Rekonstruktion der Neumünsterkirche im 11. Jahrhundert. In: Acta Historiae Artium 24, 1978, S 27ff. – Johanek, Peter: Die Gründung von St. Stephan und Neumünster und das ältere Würzburger Urkundenwesen. In: Mainfr. Jb., Bd. 31, 1979, S. 32ff. – Muth, Hanswernfried: Neumünster/Würzburg, KKF 247, München 1986. – Eminger, Jürgen: Die Neumünsterfassade in Würzburg, München 1987. – Wendehorst, Alfred: Das Stift Neumünster in Würzburg, Germania Sacra. NF 26/4, Berlin/New York 1989.
Würzburg, Oberzell. Link, Georg: Klosterbuch der Diöcese Würzburg, II. Bd., Würzburg 1876, S. 261ff. – Mader, Felix: Bezirksamt Würzburg, KDB III/III, München 1911, S. 228ff. – Reuther, Hans: Balthasar Neumann. Der mainfränkische Barockbaumeister, München 1983, S. 138ff. – Muth, Hanswernfried: Oberzell am Main, KKF 586, München 1986.
Würzburg, Schottenkloster St. Jakob. Wieland, Michael: Das Schottenkloster zu St. Jakob in Würzburg. In: Archiv Unterfranken, 16. Bd., Würzburg 1863, S. 1ff. – Mader, Felix: Stadt Würzburg, KDB III/XII, München 1915, S. 337ff. – Gwynn, Aubry: Irland und Würzburg im Mittelalter. In: Mainfr. Jb., 4, 1952, S. 1ff. – Gwynn, Aubry: The Continuity of the Irish Tradition at Wurzburg. In: WDGB, 14./15. Jg., 1952/53, S. 57ff. – Oswald, Friedrich: Würzburger Kirchenbauten des XI. und XII. Jahrhunderts, Würzburg 1966, S. 159ff. – Arnold, Klaus: Johannes Trithemius. De Laude Scriptorum. Zum Lobe der Schreiber, Würzburg 1973. – Hochholzer, Elmar: Die Benediktinerabteien im Hochstift Würzburg in der Zeit der Katholischen Reform (ca. 1550–1618), Neustadt a.d. Aisch 1988, S. 168ff. und S. 209ff. – Hochholzer, Elmar: Das »Schottenkloster« St. Jakob in Würzburg und das Generalkapitel der irischen Benediktiner von 1479. In: WDGB, 51. Bd., 1989, S. 515ff. – Hochholzer, Elmar: Iren und »Schotten« in Würzburg. In: »Kilian. Mönch aus Irland, aller Franken Patron. Aufsätze«, hrsg. von Johannes Erichsen unter Mitarbeit von Evamaria Brockhoff, München 1989. S. 329ff. – Hochholzer, Elmar: Anmerkungen zum Ende des irischen »Schotten«-Klosters St. Jakob in Würzburg. In: WDGB, 54. Bd., 1992, S. 195–206.
Würzburg, St. Stephan. Mader, Felix: Stadt Würzburg, KDB III/XII, München 1915, S. 347ff. – Hemmerle, Josef: Die Benediktinerklöster in Bayern, München 1951, S. 146ff. – Oswald, Friedrich: Würzburger Kirchenbauten des XI. und XII. Jahrhunderts, Würzburg 1966, S. 33ff. – Wagner, Erwin: St. Stephan/Würzburg, KKF 1069, München 1983. – Ofer, Monika: St. Stephan in Würzburg. Untersuchungen zu Herrschafts-, Wirtschafts- und Verwaltungsformen eines Benediktinerklosters in Unterfranken 1057–1500, Köln/Wien 1990.

III. Verzeichnis der Abkürzungen

Archiv Unterfranken: Archiv des Historischen Vereins von Unterfranken.
Bd., Bde.: Band, Bände.
BLfD: Bayerisches Landesamt für Denkmalpflege.
Diss.: Dissertation.
ebd.: ebenda.
GKF: Große Kunstführer, hrsg. von H. Schnell und J. Steiner.
HAB: Historischer Atlas von Bayern, hrsg. von der Kommission für Bayerische Landesgeschichte bei der Bayerischen Akademie der Wissenschaften.
Hrsg., hrsg.: Herausgeber, herausgegeben.
HVB: Historischer Verein Bamberg.
Jb.: Jahrbuch.
JbfFL: Jahrbuch für Fränkische Landesforschung, hrsg. vom Zentral-Institut für fränkische Landeskunde und allgemeine Regionalforschung an der Universität Erlangen-Nürnberg.
Jg.: Jahrgang.
KDB: Die Kunstdenkmäler Bayerns, München 1895ff.
KKF: Kleine Kunstführer, hrsg. von H. Schnell und J. Steiner.
Mainfr. Jb.: Mainfränkisches Jahrbuch für Geschichte und Kunst, hrsg. von den Freunden mainfränkischer Kunst und Geschichte.
Ms.: Manuskript.
o.J., o.O.: ohne Jahr, ohne Ort.
WDGB: Würzburger Diözesangeschichtsblätter, hrsg. vom Würzburger Diözesangeschichtsverein.

Verzeichnis der Fachbegriffe

Abseite. Anraum, der sich in ganzer Breite und Höhe zum Hauptschiff einer Kirche öffnet.
Ädikula. Rahmender, architektonischer Aufbau um Portale, Fenster, Nischen usw.
Akanthus. Disteləhnliche Pflanze. Vielfach verwendetes und abgewandeltes Ornamentmotiv.
Allegorie. In den darstellenden Künsten eine Form der Verbildlichung unanschaulicher Begriffe wie Tugend, Ruhm usw. oder ganzer Begriffsgruppen und abstrakter Vorstellungen. In der Regel bediente man sich dafür menschlicher Figuren und Personifikationen.
Ambo. Niedriges, kanzelartiges, um mehrere Stufen erhöhtes Lesepult an oder vor den Chorschranken.
Antependium. Bekleidung der Altarvorderseite.
Apsis. Meist halbrunde, überkuppelte, raumhohe Nische am Ende eines Kirchenschiffes oder des Chores.
Arabeske. Wohl der Kunst des Islam entstammendes Ornament aus feingliedrigem Blatt- und Rankenwerk.
Architrav. Der waagrechte (Stein-)Balken über Säulen, Pfeilern oder Pilastern.
Archivolte. Rahmenleiste an der Stirnseite eines Bogens.
Arkade. Bogenstellung über Pfeilern oder Säulen meist über geradem Grundriß.
Attika. Brüstungsartiger Aufbau über dem Hauptgesims eines Bauwerkes.
Augustiner-Chorherren. Klostergemeinschaft von Kanonikern, die im Zusammenhang mit der gregorianischen Reform des 11. Jahrhunderts entstanden ist. Zu den Ordensstatuten wurde außerdem die Augustinerregel angenommen. Die Chorherren pflegen v. a. die wissenschaftliche Betätigung.

Baldachin. Prunkhimmel aus Stoff und anderen, festen Materialien über einem Thron oder Bischofssitz; auch der Traghimmel bei Prozessionen sowie die Auszeichnung über dem Altar oder bei Figuren an gotischen Strebepfeilern.
Baluster. Säulchen als Träger eines Geländers und mit diesem zusammen als Balustrade bezeichnet.
Basilika. Drei- oder mehrschiffiges Kirchenbauschema, bei welchem das Mittelschiff höher als die Seitenschiffe ist und sein Licht von einer über den Seitenschiffdächern emporragenden Fensterzone, dem Lichtgaden empfängt.
Basis. Ausladender, meist profilierter Fuß einer Säule oder eines Pfeilers, bzw. einer Stütze überhaupt.
Belvedere. Aussichtsterrasse oder Dachgeschoß.
Benediktiner/innen. Ältester, noch blühender abendländischer Mönchsorden, der auf den hl. Benedikt von Nursia (ca. 480–547) zurückgeht. Die Benediktus-Regel mit den zentralen Elementen des *ora et labora* (bete und arbeite), der festen Zugehörigkeit zu einer »Klosterfamilie« und des Abtsgehorsams wurde zum Muster für alle weiteren abendländischen Ordensregeln.

Bündelpfeiler. In der gotischen Baukunst ein Kernpfeiler mit darum gruppierten kleinen und großen Dreiviertelsäulen, sog. Diensten.

Chor. Ursprünglich nur der Ostabschluß von Klosterkirchen, in welchem sich die Geistlichen zum Gebet versammelten, später auf den Altarraum von Kirchen allgemein übertragen.
Chronogramm. Inschrift mit einzelnen durch Größe oder Farbe herausgehobenen römischen Buchstaben, die als Zahlen zu lesen sind und zusammengerechnet eine bestimmte Jahreszahl ergeben.
Corps de Logis. Mittleres Hauptgebäude bzw. der Hauptflügel von Schlössern und schloßartigen Gebäuden. Im Inneren befinden sich die Treppe sowie die wichtigsten Repräsentationsräume.

Dachreiter. Meist über der Vierung aufsitzendes Türmchen zur Aufnahme einer Glocke. Von den Zisterziensern, den Dominikanern, Franziskanern und anderen Bettelorden anstelle eines aufwendigen Kirchturmes verwendet.
Dom. Bischofskirche.
Dominikaner/innen. Vom hl. Dominikus 1216 in Toulouse gegründeter Bettelorden zur Verteidigung der katholischen Kirchenlehre gegen Armutsbewegungen wie Katharer und Albigenser. Neben Predigt, Unterricht und Mission zählte auch die Leitung der Inquisition zu den zentralen Aufgaben des Ordens. 1219 folgte die Gründung eines weiblichen Zweiges mit kontemplativer Ausrichtung.
Dormitorium. Gemeinsamer Schlafraum der Mönche im Kloster.
Dorsale. Rückwand des Chorgestühls.

Ehrenhof. Vom Corps de Logis und den angrenzenden Seitenflügeln umschlossener Platz in einer barocken Schloß- oder Klosteranlage.
Entasis. Schwellung eines Säulenschaftes.
Epistelseite. Die rechte, bei geosteten Kirchen die südliche Seite, auf der während der Messe die Episteln verlesen werden.
Epitaph. Gedächtnismal für einen Verstorbenen mit meist bildlicher Darstellung.
Evangelienseite. Die linke, bei geosteten Kirchen nördliche Seite, auf der bei der Messe das Evangelium verlesen wird.
Evangelistensymbole. Zum Typus gewordene Darstellungsform der vier Evangelisten als geflügelte Wesen. Danach bezeichnet der Engel den Matthäus, der Löwe Markus, der Stier Lukas und der Adler Johannes.
Exemtion. Kirchenrechtlich die Herausnahme von Personen aus der Jurisdiktion des zunächst zuständigen Amtsträgers und Unterstellung unter die des Nächsthöheren.

Fassade. Schauseite eines Bauwerkes.
Fassung. Bemalung von Skulpturen, aber auch der Architektur.
Feston. In der Barockzeit gerne verwendetes Ornamentmotiv mit Girlanden aus Blumen, Laub oder Früchten.
Fiale. Schlankes, spitzes Türmchen als Zierglied der gotischen Baukunst.
Fischblase. Fischblasenförmiges Ornament, das im spätgotischen Maßwerk häufiger vorkommt.
Flügel. An das Corps des Logis angrenzender Bauteil, meist in den Proportionen diesem untergeordnet.
Franziskaner. Sammelbegriff für die drei Zweige des von Franz von Assisi (1180/82–1226) gestifteten Bettelordens: Franziskaner-Observanten, Franziskaner-Konventualen (ab 1517) und Kapuziner (1528). Die Ordensangehörigen sind zu strenger Armut, zur Predigt und zur Arbeit in Seelsorge und Mission verpflichtet. 1212 gründeten Franz und Klara von Assisi als weiblichen Zweig noch den Orden der Klarissen.
Fresko. Auf den feuchten Putz aufgetragenes Gemälde, das durch gleichzeitiges Abbinden von Putz und Farbe besonders haltbar ist.
Frontispiz. Mittlerer Teil einer Fassade, meist leicht vorgezogen und mit Giebel abgeschlossen.

Gaden. Obergeschoß einer architektonischen Wandgliederung, vor allem der überhöhte Teil des Mittelschiffes einer Basilika.
Gaupe. Dachaufbau mit fensterartiger Öffnung und Giebelverdachung zur Belichtung und Belüftung des Dachwerkes.
Gesprenge. Aufbau über spätgotischen Altaraufsätzen, aus zierlichen Architekturgliedern wie Fialen und Tabernakeln gebildet.
Gewände. Die durch schrägen oder geraden Einschnitt eines Fensters oder Portals in der Wand entstehenden Schnittflächen.
Grisaille. In verschiedenen Abstufungen einer einzigen Farbe gehaltene Malerei.
Groteske. Ornament aus dünnem Rankenwerk, in das phantastische Menschen- und Tiergestalten, Blumen und Früchte, Trophäen und Architekturelemente eingefügt sind.
Gurtbogen. Kräftige Gewölbevorlage, die entsprechend der Raumgliederung durch Stützen und Konsolen die einzelnen Gewölbefelder voneinander scheidet.

Hallenkirche. Meist dreischiffige Kirche, deren Gewölbekämpfer in gleicher Höhe liegen. Das Mittelschiff empfängt sein Licht indirekt über die Seitenschiffe.
Hängezwickel. Vgl. *Pendentif.*

Ikonographie. Zweig der Kunstwissenschaft, der die Bildinhalte, deren Sinn, Herkunft und Wandel erforscht.
Inkunabel. Der bis 1500 mit beweglichen Lettern hergestellte Druck, auch Wiegendruck genannt.

Jesuiten. 1534 von Ignatius von Loyola gegründeter Orden, dessen Hauptziele die Ausbreitung der katholischen Lehre, die Förderung der christlichen Sitte und die Selbstheiligung sind. Besonderer Wert wird auf die sorgfältige wissenschaftliche Ausbildung der Ordensmitglieder gelegt, der die Jesuiten im Lauf ihrer Existenz für Schulausbildung und Universitätslehre prädestinierte. Der Orden wurde 1773 aufgehoben und 1814 wiedergegründet.
Joch. Einheit eines Raumes, die durch das Gewölbe und seine Stützen definiert wird.
Johanniter. Geistlicher Ritterorden, der 1099 vom Papst bestätigt wurde. Gliederte sich in Ritter zur Kriegführung, Priester und dienende Brüder zur Krankenpflege.

Kalotte. Kuppelschale, auch Viertelkuppel über einer Apsis.
Kämpfer. Ansatz des Bogens einer Architekturgliederung.
Kannelure. Senkrechte Kehle in Säulenschäften oder Pilastern.
Kapitell. Kopfglied einer Säule.
Kapitelsaal. Raum für die täglichen Zusammenkünfte der klösterlichen Gemeinschaft. In der Regel hallenartig und an der Osteite des Kreuzganges gelegen. Im Kapitelsaal finden außer Lesungen aus der Schrift oder Ordensregel Beratungen über Arbeiten und Vorgänge im Kloster statt.
Kappe. Das durch Grate, Rippen oder Gurte ausgesonderte Teilstück eines Gewölbes.
Kapuziner. Weiterer Ordenszweig der Franziskaner, der sich 1528 abspaltete.
Karmeliten/innen. Ursprünglich von Berthold von Kalabrien um 1185 auf dem Karmel bei Haifa gegründete Einsiedlerkolonie; seit 1247 zu den Bettelorden gehörig. 1593 Teilung in Karmeliten der alten Observanz und die Unbeschuhten Karmeliten als strengere Richtung.
Kartäuser. Einsiedlerorden mit strenger Klausur in Einzelzellen, gegründet durch den hl. Bruno von Köln (1030/35–1101). Stammkloster 1084 in Grande Chartreuse errichtet. Approbation 1133 durch Papst Innozenz II.
Kartusche. Flächendekoration, bei der die Betonung auf dem Rahmen liegt.
Kathedrale. Bischofskirche.
Klangarkade. Arkadenförmige Schallöffnung im Glockengeschoß einer Kirche.
Klausur. Ausschließlich den Klosterinsassen vorbehaltener Bezirk einer Klosteranlage, zu dem Fremden allgemein kein Zutritt gewährt wird.
Klostergewölbe. Aus vier Wangen zusammengesetztes Gewölbe, das auf Umfassungsmauern eines polygonalen Bauwerkes aufruht.
Kollegiatstift. Gemeinschaft von Priestern, die an einer Kirche Dienst leisten.
Kolonnade. Folge von Pfeilern oder Säulen mit einem Architrav als oberem Abschluß.
Konche. Raumhohe, auf den Boden reichende Nische.
Konsole. Aus der Mauer herausragender, häufig aufwendig verzierter Tragstein.
Kreuzgang. Im Geviert üblicherweise südlich einer Kloster- oder Stiftskirche angeordneter Gang um den Klosterhof, in Bogenstellungen gegen diesen geöffnet.
Kreuzgewölbe. Gewölbe, das durch Verschneidung zweier gleich hoher Tonnengewölbe entsteht. Sind Rippen untergelegt, dann spricht man von einem Kreuzrippengewölbe. Wenn

die Schnittstellen durch Grate betont sind, dann handelt es sich um ein Kreuzgratgewölbe.
Krypta. Gruftanlage als Grablege, meist unter dem Altarraum.
Kuppel. Gewölbe- oder Dachform, deren Mantelfläche häufig ein Kugelabschnitt ist.

Langhaus. Teil des Kirchenbaues zwischen Westfassade und Querhaus bzw. Chor.
Laterne. Lichteinlassender Aufsatz über dem Scheitel einer Kuppel.
Lavabo. Kanne und/oder Becken zur Handwaschung des Priesters während der Messe.
Lettner. Scheidewand zwischen Chor und Mittelschiff und damit zwischen dem Raum der Geistlichen und dem der Laien.
Lisene. Schmale Wandvorlage zur Gliederung von Wänden und Fassaden.

Mansarddach. Geknickte Dachform mit steilerer Neigung im unteren Teil.
Mensa. Platte des Altartisches bzw. der Altartisch selbst.
Mezzanin. Zwischen- oder Halbgeschoß.
Münster. Ursprünglich nur Bezeichnung für eine Klosterkirche (von lat. *monasterium*), später auch auf andere Kirchen übertragen.

Okulus. Rundfenster.

Pavillon. Selbständiger Baukörper innerhalb einer Schloß- oder Klosteranlage, der entweder ganz freisteht oder dem Gesamtkomplex mit eigener Fassade und eigener Dachung eingebunden ist.
Pendentif. Sphärisch gekrümmtes Teilgewölbe zur Überleitung vom quadratischen Grundriß des Unterbaues zum Fußkreis der Kuppel.
Pfeiler. Stütze über rundem oder quadratischem Grundriß, die entsprechend den Regeln der Säulenordnungen proportioniert ist, aber im Gegensatz zur Säule keine Entasis aufweist.
Piano nobile. Hauptgeschoß eines Profanbaues.
Pilaster. Pfeiler, der sich nur noch als schmale Wandvorlage von der umgebenden Wand abhebt.
Portal. Repräsentativer, durch Größe oder Schmuck hervorgehobener Eingang.
Prämonstratenser. Reformbewegung der Augustiner-Chorherren, 1120 durch Norbert von Xanten (1082–1134) in Prémontré gegründet.
Predella. Untersatz eines Altarschreines.
Presbyterium. Sitz der Geistlichen im Chorraum.
Proportion. Verhältnisse der Maße eines Bauwerkes untereinander. Seit der Renaissance versuchte die Baukunst gemäß der aus der Antike überlieferten Lehre von den Säulenordnungen, alle Maßverhältnisse eines Bauwerkes aus dem Vielfachen bzw. dem Bruchteil einer Säule abzuleiten.

Querhaus. Quer zum Langhaus einer Kirche verlaufender Bauteil, der jenes vom Chor trennt.

Refektorium. Speisesaal der Mönche, meist an der Südseite des Kreuzganges gelegen.
Retabel. Altaraufsatz mit gemalten und geschnitzten Bildern.
Risalit. Aus der Flucht einer Fassade vorspringender Gebäudeteil mit eigener Gliederung und Dachung.
Rocaille. Unsymmetrisches, leicht schwingendes und anschmiegendes Dekorationselement von muschelähnlicher Struktur.
Rippe. Konstruktiv bzw. optisch verstärkender rippenartiger Konstruktionsteil eines Gewölbes.
Riß. Alter Ausdruck für Architekturzeichnung.
Rotunde. Zentralbau, bei welchem der Raumgrundriß und der Grundriß der sich darüber erhebenden Kuppel in der Projektion deckungsgleich sind. Das klassische Beispiel einer Rotunde ist das Pantheon in Rom.
Rundbogenfries. Fries aus glatten oder ornamentierten kleinen Halbrundbogen.

Saalkirche. Kirche, deren Innenraum nicht durch Stützen in mehrere Schiffe gegliedert wird.
Säule. Architektonisches Stützglied, kreisförmig im Grundriß, mit einer Schwellung im unteren und einer Verjüngung im oberen Teil des Schaftes.
Säulenordnung. Die griechische Baukunst kennt drei verschiedene Säulenordnungen: die dorische, die ionische und die korinthische. In römischer Zeit haben diese Grundordnungen Veränderungen und Erweiterungen z. B. zur kompositen bzw. zur toskanischen Ordnung erfahren. Die Säulenordnungen sind durch streng festgelegte Maßverhältnisse ausgezeichnet.
Sargmauer. Umfassungswände eines Bauwerkes in der Gewölbezone als Auflager für die Dachung.
Satteldach. Eine aus zwei gegen einen gemeinsamen First ansteigenden Flächen bestehende Dachung mit Giebeln an den Schmalseiten. Sind die Giebel ganz oder teilweise durch weitere Dachflächen ersetzt, so spricht man vom Walmdach oder vom Krüppelwalmdach.
Scheidbogen. Der ein Joch des Mittelschiffs vom entsprechenden Joch des Seitenschiffs trennende Bogen.
Scheitel. Der höchste Punkt eines Bogens oder Gewölbes.
Schlußstein. Abschließender Stein im Scheitel eines Bogens oder eines Gewölbes, häufig ornamental ausgebildet.
Sediliennische. In der Gotik in der Chormauer eingelassener Sitz für den Priester.
Sepultur. Grablege innerhalb einer gewölbten Halle zu ebener Erde.
Skapulier. Ein breiter über Brust und Rücken getragener Überwurf der weiblichen und männlichen Ordenstracht.
Spolie. Wiederverwendetes Werkstück eines Baues, das ursprünglich für einen älteren Bau geschaffen wurde.
Stichkappe. Senkrecht in ein Gewölbe einschneidendes Teilgewölbe.
Stift. Priestergemeinschaft einer Domkirche (Domstift) oder einer anderen nichtklösterlichen Kirche (Kollegiatstift).
Stützenwechsel. Rhythmischer Wechsel von Säule und Pfeiler bei den Mittelschiffwänden romanischer Kirchen.
Supraporte. Zierstück über einem Türsturz.

Tabernakel. Aufbewahrungsort für Kelch und Hostie in der Kirche. Als erweiterter Begriff ist damit auch das Ziergehäuse für (gotische) Figuren gemeint.
Tambour. Zylindrischer Unterbau einer Kuppel mit Fenstern zur Belichtung des Kuppelraumes.
Tertiaren. Weltleute beiderlei Geschlechts, die sich, ohne die Gelübde abzulegen, an Ordensgemeinschaften anschließen und eine Erziehung zu religiös-sittlicher Vollkommenheit anstreben.
Testierfreiheit. Freie testamentarische Verfügung über das Vermögen von Kanonikern und Klosterangehörigen.
Tonnengewölbe. Gewölbe mit beliebigem Querschnitt aber geradem Scheitel.
Travée. Entsprechend den Regeln der Säulenordnungen proportionierter Abstand zwischen zwei Stützen.
Triumphbogen. Der Bogen, der den Chor bzw. die Vierung vom Kirchenschiff trennt.
Tympanon. Meist ornamental geschmückte Steinplatte, die das Bogenfeld des Portales füllt.

Ursulinen. Angela Merici sammelte 1535 in Brescia junge Frauen um sich, die ehelos bleiben wollten. 1536 erfolgte die bischöfliche Approbation dieser Compagnia di S'Orsola, die ab 1639 auch in Deutschland wirkte.

Vedute. Gemalte oder gezeichnete Wiedergabe einer Stadt oder Landschaft mit sachlich genauer Schilderung des Gegenstandes.
Vestibül. Vorhalle.
Vierung. Raumteil einer Kirche, die im einfachsten Fall aus der Durchdringung von Langhaus und Querhaus besteht und einen quadratischen Grundriß aufweist.
Volute. Schneckenförmig gewundene Verzierung an Baugliedern und Möbeln.

Wandpfeilerkirche. Kirche mit einschiffigem Langhaus, dessen Seitenwände sich zwischen den Wandpfeilern in ganzer Breite und Höhe zu Abseiten öffnen. Die Belichtung des Langhauses erfolgt indirekt über diese Abseiten.
Welsche Haube. Kuppeliger Abschluß eines Turmes oder Dachreiters.

Zentralbau. Kirchenbau mit einem oder mehreren um einen Punkt zentrierten Räumen über rundem, ovalem oder polygonalem Grundriß.
Zisterzienser/innen. Unter Robert von Molesme setzte in dem Reformkloster Cîteaux das monastische Leben des Ordens ein, den Stephan Harding 1119 mit der »Charta Caritatis« und Bernhard von Clairvaux (1090–1153) durch sein persönliches Wirken zu einer der bedeutendsten Klostergemeinschaften des späten Mittelalters und der Neuzeit werden ließen.

Bildnachweis

Foto Alfen GmbH, Aschaffenburg: S. 13, 14, 15, 17, 18.
Erich Schneider, Schweinfurt: S. 21, 94, 99, 100, 108, 116, 145, 152.
Jochen Vollmond, Bad Königshofen: S. 22, 24, 49 li., 126, 132.
Norbert Braun, Aschaffenburg: S. 25.
Ingeborg Limmer, Bamberg: S. 26, 31, 33, 34, 103, 113, 123, 125, 127, 128, 129, 153, 155, 156, 161, 163, 164, 165, 166, 167, 169, 171, 172, 181, 183, 184, 185, 187, 188, 190, 191, 192, 194, 195, 196, 199, 200, 202, 204, 205, 207, 209, 210, 212, 221, 222, 225, 226, 227, 228, 230, 232, 234, 239, 240, 241, 243, 245, 246, 249, 251.
Krapohl-Verlag, Grevenbroich: S. 29.
FZB-Atelierbetriebe, Gerchsheim: S. 35, 45, 54, 58, 63, 69, 70 re., 77, 82, 85, 95, 115, 141, 143.
Gereon Christoph Maria Becking, Würzburg: S. 36, 62, 64, 83, 110, 147.
Elisabet Petersen, Würzburg: S. 37, 42, 43, 67, 73.
Universitätsbibliothek Würzburg: S. 39, 70, li., 104, 137, 138.
Mainfränkisches Museum Würzburg: S. 41 (Foto: Inst. f. Kg. Würzburg), S. 66
Rudolf Langhans, Neustadt a. Main: S. 46.
Bayer. Landesamt für Denkmalpflege, Würzburg: S. 47, 97.
Diözese Würzburg: S. 49 re.
Hans Heer, Würzburg: S. 53, 80, 117, 130, 160, 175.
Photo-Verlag Gundermann, Würzburg: S. 57, 61, 84.
Bayer. Landesamt für Denkmalpflege, München: S. 75.
Archiv Priesterseminar, Würzburg: S. 79.
Franz Eirich, Würzburg: Titelbild, S. 87, 90.
Andreas Bestle, Winterhausen: S. 88.
Bayer. Hauptstaatsarchiv München: S. 93, 106.
Stadt Augsburg, Kunstsammlungen: S. 109.
Städtische Sammlungen Schweinfurt: S. 119, 151 (Fotos: Ursula von Mickwitz).
Gertrud Glasow, Nürnberg: S. 134.
E. E. Kunstmann, Bad Kissingen: S. 142.
Gerhard Fuhrmann, Münnerstadt: S. 146.
Archiv »Friede und Heil«, Würzburg: S. 174.
Staatsbibliothek Bamberg: S. 182 (Sign.: VIII. D. 39), 214 (Sign.: VIII. B. 19), 219 (Sign.: V. C. 32 a).
Staatsarchiv Würzburg: S. 223.
Stadtarchiv Coburg (Franz Höch): S. 233.
Historisches Museum Bamberg: S. 235, 237.